동서양 세계관과 윤리관의 만남

동서양 세계관과 윤리관의 만남

박재주 (청주교육대 윤리교육과 교수) 지음

철학과현실사

□ 서 문

　동양과 서양을 거론할 때면 늘 차이들만을 떠올리기 십상이다. 마치 동양인과 서양인은 서로 다른 종의 인간인 것처럼 생각될 정도다. 그러나 필자는 동양인과 서양인 사이의 차이는 거의 없다고 생각한다. 차이가 있다면, 그것은 동양인 자체나 서양인 자체 사이의 차이와 크게 다름이 없다고 생각한다. 그것들은 결국 근본적인 차이들이 아니라 강조점의 차이일 따름일 것이다. 그들의 삶의 양식이나 사유 방식은 크게 다름이 없을 것이다.

　지금까지 동서양 철학은 서로 비교된 적도 많지 않지만, 비교하는 경우도 그것들이 근본적으로 상이한 내용을 가진 것으로 다루어졌다. 그래서 철학은 없고, 서양 철학이나 동양 철학만 있었다. 동서양의 특정 철학 학파들 사이에는 서로 강조점을 크게 달리할 수 있다. 그것은 서양 철학의 학파들 사이에서도 차이점을 발견할 수 있으며, 그 동양 철학의 학파와 동일한 강조점을 가지는 서양 철학의 학파도 있을 수 있다. 철학은 동서양 철학의 구분을 넘어서고, 학파들의 특정 주장들을 통합시키는 '철학'의 모습이어야 한다고 생각하는 필자는 동서양의 철학을 통합하는 연구들이 필요하다고 주장하고자 한다. 그래서 필자는 그 '철학'의 한 부분으로 동서양의 세계관과 윤리관의 만남을 강조하고자 한다.

제1장에서는, 동양 철학의 근간을 이루는 『주역(周易)』의 세계관과 서양 신과학 이론의 근간을 이루는 전일론(holism)의 만남을 다룬다. 존재(being)가 아니라 생성(becoming)을 강조하는 변화[易]의 철학인 『주역』은 존재의 연속성과 생명의 그물망을 강조한다. 그것은 존재의 모든 양태들이 유기적으로 연계되어 하나의 전체를 이룬다고 가정한다. 유기적인 연계라는 말은 우주 만물들이 정태적인 물질과 같은 실체들이 아니라 역동적인 에너지 장들로 구성된다는 점을 의미한다. 물리학보다는 생물학으로 더 적절하게 은유되는 『주역』의 세계관은 우주 만물의 생성과 변화의 과정을 '자발적인 자기 생성적인 생명 과정'으로 여긴다. 주역의 세계관과 맥락을 함께하는 서양의 전일론 또한 환원주의를 극복하고 물질 세계를 새로운 시각에서 조명한다. 환원주의는 자연과학을 포함한 서양 철학의 근본에 해당한다. 결정론적 혹은 기계론적 세계관을 대변하는 환원주의를 극복하고자 하는 전일론 사상은 홀론이라는 개념을 통해 잘 이해될 수 있다. 그것은 곧 '부분 즉 전체', '전체 즉 부분'을 의미한다. 부분이 모여 전체가 된다거나 전체가 해체되어 부분이 되는 것이 아니라 모든 부분이 곧 전체라는 것이다.

제2장에서는, 『주역』의 세계관과 화이트헤드의 세계관의 만

남을 다룬다.『주역』의 세계관에서는 존재의 본질보다는 생성의 과정이 문제된다. 이 점에서 화이트헤드의 과정 철학은『주역』과 그 맥락을 함께한다.『주역』의 직관적 사유는 '느껴 통한다'는 인식 방식이다. 그것은 전체적으로 바라본다는 통각적인 인식이다. 그것은 인간의 본능적 인식 능력들이 통합적으로 작용해서 이루어지는 순수하고 직접적인 경험이다. 이것은 화이트헤드의 '감각·의식 이전의 경험'과 유비된다. 그리고 주역의 인식 방식은 대상을 '분석적으로 이해'하지 않고 '전체적으로 그대로 파악하는' 일종의 깨달음이다. 이는 화이트헤드의 이른바 '포괄적으로 붙잡는다(comprehend)'는 '파악(prehension=깨달아서 알게 됨)'과 그 의미를 함께한다. 또한『주역』의 관(觀=바라본다)은 상(象)⟷물(物)의 역동적 운동을 지속시키는 열린 인식 과정이다. 그 과정 속에서 상은 역동적으로 드러나서 물과 일치를 이룬다. 이것은 고정적 의미를 지닌 개념적인 인식이 아니다. 그 의미는 상⟷물이라는 인식 운동 '속에서 드러난다.' 물상(物象)과 표상(表象=이미지)이 현(顯. presentation) / 시(示. representation)한다는 것이다. 즉, 물상이 드러나며[顯] 표상이 보이는[示] 이중적 의미를 가진다는 것이며, 물상이 발견되고 표상이 발명된다는 발견(discovery) / 발명(invention)의 이중적 의미를 가진다. 따라서 '상을 바라본다(觀象)'는 것은 물상과 표상이 동시적으로 현시하고 대상(객체)과 주체가 물상을 공동 결정하는 과정인 것이다. 이런 직관적 사유 방식에서는 주관주의나 객관주의 또는 관념론과 실재론의 구분은 무의미해진다.

　　제3장에서는, 서양 기독교 상황 윤리(situation ethics)와 유가 중용(中庸) 윤리의 만남을 다룬다. 기독교 상황 윤리는 선

악의 판단보다는 상황에 대한 고려를 중요시하며, 원리나 규범을 인정하지만 그것을 절대적인 것으로 수용하지 않으며, 절대적인 선이자 유일한 규범으로 사랑을 강조한다. 유가 중용 윤리 또한 기독교 상황 윤리와 동일한 입장을 취한다. 우선, 상황 윤리가 상황에의 적절성을 강조하듯이, 유가 중용 윤리 또한 집중(執中)을 통해 상황과 때[時]를 강조한다. 중(中)은 상반된 두 가지 입장들 중 하나를 선택하는 것이 아니라 두 입장들을 상황에 따라 조화시킨다는 것이다. 상황에 가장 적절한 입장을 취한다는 것이다. 이 점은 권(權=저울질)과 시중(時中)의 개념을 통해 잘 드러난다. 권은 중(=적절성)에 적합한지를 저울질하여 판단하는 구체적인 과정을 말하며, 시중은 서로 다른 때 서로 다른 중을 실천하는 구체적인 방법을 말한다. 다음에는, 상황 윤리가 원리나 규범을 거부하고 상황만을 강조하는 상황주의나 윤리적 상대주의가 아니듯이, 중용 윤리 역시 상황을 강조하지만 원리를 부정하지 않는다. 유가 중용 윤리는 경(經=원칙성)을 인정하는 가운데 권과 시중을 적용하기를 요구한다. 그래서 '저울질한 것은 원리로 돌아온 뒤에 선한 것이 된다.' 마지막으로, 상황 윤리가 항상 선한 것으로 그리고 유일하게 절대적인 규범으로서 사랑을 강조하듯이, 중용 윤리도 삶의 원리이자 완전한 덕[全德]으로서 인(仁)을 강조한다.

제4장에서는, 서양의 도덕적 공감 이론과 유가 윤리의 공감의 원리를 다룬다. 서양의 공감은 자기 사랑의 일방적인 확대로서의 타인 사랑이다. 그것은 자기와 타인 사이의 진정한 상호성의 관계로 보기 힘들다. 그러나 유가 윤리의 공감 원리인 충서(忠恕)는 진정한 호혜성의 윤리다. 자기 충실로서의 내향적 마음과 자기의 마음과 타인의 마음의 동일시로서의 외향적

마음은 서로 쌍방적인 방향으로 작동하는 것이다. 그리고 서양의 학자들이 말하는 공감은 정감의 문제가 중심이다. 그러나 유가 윤리의 충서는 정감의 문제만이 아니라 이성과 정서를 따로 구분하지 않는 통합적인 공감이다. 그래서 충(忠=中心), 서(恕=如心)와 같이 마음[心. mind and heart)을 중심으로 공감(empathy or sympathy)을 논의한다. 여기서 말하는 마음은 사단(四端)과 칠정(七情) 내지 리(理)와 기(氣)를 통합하는 개념으로서, 마음의 공감은 이성과 정서의 통합적 상호성을 말한다.

제5장에서는, 아리스토텔레스의 실천지(phronesis)와 공자의 의(義) 개념의 분석을 통하여 덕(virtue)의 통합성을 논의한다. 도덕 교육은 단순히 도덕적 지식을 가르치는 것일 수 없으며, 더욱이 단순한 도덕적 정서나 행동의 훈련 수준의 교육일 수 없으며, 그것들을 단순히 종합하는 교육일 수 없다. 왜냐하면, 도덕 교육의 핵심은 도덕(moral) 내지 윤리(ethics)이기보다는 덕(virtue) 내지 성품(character)이기 때문이다. 그것은 아리스토텔레스가 말하는 실천지의 교육과 같은 것이다. 그것은 지식 교육이 결코 아니다. 실천적 지식으로 번역되어 실천을 통해 지식을 가지게 되는 것으로 오해할 수도 있지만 실천지는 실천적 지식과는 다르다. 그것은 '숙고(=실천적 추론)를 통한 선택과 결정'을 말한다. 여기서는 이성도 욕구도 구분되지 않는다. 유가에서 말하는 의 또한 옳음과 마땅함이라는 두 가지 의미를 지닌 것으로, 행위의 객관적인 기준으로서의 의는 옳음으로, 행위자의 주관적인 판단과 선택으로서의 의는 적절함과 마땅함이다.

제6장에서는, 아리스토텔레스의 중용 관념과 유가의 중용 관념의 만남을 분석함으로써 아리스토텔레스의 윤리도 유가

윤리도 덕 윤리임을 분명히 하고자 한다. 아리스토텔레스는 덕은 곧 중용이라고 정의하면서, 중용의 상태에 머무는 사람을 선한 사람으로 규정한다. 윤리적 삶의 핵심이 중용의 덕을 실천하는 것이다. 유가에서도 인간 삶의 궁극적인 원리인 인(仁)은 '남과 동일한 마음을 가진다'는 서(恕)로 표현된다. 서는 바로 중용의 의미를 지닌다. 그러나 중은 중간 공리를 따르자는 것이나 적당하게 절충하자는 것이 결코 아니다. 아리스토텔레스가 말하는 중용은 상대적이고 비례적이고 인간적인 중간을 말한다. '지나침도 모자람이 없는 상태'를 의미한다. 유가의 중용은 중(中)과 용(庸)의 합성어다. 중은 '속(안)'과 '바름'의 두 가지 의미를 지닌다. 인간의 본성과 정감이 마음속에서 기울지도 치우치지도 않는 상태를 말한다. 용은 '작용'과 '떳떳함'이라는 두 가지 의미를 지닌다. 따라서 중용의 본래 뜻은 용중(用中)이며, 그것은 항상 따라야 하는 '바르고 떳떳한' 도리인 것이다. '기쁨, 노여움, 슬픔, 즐거움이 나타나지 않음을 중이라하고, 나타나서 모두 절도에 맞는 것이 화(和)라고 한다'는 유가의 말이 잘 보여주듯이, 정감들이 나타나기 이전의 제어가 중이며, 나타난 정감을 상황에 적절하게 제어하는 것이 화인 것이다. 아리스토텔레스 역시 중용을 성품으로서의 중(용)과 정감과 행위로의 선택으로서의 (중)용을 구분한다.

제7장에서는, 부도덕성에 대한 맹자와 칸트의 논의들을 검토한다. 맹자는 인간의 본성이 선하다고 단정적으로 표현하고는 있지만, 그 말의 진정한 의미는 선천적으로 선할 수 있는 성향을 가진다는 것이다. 선의 싹을 가진다는 것이다. 그 싹을 틔우고 자라게 하는 노력에 따라 선과 불선이 결정된다는 것이다. 칸트 역시 인간의 본성을 악으로 규정하기도 했지만, 맹

자의 경우와 마찬가지로 악으로의 성향이 있을 뿐이라는 의미이지 본성 자체가 악하다는 것은 결코 아니다. 그런 악으로의 성향을 극복하기 위해서는 인간은 선의 성향도 있음을 확신하면서 끊임없는 노력을 해야 한다고 주장한다. 맹자는 선의 성향을 말하고, 칸트는 선의 성향과 악의 성향을 모두 말했지만, 맹자에게 선의 성향이란 측은하게 여기고, 부끄럽게 여기고, 사양하고, 옳고 그름을 판단하는 네 가지 능력으로 요약되는 것인 반면, 칸트에게 그것은 도덕 법칙을 의지의 충분한 동기로 존경할 수 있는 능력이다. 맹자는 예시의 방법을, 칸트는 개념화의 방법을 통하여 선의 성향을 설명하고 있지만 그들이 하고자 하는 말의 의미는 서로 통한다. 즉, 인간은 본성적으로 도덕적일 수 있는 '가능성'을 지닌 존재이지만, 그 가능성을 현실화시키는 문제는 전적으로 인간 자신에게 달려 있기 때문에 비도덕적인 행위에 대해서는 인간 자신이 책임이 있다는 것이다. 그리고 그들은 예시와 개념화의 방법으로 비도덕적인 인간의 단계를 제시한다. 선의 준칙을 설정하고는 있지만 결단력이 약하여 시종일관 그것을 따르지 못하고 욕구에 따라서 행동하는 사람, 즉 유약성의 단계는, 맹자의 경우 도덕성을 위해 최소한의 노력도 하지 않는 사람, 즉 할 수 없기 때문이 아니라 하기를 거부하는 사람인 것이다. 또한 도덕 규범을 충실히 따르지만 순수하게 의미 자체 때문이 아니라 다른 이유나 동기 때문에 행동하는 사람, 즉 칸트의 불결성의 단계는, 맹자에게는 선한 사람이 되려는 동기에 따르지만, 충분한 도덕성 발달을 이루지 못한 사람에 해당한다. 늘 경향이나 욕구에 따르고 도덕 법칙에 대한 존경감이나 의무감이 없기 때문에 알고는 있지만 자기 이익이 된다고 생각하기 때문에 고집스럽게 나쁜 짓을 하는 사람, 즉 칸트의 사악성의 단계는, 맹자의 경우 옳지 않다는 것을 알면서도 계속 그런 행동을 일삼는 사람이다. 또한 선택과 도덕적 책임의 문제에 대해서도 둘의 견해는 거의 일치한다. 즉, 그들에게 행위자는 도덕성과 비도덕성을 항상 선택해야 하며 또한 선택할 수 있는 능력도 가지고 있기 때문에 개인의 도덕성은 선택에 의해 큰 영향을 받는다. 인간의 악행들은 본성 때문이 아니고 인간 자신의 자유로운 결단과 선택의 결과다. 따라서 비도덕성에 대한 책임은 인간 자신에게 주어진다.

제8장에서는, 동서양 윤리관의 직접적인 만남을 다루기보다는, 서양에서 주로 논의되지만 논의 자체에만 몰두하면서 진정한 딜레마 해결 방식을 제시하지 못하는 반면, 동양 고대의 유가 윤리에서는 '도덕적 딜레마'라는 표현을 직접 사용하지 않지만 진정한 도덕적 딜레마 해결 방식을 실질적으로 제시하고 있다는 점을 주로 다룬다. 유가 윤리에서는 현실적인 인간의 삶 속에서 빈번하게 경험되는 도덕적 딜레마들을 적극적으로 인정하면서 그 해결 방식을 경→권=선의 공식으로 제시한다. 그것은 특수한 구체적인 도덕적 책무나 의무의 갈등 상황에서 경(經=원리나 규범)에 따라서 시비 판단을 내리고, 권(權=저울질=상황 판단)을 통하여 그 시비 판단을 구체적인 상황에 철저하게 적용시킴으로써 개인이나 공동체에 이익이 되는 선(善)을 추구한다는 것이다. 경과 권이 항상 통합적으로 기능하고 있다. 보편적이고 추상적인 원리나 규범은 특수하고 구체적인 상황들을 떠나서는 존재의 의미를 가질 수 없으며, 보편적인 윤리를 상실한 인간 삶의 현실도 바람직하지 않다는 것이다. 경과 권은 다른 것이면서 결코 다른 것으로 기능하지 않는

다. 경은 고정된 권이며, 권은 변하는 경이다.

제9장에서는, 공자와 아리스토텔레스의 효 관념들을 다룬다. 먼저, 동양이나 서양이나 현대 사회는 공동사회(Gemeinschaft)와 이익사회(Gesellschaft)로 구성되어 있지만, 이익사회의 삶이 현대인의 삶의 중심을 이룬다. 동양 고대의 공자와 유가는 공동사회 중심의 사회에서 가정과 부모와 자녀의 관계를 삶의 중심으로 강조하였다. 그러나 아리스토텔레스는 가정의 공동체의 일종으로 간주하면서 부모와 자식의 관계보다는 남편과 아내의 관계를 삶의 중심으로 강조하였다. 현대 사회에서는 효도가 이루어지는 가정을 공자와 아리스토텔레스 둘의 강조점을 함께 고려해야 할 것이다. 그리고 효도의 근거도 공익성과 자연성 두 가지 측면들이 통합되어야 한다. 아리스토텔레스는 부모의 자식 사랑의 근거로 자연성을 제시하면서 자식의 부모 사랑에 대한 보답은 공익성을 그 근거로 제시하였다. 공자는 부모의 자식 사랑의 근거와 자식의 부모 공경의 근거로 자연성을 제시하였다. 그리고 공자와 유가는 효심과 효행을 모두 무조건 지켜야 하는 도덕적 의무로 간주하였고, 아리스토텔레스는 효도를 도덕적 책임으로 간주하였다. 그러나 현대 사회에서는 효의 근본인 효심은 도덕적 의무로 철저하게 강조되어야 하는 반면, 그것의 실천 방안으로서의 효행은 도덕적 책임으로 강조되어야 한다. 마지막으로 효도의 근본인 효심은 부모를 공경하는 마음이다. 효도 교육은 효심과 효행을 분리시켜서는 결코 안 된다. 효행들을 통한 효심 함양 교육이 철저하게 이루어져야 할 것이다.

마지막 제10장에서는, 공자와 아리스토텔레스의 우정 관념들을 다룬다. 오늘날 우리 사회에는 동료의 관계들은 너무나 많이 이루어지고 있지만, 진정한 우정은 발견하기 매우 힘든 상태다. 진정한 우정보다는 유용성과 즐거움의 우정이 우정을 대변하고 있다. 사람들은 이득과 즐거움을 위해서 친구를 사귀는 경우가 거의 대부분이다. 아리스토텔레스는 그런 우정도 일종의 우정으로 간주하면서도 그것이 진정한 우정일 수 없음을 비교적 상세하게 논의한다. 그런 우정은 우연적인 것이며 지속될 수 없다는 것이 그의 주장이다. 공자는 친구 관계를 포함한 모든 인간 관계에서 이득이나 즐거움을 추구해서는 안 된다는 점을 강조한다. 그리고 진정한 우정의 본질에 관하여, 아리스토텔레스는 선을 주장하고, 공자는 덕 내지 인격을 주장한다. 아리스토텔레스는 서로를 위하여 서로 사랑하고 서로의 성품 때문에 서로를 소중히 여기며, 서로에게 좋은(good) 것을 바라는 우정이 진정한 우정이라고 말한다. 공자는 자신의 덕과 인격의 함양을 위해 친구를 사귀라고 주장한다. 그런데 아리스토텔레스는 우정의 결과 반드시 유용하고 즐거워야 한다는 점을 강조한다. 이득과 즐거움이 우정의 필수 조건이라는 것이다. 공자도 우정의 즐거움을 강조한다.

위와 같은 내용의 이 책은 '동서양 세계관과 윤리관의 만남'을 주제로 집필된 것이 아니다. 오랜 시간 동안 가끔 한 편씩 작성하여 학술지에 발표하였던 논문들을 모아서 이 책으로 편집된 것이다. 제1장은 「역의 전일론적 세계관」(『동서철학연구』, 1998. 4), 제2장은 「주역의 직관과 화이트헤드의 파악」(『화이트헤드연구』, 2001. 1), 제3장은 「상황 윤리로서의 유가의 중용 윤리」(『동서철학연구』, 2007. 3), 제4장은 「유가 윤리에서의 공감의 원리」(『도덕교육연구』, 2007. 2), 제5장은 「덕의 통합성과 통합적 접근의 도덕 교육」(『윤리교육연구』, 2008. 4), 제6장은 「아리스토텔레스의 중용 관념에 비추어본 유가의 덕 윤리적 중용 관념」(『초등교육연구』, 2007. 12), 제7장은 「부도덕성에 대한 맹자와 칸트의 논의」(『청주교대 논문집』, 1995. 4), 제8장은 「유가 윤리에서의 도덕적 딜레마 해결 방식으로서의 경(經)→권(權)=선(善)」(『국민윤리연구』, 2007. 3), 제9장은 「공자와 아리스토텔레스의 효 관념 비교」(『유학연구』, 2010. 8), 제10장은 「공자와 아리스토텔레스의 우정 관념 통합 분석」(『윤리교육연구』, 2010. 8)이었다. 따로 작성하고 발표된 논문들을 편집하였기 때문에 이 책은 체계성이 크게 부족하다. 송구스럽게 생각한다. 그리고 간혹 일부 내용들이 서로 다른 장들에서 중복되어 나타나지만, 그것은 서로 다른 맥락에서 서로 다르게 강조된 내용이었음을 일종의 변명으로 알려드린다. 결국 이 책은 동서양의 통합적인 도덕 철학을 연구하고자 하는 하나의 시도에 불과하다. 많은 지도편달을 기대한다.

"삶에 조금의 여유라도 있다면 공자님의 『논어』를 공부하라"는 귀한 말씀을 필자에게 남겨주시고 오래전에 영면하신 조부님의 고마움에 다시 한 번 고개 숙인다. 그리고 늘 춘란의 향기처럼 '짙으면서도 은은한' 삶의 향기를 선물하는 나의 안사람과, 나의 삶에 항상 활기를 부여해주는 아들 정화, 딸 지선에게도 이 기회에 고마움을 표한다. 그리고 흔쾌히 출판을 허락해주신 [철학과현실사] 사장님께도 깊은 감사를 표한다.

2011년 3월
心石 박 재 주

동서양 세계관과 윤리관의 만남
차 례

동서양 세계관과 윤리관의 만남
차 례

제 1 장
『주역』의 전일론적(holistic) 세계관

I. 서 론

동양 사상의 근간을 이루는 역(易)1)의 세계관은 유기체론적인 관점에서 우주의 전일성을 강조한다. 우주를 영원히 살아서 움직이는 생명체와 같은 존재로 인식한다는 것이다. 그리고 그 운동과 변화의 동인으로서의 생명력은 고대 그리스의 관점에서처럼 초월적인 본체로부터 주어지는 것이 아니라 우주와 그 것을 구성하는 물질 자체의 본원적인 성질이라고 본다. 이러한 역의 전일론적 세계관은, 자연은 끊임없이 운동하고 변화하는 복잡 다양한 세계로서 기계론적이고 결정론적인 세계가 아니라 전체가 하나의 큰 유기적 전체성을 이루고 있다고 보는 것

---

1) 『周易』은 易經과 易傳(十翼)으로 이루어진 책이다. 그리고 그것에 관한 다양한 해석들이 있다. 그러나 이 논문에서는 易이라는 용어를 쓰고자 한다. 이 경우 역이란 그러한 모두를 포괄하는 易思想 體系라는 의미다.

이다. 즉, 역에서 우주 만물은 하나의 연속체며 전일적으로 통합된 유기체적 통일체인 것이다.

이러한 역의 세계관에서는 모든 것이 변화한다. 고정된 실체로서 존재하는 것은 있지 않다. 모든 것은 다른 것과의 관계로서 존재하려는 경향일 뿐이다. 그래서 역은 '변화의 논리(logic of changes)'로 불린다.[2] 역은 변화하지 않는 영원한 어떤 것을 추구하지 않으면서 변화하고 있는 현상의 세계 속에서 자신의 동일성을 유지하려는 인간의 욕망을 충족시킬 수 있는 어떤 것을 찾는다. 역의 논리는 변화 자체를 우주의 본질로 선언하면서 변화 속에서 영원성을 발견하려는 것이다. 역에는 세 가지 뜻이 있다고 한다.[3] 즉, 변화의 뜻인 변역(變易)과, 시간과 공간에 따라 변화하지 않는 원리로서의 불역(不易)과, 변역의 내재적 성격으로서의 간이(簡易)가 그것이다. 여기서 역간이란 역의 이치와 성격과 아울러 이를 인식하고 실천하는 방법을 말한 것이다. 변역이란 천지만물의 시간적 변화 원리를 직접 지적한 것이다. 불역이란 변화 원리 자체의 절대적 불변성과 아울러 변화 원리 속에 내재되어 있는 본질성을 밝힌 것이다. 그렇다면 역간과 불역은 역도(易道)의 성격을 표현한 것으로서 이는 역의 의의를 간접적으로 규정한 것이다. 변역만이 역리(易理)의 실천적이요 본질적인 내용을 직접 표현한 것이

2) Z. D. Sung, *The Symbols of Y King or The Symbols of the Chinese Logic of Changes* (New York : Paragon Book Reprint Corp., 1969).

3) 黃優仕, 「周易名義考」, 黃壽祺·張善文 編, 『周易硏究論文集』 제1집 (北京 : 北京師範 大學出版社, 1987), p. 134, 乾鑿度 "역이란 역이요 변역이요 불역이다. 변역은 그 기며, 불역은 그 자리다(易者易也 變易也 不易也 變易者 其氣也 不易者 其位也)", 崔覲, "역이란 生生의 덕에 쉽고 간편함의 뜻이 있음을 이른다. 불역이란 하늘과 땅이 자리를 정하여 서로 바꿀 수 없음을 말한다. 변역이란 생생의 도가 변하여 서로 이어짐을 이른다(易者謂生生之德有易簡之義 不易者言天地定位不可相易 變易者謂生 生之道變而相續)."

다. 따라서 역의 뜻은 변역으로 요약된다. "역이란 변화를 도몰아 이름한 것으로 고침과 바꿈의 다른 이름이다"는 말은[4] 그 점을 잘 표현한 것이다.

변화의 철학으로 요약되는 역의 세계관에서는 존재의 연속성과 생명의 그물망을 강조한다. 그것은 존재의 모든 양태들이 유기적으로 연관되어 하나의 전체를 이룬다고 가정하는 것이다. 유기적으로 연관된다는 것은 우주 만물들이 모두 정태적인 물질과 같은 실체들이 아니라 역동적인 에너지 장들로 구성된다는 것이다. 물리학보다는 생물학이 더 적절한 은유가 될 수 있는 역의 세계관은 우주 만물의 생성과 변화의 과정을 '자발적인 자기 생성적 생명 과정(spontaneously self-generating life process)'으로서의 유기체적 과정이라고 생각한다.[5] 그리고 우주 만물을 하나의 연속체(continuum)며 전일적으로(holistically) 통합된 유기체적 통일체로 인식하는 것이다.

이 논문은 변화와 유기적 통합성의 관점에서 세계를 바라보는 역의 세계관을 전일론(holism)의 입장에서 해석해보고자 한다. 전일론이란 근대 과학의 방법론과 세계관에 대한 비판으로서 등장한 신과학 사상의 한 맥락이다. 그것은 환원주의를 극복하고 물질 세계를 새로운 시각에서 조명하려는 이론이다. 환원주의는 자연과학을 포함한 서양 사상의 기본적인 틀이 되었던 것이다. 서양 근대 과학의 가장 중요한 과제는 인과율의 끈을 찾아내는 것이었다. 인과율의 끈을 찾아낼 수 있는 유일한 방법이 환원주의였고 그것은 이성의 눈을 통해서 가능한

---

4) 孔穎達, 『周易本義』(臺北 : 學生書局, 1983), p. 26.

5) Tu Wei-Ming, 'The Continuity of Being : Chinese Visions of Nature' in J. Baird Callicott and Roger T, Ames, ed., *Nature in Asian Traditions of Thought*(Albany : State University of New York Press, 1989), p. 67.

작업이었다. 근대 과학은 이성과 환원주의의 방법을 통해서 인식론적 차원에서는 인과 관계의 끈을 찾으려 하고 존재론적 차원에서는 결정론적 세계관을 정립하고자 했던 것이다. 그러한 근대 과학의 환원주의와 결정론적 혹은 기계론적 세계관의 극복을 시도하는 전일론은 홀론이라는 개념을 통해 잘 이해될 수 있다. 홀론이란 말의 뜻은 '부분, 즉 전체'이고 '전체, 즉 부분'을 의미한다. 부분과 전체를 갈라서 나누어보는 태도가 아니다. 부분이 모여 전체가 된다거나 전체가 해체되어 부분이 되는 것이 아니라 모든 부분이 곧 전체 그 자체라는 뜻이다. 이러한 생각은 전체 속에 부분이 반영되고 부분 속에 전체가 포함된다는 홀로그램적 사고로 이어진다. 따라서 이 논문은 이러한 관점에서 역의 세계관을 새롭게 해석하게 될 것이다.

II. '부분 즉 전체'로서의 홀론(holon)과 '일즉다(一卽多)'로서의 태극

전체가 부분(개체)들로 이루어진다는 것은 자명한 사실이다. 그러나 전체와 부분들 간의 관계에 관한 문제는 간단하지 않다. 이 문제와 관련하여 두 가지의 사고 양식들이 있어왔다. 하나는 전체론적 사고며 다른 하나는 원자론적 혹은 개체론적 사고다. 전체론적 사고에 의하면 전체만이 유일하게 실재한다. 전체는 그 부분들을 초월한 총체며, 부분은 단지 그 전체를 위해서 그리고 전체로 인하여 존재한다. 전체는 부분들의 총합 이상의 무엇이다. 이러한 전체성은 창발한(emerge) 것으로서 부분의 성질이나 부분들 간의 상호 작용으로 환원될 수 없다.

반면에 개체론적 사고에 의하면 유일하게 실재하는 것은 부분(개체)이지 전체가 아니다. 전체는 부분들의 집합체다. 부분들을 초월한 전체란 관념적인 것일 뿐 구체적인 것이 아니다. 총체로서의 전체는 하나의 추상적 개념에 지나지 않으며 창발성을 갖는 것이 아니다. 전체성은 오로지 부분들의 성질들의 무더기에 불과하다. 전체의 변화란 부분들의 변화의 총화다.

그런데 전체론과 개체론의 종합을 시도하는 이론이 체계론(systems theory)이다. 그것은 전체론과 개체론의 합리적인 내용들을 비판적으로 수용한다. 특히 '부분은 전체의 부분'이라는 점을 망각하고 전체의 부분에만 집착하는 개체론적인 근대 과학의 연구 방법이 한계에 이르렀음을 강조한다. 체계론에 의하면 전체도 부분도 모두 실재하는 것이다. 전체는 부분들의 단순한 무더기도 아니며 부분을 초월한 추상적 총체도 아니다. 그것은 상호 연관되어 작용하는 부분들의 통일체, 즉 체계(system)다. 체계로서의 전체는 총괄성을 가진다. 그것은 부분과 부분들 간의 상호 작용에 의해 창발한 것으로서 부분들의 성질과는 다른 것이다. 전체와 부분 간에는 유기적 의존 관계가 존재한다. 전체의 전체성으로 인해 부분은 전체와 분리될 수 없으며 각 부분은 전체의 구성 부분이다. 또한 전체는 부분에 의해 구성되고 부분들의 상호 작용에 의해 존재하는 총체다. 본질적으로 전체와 부분의 관계는 상호 의존하고 작용하고 침투하고 전환하는 관계다.

이러한 체계론적 사고는 신과학 사상에 의해 과학적 사실로 증명되고 있다. 현대 과학에서의 체계론적 사고는 전일론 혹은 홀론적 사고에 의해 대변된다. 그리고 아인슈타인의 상대성 원리와 하이젠베르크의 불확정성 원리의 등장과 함께 큰 설득력을 갖기 시작하였다. 이러한 홀론적 사고는 환원주의와 기계론을 극복하기 위하여 케슬러(A. Koestler)에 의해 심화되고 분명해진 것이다. 뉴턴과 데카르트 등의 환원주의 철학에서는 하나의 기계가 많은 부속품들로 조립되어 있듯이 개체(부분)들이 모여서 하나의 전체를 이루고 있기 때문에 부분은 전체에 귀속될 수 있고, 부분을 연구하고 그 부분들 간의 관계를 이해하면 전체를 이해할 수 있다고 생각한다. 그러나 부분을 구속하는 전체가 따로 있는 것이 아니라 부분 자체가 곧 전체며 전체가 곧 부분이라는 홀론 이론은 현대 과학에 하나의 혁명적인 이론으로 등장하고 있다.

생명체의 현상은 홀론적 사고의 적실성을 전형적으로 보여준다. 즉, 부분들의 성질을 단순히 더하여 전체를 설명할 수 없는 것이 생명체의 현상인 것이다. 심장을 구성하고 있는 세포는 심장의 일부분이지만 그것은 그 자체가 독립된 기능을 가지고 있다. 생명체 가운데 거의 모든 것이 이러한 관계에 있고, 부분이 단순한 부분이 아니라 하나하나가 주체적인 기능을 가지고 있다. 생명체의 부분은 부분이면서 각각 독립 왕국적인 기능을 가지고 움직이고 있다는 것이다.6) 생명체의 이러한 모습을 '유기적'이라고 한다. 근대 과학은 우주와 세계를 유기적인 생명체로 파악하지 않고 기계적인 비생명체로 파악해왔다. 생명체는 각 부분이 독자적으로 대응할 수 있는 기능을 가지고 있다. 이 점이 비생명체의 부분과 결정적으로 다른 점이라는 것이다. 따라서 생명체 속에서는 부분의 독자적인 기능을 기계적으로 단순히 해석하는 것은 잘못이다.7) 그렇다고 하여

---

6) 다케모시 이쉬 지음 · 이동선 역, 『아주 작은 우주』(서울 : 도솔, 1991), p. 31.
7) 김상일, 『퍼지 논리와 통일철학』(서울 : 솔, 1995), p. 125.

홀론적 사고가 전체론적인 사고라고 생각하는 것은 잘못이다. 그것은 개체론과 전체론 둘 다를 넘어서면서 종합하는 제3의 사고 양식이다. 케슬러는 환원주의와 전체론은 각각 유일한 지침으로 삼는다면 이내 막다른 골목에 다다를 것이라고 한다.[8]

홀론(holon)이란 말은 그리스어로 '전체'를 뜻하는 '홀로스(holos)'와 '분자(혹은 부분)'를 나타내는 접미어 '온(on)'을 조합한 합성어다.[9] 혹은 아래나 위, 보기에 따라서 전체로도 묘사될 수 있고 부분으로도 묘사될 수 있는, 위계 구조상의 중간 단계에 있는 야누스의 얼굴을 말한다. 그리스어로 전체라는 의미를 가진 '홀로스'와 양자(proton)나 중성자(neutron)라고 할 때 조각이나 부분을 뜻하는 접미사 '온'의 합성어다. 유기체의 구조와 활동은 기본적인 물리화학적 과정으로 설명될 수 없고 또 그것으로 환원될 수도 없다. 유기체는 아전체(sub-whole)가 다양한 층을 이루는 위계 구조로 되어 있다. 이러한 위계 구조의 각 구성 요소들은 각 개의 차원에서 그 고유한 권리를 지닌 아전체, 즉 홀론이라는 것이다. 그것은 자기 규제적인 장치를 갖추고 상당한 정도의 자율성 혹은 자기 통제를 누리고 있는 안정되고 통합적인 구조로 되어 있다. 그것들은 부분으로서 위계 구조상의 더 높은 중앙에 종속되어 있지만 그와 동시에 준자율적인 전체로서 작용하기도 한다. 그들은 야누스다. 더 높은 차원을 향해 위를 보고 있는 얼굴은 종속적인 부분의 얼굴이고, 자신의 구성 요소들을 향해 아래를 보고 있는 얼굴은 놀랄 만큼 자기충만성을 지닌 전체의 얼굴이다.[10]

---

8) 아서 케슬러 지음 · 최효선 옮김, 『야누스-혁명적 홀론 이론』(서울 : 범양사 출판부, 1993), p. 40.
9) Michael Talbot, *The Holographic Universe*(New York : Harper Collins Publishers, 1991), p. 47.

홀론으로서 기능한다거나 개체인 동시에 전체라고 하여 홀론 자체가 어떤 실체인 것은 아니다. 그것은 체계의 속성 혹은 기능일 뿐이다. 기능체로서의 홀론은 두 가지 상반되는 경향의 기능을 말한다. 그것은 바로 어떤 체계의 형태발생성과 형태안정성, 즉 역동성과 안정성의 두 경향의 기능체, 즉 역동항상성인 것이다. 다시 말해 전체의 부분으로서 전체를 위하여 기능하는 통합 기능의 경향과 개체 혹은 부분의 자율성을 지키고자 기능하는 자기 주장의 경향이 그것이다.

홀론의 자기 주장 경향, 즉 자율성은 각각의 단계에서 다투어 자기를 보호하고 주장한다. 이러한 자기 주장 경향은 모든 단계의 홀론과 전체로서 가지는 위계 질서에서의 개체성을 유지하는 데 필요불가결하다. 그러한 경향의 기능이 없다면 우주 만물은 형체 없는 젤리처럼 녹아내릴 것이다. 천태만상의 사물들은 단지 전체의 한 조각이나 특정한 한 국면에 지나지 않을 것이다. 그리고 이것 혹은 저것이라고 구별하는 것이 전혀 불가능할 것이다. 한편, 홀론은 그것이 속하면서 상호 의존하는 더 큰 체계의 통합적 부분으로 기능한다. 통합 혹은 자기 초월 경향(self-transcending tendency)은 홀론의 부분성에서 유래한다. 이 주장은 늘 자기 주장 경향을 감시해야 한다. 이 두 기본적 경향은 다소 균형을 이루고 홀론은 전체 가운데에 일종의 역동적인 균형 상태를 이루며 산다. 야누스의 두 얼굴은 상보적인 것이다. 자기 주장 경향은 홀론의 전체성의 역동적 표현이고, 통합적 경향은 부분성의 역동적 표현이다. 전체는 부분이고 부분은 전체다. 각각의 아전체는 '아'와 '전체'다. 살아 있는 동물이나 식물에게서 사회 조직에서처럼 각기의 부분은

10) 아서 케슬러 지음·최효선 옮김, 앞의 책, p. 41.

자기의 개체성을 주장해야만 한다. 그렇지 않으면 유기체는 그 분별을 잃고 해체되어버릴 것이다. 그러나 동시에 부분은 전체의 요구에 복종해야만 한다. 이 과정이 언제나 순조로운 것은 아니다. 건강한 사회와 마찬가지로 건강한 유기체에서는 이 두 경향이 위계 질서의 각 단계에서 균형을 이루면서 항상 상태를 유지하고 있다. 이 기본적인 양면성은 개인적 · 사회적 규모에서의 정서적 행동의 현상에서 수많은 사례로 나타난다. 사람은 누구도 섬이 아니다. 그는 홀론이다. 속을 들여다보면 그는 독특하고 자기 완결적인 독립된 전체로서 체험해나가고, 밖을 향해 보면 그의 자연적 · 사회적 환경에 종속된 부분으로 살아간다. 그의 자기 주장 경향은 그의 개체성의 역동적 발현이고, 그의 통합 경향은 그가 속한 더 큰 전체에의 의존성, 즉 그의 부분성을 표현한다. 전체성과 부분성의 이분 그리고 자기 주장 경향과 통합 경향의 양극성에서의 역동적 발현은 이미 말한 바와 같이 모든 다단계적인 위계적 체계에 고유한 것이고 개념적 모델에 함축되어 있다. 이것은 무생물계에조차 반영되어 있다. 원자에서 은하계에 이르기까지 비교적 안정된 역동적 체계가 있는 곳이면 어디나 그 안정성은 상반된 힘의 균형으로 유지된다. 상반된 힘의 한쪽은 관성력 혹은 척력과 같은 원심력이고 다른 한쪽은 인력 또는 응집력과 같은 구심력인데, 이는 자기의 동질성을 희생시키지 않고도 더욱 큰 전체의 부분으로 결합된다. 뉴턴의 제1법칙, 즉 '모든 물체는 그 형태를 변형시키려는 다른 힘에 의해 강제되지 않는 한 계속하여 그 상태에 안주하거나 등속 직선 운동을 계속한다'는 법칙은 마치 속속들이 우주의 모든 물체가 자기 주장 경향을 선언하는 것처럼 들린다. 그 반면 그의 중력의 법칙은 통합 경향을 반영한다. 보어의 상보성 원리에 따르면, 모든 소립자(전자, 광자 등)는 입자와 파장이라는 이중적 성격을 가지고 있다. 상황에 따라서 그것들은 조밀한 물질 알갱이처럼 행동하기도 하고, 물질적 속성이나 명확한 경계가 없는 파장으로 행동하기도 한다. 전자의 미립자적 측면은 그 전체성과 자기 주장적 가능태로서 나타나는 반면 파장적 성질은 그 부분성과 통합적 가능태로 나타난다. 자기 주장 경향과 통합 경향의 발현은 각 단계에 특징적인 특별한 규준 혹은 '조직적 연관성'에 따라 위계 질서의 각각의 단계에서 서로 다른 외형으로 나타난다. 아원자적 입자 간의 상호 작용을 지배하는 규칙은 전체로서의 원자들 간의 상호 작용을 지배하는 규칙과는 다르다. 그리고 개인의 행동을 지배하는 윤리적 규범은 군중이나 군대의 행동을 지배하는 규칙과 다르다. 따라서 모든 생명 현상에서 발견되는 자기 주장 경향과 통합 경향이라는 양극성의 발현은 단계마다 다른 형태를 띠게 된다. 그러므로 우리는 각 단계에 반영된 양극성을 다음과 같이 나타낼 수 있다. 즉, 통합 ↔ 자기 주장, 부분성 ↔ 전체성, 의존성 ↔ 자율성, 구심적 ↔ 원심적, 협력 ↔ 경쟁, 이타주의 ↔ 이기주의 등이다. 자기 주장 경향은 지금 여기 현존하는 상태에서 홀론의 개체성을 유지하려는 경향을 띤다는 의미에서 거개가 보수적이다. 반면 통합 경향은 현상태의 체계를 구성하고 있는 홀론을 협력시키고 동시에 그것이 생물학적이건 사회학적이건 인식적이건 진화하는 위계 질서에 새로운 차원의 복잡한 통합을 생성시키는 이중적 기능을 가지고 있다. 그러므로 자기 주장 경향은 자기 보존에 관심을 갖는 현상 지향적인 반면 통합 경향은 현재와 미래 모두를 위해 일하고 있다고 말할 수 있을 것이다.11)

역 철학은 전체론이나 개체론의 한 입장에 서 있지 않다. 그것은 상호 작용하는 부분들의 통일체로서의 체계라는 관점에서 우주 만물의 생성과 변화의 과정을 설명하는 일종의 체계 철학(systems philosophy)[12]인 동시에 넓은 의미에서의 철학적 일반 체계 이론(General Systems Theory)[13]이다. 역 철학에서 체계의 홀론적 특성을 가장 잘 보여주는 기본적인 개념은 태극(太極)이다. 역에서의 태극은 현대 과학적 용어로 말하면 홀론과 같은 것이다.

역 철학에서 생성과 변화를 설명하는 핵심적인 개념은 바로 태극이다. 그래서 "역에 태극이 있다"고 한다.[14] 이 말은 역이 태극을 포함하고 있다는 뜻이 아니다. 변화의 원리인 역을 다르게 이름하여 태극이라고 한다는 뜻이다. 역의 원리가 곧 태극이며 역의 도가 곧 태극의 작용 원리인 것이다. 태극의 작용이라고 하면 그것이 어떤 실체로서 존재하는 것으로 생각하기 쉽다. 그러나 그러한 생각 자체가 작용이 있으면 그 작용의 주체가 있어야 한다는 서양의 실체론적 사고 방식에서 나온다. 엄격하게 말하면 태극의 작용 원리라는 말은 '태극이라는 작용

---

11) 아서 케슬러 지음·최효선 옮김, 앞의 책, pp. 71-77 참고.

12) 체계 철학이란 모든 존재들이 하나의 체계를 이루고 있다는 체계적 관점(systems-view)에서 세계를 해석하는 철학이다. 모든 체계는 '질서지워진 전체'로서의 특성과 적응적 자기안정화 혹은 적응적 자기조직화의 특성 그리고 체계 내적 위계질서와 체계 간의 위계질서를 유지하는 특성을 가지는 것으로 이해된다. 즉, 모든 존재들은 이러한 세 가지 특성에 의해서 해석될 수 있다는 것이다. 이러한 체계 철학에 대한 상세한 논의는 Ervin Laszlo, *Introduction to Systems Philosophy : Toward A New Paradigm of Contemporary Thought* (New York : Harper & Row, Publishers, Inc., 1972), pp. 98-117을 참고할 것.

13) 일반 체계 이론에 관한 설명은 Ludvig von Bertalanffy, *General Systems Theory : Foundations, Development, Applications* (New York : George Braziller, Inc.,1968)을 참고할 것.

14) 『周易』「繫辭傳」上 제11장, 易有太極.

원리'라고 읽어야 한다. 그러한 작용 원리가 만고불변의 큰 하나의 원리며, 그러한 원리가 우주 만물의 모든 것에 두루 작용한다는 의미에서 그것이 유행한다거나 편재한다고 표현한다. 태극이라는 말 자체가 '크고 지극하다'는 뜻이다. '큰 용마루'라는 것이 집의 가장 높은 곳에 있으면서 서까래를 지탱시켜주는 역할을 하듯이, 우주 만물의 생성과 변화가 하나의 큰 작용 원리에 따라 이루어지고 있음을 비유한 것이다. 생생(生生)하는 우주 만물의 모습이 크고 지극하다는 것이다.

그렇다면 "태극이 양의를 낳고 양의가 사상을 낳고 사상이 팔괘를 낳는다"는 말15)은 어떻게 읽어야 하는가? 여기서 '낳는다[生]'는 말은 탄생시킨다는 의미가 아니다. 그것은 오히려 '나타난다'는 의미다. 따라서 양의나 사상이나 팔괘는 태극으로부터 발생되어 나오는 실체들이 아니다. 태극이 두 가지 모습(兩儀)으로 또 네 가지 모습의 상징(四象)으로 나타나고, 여덟 가지 모습을 기호로 걸어서 표현할 수 있다는 것이다. 양의, 즉 음양과 사상과 팔괘는 결코 실체가 아니다. 그것은 우주 만물이 생성하고 변화하는 양상 혹은 패턴일 뿐이다. 그렇다면 「계사전」에서 말한 위의 구절은 변화의 원리 혹은 역의 도를 좀더 구체적으로 상세하게 표현한 것일 뿐 어떤 발생론적 의미를 갖는 것이 아니다.

태극의 의미에 대한 성리학자들의 해석은 다양하지만, 그것은 만물에 하나같이 작용하는 불변의 대원리라고 해석해야 한다. 주렴계(周濂溪)의 "무극이면서 태극이다"는 구절에16) 대한 주희(朱熹)의 해석이 바로 그러한 해석이라고 할 수 있다.

---

15) 『周易』 「繫辭傳」 上 제11장, 易有太極 是生兩儀 兩儀生四象 四象生八卦.
16) 周敦頤 撰, 『太極圖說』(上海古籍出版社, 1992), p. 4, 無極而太極.

그는 무극이 태극을 낳는 것이 아니라 무극이면서 동시에 태극이라고 읽는다. 이 경우 '而' 자는 구별되지만 같다는 통논리적 의미를 지닌다. 즉, 극이 없으면서 큰 극이라는 뜻이다. 태극은 소리도 없고 냄새도 없기 때문에 무극이라 하는 동시에 그것이 모든 조화의 지도리며 만물의 뿌리가 되기 때문에 태극이라고 하면서 태극 이외에 무극이 따로 있는 것이 아니라고 한다.17) 여기서 '소리도 없고 냄새도 없다'는 말은 바로 태극이 실체적 존재가 아님을 밝힌 것이며, 그러한 점을 극이 없다고 표현한 것은 태극의 작용이 미치지 않음이 없다(無所不在)는 뜻이다. '모든 조화의 지도리며 만물의 뿌리가 된다'는 말 역시 만물의 생성과 변화가 그러한 기본적인 패턴에서 벗어나지 않는다는 뜻을 비유적으로 표현한 것이다. 즉, '무극이면서 태극'이라는 말은 생성과 변화의 기본적인 패턴 혹은 원리를 형용하는 말에 다름 아니다. 그래서 (태극만을 말하고) 무극을 말하지 않으면 태극은 하나의 물건과 같게 되어 온갖 조화의 뿌리가 될 수 없고, (무극만 말하고) 태극을 말하지 않으면 무극은 텅 비고 적막한 것에 빠져들어 만물의 뿌리가 될 수 없다고 한다.18) 주희의 태극은 이(理)다. 이(理)에는 감정이나 무엇을 하고자 하는 의지도 없고 세어보고 재어보고 따져보고 헤아려보는 것도 없고 만들어 짓는 바도 없다. 다만 그것은 깨끗하고 넓게 트인 세계며 그 세계 속의 만물에 내재한 원리인 것이다. 그러므로 거기에 움직임과 고요함(動靜)이 있을 수 없다. 만약 이(理)가 움직이거나 고요하다면 태극은 형이하

---

17) 『性理大全』卷1 頁13, 上天之載 無聲無臭 而實造化之樞紐 品彙之根底也 故曰無極而 太極 非太極之外復有無極也.

18) 위의 책, 頁4, 不言無極則太極同於一物而不足爲萬化之根 不言太極則無極淪於空寂而 不能爲萬物之根.

자(形而下者)가 되고 만다. 그렇다면 태극은 어떻게 움직이고 고요하여 음과 양이라는 두 가지 모습으로 나타나는가? 주희에 의하면 태극의 동정은 천명의 유행이다.[19] 태극이 움직이거나 고요하다는 것은 원리가 작용한다는 의미라는 것이다. 그러므로 태극에 동정이 있다는 말은 당연히 태극이라는 생성과 변화의 원리는 움직이고 고요한 원리라는 뜻이다. 원리로서의 동과 정은 상대적인 개념이 아니므로 정 가운데 동이 있고 동 가운데 정이 있다. 그러므로 신령스러워 헤아릴 수 없는(神而莫測) 것이다. 이것은 동정의 변화를 알 수 없는 상태를 묘사한 것이다. 이 동정의 원리는 서로가 뒤섞여 현상계의 무궁한 변화를 만들어낸다. 동정이라는 원리로서의 태극이 작용하면 음과 양으로 나타나는 것이다. 태극의 동의 원리는 양으로 나타나고, 태극의 정의 원리는 음으로 나타나는 것이다. 음양이 나타나게 되면 태극은 또 음양 속에 내재하는 것이다. 변화의 원리로서의 태극은 곧 음양의 작용 원리로서 표현된다. 그러한 작용 원리가 신령스럽고 헤아리기 힘들다는 것이다. 그래서 "음양을 헤아리지 못함이 신이다"라거나[20] "신이란 만물을 묘하게 한다"고 말한다.[21] 만물이 생성하고 변화하는 원리로서의 태극은 음과 양 혹은 건과 곤으로 표현된다. 그것의 작용은 신기하고 묘한 것이어서 구체적이고 가시적인 자연 현상을 통해서 파악된다는 것이다. 주렴계는 물(현상)과 신(태극의 작용)을 구별하기 위하여 '통한다(通)'는 개념을 사용한다.

"움직이면 정지함이 없고 정지하면 움직임이 없는 것이 물이다.

19) 朱熹·김상섭 해설, 『역학계몽』(서울 : 예문서원 1994), p. 109.
20) 『周易』「繫辭傳」上 제5장, 陰陽不測之謂神.
21) 『周易』「說卦傳」제6장, 神也者 妙萬物而爲言者也.

움직이면서 움직임이 없고 고요하면서 고요함이 없는 것은 신이다. 움직이면서 움직임이 없는 것은 움직임 가운데 고요함이 있는 것이며 고요하면서 고요함이 없는 것은 고요함 가운데 움직임이 있는 것이다. 움직이지 않음도 고요하지 않음도 아니라는 것은 고요하여 움직이지 않거나 움직여 고요하지 않음이 아니라는 것을 말한다. 고요하면서 움직이면 음 가운데 양이 있으며 움직이면서 고요하면 양 가운데 음이 있다. 서로 섞이고 짜여서 끝이 없다는 것이 이것이다. 물은 통하지 않지만 신은 만물을 묘하게 한다."22)

사물은 하나의 형태에 치우쳐 있기 때문에 통하지 않으며 태극의 작용 원리는 동정이나 음양이라는 상대적 개념을 뛰어넘어 '통한다'고 표현한 것이다.

태극에 관한 이러한 해석, 즉 무극이태극(無極而太極)에 대한 주희적 해석을 직접 뒷받침하는 역의 표현이 "신(태극의 신령스러운 작용)은 일정한 방향이나 장소가 없고 역에는 체(본체 또는 실체)가 없다'고 한 구절이다.23) 이는 본체(혹은 실체)를 인정하지 않고 변화의 원리 자체를 실재로 인정하는 역의 관점을 명백히 밝힌 것이다. 신령스러운 작용은 일정한 방향이 없다는 것은 역도(易道), 즉 태극이 작용을 하되(원리가 실현되되) 일정한 방향이나 특정한 곳에 작용하는 것이 아니라 작용하지 않는 방향과 곳이 없다는 뜻이다. 그리고 이어서 실체가 없다고 말한다. 작용하면서도 그 작용의 주체가 실체로서 존재하지 않는다는 것이다. 역의 도, 즉 태극의 작용에 일정한

---

22) 周敦頤 撰, 『通書』(上海古籍出版社, 1992), 「動靜」 제16장, pp. 20-21, 動而無靜 靜而無 動物也...動而無動 靜而無靜 神也...動而不動則動中有靜焉 靜而無靜則靜中有動焉 非不 動不靜也 謂不是靜而不動動而不靜也 蓋靜而能動則陰中有陽焉 動而能靜則陽中有陰焉 錯綜無窮是也. 物則不通...神妙萬物.

23) 『周易』 「繫辭傳」 上 제4장, 神无方而易无體.

방향과 장소가 없다는 것과 관련하여 「계사전」에서는 "역이란 넓고도 크다. 먼 것으로 말하면 막을 수 없고, 가까운 것을 가지고 말하면 고요하고 바르며, 하늘과 땅 사이로 말하면 모두 갖추어져 있다"고 한다.[24] 역의 도가 넓고 클 수 있는 까닭은 태극이 막힘이 없이 만물에 두루 통하여 흐르며 신묘하게 작용하기 때문이라는 뜻이다. 그리고 그 신묘한 작용은 일정한 방향이나 장소가 없고 실체가 아니기 때문에 가능하다는 것이다. 그러한 점을 소강절(邵康節)은 직접 이렇게 표현한다.

"신은 (일정한) 방향과 장소가 없고 역에는 체가 없다. 하나의 방향에 엉기면 변화할 수 없고 신이 아니다. 고정된 체가 있으면 변하고 통할 수 없고 역이 아니다. 역에는 비록 체가 있더라도 그 체는 곧 상이다. 상을 빌려서 체를 보는 것이지 본래 체가 없는 것이다."[25]

만약 역에 실체가 있다면 그리고 태극이 실체라고 한다면 그것과 만물은 생성과 변화를 하게 하는 것과 생성과 변화되는 것으로 서로 상대하게 된다. 그렇다면 결코 태극은 막히고 통하지 못할 것이며 만물 속에 내재할 수 없을 것이다. 즉, 태극과 만물은 하나가 될 수 없을 것이다.

태극은 '하나(一)'인 동시에 '여럿(多)'이다.[26] 우주 만물은 하나면서 여럿이라는 원리에 따라 생성하고 변화한다는 것을 말한다. 하나를 말하면 그 속에 이미 여럿이 포함되어 있고, 여

---

24) 『周易』「繫辭傳」上 第6장, 夫易廣矣大矣 以言乎遠則不禦 以言乎邇則靜而正 利言乎 天地之間則備矣.

25) 邵雍 撰, 『皇極經世書』(上海古籍出版社, 1992), 第四卷「觀物外篇下」, p. 61, 神无方而 易无體 滯於一方則不能變化非神也 有定體則不能變通非易也 易雖有體 體者象也 假象 而見體而本無體也.

26) 沈子復, 『易經釋疑』(北京 : 學苑出版社, 1990), p. 51 참고.

럿을 말하면 그 중에 이미 하나가 내재하고 있는 것이다. 역에
서는 태극을 전체적인 입장에서 우주 만물을 통괄하는 하나로
표현한다. 「계사전」의 "천하의 움직임은 항상 하나다"는 말에
서[27] 하나란 전체적인 입장에서 말하는 하나로서의 태극이다.
또한 "한 번 음하고 한 번 양함을 도라고 한다"는 말에서[28] 도라
는 것도 하나로서의 태극의 다른 이름이다. 또한 전체 가운데에
서의 개별체라는 입장에서 말하면 개별체 각각이 하나의 태극이
된다. 우주 만물의 어떤 개별체들도 그 자체로서 말하면 모두 하
나의 모자람이 없는 원만함이다. 역을 구성하는 64괘의 괘상이
각각 독립된 하나면서 총괄해서는 전체로서의 하나가 되는 것은
그러한 점을 상징하는 것이다. 자연의 질서와 움직임은 한곳에
치우치지 않는 원만한 태극의 작용이 아닌 것이 없다. 그래서
"두루 두루 여섯 곳에 모두 유행한다"고 하였다.[29]

변화의 원리인 역을 상징하는 태극은 하나의 순수한 유행
작용으로서 결코 정체되거나 장애받지 않기 때문에 하나가 하
나 됨을 방해받지 않는다. 또한 그것은 유행하기 때문에 변화
와 생생(生生)을 본성으로 하여 여럿이 되는 것을 방해받지 않
는다. 역에서는 태극과 현상계가 대립의 자리에 있는 것이 아
니다. 태극의 자기 전개인 현상 세계가 바로 하나인 태극이다.
역의 태극은 실제 사물과 떨어져서 생각되지 않기 때문에 현
상계의 사물 속에서 검증될 수 있는 것이다. 역에서 말하는 하
나와 여럿이라는 것은 숨을 들이쉬고 내쉬고 하는 것이 생명
의 태극이며 손바닥과 손등이 모두 같은 손의 태극인 것과 같
은 이치다.[30]

---

27) 『周易』「繫辭傳」下 第1장, 天下之動 貞夫一也.
28) 『周易』「繫辭傳」上 第5장, 一陰一陽之謂道.
29) 『周易』「繫辭傳」下 第8장, 周流六虛.

통합 경향의 기능으로서의 홀론은 전체로서 작용하는 태극과, 자기 주장 경향의 기능으로서의 홀론은 여럿으로 작용하는 태극으로 비유될 수 있다. 역에서는 만물이 혼연한 일체로서 조화를 이룬 것으로 본다. "만물에 다가가서 도몰아 이야기하면 만물은 혼연한 일체로서 다만 하나의 태극일 뿐이다"는 말대로[31] 우주 만물은 하나의 전체적이고 보편적인 작용으로서의 태극이다. 우주 만물이 혼연한 일체가 될 수 있는 것은 전체와 개체 속에 하나의 태극이 존재하고 있기 때문이다. 전체로서의 태극은 통합과 단일성을 주장하며 개별 속의 태극은 독특성과 다양성을 주장한다. 전자의 경우 '전체가 하나의 태극(統體一太極)'이라고 하며, 후자의 경우 '개물(만물)이 하나의 태극(各具一太極)'이라고 한다. 주염계는 "오행은 하나의 음양이고, 음양은 하나의 태극이며, 태극은 무극에 근본한다. 오행이 생김에 각각 그 성을 하나로 한다"고 하였다.[32] 여기서 '오행은 하나의 음양이고 음양은 하나의 태극'이라는 말은 만물이 혼연일체로서 하나의 태극에 포섭됨을 의미한다. 또한 '오행이 생김에 각각 그 성을 하나로 한다'는 말은 만물은 모두 원리로서의 태극을 각각의 본성으로 지니고 있기 때문에 만물이 전체적 조화를 이룰 수 있게 하는 것이라는 뜻이다. 이것을 수은 덩어리와 시내에 비친 달로 비유해서 말한다. 즉, "하나의 큰 수은 덩어리가 이렇게 둥근데, 흩어져서 수만 개의 작은 덩어리들이 되어도 그 각각은 둥글다. 수만 개의 작은 덩어리를

---

30) 高懷民 著·鄭炳碩 譯, 『周易哲學의 理解』(서울 : 文藝出版社, 1995), pp. 154.
31) 『性理大全』卷1 頁35 北溪陳氏語, 就萬物上總論 則萬物體統渾淪 又只是一箇太極.
32) 周敦頤, 『太極圖說』(上海古籍出版社, 1992), p. 8, 五行一陰陽也 陰陽一太極也 太極本 無極也 五行之生也 各一其性.

합하면 다시 하나의 큰 덩어리가 되는데, 전과 같이 그렇게 둥글다. 진기수가 달이 많은 시내에 비칠 때 곳곳마다 모두 둥글다고 비유한 것도 바로 이와 같다."[33] 하나의 크고 둥근 수은 덩어리와 하늘의 달은 '전체가 하나의 태극'을 비유한 것이다. 수만 개로 흩어진 둥글고 작은 수은 덩어리와 많은 시내에 비친 달들은 '개물이 하나의 태극'임을 비유한 것이다. '둥글다'는 것 자체가 태극을 상징하는 것이다. 만물은 전체적이고 종합적인 관점에서 보거나 개별적이고 분석적인 관점에서 보거나 태극이라는 것이다. 전체가 하나의 태극이라는 것은 태극이 서양 철학에서 말하는 본체마냥 현상계의 개별적인 사물들을 넘어서서 존재하는 것이 아니라 개별적인 사물들에 내재하고 있음을 말해준다. 개별적인 것도 하나의 태극이라는 것은 원리로서의 태극이 나누어져 있는 것이 아니라 완전한 원리 자체로서 개별적인 사물들에 공유된다는 것을 의미한다. 이는 개별적인 사물을 긍정하는 입장을 나타낸다. 전체로서의 하나가 개별적인 것으로서의 많은 부분들과 조화를 이룰 수 있는 것은 바로 개별적인 것의 긍정에 바탕을 두는 것이다. 이러한 관점은 본체를 진실한 존재로 현상을 그림자로 간주하는 서양 철학적 관점과는 전적으로 다른 것이다.

III. 홀론의 역동항상성과 태극동정으로서의 음양

일반적으로 말하면 홀론은 더 큰 전체의 부분으로 기능하

---

33)『性理大全』卷1 頁35, 北溪陳氏語 : 一大塊水銀恁地圓 散而爲萬萬小塊 箇箇皆圓 合 萬萬小塊 復爲一大塊 依舊又恁地圓 陳幾叟 月落萬川 處處皆圓之譬 亦正如此.

는, 부분들의 전체를 이름한다. 창발론(emergentism)은 전체를 부분들의 통합자로 생각하면서 그 부분들을 조직하는 전체의 힘과 다른 부분들을 완성시키고 협동할 뿐 아니라 자신의 방식을 유지하려는 부분들의 힘 사이의 긴장을 강조한다. 그리고 더 큰 전체의 부분으로 기능하는 부분들의 전체뿐 아니라 전체와 그것이 기능하는 더 큰 전체 간의 역동적 균형 상태를 고려한다. 체계론은 전체의 통합 경향과 부분들의 이탈하려는 경향들 간의 역동적 균형 상태의 필요성에 초점을 둔다. 홀론은 그러한 기능과 역동적 균형 상태 그리고 거기에 존재하는 항상성(homeostasis)을 이름한다.34) 그것은 둘 혹은 그 이상의 유기적 전체들의 유기적 전체다. 서로 상보적으로 대립되면서 긴장하는 전체와 부분들 사이의 역동적 균형 상태를 유지하는 하나의 유기적 전체가 하나의 홀론으로 기능할 때, 즉 그것이 대립하고 긴장하는 더 큰 전체에 참여할 때 그것은 유기적으로 기능하는 것이다. 즉, 두 가지 유기적 전체들을 통합시키고 그것들 간에 역동적 균형 상태를 유지한다. 유기체론은 모든 존재하는 체계들에 유기적 전체성(organic wholeness)의 속성을 부여하는 것이다.35)

유기적 전체성이란 전체와 부분 간의 구별로 시작한다. 각 사물은 부분들의 전체다. 각 사물은 그것의 전체와 그것의 부분으로 구성된다. 한 사물의 전체와, 한 사물의 부분들은 그것의 본질에 필수적이다. 그러나 한 사물의 부분들이 그것의 전체가 아니고, 한 사물의 전체가 그것의 부분들이 아니기 때문

---

34) Rammohan K. Ragade, ed., *General Systems Yearbook of the Society for General Systems Research* vol. x x ix(Kentucky, Louisville : SGSR, 1985-1986), p. 78 참고.

35) Rammohan K. Ragade, ed., op cit., p. 79 참고.

에, 한 사물의 전체와 부분들은 각각이 아니며 각각에 반대된다. 부분들과 전체 간의 이러한 대립은 전체로부터 부분을, 부분들로부터 전체를 분리시키는 경향들의 토대다. 그런데 그 전체와 그 부분들을 포함하는 또 다른 전체가 있다. 이 더 포괄적인 전체가 유기적 전체로 불린다. 그것은 전체와 부분들의 상호의존성을 전제한다. 부분들과 전체는 각각 상보한다. 그래서 더 완전하다.[36]

체계의 유기적 전체성은 체계의 단순한 화학적 평형 상태(equilibrium)가 아니라 동적인 균형 상태, 즉 항상 상태(steady state)를 이룬 것이다. 체계로 하여금 그러한 항상 상태를 이루게 하는 것이 홀론의 역동항상성(homeokinesis)이다. 홀론이 역동성을 가진다는 것은 그것이 결코 일방적인 질서에 따르기만 하는 존재가 아니라는 것이다. 큰 질서에 협조할 때마다 그 질서를 결정해가는 존재다. 때로는 오래된 질서가 무너지고 새로운 질서가 만들어지기도 한다. 이러한 사실은 홀론이 개성을 가지며 자유 의지에 해당하는 유동성이 있는 존재이기 때문에 가능한 것이다. 자기 선택에 의해 여러 가지 형태의 협조성을 발휘할 뿐 아니라 또 한편에서는 적당한 경쟁성을 선택하는 능력을 가지고 있다는 것이다. 체계가 역동항상성을 가진다는 것은 그 체계의 형태발생성(morphogenesis)과 형태안정성(morphostasis)이라는 두 보편적 속성이 역동적으로 상호 작용하여 항상 상태를 유지한다는 것이다. 형태발생성은 그 자체를 갱신시키려는 체계의 능력을 말한다. 형태안정성이란 체계의 과정과 영속성을 유지하려는 능력을 말한다. 체계의 역

---

36) Archie J. Bahm, *The Philosopher's World Model* (Westport, Connecticut : Green-wood Press, 1079), pp. 123-124 참고.

동적 변화를 가능하게 하는 이 두 가지 상호 보완적인 능력을 홀론이라고 부를 수 있는 것이다.

역동항상성으로서의 홀론처럼 역의 도, 즉 태극은 그침 없이 유행한다. 유행이라는 역동성이 태극의 본질이다. 그것은 두루 흘러다니면서 가기도 하고 오기도 한다. 역이라는 말 자체가 그러한 태극의 '흘러 항상한다'는 역동항상성을 상징으로 표현한 것이다. 그렇다고 하여 태극 자체를 움직이는 실체로 보아서는 안 된다. 움직이는 원리 자체가 태극이다. 역동항상성 자체가 태극이라고 볼 수 있다. 태극의 동정(動靜)을 말하지만, 이 경우 일반적으로 생각하는 상대적인 개념으로서의 동과 정이 아니다. 태극은 움직일 뿐 결코 멈추지 않는다. 절대적으로 움직이지 않는다거나 완전히 멈추어버린다는 의미의 정은 태극의 본질이 아니다. 그래서 역에서의 동정은 반드시 움직임과 고요함으로 번역해야 한다. 태극의 정은 동의 정이며 움직임(─)의 다른 모습으로서의 고요함(--)이다. 고요함이란 절대 정지나 절대 부동을 의미하지 않는다. 왕선산(王船山)은 태극의 본질이 역동성이며 정은 부동이 아님을 말한다. 그는 우선 정이 동 속에 동이 정 속에 포함되어 있다고 한다.

"비어서 채울 수 있고 정하여 잘 동할 수 있는 이치가 있다."[37]
"동은 정의 존재에서 떨어지지 않으며, 정은 모두 그 동의 이치를 갖추고 있다."[38]
"정으로써 동에 자리한, 즉 동이 정에서 떨어지지 않고 동으로써 그 정을 동하게 한, 즉 정 역시 동으로 신령스럽다."[39]

---

37) 王夫之, 『周易內傳』 卷二, p. 11, 虛而含實 靜而善動之理存焉.
38) 王夫之, 『莊子正蒙注』, p. 81, 動而不離乎靜之存 靜而皆備其動之理.
39) 위의 책, p. 231, 靜以居動則動者不離乎靜 動以動其靜則靜者亦動而靈.

"동하면서 정의 체가 없으면 잘 동하는 것이 아니며, 정하면서 동의 이치가 없으면 잘 정하는 것이 아니다."[40]

이는 동과 정이 상반되면서도 통일된다는 점을 말하고 있는 것이다. 동과 정이라는 개념은 양의의 ―과 ――을 설명하는 개념이다. 태극이나 양의라는 작용의 본질에서 말하면 동이다. 태극의 ―과 양의의 ―과 ――은 본래 하나의 작용이고, 양의의 동과 정은 똑같이 태극이 작용하여 드러난 것이기 때문이다. 태극이 동하고 정한다는 것은 실은 태극이 동한다는 말이다. 왕선산은 동은 영원하고 절대적인 것으로, 정은 상대적이며 절대적인 정은 없다고 생각한다.[41]

"한 번 동하고 한 번 정함은 (문을) 열고 닫음을 말한다. 닫힘으로 말미암아 열리고 열림으로 말미암아 닫히는 것 모두가 동이다. 중지하듯 정하면 그것은 쉬는 것이다. '지극히 정성스러워 쉼이 없다'고 하는데 하물며 하늘과 땅이겠는가. '오직 하늘의 명이 화창하여 마지않는다'고 하는데 어찌 정함이 있겠는가."[42]

따라서 '태극이 양의를 낳는다'는 말은 동과 정의 측면에서가 아니라 동의 측면에서 이해되어야 한다. 태극의 ―과 양의에서의 ―은 부호가 같다. 이것은 바로 그 둘이 사고의 내용적 관계에서는 상하의 구별이 있지만 실질적으로는 똑같은 작용이라는 것을 말하는 것이다. 그러므로 양의에서의 정 ――은 태

---

40) 王夫之, 『周易內傳』 卷二, p. 12, 動而无靜之體非善動也 靜而无動之理非善靜也.

41) 林國平, 「試探王夫之的 發展觀」, 湖南·湖北省哲學社會科學學會聯合會 合編, 『王船 山學術討論集』(北京 : 中華書局, 1965), p. 141.

42) 王夫之, 『思問錄』, pp. 2-3, 一動一靜 闔辟之謂也 由闔而辟 由辟而闔 皆動也 廢然之靜 則是息矣 '至誠无息' 況天地乎 '維天之命 於穆不已 何靜之有.

극의 동 -의 또 다른 모습이다. 이러한 이치는 사상과 팔괘와 64괘로 이어진다. 그것들은 모두 태극의 동으로서 하나다.

태극이 양의를 낳는다는 원리는 태극의 역동성이 리듬이 있는 운동임을 말해준다. 홀론의 역동성이 제멋대로의 움직임이 아니라 형태발생성과 형태안정성의 상호 작용임과 같은 이치다. 동과 정을 오가는 운동은 하나의 리듬인 것이다. "해가 가면 달이 오고 달이 가면 해가 온다. 해와 달이 서로를 밀어서 밝음이 생긴다. 추위가 가면 더위가 오고 더위가 가면 추위가 온다. 추위와 더위가 서로를 밀어서 세월이 된다. 가는 것은 굽힘이요 오는 것은 폄이다. 굽힘과 폄이 서로 느끼어 이로움이 생긴다"는 「계사전」의 말처럼,43) 구체적인 관찰들을 통해서 그러한 운동의 리듬을 알게 되는 것이다. 그러한 태극의 리듬 있는 움직임은 '한 번 음하고 한 번 양함을 도라고 한다'44)는 표현에서 요약된다. 한 번 음하고 한 번 양한다는 것은 단속적인 움직임을 말하지 않는다. 그것은 음양이 갈마들며 움직인다(陰陽迭運)는 의미다. 음과 양의 가고 옴이 섞이고 짜이는(錯綜) 것이 태극이 동하는 원리다. 그래서 그것은 결코 기계적인 움직임이 아니다. 즉, 변하지 않는 궤도를 순환하는 식이 아니라 리듬 속에서 자유롭게 운동한다는 것이다. 그러므로 「계사전」에서는 "옆으로 가도 흐르지 않고"45) "모든 사물을 빠짐없이 이루어 남는 것이 없다"46)고 한다.

태극의 감과 옴 자체가 바로 두 가지 모습, 즉 양의인 양과

---

43) 『周易』「繫辭傳」下 第5장, 日往則月來 月往則日來 日月相推而明生焉 寒往則暑來 暑往則寒來 寒暑相推而歲成焉 往者屈也 來者信也 屈信相感而利生焉.

44) 『周易』「繫辭傳」上 第5장, 一陰一陽之謂道.

45) 『周易』「繫辭傳」上 第4장, 旁行而不流.

46) 『周易』「繫辭傳」上 第4장, 曲成萬物而不遺.

음이다. 태극은 전체로서 하나를 말하는 것이며, 음양은 전체
인 하나를 나눈 것이다. 나누는 것으로 말하면 음양의 대립이
고, 전체로서 말하면 하나에 통합된다는 것이다. 양은 태극 변
화의 강건하고 나아가고 올라가는 모습을 말한다. 음은 태극
변화의 유순하고 물러나고 내려오는 모습을 말하는 것이다. 양
은 움직이면서 나아간다. 음은 움직이면서 물러간다.

　주자는 한 번 음하고 한 번 양하는 것을 음양이 갈마들어 움
직인다고 표현한다.47) 갈마들어 움직인다는 것은 서로를 밀고
당기는 것이다. 따라서 만물의 변화는 음과 양이라는 두 상대
하는 성질이 밀고 당김에 따라 생긴다고 할 수 있다. 그래서
"강유(양과 음)가 서로 밀어 그 속에 변화가 있다"고 한다.48)
또 "한 번 닫히고 한 번 열림을 변이라 한다"49)고 하거나 "변
화라는 것은 나아가고 물러남의 모습이다"라고 말한다.50) 여
기서 '열린다(闢)'거나 '나아간다(進)'는 것은 양의 작용이다.
'닫힌다(闔)'거나 '물러난다(退)'는 것은 음의 작용이다. 따라서
변화란 '한 번 음하고 한 번 양한다'와 다른 뜻이 아니다. 적극
적인 양의 작용은 홀론의 형태발생성이며, 소극적인 음의 작용
은 홀론의 형태안정성이다. 또한 양은 활동(action)으로, 음은
구조지움(struction)으로 번역되기도 한다.51) 여기서 구조라는
것은 라틴어의 '세우다'라는 말에서 파생된 말인 것처럼 '구조
지운다'는 동사의 의미로 쓰인 것이다. 따라서 음과 양은 각각

---

47) 『周易傳義大全』「繫辭傳」上 제5장 本義, 陰陽迭運者氣也.

48) 『周易』「繫辭傳」下 제1장, 剛柔相推 變在其中矣.

49) 『周易』「繫辭傳」上 제10장, 一闔一闢之謂變.

50) 『周易』「繫辭傳」上 제2장, 變化者 進退之象也.

51) Rudolf Ritsema and Stephen Karcher trans., *I Ching* (Dorset : Element Books Ltd., 1994), p. 64.

스스로의 방식으로 활동하는 힘 혹은 작용을 말한다. '한 번 음하고 한 번 양한다'는 것은 발생력과 안정력 혹은 활동력과 형성력이 갈마들어 작용한다는 뜻이다. 그러한 작용이 교대한다는 뜻이 아니다. '일음일양지위도(一陰一陽之謂道)'에 대한 정이천(程伊川)의 주석은 그러한 의미다.

"이미 기라고 말하면 곧 둘이 있고, 열리고 닫힘을 말하면 곧 느낌이 있는 것이니, 이미 둘이 있으면 느낌이 있는 것이다. 열고 닫히게 하는 것은 도며, 열고 닫히는 것은 음양이다. 노자가 '빈 곳(虛)에서 양(陽)이 나온다'고 하지만 잘못이다. 음양이 열리고 닫힘은 본래 먼저와 뒤가 없으니 오늘 음이 있고 내일 양이 있다고 말할 수 없다. 사람들이 형상과 그림자를 말하는 것과 같으니, 형상과 그림자는 일시에 있는 것이고, 오늘 형상이 있고 내일 그림자가 있다고 말할 수 없는 것이니 있으면 곧 같이 있는 것이다."[52]

음과 양의 관계는 이원성이 아니고 분리될 수 없는 상보의 극성이다. 그래서 외로운 양(孤陽)은 낳지 못하고 외로운 음(獨陰)은 자라지 않는다고 하는 것이다. 만물의 조화는 음과 양이라는 두 운동 방향이 공동으로 작용한 결과다. 단순한 음이나 단순한 양은 모두 만물의 조화를 완성할 수 없다. 음양은 서로 반하고 또 서로 이룬다.[53] 그것들이 분리될 수 없는 두 성향으로서 하나의 작용통일체로서 작용한다는 것은 그 자체가 항상 상태를 이루고 있음을 말하는 것이다. 그리고 우주 만

---

52) 『周易傳義大全』「繫辭傳」上 제5장 注, 所以陰陽者道 旣曰氣則便有二 言開闔便是感 旣二則便有感 所以開闔者道 開闔便是陰陽 老氏言虛而生氣 非也 陰陽開闔本无先後 不可道今日有陰明日有陽 如人言形影 蓋形影一時 不可言今日有形明日有影 有便齊有.

53) 鄔良, 『三才大觀-中國象數學源流-』(北京 : 華藝出版社, 1993), p. 196.

물 자체가 그러한 항상 상태로서의 음양통일체들인 것이다. 만
물은 역동항상성으로서의 홀론들이며 음양통일체들인 것이다.
만물이 각양각색을 띠고 나타나는 것은 형태발생성과 형태안
정성 혹은 양과 음의 미묘한 비평형성에서 유래한다. 어떠한
존재 양태도 전적으로 음이거나 양이 아니다. 모든 것은 둘 다
(음과 양)다. 각각은 다른 것을 포함하기 때문이다. 음양통일체
는 홀론처럼 역동성이 그 본질이다. 그래서 그침 없이 지속적
인 운동을 한다. 음과 양 둘 중의 하나는 항상 증가하며 동시
에 다른 것은 감소한다. 음과 양은 운동의 패턴을 이름하는 것
이다. 운동을 위해서는 한순간의 힘의 균형도 허용되지 않는
다. 힘의 균형은 곧 정지를 뜻한다. 음과 양이 갈마들어 움직인
다는 것은 음양의 평형을 용인하지 않는다는 의미다. 그래서 음
양의 운동은 영구하다는 것이다. 여기서 음양은 아낙시만드로
스의 '무한정자'와 같다.54) 또한 그것은 프리고진(I. Prigogine)

---

54) 아낙시만드로스는 우주의 본질을 '한정이 없는 것'이라고 한다. '한정이 없
다'는 것은 끊임없이 변화하여 만물을 이루어낸다는 의미와 다른 물질로 변화
하는 데 아무런 장애가 없다는 의미를 지닌다. 그런데 그러한 무한정자는 공정
하지 않기(injustice) 때문에 다른 물질로 변화될 수 있다고 본다. 불공정으로
인해 서로 서로 보상한다는 것이다. 무한정자가 이미 물로 변화하였다면 다른 물
질(예를 들면 공기나 불)의 입장에서 말하면 공정하지 않은 것이다. 그래서 다
른 물질들은 물을 향해서 보상을 받으려 하고 만족을 얻으려는 것이다. 여기에
서 물이 다른 물질로 변하는 일이 발생하는 것이다. 마찬가지로 무한정자가 공
기로 변하면 물과 불 등의 물질은 또한 그것을 공정하지 않게 생각하여 공기에
대해 보상을 얻고 만족을 얻으려 하여 공기는 다시 물과 불 등의 다른 물질로
변화하는 것이다. 만물은 바로 이러한 불공정의 상황 아래에서 서로 보상하고
만족을 구하여 변화가 생긴다는 것이다. 아낙시만드로스의 '한정이 없는 것'은
역에서 음양이다. '공정하지 않다'는 말은 음양이 가고 오는 변화의 의미와 다
르지 않다. 사상에서 팔괘를 만들 때 하나의 획을 더 그린 것은 음과 양이 서로
같은 수를 이루고 있으면 변화와 생성이 일어날 수 없음을 말해주는 것이다.
음과 양이 균형을 이루지 않을 때 비로소 변화가 가능하다는 것이다. 여기서
균형을 이루지 않는다는 것은 아낙시만드로스의 공정하지 않다는 말과 같은

의 산일구조(散逸構造)[55]와 유사하다. 음양의 비평 형성에 의해 유지되는 구조들을 우주 만물의 양태들이라고 유비(類比)할 수 있는 것이다.

음과 양이 갈마들어 움직이면서 만물을 낳고 또 낳는 과정은 음과 양의 감응의 과정이라고 할 수 있다. 다시 말하면 만물은 음양이 감응하기 때문에 생성 변화할 수 있다는 것이다. 갈마든다는 것은 곧 감응한다는 의미라고 본다. 그것은 만물을 창생하는 근원적인 힘의 상호 작용인 것이다. 태극의 음양이 감응한다는 것은 바로 홀론의 형태발생성과 형태안정성이 상호 작용한다는 것으로 유비할 수 있다. 그러한 상호 작용을 통해 만물이 창생될 수 있다는 것이다.

태극이 둘로 나누어져 음양이지만 둘이면서 하나다. 둘이면서 하나인 것은 음양이 감응하기 때문이다. 하늘과 땅은 둘이면서 서로 섞이어 느끼고 응하여 만물을 이루게 되는 것이다. 만물이 번성하고 복잡하지만 감응을 통해 하나로 융합하고 관통하는 것이다. 아름다운 꽃을 보고 기뻐하고 웃는 것과 천둥과 비바람을 듣거나 보고 놀라고 두려워하는 것은 인간과 자

의미다.

55) 유체의 대류나 난류 등의 흐름에서 생기는 소용돌이 형태의 여러 가지 패턴이나, 기상학적인 대류 도상에서 생기는 구름이 나타내는 다양한 형태 등과 같이 비평형계에 생기는 변화는 항상계와 그것을 둘러싼 주위 전체가 열평형 상태로 이행해가는 방향에서 생긴다는 것이다. 산일 구조라는 명칭은 구조의 출현이 온도차나 압력차와 같은 비평형성이 산일되고 소멸되어가는 과정에서 생긴다는 것에 근거를 두고 있다. 따라서 산일 구조가 소멸되지 않고 존속하기 위해서는 비평형성을 계속 유지해가는 외부적인 기구가 필요한 것이다. 즉, 체계가 구조를 가진다는 것은 계가 비대칭성을 가진다는 뜻이다. 체계의 비대칭성이란 주위의 온도나 압력의 분포 등의 비평형성으로 인한 비대칭성이다(사토후카 후미히코 엮음 · 정성호 옮김, 『新科學入門』(서울 : 汎洋社出版部, 1987), pp. 103-104 참고).

연의 감응이며, 꽃을 보고 벌과 나비가 날아와 희롱하는 것과 봄이 되어 겨울잠을 자던 동물들이 잠을 깨는 것은 물(物)과 물(物)의 감응이다. 하늘과 땅과 만물과 인간이 각각 다르지만 그 마음이 통하고 질서와 조화를 이루어내는 것은 감응의 힘이 작용하기 때문이다. 그래서 감응의 괘 함괘(咸卦)에서는 이렇게 말한다.

"함(咸)은 느낌이니, 유(음)가 올라가고 강(양)이 내려와서 두 기운이 서로 감응하고 서로 더불어서 그치고 기뻐하며 남자가 여자 아래에 있다. … 하늘과 땅이 느끼어 만물이 화생하고 성인이 사람의 마음을 느껴 천하가 화평하니 그 느끼는 바를 보면 하늘과 땅과 만물의 정을 볼 수 있다."[56]

IV. 홀라키적 생명관과 생생적 우주대생명관

어떤 체계가 살아 있다는 것은 그것이 홀론으로서 기능하고 있다는 의미다. 살아 있는 것의 특징은 조화 또는 질서에 있다. 살아 있는 상태에서는 부분은 단순한 하나의 부분이 아니며 부분과 전체가 서로 루프(loop)식으로 이어진 계층 구조를 이루어 두 가지를 기능적으로 분리시키기 어렵다. 예를 들면 커다란 질서, 즉 체계 전체의 질서는 부분 부분의 활동이 자주적으로 선택되어 만들어지는 것이다. 그것들이 협동적인 상호 작용을 선택하면 질서가 생기고, 다른 것과 관계없이 움직이는 비협조적인 상호 작용을 선택하면 질서가 없다. 일반적으로 홀

---

56) 『周易』 咸卦 象, 咸感也 柔上而剛下 二氣感應以相與 止而說 男下女…天地感而萬物 化生 聖人感人心而天下和平 觀其所感而天地萬物之情可見矣.

론은 협동적인 성격을 갖고 있으므로 질서 속에 놓이면 그 질서를 유지하고 발전시키는 활동을 촉진한다. 즉, 기본적으로는 협동적인 상호 작용을 선택하는 경향을 가지고 있다는 것이다. 이것은 생명이 기본적으로 질서 위에 성립한다는 것을 나타내고 있다. 모든 생명체의 보편적 성질인 '스스로 질서를 만들어 나가고 있다'는 자기조직화(self-organization)의 기능이 바로 홀론의 기능인 것이다. 이 자기조직화 활동에 의해서 생물은 스스로의 힘으로 기능을 만들어낼 수 있다. 자기조직적인 질서 형성을 다루는 비평형열역학에서는 홀론의 역동항상성이 가지는 의미는 대단히 중요하다. 거기에서는 열역학적으로 평형 상태에서 멀리 떨어진 열린 체계(open system)로서의 모든 생명체들은 끊임없이 외부의 물질과 에너지, 즉 부엔트로피(negentrophy)를 먹고 산다는 점이 강조된다. 이것은 지속적인 자기조직화가 일어나기 위한 필수불가결한 활동이다. 신과학에서는 그러한 현상을 물을 빨아올리는 것에 비유해서 펌핑(pumping)이라 부른다. 그리고 이와 같이 섭취한 물질과 에너지를 이용한 다음 모양을 바꾸어 배출시킨다. 인간의 신체에도 끊임없는 신진대사가 있다는 것이 이에 해당한다. 이 펌핑에 의해 체계의 홀론 기능은 끊임없이 활성화된다. 그리고 한 홀론의 작용이 주위의 홀론에 영향을 미칠 수 있게 된다. 그 결과 어떤 조건 아래에서 홀론 사이의 협조적인 상호 작용이 생긴다. 이러한 협조적인 활동에 의해 스스로 형성되는 것이 전체로서의 질서며 기능이다. 그렇게 하여 전체에 걸쳐 자주적으로 형성된 거시적 질서가 이번에는 거꾸로 홀론에 영향을 준다. 즉, 피드백루프(feedback loop)가 이루어진다. 질서로부터의 활동은 정보적인 활동이라 해도 좋다. 홀론이란 바로 이러한 활동을 느껴서 협조적인 작용 쪽을 선택하는 요소인 것이다. 이리하여 자기 촉매적으로 새로운 홀론을 점차 늘려가 마침내 체계 전체에 걸쳐 질서를 형성하게 되며 거기에는 다음과 같은 특징적인 현상이 나타난다. 질서 형성의 루프 속에서 질서 형성의 피드백루프가 돌아가기 시작하면 각 부분의 협조적인 작용은 형성된 질서를 통해 다시 자기 자신으로 되돌아오게 된다. 스스로 참여하여 형성한 질서에 둘러싸여 비로소 자신의 질서를 가진 것으로 태어날 수 있으며, 극단적으로 말하자면 자기가 자기를 돕고 있으며 자기가 원인이 되고 또한 결과가 되는 일이 일어난다. 그리고 자기가 질서 형성의 루프를 통해 다른 홀론과도 연결되어 있음을 느끼게 된다. 거기에서는 '자기'라 하여도 자기 이외의 것의 영향을 띄우고 있는 것이다. 다른 홀론이라는 '옷'을 입고 있는 것이다. 따라서 홀론이란 '옷을 입은 부분'인 것이다. 스스로 형성한 질서를 통하여 다른 존재를 대동(帶同)하는 것이 홀론이며 과거의 자신도 함께 입고 있는 것이다. 따라서 질서 형성의 루프가 돌아가기 시작하면 엄밀하게는 자타의 구별이 없고 단순한 의미의 인과율도 없어진다. 살아 있는 질서 속에서는 결정론적 설명은 반드시 성립되지 않는다. 이러한 의미에서 홀론은 '부분(혹은 개체)인 동시에 전체'인 것이다. 원인과 결과가 루프를 이룬다는 것은 라플라스적인 기계적 결정론57)과는 다른 이해가 요구된

---

57) 뉴턴은 등방적인 절대 공간과 일양적인 절대 시간이라는 구조에서 모든 물체에 동일한 힘이 작용하는 역학 체계로 자연을 파악하였다. 따라서 그는 자연의 세계는 인과 법칙에 지배당하고 있으며 기계적으로 운동하는 결정론적인 세계라고 생각하였다. 그가 본 세계는 자기 완결적인 것으로서 가역적인 운동이 가능한 폐쇄 체계의 세계였다. 뉴턴의 추종자인 라플라스는 신의 계산기라는 생각을 도입하여 우주에서 그 초기 조건인 어떤 순간의 개개 물질의 위치와 속도를 알고 그 운동 방정식을 풀면 미래의 모든 시점에서 그 물질의 위치와

다. 피드백루프 속에서 돌아가고 있는 것은 넓은 의미에서의 정보다. 거기서 어떠한 정보가 돌아가느냐는 것은 물론 부분의 성질에 의하기도 하지만 체계 전체의 성질에 의해 결정된다.[58]

홀론의 기능을 생명으로 간주하는 홀라키적(holarchic) 생명관과 관련하여 슈뢰딩거는 다음과 같이 말한다.

> "자연에서 진행되는 모든 일은 그러한 일이 진행되고 있는 세계의 부분에서 엔트로피가 증가하는 현상을 동반한다. 따라서 살아 있는 유기체는 계속해서 자체 내의 엔트로피를 증가시켜 죽음을 뜻하는 최대 엔트로피의 위험한 상태로 다가가는 경향을 나타내게 된다. 그러므로 유기체는 환경으로부터 계속하여 음의 엔트로피를 얻어야 죽음에서 멀리 벗어나, 즉 살아 있을 수 있다. 음의 엔트로피는 매우 긍정적인 의미를 가진다. 유기체가 먹고 사는 것은 음의 엔트로피다. 또는 덜 역설적으로 말해 대사 과정의 핵심은 유기체가 살아 있는 동안 생성할 수밖에 없는 모든 엔트로피로부터 스스로를 자유롭게 하는 데 성공하는 것이다.[59]

음의 엔트로피 개념과 생명의 개념을 연계지우는 이러한 관점에 입각하여 물리학자 장회익 교수는 다음과 같은 우주 생명의 관점을 제시한다. 즉, 우리는 생명의 '정상적 단위'[60]로서

속도를 예측할 수 있다고 하였다(김용정, 『과학과 철학』(서울 : 범양사 출판부, 1998), p. 411).

58) 다케모시 이쉬 지음·이동선 역, 앞의 책, pp. 60-61 참고.

59) E. 슈뢰딩거 지음 / 서인석·황상익 옮김, 『생명이란 무엇인가』(서울 : 한울, 1992), pp. 112-113.

60) 생명의 단위를 논의하기 위해서는 단위를 두 종류로 나누어보아야 한다. 즉, 단위화 자체가 단위화된 실체의 성격에 영향을 미치지 않는 '정상적 단위(normal unit)'와, 단위화가 단위화된 실체의 한 본질적 부분을 필연적으로 단위 밖으로 배제하게 되는, 즉 이것의 정상적인 기능을 유지하기 위해서는 단위 밖으로 밀려난 본질적인 한 부분을 항상 전제해야 하는 '조건부 단위(conditional

하나의 별-행성계 안에 상호 의존적으로 생존 활동을 하고 있는 모든 작용체 및 그 보작용자61)의 총합을 생각할 수 있으며, 이를 하나의 단위체로 보아 '우주적 생명(global life)'이라 부르기로 한다. 생명의 단위가 되는 것은 생명의 존재론적 구조가 본질적으로 '우주적 규모'여야 함을 말해주는 것이다. 세포, 유기체, 종 등은 생명의 정상적 단위로서 고립하여 그 성격을 유지하는 실체일 수가 없다는 것이다. '개체'라고 부르고 있는 개체란 '내적 결속을 유지하면서 시간에 따라 지속적으로 전개되어나가는 시공간적으로 국소화된 실체'다. 이러한 개체에 대하여 나머지 '우주적 생명'에는 무관하게 '생명'으로서의 자격을 부여하는 것은 온당하지 않다. 단지 나머지 우주적 생명과의 밀접한 연관에 의해서만 의미를 지닌다는 전제 아래 이들에게 '개체 생명'이라는 자격을 부여하는 것은 무리가 없을 것이다. 이렇게 할 경우 우주적 생명으로부터 하나의 개체 생명을 제외하고 난 나머지 부분을 이 개체 생명에 대한 '보완 생명(complementary life)' 혹은 간단히 '보생명(co-life)'이라 부른다. '보생명'은 주어진 개체에 대하여 '보작용자'의 구실을 한다. 하나의 개체에 생명성을 부여하는 데 개체 생명과 보생명을 동시에 상보적으로 부여해야 한다. 보생명의 개념은 환경의 개념과 크게 중복되는 면이 있다. 지구상에는 수많은 개체 생명들이 존재하고 있으나, 이들은 모두 하나의 별-행성계인 태양-지구계를 떠난 독립한 존재 단위로 인정할 수 없으며, 오직

---

unit)'로 나누어볼 수 있다(장회익, 『과학과 메타과학 — 자연과학의 구조와 의미』(서울 : 지식산업사, 1997), p. 195).

61) 하나의 정보가 이루어지기 위해서는 두 개의 상보적인 인자, 즉 정보를 담고 있는 '작용체(body of function)'와 여기에 대응하는 '보작용자(co-functionator)'가 있어야 한다(장회익, 위의 책, p. 193).

태양-지구계에 나타난 유일한 정상적 단위 생명인 '지구상의 우주적 생명'의 부분을 이루는 조건부 단위 생명들이라 할 수 있다. 이러한 조건부 단위 생명들인 개체 생명들이 생명으로서의 기능을 하기 위해서는 우주적 생명의 나머지 부분, 즉 보생명과의 긴밀한 연합에 의존하지 않을 수 없다. 이때 우리가 생각할 생명의 주체는 우주적 생명에서 분리된 개체 생명에 국한할 것이 아니라 보생명과 더불어 하나가 된 우주적 생명 그 자체여야 마땅하다. 인간이 중심이 되어 전개되는 지구상의 모든 문화 활동이 어쩌면 우주적 생명의 마음을 형성해가는 어떤 과정인지 모른다. 생명의 진정한 단위는 '우주적 생명'이며, 개체로서의 생명은 '보생명'과 결합되어 우주적 생명을 이룬다는 의미에서 생명으로서의 자격을 부여받는다. 개체적 생명은 주어진 상황 아래 특정된 비평형 준안정 상태를 지속해나가야 하는 대단히 특수한 형태의 존재로서 여타 실재와의 상합적(相合的) 공존자(共存者)의 성격을 지닌다.[62]

생명체로서의 우주 혹은 살아 있는 자연이란 역동항상성으로서의 홀론의 질서 형성 루프들이 쌓여서 계층 구조를 이룬 것으로 이해될 수 있다. 세포라는 홀론은 그 자체가 세포 내 소기관인 미토콘드리아나 리보솜 등에 의해 생성되는 질서에 따라 만들어지는 동시에 그것들을 지배하고 통제한다. 그리고 그것은 더 큰 체계 속에서 질서 형성에 참가한다. 그것이 조직이다. 조직이란 세포보다 하나 더 높은 계층에 속하고 그 속에 세포라는 홀론이 협동적으로 움직이고 있는 세포의 모임이다. 조직 속에 나타나는 질서는 개개의 세포에 영향을 주며 세포

---

62) 장회익, 『과학과 메타과학 — 자연과학의 구조와 의미』(서울 : 지식산업사, 1997), pp. 198-208 참고.

의 생명을 에워싸고 있다. 즉, 조직과 세포는 질서 형성의 피드백루프를 이루고 있다. 그래서 하나 더 높은 계층에 속하는 존재인 조직도 또한 홀론이다. 하위의 홀론은 상위의 홀론에서 볼 때 요소(부분 혹은 개체)며, 상위의 홀론은 하위의 홀론에서 볼 때 커다란 질서를 보유하고 있는 전체다. 두 가지 계층을 연결시키는 것이 질서 형성의 피드백루프라 할 수 있다. 조직적으로 연결된 질서 형성의 피드백루프를 통해 서로 정보를 전달하고 있는 것이다. 그러므로 홀론은 어떠한 것도 항상 전체성을 유지한다는 제한 조건 아래에서 상당히 자유를 누리고 있다. 그 예로서 미토콘드리아는 자유롭게 돌아다니며 필요할 때는 에너지를 공급하거나 다른 미토콘드리아에 침입하여 융합하기도 한다. 이처럼 홀론이 지니고 있는 자유로운 자율성은 일종의 항상 상태 혹은 안정 상태라 불린다. 그러나 이러한 정상 상태는 엔트로피 법칙에서의 열의 평형 상태와 같은 것을 의미하지 않는다. 여기서 말하는 정상 상태는 생명체가 항상 환경에 적응하기 위해서 움직이는 유연성 혹은 '유동성'에 따른 유연한 상태를 의미한다. 실제로 모든 생명체들은 그때그때 환경의 변화에 따라서 거기에 적응할 수 있는 자율적인 유연한 유동성을 갖고 있는 것이다. 이와 같이 생명체는 언제나 환경의 변화에 적응할 수 있는 유동성에 따른 유연성이 있는 곳에서 그의 정상 상태와 안정 상태를 유지하는 것이다. 이런 입장에서 보면 각 계층의 홀론이 각각 생명을 갖고 있다. 물론 계층이 다르면 '살아 있는 상태'도 다르다. 그러나 기본적으로 위 계층의 생명과 아래 계층의 생명은 상호 의존적 관계에 있다. 개체가 살아가기 위해서는 그보다 아래의 계층이 살아 있을 필요가 있다. 거꾸로 개체의 생명이 끊어지면 그 아래 계층이 살아 있다 하여도 단기간뿐이다. 똑같은 사실이 인간과 생태계나 생물권 사이에도 성립한다. 우리는 더 커다란 자연의 생명 속에서 살아가며, 거꾸로 살아 있다는 사실에 의해서 '살아 있는 자연'을 지탱하고 있는 것이다. 이러한 계층 구조를 가진 살아 있는 자연을 생각해가면 인간과 자연을 잘라서 떼어놓고 생각한 근대 문명의 발상에는 한계가 있다는 사고에 이르게 된다.[63]

역에서는 자연 전체가 생명으로 가득 차 있다고 본다. 자연은 생생하여 그치지 않는 창조의 역정이며, 사람은 이 역정에서 화육에 참여한다. 자연과 인간이 둘이면서 하나가 될 수 있는 까닭은 생명 전체가 서로 통하고 서로 화합하기 때문이다. 여기서 내재적 생명과 외재적 환경이 흐르고 서로 적시어 통하고 녹이고 두루 미친다.[64] 생명에 대한 이러한 역의 관점은 바로 홀라키적 생명관에 해당한다. 생명체 간의 상호 의존적이고 서로 느끼고 통하는 감통의 관계는 홀론들 간의 피드백루프를 통한 정보 교환과 같다. 우주는 생명들이 물결치는 바다이자 홀론으로서의 생명들이 만들어놓은 홀라키(홀론들의 위계)의 그물망으로 유비될 수 있다.

역은 만물이 항상 변화와 생성의 연속선상에 있다고 한다. 이 세상의 모든 존재는 생성 변화한다. 역은 생성 변화를 나아가고 물러나고 사그라들고 자라난다(進退消長)는 일관된 맥락에서 이해한다. 역의 관점에서 보면 삶과 죽음도 동일한 이치에서 빚어지는 것이며, 서로 시작과 끝의 연결고리를 만든다. 그러므로 역에서는 '소멸한다'는 것이 완전히 '없어진다(無化)'

---

63) 다케모시 이쉬 지음 · 이동선 역, 앞의 책, p. 64 참고.

64) 蔣國保 · 周亞洲 編, 『生命理想與文化類型』(中國廣播電視出版社, 1992), p. 175 참고.

는 의미가 아니다. 그것은 다시 새로운 것이 태어나는 계기로
서 낡은 것이 새 것에 자리를 비켜준다는 의미다. 따라서 역에
서는 '나서 없어진다(生滅)'고 하지 않고 '나고 또 난다' 혹은
'낳고 또 낳는다(生生)'고 말한다. 그래서 "낳고 또 낳음을 역이
라 한다(生生之謂易)"고 말한다.65) 물론 생생은 일반적 의미에
서의 생물의 생생이 아니다. 그것은 새로운 생명관인 홀론으로
서의 생명의 생생 혹은 철학적 의미에서의 추상적 생생이다.
역에 의하면 생명이란 역동항상성으로서의 음양통일체의 생
생 작용을 말한다. 만물의 변화와 발전은 이 음양의 생생으로
인해 가능한 역적(易的) 의미에서의 생명 활동인 것이다. 음이
양을 낳고 양이 음을 낳는 생생의 무궁무진한 지속적 과정 속
에서 만물은 생성되고 발전하는 것이다.66)

역에서는 만물의 변화 현상을 생명적 존재의 자기 전개 과
정으로 규정하고 있다. 생생이라는 말은 이를 잘 표현한다. 여
기서 변화의 처음은 생명의 생겨남(生)이며 변화의 끝은 생명
의 이룸(成)이 된다. 그러므로 생명적 변화 과정은 '처음 생겨
남(始生)'에서 '이루어 마침(成終)'으로 전개되는 것이다. 이때
마침은 양적으로는 완성을 뜻하고 질적으로는 완전을 뜻한다.
시작은 미완성과 불완전을 뜻한다. 그러므로 만물은 미완성
(불완전)적 존재에서 완성(완전)적 존재를 지향하는 것이다.
그러나 완성과 미완성은 생명적 입장에서 보면 서로 분리되어
존재하는 것은 아니다. 식물의 일생은 씨-꽃-열매의 과정으로
진행된다. 여기서 씨는 생명의 시작이며, 꽃은 생명의 성장 과
정이며, 열매는 생명의 완성이다. 씨에서 꽃으로의 과정을 하

---

65) 『周易』「繫辭傳」上 제5장, 生生之謂易.
66) 呂紹綱, 『周易闡微』(長春 : 吉林大學出版社, 1990), pp. 69-70 참고.

나의 생명적 단위로 보면, 씨는 꽃에 대해서는 미완성적 존재며, 꽃은 씨에 대해 완성적 존재다. 또한 꽃과 열매의 관계에서 보면 꽃은 열매에 대해 미완성이며, 열매는 꽃의 완성자다. 따라서 꽃이란 그 지향하는 방향을 어디에 두느냐에 따라서 완성자일 수도 있고 동시에 미완성적 존재일 수도 있다. 생명의 전 과정을 궤뚫어보면 완성점과 미완성점은 물리적으로 구별할 수 없는 것이다. 생명 현상의 전 과정에는 언제나 완성성과 미완성성이 동시적으로 존재하는 것이다. 즉, 생명적 존재는 그 자체로서 하나의 완성체인 동시에 미완성체인 것이다. 다만 그 역(逆)의 방향에서 보면 모든 사물은 미완성적 존재로 규정되며, 그 순(順)의 방향에서 보면 모든 사물은 완성적 존재로 규정된다. 순역(順逆)의 구조 속에서 만물의 존재 양상을 해석하면, 만물은 모두가 존재 원리의 자기 표현이며 존재의 존재 방식인 것이다.67) 이러한 생명관이 바로 홀라키적 생명관인 것이다.

또한 생생이란 날로 새로워짐을 의미한다. 모든 존재는 나날이 새로워짐으로써 무궁하게 존재할 수 있는 것이다. 그리하여 역에서는 또 "날로 새로워짐을 풍성한 덕이라 한다"고 말한다.68) 그리고 또 "하늘과 땅의 큰 덕을 낳음이라 한다"고 하여,69) 변화에 의한 새로운 생명의 탄생을 큰 덕이라 예찬한다.

역에서 하늘과 땅은 만물이 생성되는 근원이다. 건원(乾元)과 곤원(坤元)이 만물이 바탕하고 그것에 힘입어 시작하고 생겨나는 근거로 제시되고 있다. 건원은 만물이 시작하는 바탕이

---

67) 宋在國, 「先秦易學의 人間理解에 關한 硏究」(忠南大 大學院 博士學位論文, 1991), pp. 50-51.
68) 『周易』 「繫辭傳」 上 제5장, 日新之謂盛德.
69) 『周易』 「繫辭傳」 下 제1장, 天地之大德曰生.

며, 곤원은 만물이 생겨나는 바탕인 것이다. 자연의 모든 생명은 건원에서 시작한다. 즉, 자연의 질서는 모두 이 건원의 풍부한 창조 정신에 의해서 이루어진다. "위대하다 건원이여. 만물이 바탕하여 (생명을) 시작한다"고 한다.[70] 여기에서 말하는 건원이나 건원의 '원(元)'은 생(生)의 의미로 근원적 시작을 나타낸다. 즉, 건원은 바로 생의 시작을 뜻하며[71] 만물을 생화(生化)하는 작용을 한다. 천지만물은 모두 이것에 의거하여 생산되는 것이다. 곤은 건원을 이어받아 만물에 모양을 갖추어주고 길러 키우는 역할을 한다. 생명 창조의 능력을 가진 건원에는 생명 창조의 시작은 있지만 아직 모양을 갖추어주지 않는다. "지극하다. 곤원이여. 만물이 모두 이것에 의거하여 이루어지니, (그것은) 바로 순순히 하늘의 도를 이어받은 것이다. 곤은 두터워 만물을 싣고, 하늘의 무궁한 덕과 배합이 되니, 땅이 함축한 것이 넓고, 나오는 빛이 크니, 만물이 모두 그것으로 말미암아 형통하게 된다"고 한다.[72] 곤원은 건원을 이어받는다고 한다. 건원의 '시(始)'와 곤원의 '생(生)'의 의미를 주자는 "시는 기(氣)의 시작이고 생은 형태의 시작이다"라고 한다.[73] 하늘이 기를 주면 땅은 이를 받아서 형태 있는 사물을 낳는다는 의미다. 건원은 아버지처럼 창조력(creative power)을 가지고 있고, 곤원은 어머니처럼 잉태하고 기르는 출산력(procreative power)을 가지고 있다. 특히 곤원은 한량없이 많은 모든 것을 실어서 건원이 생산하는 성명을 그것이 처한 시공에 따라서

---

70) 『周易』乾卦 象, 大哉乾元 萬物資始.

71) 『朱子語類』, 元者天地生物之端倪也 元者生意.

72) 『周易』坤卦 象, 至哉坤元 萬物資生 乃順承天 坤厚載物 德合無疆 言弘光大 品物咸 亨.

73) 『周易傳義大全』坤卦 象, 始者氣之始 生者形之始.

바르게 하고 보존하여 새로운 창조를 할 수 있도록 도와주는 것이다.

「계사전」에는 "건은 큰 시작을 주관하고, 곤은 물을 이룸을 짓는다"고 한다.[74] 하늘의 기능은 자발적이고 장애가 없고 정지함이 없다. 그래서 만물을 창시하는 사명을 다한다. 땅은 수동적이고 이어받는 것이며 순하게 좇는 것이다. 그래서 하늘의 도를 이어 만물이 이루어지게 한다. 하늘은 시간적 흐름을 대변하며 일체 시작의 근원(源始)이다. 땅은 공간적 범주를 대변하며 일체를 지어 만드는 동력과 장소다.[75]

"하늘과 땅이 있은 후에 만물이 생성되니 하늘과 땅 사이에 가득 차 있는 것은 오직 만물뿐이다"라고 한다.[76] 하늘과 땅은 무엇으로부터 생성된 것이 아닌 본래적으로 존재하는 것이고, 이 하늘과 땅 안에서 온갖 만물이 생성되고 있는 것이다. 하늘과 땅으로 상징되는 건과 곤의 기능이 만물을 생성시키는 것으로 보는 것이다. 역에서는 하늘과 땅이 건과 곤과 대체로 같은 의미로 쓰인다. 천지는 건곤이고, 건곤은 음양의 대표적 상징체로서 역의 기본이 된다. 역의 모든 괘는 건·곤을 주축으로 형성되어 있다. 64괘의 변화는 순음 순양인 건괘와 곤괘의 변화로부터 시작된다. 이런 관점에서 64괘를 관찰하면 건곤은 하늘과 땅을 나타낸 것이고, 나머지 62괘는 하늘과 땅 사이에서 생성된 만물의 실정을 구체적으로 나타낸 것이다.

하늘과 땅의 마음은 인간의 마음과 같이 의지적이고 조작적인 것이 아니다. "인을 나타내며 씀을 감추어서 만물을 고동시키되 성인과 더불어 근심을 함께 하지 않는다"는 말[77]에 대해,

---

74) 『周易』「繫辭傳」上 제1장, 乾知大始 坤作成物.

75) 許紹龍, 『易經的 奧秘』(北京 : 金城出版社, 1993), p. 4 참고.

76) 『周易』「序卦傳」有天地然後萬物生焉 盈天地之間者 唯萬物.

정이천이 하늘과 땅은 주재하지 않으나 성인은 하고자 하는 마음이 있고, 하늘과 땅은 하고자 하는 마음이 조화를 이루며, 성인은 하고자 하는 마음은 있으나 인위적으로 하지 않는다고 주석한다.78) 여기서 그는 하늘과 땅이 마음이 없으면서(無心) 조화를 이룬다고 한다. 하늘과 땅이 만물을 생기게 하는 것으로 마음을 삼는다고 할 때는 하늘과 땅의 마음이 있다고 한다. 다시 말하면 하늘과 땅, 즉 자연79)의 마음은 '마음이 없는 마음 (無心之心)'이다. 자연의 변화는 성인이 백성의 어려움을 근심하고 걱정하지만 억지로 일을 벌이지 않듯이 의지적이고 조작적인 마음이 아니다. 하늘이 요(堯)를 위하여 보존하도록 하지 않고 걸(桀)을 위하여 멸망하도록 하지 않는 것과 같다.80) 오히려 '하늘과 땅의 큰 작용이 낳는 일이다'거나 "천지가 만물을 기른다"는81) 말에서 표현되듯이 하늘과 땅, 즉 자연은 생명의 창조와 양육을 본질로 하는 것이다. 즉, 하늘과 땅은 만물의 창조와 양육을 본질로 하는 일종의 유기체와 같은 것이다.

그러한 하늘과 땅의 생명 창조의 정신은 복괘(復卦)에서도 잘 나타난다. 괘의 말에서 "그 도가 돌아와서 7일에 다시 돌아온다"고 하여82) 사그라들고 자라나는 도가 반복해서 갈마드니 양의 사그라짐이 7일이 되어 회복된다는 뜻이다. 구괘(姤卦)에서 처음 양이 사그라들어 일곱 번 변해서 복괘가 되기 때문에

---

77) 『周易』 「繫辭傳」 上 제5장, 顯諸仁 藏諸用 鼓萬物而不與聖人同憂

78) 『周易』 「繫辭傳」 上 제5장 小注, 天地不宰 聖人有心也 天地无心而成化 聖人有心而 无爲.

79) 『莊子』 「逍遙遊」 곽상 注, 天地者萬物之總名也.

80) 『周易』 「繫辭傳」 上 제5장 小注, 聖人人也 故不得無憂 天則不爲堯存 不爲桀亡者也.

81) 『周易』 頤卦 象, 天地養萬物.

82) 『周易』 復卦, 反復其道七日乃復.

7일이라고 한 것이다. 이는 사그라든 양이 초효로 다시 되돌아 와서 생명력을 회복한다는 의미다. 이에 대한 판단의 말에서 "복에서 하늘과 땅의 마음을 본다"고 한다.[83] 천지의 마음이란 곧 생생의 마음인 것이다. 정이천은 "한 양이 아래에서 회복하 니 곧 하늘과 땅이 만물을 낳는 마음이다. 예전의 선비들이 고 요함으로써 하늘과 땅의 마음을 본다"고 한다.[84] 9월 괘인 박 괘(剝卦)가 다하면 순음의 괘인 10월의 곤괘가 되고, 이때 이 미 한 양이 아래에서 생겨 그것이 쌓여 한 달이 지나면 한 양 의 몸체가 비로소 이루어져 다시 나타나기 때문에 11월의 복 괘가 된다. 주자는 이에 대해 "10월에 양의 기를 거두어들여 일시적으로 문빗장을 걸어 닫아 하늘과 땅의 물을 낳는 마음 을 다한 것 같으나 진실로 쉰 것이 아니다. 다만 볼 수 있는 단서가 없었을 뿐이다. 오직 한 양이 움직이면 낳으려는 뜻이 드러나 비로소 단서를 볼 수 있게 된다. 말하자면 움직임의 시 작과 끝이 여기에서 일어나니 바야흐로 여기에서 하늘과 땅의 마음을 볼 수 있다는 것이다"라고 한다.[85] 복괘의 초효 한 양 에서 하늘과 땅이 만물을 낳으려는 뜻이 드러나게 된다는 것 이다. '낳으려는 뜻(生意)'은 11월 동짓달 만물이 아직 생성되 기 이전 하늘과 땅이 가지고 있는 마음이다.

하늘과 땅은 사람과 같은 마음을 가진 것이 아니고 본래 무 심(無心)이라고 할 수 있다. 그러나 천지가 물을 낳음(生物)을 근본으로 삼는다는 측면에서 말하면, 음양이 서로 느끼고, 운

---

83) 『周易』復卦 彖, 復其天地之心乎.
84) 『周易傳義大全』復卦 彖傳, 一陽復於下 乃天地生物之心 先儒皆以靜 爲見 天地之心.
85) 『原本周易』復卦 彖 小注, 朱子曰 十月陽氣收斂 一時關閉 得盡天地生物之 心 固未嘗 息但无端倪可見 惟一陽動則生意始發露出 乃始可見端緒也 言動之頭 緒於此處起 於此 處方見得天地之心也.

행이 쉬지 않고, 분명히 물을 낳는 마음을 가지고 있다. 이는 객관적 규율일 수도 있고 자연적 기능일 수 있으며 우주의 마음일 수도 있다.[86)

역은 만물에 인간의 마음이 깃든 것처럼 생각한다. 만물을 의인화(擬人化)시켜 말한다. 그러나 오히려 인간의 마음 또한 하늘과 땅의 마음이 인간이라는 물(物)에 깃든 것이라고 생각한다. 반대로 인간을 의물화(擬物化)시켜 말한다고 볼 수 있다. 다시 말하면 인간의 마음을 자연의 마음에 비겨서 말한다는 것이다. 그래서 주자는 "하늘과 땅은 만물을 낳는 것으로써 마음을 삼고, 낳아진 바의 사물은 각각 그 하늘과 땅이 만물을 낳는 마음으로써 마음을 삼으니, (이것이) 인간이 모두 사람을 차마하지 못하는 마음(不忍人之心)을 갖고 있는 까닭이다"라고 한다.[87) 인간 역시 하늘과 땅이 낳은 바의 물(物)로서 인간의 마음 또한 하늘과 땅의 마음에 근거한 것이다. 하늘과 땅의 마음과 인간의 마음이 본질적으로 하나인 것이다. 이 점과 관련하여 하늘과 땅 혹은 자연의 마음은 '우주 의식(global consciousness)'일 수 있다는 주장이 흥미롭게 제기되고 있다.

"마지막으로 이러한 우주적 생명의 '마음'이 있다면 무엇이겠는가 하는 물음을 제기해볼 수 있다. 하나의 개체 생명에 지나지 않는 인간에게도 주체성을 의식시키는 마음이 존재하는 것으로 보아 '우주적 생명의 마음' 문제는 단순한 사변의 유희로 처리될 성질의 것이 아닐는지 모른다. 현재로서 이것은 완전히 새롭고 어떤 확고한 논의의 근거를 포착하기 어려운 사변적인 문제인 것은 사실이나, 인간이

---

86) 余敦康, 『內聖外王的 貫通-北宋易學的 現代闡釋』(上海 : 學林出版社, 1997), p. 283.
87) 『孟子』「公孫丑」上 朱子注, 天地以生物爲心 而所生之物 因各得夫天地生物之心以爲 心 所以人皆有不忍人之心也.

중심이 되어 전개되는 지구상의 모든 문화 활동이 어쩌면 우주적 생명의 마음을 형성해가는 어떤 과정인지도 모른다. 오늘날 급격히 진행되는 인간의 문화적 진화가 언젠가 '우주적 의식'이라 불릴 일종의 집합적 의식 상태를 형성하리라고 생각해볼 수도 있으며, 만일 그렇게 되는 경우 여기에 주체적으로 참여하고 있는 개체로서의 각 개인들은 '우주적 생명'을 자신의 '확대된 자아'로 더 진지하게 의식할 수도 있을 것이다."[88]

우주 만물이 어떤 목적 의식이나 의도를 가진 존재일 수 있다는 주장이 하이젠베르크에 의해 제기되기도 한다.

"그러나 박테리아에 접근하고 있는 '박테리오파지'는 그곳에서 증식하기 위하여 박테리아 속으로 침투하려는 어떤 의도를 갖는다고 말할 수 있는 것일까? 만약 우리가 여기서 '그렇다'고 대답할 수 있다면 아마도 주위의 환경 조건에 잘 적응할 수 있도록 변화해가고 있는 유전자의 구조에서도 어떠한 의도를 인정할 수 있는 것이 아닐까? 물론 이렇게까지 생각을 거듭하게 되면 '의도'라는 말이 남용되고 있다고 말하게 될 것이다. 그러나 사람들은 그 질문에 대해서 좀 더 신중한 표현을 선택할 수 있게 될 것이다."[89]

역에서의 자연은 거대한 생명력의 흐름이다. 우주 만물은 모두 하나의 유기적 전체에 속하고 하나의 자연스런 자생적 생명 과정의 참가자로서 상호 작용한다는 세계관의 표현이 역의 생생의 정신이다. 니이덤은 이러한 생명적 세계의 모습을 '제정자 없는 의지들의 질서정연한 조화(an ordered harmony

---

88) 장회익, 「생명의 단위와 존재론적 성격」, 『과학과 메타과학』(서울 : 지식산업사, 1990), p. 208.
89) 하이젠베르크 지음 · 김용준 역, 『부분과 전체』(서울 : 지식산업사, 1980), pp. 319-320.

of wills without an ordainer)'90)라는 말로 표현한다. 웅십력 (熊十力)은 우주만상에서 태어나고 소멸하는 것이 서로 이어 지고 변화하는 것이 끝이 없는 까닭은 본체 자체가 활력으로 충만하여 나고 또 나서 쉬지 않는 것이기 때문이라고 본다. 그 래서 그는 본체를 '우주적 대생명' 혹은 '항상 돌아감(恒轉)' 또 는 '공능'이라고 부른다.91) 방동미(方東美)는 이 거대한 생명력 의 흐름을 '보편 생명'이라 부르고,92) "우주란 만상을 포괄하는 생명의 약동이며 만상에 충만한 큰 생명체(大生機)로서, 잠시 도 창조와 화육을 쉬지 않고, 어느 곳에도 유행되고 관통되지 않은 데가 없다"고 한다.93) 방동미는 또한 이러한 우주의 대생 명 현상을 넓고 큰 조화(廣大和諧)라 말한다. 그가 넓고 큰 조 화라고 말한 것은 역의 건괘에 '크게 낳는다(大生)'와 곤괘에 '넓게 낳는다(廣生)' 그리고 하늘과 땅의 서로 느낌에 의해 만 물이 생겨난다는 것과 '건의 도가 변화하면 각기 성명을 바로 하니 크게 화합함을 보전하고 화합한다(各正性命保合大和)'는 데서 끌어낸 말이다.

이러한 자연 속에서 사는 인간이야말로 이 대생명의 과정에 참여하여 화육하는 이른바 공동의 창조자(co-creator)다. 역에 서는 자연과 인간이 대립자가 아니다. 양자는 둘이면서 하나 다. 자연과 인간의 관계가 이러하니 정신과 물질 또한 철저하 게 서로 삼투 여과되어 생명의 합일체를 형성한다. 물질적 개

---

90) 후레드릭 W. 모오트 지음 · 권미숙 옮김, 『중국 문명의 철학적 기초』(서울 : 인간사랑, 1991), p. 32.

91) 鄭家棟, 『現代新儒學槪論』(南寧 : 廣西人民出版社, 1991), p. 183 참고.

92) 方東美 지음 · 鄭仁在 옮김, 『중국인의 인생 철학』(서울 : 탐구당, 1983), pp. 64-66.

93) 위의 책, p. 51.

별자들이 정신적 작용에 의하여 통합되고 서로 유기적인 연관 속에서 파악된다. 무궁한 정신 작용으로 유한하고 개별적인 형체의 세계를 만들었던 것이다.[94] 자연과 만물이 하나의 생명체요 하나의 태극이라고 인식하는 데서 자연과 만물에 대한 사랑이 싹틀 수 있는 것이다.

V. 홀로그램과 괘효(卦爻)

홀론 이론에 따르면 각 부분은 정보의 부분 영역이 아니고 전체 정보가 그 부분 속에 포함되어 있다. 이것이 바로 '부분이 곧 전체인' 부분 전체(partwhole)인 것이다.[95] 이러한 논리의 물리적 표현이 홀로그램(hologram)이다. 감광판 위에 기록된 빛의 간섭 패턴(이것을 홀로그램이라 한다)에 레이저 광선을 이용하여 일반 사진(포토그래피)과는 다른 홀로그래피를 만들어낸다. 데니스 게이버(Dennis Gabor)에 의해 연구된 이 홀로그래피의 감광판에서는 일반 화폭과 같이 장면이 있는 것이 아니라 장면에 대한 '정보'만 있는 것이다. 대상이 있는 것이 아니라 메타-대상이 있는 것이다. 메타-대상으로서의 이 정보가 다름 아닌 홀로그래피에 기록된 간섭 패턴인 것이다.[96] 다시 말하면 홀로그래피에서 대상은 메타-대상으로, 그리고 메타-대상은 다시 대상으로 서로 호환되는 것이다. 포토그래피와 홀로그래피가 만들어지는 논리적 배경은 서로 다르다. 전자

94) 위의 책, p. 63.
95) 김상일, 『퍼지와 한국 문화』(서울 : 전자신문사, 1995), p. 90에서 재인용.
96) Joshep E. Kasper and Steven A. Faller, *The Complete Books of Holograms* (New York : John Wiley & Sons, Inc., 1987), p. 4.

의 경우엔 피사체인 대상에서 반사된 빛이 렌즈를 통해 감광판에 도달하여 그 피사체와 일 대 일로 감광판에 대응한다. 그 대상의 어느 특정 부분은 감광판 혹은 필름의 어느 특정 부분에 국한되어 촬영된다. 한 부분이 또 다른 부분에 각인될 수는 없다. 이를 국소적(局所的. local)이라 한다. 이러한 포토그래피의 논리는 'A면서 동시에 A가 아닐 수는 없다'는 형식 논리의 모순율과 배중률을 철저하게 따른다. 그러나 홀로그래피의 경우는 아주 다르다. 한 부분이 전체를 동시에 보여준다. 여기서는 뉴턴의 절대 공간과 절대 시간은 찾아볼 수 없다. 광원과 실상 사이에 홀로그래피가 놓여 있을 때는 광원에서 나온 빛이 홀로그래피까지 확산되었다가 다시 수렴된다. 그래서 실상을 허상으로 보게 된다. 확산과 수렴이라는 서로 대립되는 현상이 일어남으로써 홀로그래피에서는 상반(相反)과 일치 혹은 상성(相成)의 현상이 나타나는 것이다. 다시 말하면 포토그래피에서는 빛의 흐름이 '일 대 일(One-One)'로 나아가지만, 홀로그래피에서는 '하나에서 여럿을 지나 다시 하나로(One-Many-One)' 나아간다. 이것은 전체가 부분이요 부분이 전체가 되는(一卽多 多卽一) 현상인 것이다. 그래서 홀로그래피는 사진 건판의 어느 부분에서든 전체의 영상을 포함하고 있다. 여기서의 모든 부분은 1/10, 2/10 … 등이 아니고 모두가 10/10인 것이다. 이러한 논리는 서양의 형식 논리로는 이해할 수 없는 논리다. 부분이 모여 전체가 된다는 논리가 부정되는 현상이다. 홀로그래피는 빛의 파동으로서의 전체 정보를 축적하고 재생하는 것이다. 홀로그램의 부분을 잘라서 재생시키면 대상물 전체의 모습이 나타난다.

이러한 홀로그램적 사유 논리는 이미 아낙사고라스의 '동일한 부분들을 가진 사물(homoiomereiai)'[97]이라는 개념에서 표현되었고, 라이프니츠의 단자론에 이르러 가장 분명한 형태로 표시되었다.[98] 그리고 그러한 사유 논리는 오늘날 홀로그래피의 경우에서처럼 과학 이론으로 발전되어 실용화되고 있을 뿐아니라 전체와 부분 간의 특수한 관계에 주목하는 수학의 프랙탈(fractal) 이론[99]으로 표현되기도 하고, 여러 가지 다양한자연 현상들[100]과 관련하여 신과학의 혼돈(카오스) 이론에서말하는 끌개(attractor) 현상으로 이해되기도 한다. 또는 동물생태학과 인간 사회에서 나타나는 현상들[101] 등에서 보이는

97) 최초에 하나의 혼합물이 있어 누스(nous)의 작용에 의해 회전하면서 그 내용물이 분리되어 각 사물들이 분화되었다. 그러나 각 분리된 사물들 속에는 여전히 다른 모든 것들의 요소들이 일정 비율로 포함되어 있으며, 그 사물이 어떤 것으로 규정되는 것은 다만 그 모든 요소들 가운데서도 그것을 규정해주는 요소가 지배적이기 때문에 그런 것이다. 이것이 바로 '동일한 부분들을 가진 사물'이다.

98) 단자론에 의하면, 우주를 구성하는 궁극적인 요소인 단자(monad)에는 우주의 모든 정보들이 담겨 있다.

99) 이 이론에 따르면 전체를 구성하는 각 부분들은 여러 차원에서 전체의 모양과 유사성을 갖는 형태로 반복적으로 구성될 수 있다. 즉, 프랙탈 상태에서는 전체를 구성하고 있는 각 부분들은 각기 그것의 차원(소수의 차원)을 가지며, 또 그러한 각각의 차원에서 각 부분들은 전체의 모양과 동일한 형태로 자기유사성을 가진다. 다시 말해 자연 현상 속에는 1차원, 2차원, 3차원 등의 정수 차원만이 아니라 1.2차원, 1.3차원 등의 소수 차원도 존재한다. 그리고 이러한 각각의 차원에서 전체를 구성하는 각 부분이 전체의 모양을 반복적으로 모사하고 있다면 이것은 바로 프랙탈이라는 것이다. 이러한 프랙탈의 원리는 '부분은 전체의 반영'이라는 형이상학적 원리를 기하학적으로 나타낸 것이라 할 수 있다.

100) 해안선의 형태, 은하의 구조, 구름의 모양, 번개 치는 모양, 유리창이 깨어지는 모습, 나뭇잎의 모양, 혈관의 분포 상태, 큰 산맥과 지맥, 큰 강줄기와 지류들 등의 자연 현상들에서는 어느 일부분을 확대해보면 전체의 모양과 부분들이 근사적으로 닮아 있음을 발견할 수 있다. 이는 바로 홀로그램적 사유 논리의 사실적 표현으로 이해할 수 있다.

101) 개미 집단이나 인간 사회에서 홀로그램의 원리를 발견할 수 있다. 일본학자의 연구에 따르면, 열심히 일하고 있는 것처럼 보이는 개미들도 자세히 관찰

홀로그램적 원리는 신과학 이론들과 결부되어 과학 이론으로 정립되고 있다. 특히 양자 이론의 비국소성의 원리는 홀로그램적 사유의 한 맥락이다. "양자 이론이 가지고 있는 근본적으로 새로운 성질은 비국소성(non-locality)이다. 즉, 하나의 물리계는 그것을 포함한 전체로부터 분리되어 전체와 다른 성질을 가진 채 독립적으로 존재할 수 없다. 이것은 곧 전체 우주가 깨어질 수 없는 전체임을 시사하는 것이다"102)라는 데이비드 봄(David Bohm)의 말은 그 점을 잘 대변하고 있다. 또한 슈뢰딩거도 그 점과 관련하여 다음과 같이 말하고 있다.

"당신이 지금 누리고 있는 삶은 단순히 '전체적 존재의 한 부분'이 아니다. 각 개인의 삶 자체가 바로 '전체'인 것이다. 그리고 이 '전체'

해보면 전체 개미의 20%만 열심히 일하고 나머지 80%는 놀고 있다. 그러나 열심히 일하는 20%의 개미들도 그것만 따로 떼어놓으면 다시 그 가운데 20%만 일하고 나머지 80%는 여전히 놀고 있는 부류로 전락한다. 물론 이 놀고 있는 80%도 아직 밝혀지지 않은 어떤 역할을 수행하고 있을 수도 있다. 그렇지만 이 경우에도 20%와 80%의 역할 분담 구조는 여전히 동일하다. 아마 놀고 있는 80%를 떼어낸다 하더라도 그 가운데 20%는 열심히 일하고 나머지 80%는 놀게 되는 현상을 보여줄 것이다. 이것은 전체의 구조가 그것의 부분 속에 내재되어 있다가 그것의 부분이 또 다른 전체를 형성할 경우 곧바로 전체의 구조로 현실화되는 현상인 것이다. 개미와 같은 동물 집단은 그것의 각 부분들이 집단 전체의 특정한 구조를 잠재적으로 반영하고 있다가 그것의 어떤 일부가 분리되어 전체로 기능할 경우 현실화되는 그러한 구조를 가지고 있다고 할 수 있다. 인간의 사회도 개미 집단과 유사한 현상을 보여준다고 본다. 사회 구성원 개인들은 자신의 역할에 따라 상호 작용하며 서로 연결되어 있는 유기체에 비유되는 사회를 이룬다. 사회는 개인이 확대된 것이라는 사회유기체론의 관점은 부분(개인)이 전체(사회)의 구조를 반영하고 원리를 그대로 실현하고 있다고 보는 것이다.

102) David Bohm and B. Hiley, 'On the Intuitive Understanding of Nonlocality as Implied by Quantum Theory' in *Foundations of Physics* 5(1975), p. 94, 프레드 A. 울프 지음 / 박병철 · 공국진 옮김, 『과학은 지금 물질에서 마음으로 가고 있다』(서울 : 고려원미디어, 1997), p. 213에서 재인용.

는 한눈에 알아볼 수 있는 것이 아니다. 브라만은 그 신성하고 신비로운 공식을 통해, 바로 이 점을 단순명료하게 말해주고 있다. 나는 동쪽에도 있고 서쪽에도 있다. 나는 위에 있으며 또 아래에 있다. <내가 곧 전체 우주다.>"103)

'내가 곧 우주다'는 사유 논리는 양자론적 사고의 대전제다. 이것은 인간이 자신의 위치에 대한 역설적 상황을 받아들이는 마음이며 자기 자신을 들여다보는 마음인 것이다. 이제 『이상한 나라의 엘리스』라는 동화의 이야기들104)이 과학적 사실의 이야기로 다가오고 있는 것 같다. 르네 톰은 19세기에 이미 수학에서 현대 과학의 이론들이 예견된 것이라고 주장한다.105) 이것은 마치 러셀의 역설에서 이발사가 자기가 만든 규칙 속에 자기를 속박했을 때 나타나는 현상과 같다.106) 이는 거울 속에 비치는 거울이 다시 비침으로써 어느 것이 속의 것이고 어느 것이 밖의 것인지 모르게 되는 현상과 같다. 그것이 이른바 난경(亂鏡. Turbulent Mirror) 현상107)이다. 거울이 서로 마주보고 비추고 비치는 것이 되먹임되어 하나의 난류를 형성하는 것

---

103) *Project Physics Reader* 5(New York : Holt, Rinehard & Winston, 1968-1969), p. 179, 프레드 A. 울프 지음 / 박병철 · 공국진 옮김, 위의 책, p. 220에서 재인용.

104) 엘리스는 이상한 나라에서 큰 혼돈을 경험한다. 즉, 자기 몸이 작아졌다 커졌다 하는 경험과 어느 것이 부분이고 어느 것이 전체인지를 분간할 수 없는 경험을 한다. 자기가 흘린 눈물 속에 자기 자신이 들어가고, 집 속에 있는 과자를 먹었는데 집안에 있어야 할 엘리스의 몸이 집보다 더 커진다. 부분 속에 있는 전체, 그리고 전체 속에 있는 부분을 경험하게 된다는 것이다.

105) 르네 톰 지음 · 이정우 옮김, 앞의 책, p. 72.

106) 김상일, 『러셀 역설과 과학 혁명 구조 — 과학 혁명은 있는가』(서울 : 솔, 1997) 참고.

107) 피트 · 브리그스 지음 / 김광재 · 조혁 옮김, 『혼돈의 과학』(서울 : 범양사, 1991), p. 76 참고.

을 난경이라고 한다. 그러한 되먹임이 반복되면 끌개라는 모양이 만들어진다. 이 모양은 부분이 전체가 되고 전체가 부분이 되는 현상이 많이 반복되어 '부분이 전체'인 이상한 현상이 나타난 것이다. 그래서 그것을 '이상한 끌개(strange attractor)'라고 부른다. 양자물리학에서 관찰자가 곧 관찰 대상이 되는 현상이라든지, 카오스 이론에서 자기 반복을 거듭하는 현상 같은 것이 모두 이상한 나라에서 엘리스가 경험한 세계와 결코 다르지 않다.

그런데 동양에서는 이미 오래 전부터 이런 나라가 있다는 사실을 알고 있었으며 차라리 '이상한 나라'가 아닌 일상의 경험에 불과한 '정상의 나라'로 알려져 왔다. 특히 선불교적인 체험 속에서는 이상한 나라가 다반사일 뿐이다. 화엄불교에서 말하는 '인드라망(Indra Net)'108)이 바로 이상한 나라의 경험 세계를 두고 하는 말이다.109) 역이 상징하는 세계, 즉 역의 괘를 통해 해석되는 세계는 바로 그러한 세계인 것이다. 따라서 유비적인 관점에서 설명한다면 역은 그러한 끌개 현상을 발견하여 64괘로 상징하였다고 볼 수 있다. 역의 세계는 홀로그래피의 세계다. 데이비드 봄과 같은 물리학자들도 우주를 거대한 홀로그램으로 본다. 그리고 보이는 드러난 질서(explicate order)의 현상 세계 뒤에는 보이지 않는 숨겨진 질서(implicate order)의 세계가 내재되어 있다고 본다. 그러한 질서들은 한 질서로 펼쳐지기도 하고(unfolding) 접혀지기도 하면서(enfolding) 하나의 지속적인 전체 흐름(holomovement)을 이루고 있다고 보는 것이다.110) 이러한 세계의 상징적 표현이 바로 역의 세계다.

---

108) 화엄불교에서 重重無碍라고 불리는 것이다. 하늘의 인드라 신이 가지고 있는 보석의 빛이 사면이 거울로 조명되는 방안에서 다시 비쳐지면서 거듭 거듭 되먹임하는 모습을 말한다.

109) 김상일, 앞의 책, pp. 31-34 참고.

그리고 역의 괘상은 우주 만물의 홀로그램적 구성 원리를 읽어내는 상징적 홀로그래피들이다.

인간을 포함한 우주 만물은 실체들로서 존재하기보다는 반복적인 사건들 혹은 반복 현상들로서 존재한다고 볼 수 있다. 그러한 반복 현상 속에는 카오스 이론에서 말하는 끌개로서의 상이 발견될 수 있을 것이다. 그리고 우주 만물은 모두 그러한 상의 전체적인 정보를 담지하고 있는 부분상들로 간주될 수 있을 것이다. 역의 64괘는 하나의 전체며 하나의 태극이다. 그것은 우주 만물의 큰 끌개로서의 전체상을 상징한다. '역에 태극이 있다. 태극이 양의를 낳고 양의가 사상을 낳고 사상이 팔괘를 낳는다'고 했듯이, 태극(−)에서 양의(− −)로 다시 사상(= = = = = =)으로 다시 팔괘(≡ ≡ ≡ ≡ ≡ ≡ ≡ ≡)로 나타나고, 팔괘가 거듭하여 64괘가 만들어진다. 64괘들은 모두 하나의 태극(−)으로 인하여 만들어진 것이며, 전체의 정보(−)를 담지하고 있는 홀로그래피들이다. 태극의 작용은 건과 곤의 '함께 지음(合撰)'이다. 그래서 62괘 각 괘들은 모두 건과 곤의 펼침이며, 그것들 속에는 건곤이 두루 흐르고 있다. "건곤은 역의 문이다"라는 말111)은 그러한 뜻을 함축적으로 표현한 것이다. 건과 곤이 하나의 문이 되어 그 문으로 64괘들이 드나드는 것으로 비유한 것이다. 또한 "건곤은 역의 쌓임이다. 건과 곤이 열을 이룸에 역이 그 가운데 선다. 건과 곤이 훼손되면 역을 볼 수 없고, 역을 볼 수 없으면 건과 곤이 혹 쉴 것이다"라고 한 말112)도 역시 그런 의미다. 건과 곤으로 상징되는 하늘과 땅

---

110) 조효남, 「상보적 완전한 생명관」, 『과학사상』 23 겨울(범양사, 1997), pp. 195-196.

111) 『周易』 「繫辭傳」 下 제6장, 乾坤 其易之門邪.

112) 『周易』 「繫辭傳」 上 제12장, 乾坤 其易之縕邪 乾坤成列而易立乎其中矣 乾

사이의 모든 만물들은 건과 곤, 즉 양과 음으로 이루어진 부분상들이다. 그러한 부분상들의 상징인 64괘들은 각각 전체의 한 부분으로서 하나의 전체인 태극의 모든 정보를 담지하고 있는 것이다. 따라서 하나의 괘를 해석하는 데에 그 괘의 독립적인 의미는 무의미한 것이다. 반드시 64괘 전체의 맥락 속에서 그 한 괘의 의미가 해석되어야 하는 것이다.

64괘 각 괘의 경우에도 마찬가지의 논리가 적용된다. 한 사건 혹은 한 현상의 반복 속에서 발견된 하나의 끝개를 상징하는 괘들은 전체면서 동시에 부분이 되는 것이다. 태극이라는 전체의 정보를 담지한 하나의 부분이 될 수 있는 반면 그것은 또한 한 효의 전체가 될 수 있다. 그래서 한 효 속에는 그 전체로서의 괘의 모든 정보들이 담지될 것이다. 괘를 해석하는 경우 괘 전체의 의미보다는 그 괘에서 움직인 효의 의미가 더 중요시된다. 이는 괘 전체의 정보를 담고 있는 부분으로서의 한 효의 의미가 중요하다는 것을 말해주는 것이다. 그리고 한 효의 의미는 그것이 전체 괘에서 어디에 자리하는가에 따라 결정된다. 이는 괘를 구성하는 효 또한 전체의 정보를 담지한 부분임을 말하는 것이다.

결국 역의 세계는 홀로그래피의 세계며, 그것을 상징하는 괘 또한 일종의 홀로그래피라고 볼 수 있는 것이다. 따라서 괘는 그것이 '부분이면서 동시에 전체'라는 입장에서 조심스럽게 해석되어야 한다. 괘의 해석은 단순하게 고정적 의미의 차원에서 이루어져서는 안 된다는 것이다. 그것은 선형적이 아니라 비선형적인 해석이어야 한다. 그래서 괘의 해석은 다양하다. 그 가운데 호체(互體)와 반상(半象)이라는 괘 해석 방법이 홀

___

坤毁則无 以見易 易不可見則乾坤或幾乎息矣.

로그램적 사유 논리를 설명해준다. 호체와 반상은 하나의 괘상이 가지고 있는 부분적 상을 해석하는 것이기 때문에 '상 가운데 있는 상(象中之象)'이라고도 불린다. 비록 그러한 해석 자체가 괘 해석의 전부가 아니며, 상 중의 상이 하나의 독자적인 상으로 여겨지는 것은 아니지만 역시 나름대로의 의미를 가지고 있기 때문에 중요한 것이다.

호(互)란 서로 서로 번갈아가며 넘나드는 작용을 말한다. 즉, 한 괘상 속에서 다른 괘상의 체와 교호 작용을 하는 것을 말한다. 호체라는 개념은 서한(西漢)의 경방(京房)에서 시작되어 정현(鄭玄), 순상(荀爽), 우번(虞翻) 등에 의해 괘 해석의 방법으로 사용된 것이다. 예를 들어 상하괘가 각각 ☲☴인 정괘(鼎卦)는 초효에서 삼효까지는 원래 내괘(內卦)로서 손(巽), 사효에서 상효까지는 원래 외괘(外卦)로서 리(離), 초효에서 4효의 호체는 구(姤), 초효에서 5효의 호체는 대과(大過), 2효에서 4효의 호체는 건(乾), 2효에서 5효의 호체는 쾌(夬), 2효에서 상효의 호체는 대유(大有), 3효에서 5효의 호체는 태(兌), 3효에서 상효의 호체는 규(睽) 등이다. 하나의 정괘는 원래의 괘상과 내·외괘 이외에 일곱 개의 호체괘를 끌어낼 수 있는 것이다. 즉, 하나의 괘가 10개의 괘로 될 수 있는 것이다. 정괘뿐 아니라 다른 괘 역시 마찬가지다. 다만 소수의 괘의 호체괘는 모두 같다. 예를 들면 건과 곤 등이 그러하다. 이 때문에 64괘는 갑자기 10배로 불어나기 때문에 이를 비판하여 "천착하고 견강부회하여 상 바깥에 상을 만든다"고 말하기도 한다.113) 그러나 "팔괘는 상으로 (뜻을) 말한다"114)고 하거나, "역은 상이

---

113) 『日知錄』 弟一卷, 穿鑿府會 象外生象.

114) 『周易』「繫辭傳」下 제12장, 八卦以象告.

며 상은 형상하는 것이다"[115]라고 말하듯이, 괘상이란 상징으로 우주 만물의 실상을 설명하고 형용하는 것이다. 우주 만물에는 물 속에 물이 들어 있고 물 밖에 또 물이 있다. 대우주와 소우주가 서로 겹쳐 있고 만물이 서로 접혀 있는(enfolding) 모습을 매우 적절하게 표현하고 있는 것이 바로 호체괘인 것이다.

반상(半象)은 우번(虞翻)의 독특한 이론이다. 그것은 괘 중에서 서로 가까이에 있는 효로써 상을 만들어내는 것을 말한다. 두 개의 효로는 온전한 괘상을 만들지 못하기 때문에 반상이라고 부르는 것이다. 그것은 미완성의 상이 완전한 상으로 나아가는 경향을 보여준다. 즉, 그것은 하나의 사물 속에 잠재된 발전의 가능성이 펼쳐질(unfolding) 방향을 상징하는 것이다. 예를 들어 건괘(乾卦)의 상은 ☰으로, 초효와 이효는 태(兌)의 내반상(內半象)인 동시에 손(巽)의 외반상(外半象)이다. 그리고 그 이효와 삼효 두 효 역시 마찬가지다. 건괘는 순양괘다. 양의 성질이 지극히 성하게 되면 변하여 음이 된다. 태와 손은 건의 양 속에 잠재해 있다. 그러나 태와 손은 모두 음괘로서 바로 건의 양괘가 변하여 음의 성질이 되는 것이다. 음양의 두 성질이 잠재적으로 상호 변화하는 상태를 반상은 적절하게 표현하고 있다. 이 반상괘 또한 한 괘나 한 효 속에 또 다른 괘나 효의 정보들이 새겨져 있음을 분명하게 표현하고 있다.

역에 의하면 인간은 우주의 축소판, 즉 소우주(microcosmos)다. 인간의 구성 원리는 우주의 구성 원리와 동형적이며, 우주의 모든 정보들이 인간 속에 축약적으로 담겨지고 있다는 것이다. 그래서 모든 인간은 건강이나 정신 수양의 과정에서 우

---

115) 『周易』「繫辭傳」下제3장, 易者象也 象也者像也.

주 자연의 원리에 합일하고자 하는 것이다. 또한 동양 의학은
인체를 우주의 축소판으로 간주하며, 인간의 각 부분은 다시
인체 전체의 축소판이라고 간주한다. 그리고 발생학의 관점에
서 보면 유기체의 부분(세포)이 전체(유기체)의 모든 정보를
반영하고 있다고 한다.116) 이는 모두 홀로그램적 사유 논리의
생의학적 표현이다. 그래서 동양 의학에서는 얼굴색을 보고 그
사람의 어느 부분에 병이 있는지를 알 수 있거나(望診) 손목에
맥을 짚어 보고 정확하게 몸 전체의 이상 유무를 가려낼 수 있
다(脈診)고 한다. 이는 국소에 전체의 정보가 담겨져 있다고
생각하기 때문에 가능한 일이다.

VI. 결 론

역의 세계관에 접근하는 것은 대단히 어려운 문제다. 그 어
려움은 서양적 의미에서의 철학 혹은 사유 논리와 연관되어
제기되는 어려움이다. 플라톤의 각주(脚註)로 평가되는 서양

---

116) 단일 세포인 수정란은 발생 과정에서 분열하면서 점차 각각의 구성 요소
를 가진 유기체로 분화되어 간다. 그런데 수정란이 8개의 세포로 분열될 때까
지 각각의 세포들은 여전히 하나의 수정란으로 기능할 수 있다고 한다. 즉, 이
단계까지의 각각의 세포들은 기술적으로 분리될 경우 새로운 유기체를 형성할
수 있는 수정란이 될 수 있다는 것이다. 그러나 이 단계를 넘어서면 각 세포들
은 유기체의 일부가 됨으로써 더 이상 새로운 개체를 형성할 수 있는 기능을
상실하게 된다. 각 세포들은 이제 자신 속에 내포하고 있는 여러 가지 가능성들
중 전체 유기체 속에 서의 특정 기능을 담당하는 부분만이 활성화되고 나머지
는 억제된다고 한다. 이처럼 각각의 역할과 기능의 배정이 완전히 끝난 성숙된
유기체 하더라도 동물에 따라서는 인위적으로 나머지 기능을 발휘할 수 있
게 해준다면 하나의 세포로도 새로운 개체 발생이 가능할 수 있다. 올챙이의
세포로 올챙이를 발생시키는 데 성공한 바 있다. 이 모든 것들이 가능한 이유는
기본적으로 각 세포들은 유기체의 모든 정보를 담지하고 있기 때문이다.

철학의 주류적 전통은 통일 이념(Einheitsidee)의 문제를 중심으로 전개되어 왔다. 그러한 통일 이념은 '존재(Being)'나 '실체(substance)' 또는 '주체'와 같은 개념에서 표명된다. 이는 모든 운동이 그러한 '근원적 원리들'에 의존하고 그들로부터 파생될 수 있다는 것을 의미한다. 정반대로 역의 사유(의 세계)에서는 '생성'과 '역동성'과 '운동'이 물(物)의 근본 의미(fundamentale Bedeutung)가 된다. 그러나 생성과 역동성과 운동이 어떻게 사유될 수 있는가? 모든 사유는 이미 존재를 전제하여 이루어지는 것이 아닌가? 질서를 부여하는 오성과 이성을 통해서 혼돈스러운 현상을 개념화시킴으로써 그 현상을 의미 있게 경험하고 해석할 수 있지 않는가? 그렇다면 역의 (사유) 경험은 선철학적 성격 또는 신화적 성격을 벗어나지 못하지 않는가? 서양 철학적으로 정초된 사유 방식으로는 이러한 물음을 떨어내기 힘들 것이다. 그러한 물음을 떨어내고 역의 사유 경험(의 세계)에 근본적이고 정당한 철학적 진리성을 인정하는 기준을 발견하는 일은 대단히 어려운 일이다. 그러한 일은 신화와 이성, 종교와 철학, 경험과 개념, 감성과 오성, 실천과 이론의 대립적 성격을 넘어서는 새로운 사유 토대로서의 새로운 세계관을 발견하는 일일 것이다.117)

이 논문은 그러한 어려움의 완전히 해소시키려는 시도로 쓰인 것이 결코 아니다. 다만 그 어려움을 조금 덜기 위하여, 역경(易經)과 역전(易傳)과 그것에 관한 의미 해석들을 통해서 역의 전일론적 세계관을 확인하고 그것을 신과학 사상의 한 맥락을 이루는 전일론의 이론과 개념으로 유비적 설명을 한

---

117) Georg Stenger, 'Zur Grundstruktur des I Ching', 韓國周易學會, 『21世紀와 周易』(1998 國際周易學術會議 學術誌, 1998), p. 161 참고.

것이다. 전체와 부분이 유기적인 하나의 통일체를 이루고 있으며, 그 통일체는 자발적인 자기 생성적 생명 과정으로서의 유기체적 과정으로 생각하는 역의 세계관은 홀론과 태극, 홀론의 역동항상성과 태극동정으로서의 음양, 홀라키적 생명관과 생생적 우주대생명관, 홀로그램과 괘효 등의 관점에서 유비적으로 설명되었다.

동양 사상과 신과학 사상을 유비시키는 것에 전혀 문제가 없는 것은 아니지만 동양 사상 특히 역 철학의 현대적 조명과 그것의 현대적 의미를 발견하는 데, 그리고 신과학 사상의 (과학) 철학화의 토대를 마련하는 데 어느 정도의 적실성을 가질 수 있을 것으로 생각된다.

□ 참고 문헌

『주역』(漢文大系 十六)(東京 : 富山房, 昭和 59년).
『원본주역』(中和堂 影印本).
『주역전의대전』.
『맹자』.
『장자』.
공영달, 『주역본의』(臺北 : 學生書局, 1983).
소옹(邵雍) 찬(撰), 『황극경세서』(上海古籍出版社, 1992).
주돈이(周敦頤) 찬, 『통서』(上海古籍出版社, 1992).
_____, 『태극도설』(上海古籍出版社, 1992).
_____, 『태극도설』(上海古籍出版社, 1992).
『주자어류』.
왕부지(王夫之), 『주역내전』.
_____, 『장자정몽주』.
_____, 『사문록』.

『성리대전』.

『일지록』.

고회민 저·정병석 역,『주역철학의 이해』(서울 : 문예출판사, 1995).

임국평, 「시탐왕부지적(試探王夫之的) 발전관」, 호남·호북성철학사회과학
　　　학회련합회 합편,『왕선산학술토론집(王船山學術討論集)』(北京 : 中華
　　　書局, 1965)

심자복,『역경석의(易經釋疑)』(北京 : 學苑出版社, 1990).

언양(鄢良),『삼재대관 — 중국상수학원류(三才大觀 — 中國象數學源流)』(北
　　　京 : 華藝出版社, 1993).

여소강(呂紹綱),『주역천미(周易闡微)』(長春 : 吉林大學出版社, 1990).

여돈강(余敦康),『내성외왕적 관통 — 북송역학적 현대천석(內聖外王的 貫通
　　　— 北宋易學的 現代闡釋)』(上海 : 學林出版社, 1997).

장국보(蔣國保)·주아주(周亞洲) 편,『생명리상여문화유형(生命理想與文化
　　　類型)』(中國廣播電視出版社, 1992).

정가동(鄭家棟),『현대신유학개론』(南寧 : 廣西人民出版社, 1991).

황우사(黃優仕), 「주역명의고(周易名義考)」, 황수기(黃壽祺)·장선문(張善
　　　文) 편,『주역연구론문집』제1집(北京 : 北京師範大學出版社, 1987).

허소룡(許紹龍),『역경적 오비(易經的 奧秘)』(北京 : 金城出版社, 1993).

김상일,『퍼지와 한국 문화』(서울 : 전자신문사, 1995).

_____,『퍼지 논리와 통일 철학』(서울 : 솔, 1995).

_____,『러셀 역설과 과학 혁명 구조 — 과학 혁명은 있는가』(서울 : 솔, 1997).

김석진,『주역전의대전역해(周易傳義大全譯解)(상)(하)』(서울 : 大有學堂, 1996).

김용정,『과학과 철학』(서울 : 범양사 출판부, 1998).

다케모시 이쉬 지음·이동선 역,『아주 작은 우주』(서울 : 도솔, 1991).

방동미 지음·정인재 옮김,『중국인의 인생 철학』(서울 : 탐구당, 1983).

사토후카 후미히코 엮음·정성호 옮김,『신과학입문』(서울 : 범양사 출판부,
　　　1987).

송재국, 「선진역학(先秦易學)의 인간 이해에 관한 연구」(충남대 대학원 박사
　　　학위 논문, 1991).

슈뢰딩거 E. 지음 / 서인석·황상익 옮김,『생명이란 무엇인가』(서울 : 한울,
　　　1992).

아서 케슬러 지음·최효선 옮김,『야누스-혁명적 홀론 이론』(서울 : 범양사
　　　출판부, 1993).

장회익, 『과학과 메타과학—자연과학의 구조와 의미』(서울 : 지식산업사, 1997).

조효남, 「상보적 완전한 생명관」, 『과학사상』 23 겨울(범양사, 1997).

주희(朱熹) 지음·김상섭 해설, 『역학계몽』(서울 : 예문서원 1994).

피트·브리그스 지음/김광재·조혁 옮김, 『혼돈의 과학』(서울 : 범양사, 1991).

프레드A. 울프 지음/박병철·공국진 옮김, 『과학은 지금 물질에서 마음으로 가고 있다』(서울 : 고려원미디어, 1997).

하이젠베르크 지음·김용준 역, 『부분과 전체』(서울 : 지식산업사, 1980).

후레드릭 W. 모으트 지음·권미숙 옮김, 『중국 문명의 철학적 기초』(서울 : 인간사랑, 1991).

Bahm, Archie J., *The Philosopher's World Model* (Westport, Connecticut : Green-wood Press, 1979).

Bertalanffy, Ludvig von, *General Systems Theory : Foundations, Development, Applications* (New York : George Braziller, Inc., 1968).

Callicott, J. Baird and Ames, Roger T, ed., *Nature in Asian Traditions of Thought* (Albany : State University of New York Press, 1989).

Kasper, Joshep E. and Faller, Steven A., *The Complete Books of Holograms* (New York : John Wiley & Sons, Inc., 1987).

Laszlo, Ervin, *Introduction to Systems Philosophy : Toward A New Paradigm of Contemporary Thought*(New York : Harper & Row, Publishers, Inc., 1972).

Ragade, Rammohan K., ed., *General Systems Yearbook of the Society for General Systems Research* vol. x x ix(Kentucky, Louisville : SGSR, 1985-1986).

Ritsema, Rudolf and Karcher Stephen, trans., *I Ching* (Dorset : Element Books Ltd., 1994).

Stenger, Georg, 'Zur Grundstruktur des I Ching', 한국주역학회, 『21세기와 주역』(1998 국제주역학술회의 학술지, 1998).

Sung, Z. D., *The Symbols of Y King or The Symbols of the Chinese Logic of Changes* (New York : Paragon Book Reprint Corp., 1969).

Talbot, Michael, *The Holographic Universe* (New York : Harper Collins Publishers, 1991).

제 2 장
『주역』과 화이트헤드의 만남

Ⅰ. 서 론

동양의 고대 사상인『주역』과 서양의 현대 사상인 화이트헤드 철학을 함께 논의한다는 것은 무모한 일일 수 있다. 함께 논의한다고 해서 반드시 어떤 기준을 가지고 두 사상을 비교 검토해야만 하는 것은 아닐 것이다. 다만 이 두 사상이, 세계를 해석하는 근본 방식에서 유비적 설명을 가능하게 할 정도의 의미 있는 유사점을 지니고 있다는 것이 본 논문의 출발점이다.

『주역』은 '변화의 철학'으로 불린다. 그것은 변화의 관점에서 세계를 읽어낸다.『주역』의 진정한 의미는 헤라클레이토스의 '모든 것은 흐른다(panta rhei)'는 말에 의해 표현될 수 있을 것이다.[1] 역(易)이라는 글자의 뜻 자체가 변화를 상징한다.[2]『주역』

---

1) James Legge trans., *I Ching : Book of Changes* (New York : University Books, Inc., 1964), pp. xi-xii.
2) 변화의 동물 도마뱀의 형상에서 역이라는 글자가 지어졌다는 설(易蜥蜴得名說)과, 해와 달의 끊임없이 바뀌는 운행을 상징하여 日과 月로 역이라는 글

이 변화 자체를 우주 만물의 본질로 선언하는 데에는 인간을 변화의 예외로 두지 않는다. 그렇다고 해서 자연 속에 인간을 매몰시키지도 않는다. 『주역』의 관심은 항상 자연과 인간이라는 두 기둥을 중심으로 이루어진다. 자연의 문제와 인간 자신의 문제를 연계시키고자 하는 것이 『주역』의 기본적인 태도인 것이다. 그래서 『주역』은 변화하지 않는 영원의 세계를 찾으려고 하는 인간의 원초적 소망을 외면하지 않는다. 그러한 태도의 표명이 바로 간이(簡易)와 불역(不易)이라는 역의 의미다. 변화와 불변을 동시에 문제 삼는 이러한 입장이 바로 역의 가장 두드러진 특징이다. 즉, 『주역』은 끊임없이 변화하는 현상의 세계 속에서, 영원한 자기동일성(self-identity)을 유지하려는 인간의 욕망을 충족시킬 수 있는 간편하고 쉬운 어떤 것을 찾아서, 인간이 자신의 삶의 문제를 해결하는 데 이용할 수 있는 지침을 마련하고자 하는 것이다.

『주역』의 변화의 관점은 유기체적 우주관으로 이어진다. 우주를 영원히 살아서 움직이는 생명체로 인식한다는 것이다. 그리고 그 생명력은 형이상학적인 본체로부터 주어지는 것이 아니라 우주와 그것을 구성하는 물질 자체의 본원적인 성질이라고 본다. 우주 만물은 끊임없이 변화하고 복잡 다양한 세계로서 기계론적이고 결정론적인 세계가 아니라 유기적으로 연관되어 하나의 연속체로서의 전체를 이루고 있다고 생각한다. 만물들이 유기적으로 연관된다는 것은 그것들이 모두 정적인 물질로서의 실체들이 아니라 역동적인 에너지 장으로서의 전체 흐름(holomovement)이라는 것이다. 이러한 역의 유기체적 우주관을 요약하여 '자발적인 자기 생성적 생명 과정(spontaneously

---

자가 지어졌다는 설(日月爲易說)은 대표적인 역의 자의적 해석들이다.

self-generating life process)'으로서의 유기체적 과정으로 표현하기도 한다.3)

서양 철학의 논리로 역의 세계에 접근하려 하면, 그것은 역설과 모순으로 가득 찬 세계일 것이다. 그러한 선입견의 잣대를 버리고 역의 세계로 접근한다면 거기에서 매우 세련된 논리를 발견하게 될 것이다. 그것은 추상성의 논리, 즉 순수한 사유의 논리가 아니라 삶과 경험의 논리, 즉 철저한 구체성의 논리다. 『주역』의 사유는 통논리적(translogical)이며 초상논리적(paralogical)이다. 그것은 형식 논리의 틀을 무시하고 통하는 사유이고, 형식 논리의 입장에서 보면 논리일 수 없는 논리적 사유라는 의미면서, 파스칼(B. Pascal)이나 셸러(Max Scheler)의 이른바 '마음의 논리'와 같다.4) 그러나 역은 분명히 철학이다. 나름대로의 세련된 사유 논리를 가지고 경험 세계를 읽어내고 있는 것이다. 그것은 일단 우주적 유기체의 생명 논리라고 할 수 있다. "자벌레가 구부리는 것(屈)은 펴기 위해서고, 용과 뱀이 동면하는 것은 존재하기 위해서 그러하다"5)고 말한 역의 사상은 유기체가 진퇴를 늘 겸비하고 있음을 알린다. 그래서 우주적 생명의 이치는 지성의 논리에서 볼 때 절망적인 이율배반을 즐기는 것 같다. 왜냐하면 모든 생명은 '같음'과 '다름', 연속과 불연속의 묘합에서 표현되기 때문이다. 동양 철학에서 '같으면서도 다르다(同而異)'거나 '하나가 아니면서 둘도 아니다(不一而不二)'라고 할 때 등장하는 '말이을 이(而)'의

---

3) Tu Wei-Ming, 'The Continuity of Being : Chinese Visions of Nature' J. Baird Callicott and Roger T, Ames, ed., *Nature in Asian Traditions of Thought* (Albany : State Univ. of New York Press, 1989), p. 67.

4) 진교훈, 「보편적 가치윤리학의 재구성과 가치관 교육」, 한림과학원 편, 『21세기를 여는 한국인의 가치관』(서울 : 小花, 1997), p. 47, p. 71 참고.

5) 『周易』 「繫辭傳」 下 第5장, 尺蠖之屈以求信也 龍蛇之蟄以存身也.

개념이 지닌 논리는 바로 생명의 본질적 진리를 알리는 관계사라고 보인다. 『주역』의 세계관에서 보는 생명의 이치는 이른바 형식적이고 분석적인 도해 속에 닫히지 않는다. 이 '같으면서도 다르다'거나 '하나가 아니면서 둘도 아니다'와 같은 이율배반적 통일인 태극은 곧 유기체적 생명의 원리와 같은 것으로 보인다. 태극은 추상적인 논리적 통일이 아니고 구체적인 역동적 통일이다. 그래서 태극은 언제나 최적과 균형의 정신을 가까이 하고 있는 것으로 보인다.6) 이러한 역의 생명적 세계관을 중국의 현대 학자들은 대부분 변증 논리를 가지고 이해한다. 그러나 역의 논리와 변증 논리는 분명 다른 것이다.7) 경험과 구체성의 논리라는 점에서 '넓은 의미에서의 윤리'로 규정되는 역의 논리는 역설의 논리(형식 논리로 보면 모순이나 실제로는 옳은 논리라는 의미)이자 진정한 생성 논리 그 자체라고 할 수 있다.

자연철학자이자 형이상학자인 화이트헤드의 과정철학의 세계 해석 방식에는 『주역』의 그것과 유비적 설명이 가능한 유사점이 있다고 본다. 그의 『과정과 실재(*Process and reality*)』라는 책 제목 자체가 그 점을 잘 말해준다. '과정이 곧 실재'라는 세계 해석의 기본 인식과 '변화가 곧 실재'라는 세계 독법의 기본 문법은 그 논리적 맥을 함께 한다고 생각한다. 경험론과 합리론

---

6) 金炯孝, 『韓國精神史의 現在的 認識』(서울 : 高麗苑, 1985), p. 18 참고.

7) 역의 논리가 변증 논리와 어떻게 다른가에 관해서는 李貞馥, 「『周易』의 論理」, 韓國周易學會 編, 『21世紀와 周易』(1998 國際周易學術會議 學術誌, 1998), pp. 551-564 참고할 것. 여기서는 역의 논리를 '넓은 의미에서의 윤리' 또는 '中의 논리'로 규정하면서 철저하게 실천적 가능성을 근거로 삼고 있음을 강조한다. 거기에는 合應과 相比와 變化로서의 對待가 있을 뿐이라고 한다. 반면에 변증 논리는 헤겔이 스스로 밝혔듯이 존재 논리요 본질 논리며 개념 논리라고 주장한다. 거기에는 對立과 止揚이 있다고 한다.

의 두 전통을 칸트와는 다른 독특한 방법으로 비판적인 입장에서 종합하였다고 평가받는 그의 과정철학은 실체/속성의 공식으로 실재를 분석하는 전통적인 실체론적 실재관을 극복하고 유기체적 실재관을 주장한다. 그의 유기체적 실재관에 따르면 근대 철학의 기초 개념인 실체는 여지없이 비판된다. 실체라는 개념의 자리에는 유기체 또는 사건(event)의 개념이 자리한다. 그에게 구체적인 자연이란 감각적 지각에 직접 나타난 전체적인 지속체이자 사건의 복합체며 지속적으로 진전하는 수많은 사건들의 동시적 흐름이자 전체적인 지속체다. 이러한 관점에서 그는 뉴턴의 자연 개념을 생명을 결여한 죽은 자연을 말하는 개념이라고 비판하였으며, 데카르트의 물심이원론(物心二元論)을 '잘못 놓인 구체성의 오류(fallacy of misplaced concretness)'를 범하는 것으로 비판했다. 주관과 객관, 개체와 전체의 대립은 구체적인 하나의 자연을 추상하여 양분하기 때문에 오류라는 것이다. 그리고 그는 형이상학의 측면에서 사건으로서의 사실 존재들이 지속적으로 이어지는 동시적 흐름의 과정을 창조성의 원리로 설명한다. 과정이 곧 실재임을 형이상학적 측면에서 설명하는 원리가 창조성의 원리다. 화이트헤드의 과정철학을 상징적으로 표현해주는 과정, 유기체, 사건, 창조성 등의 개념들은 이미 그의 철학이 서양의 전통적 논리의 틀, 즉 형식 논리나 변증 논리의 틀을 벗어나고 있음을 강하게 시사하고 있다. 오히려 그러한 개념들은 『주역』의 태극, 음양, 생생(生生) 등의 용어와 논리적 맥락은 동일하다고 할 수 있다.

II. 순수·직접 경험 : 『주역』의 감통과 화이트헤드의 '느낌'

일반적으로 서양 사람들은 지성적으로 사유하고 동양 사람들은 직관적으로 사유한다고 말한다. 지성이란 본 것을 생각하고 판단하고 가정하는 일이며, 직관은 분석해서 보지 않고 있는 그대로의 모습을 직접 바라보는 것이다. 보는 것과 생각하는 것은 분리될 수 없는 두 인식 과정이다. 지성과 직관의 구분은 생각하는 방식의 차이에 따라 이루어진 것이다. 대상을 분석적으로 생각하는가 아니면 전체적으로 관망하는가의 차이다. 지성적 사유는 타산적이고 객관적이고 조작적인 상인(商人)의 견해에 비유된다. 직관적 사유는 직접 경험하고 파악하는 농부(農夫)의 견해에 비유된다.8) 직관적 사유에 대한 사전적 의미는 '단적으로 대상의 전모와 본질을 파악하는 인식 작용으로서 지성적 인식보다 우월한 최고의 인식 능력'9) 또는 '전체를 무매개적으로 파악하는 방법'10) 등이다. '단적으로' '무매개적으로' 인식한다, 즉 '직접(直) 바라본다(觀)'는 의미가 두드러진다. 여기서 '바라본다'는 것은 단순한 시각적 경험 이상을 의미한다.11)

『주역』에는 상징적이고 구상적인 설명이 많다. 형이상학적

---

8) Fung Yu-lan, *A Short History of Chinese Philosophy* (New York : Macmillian Co., 1948), p. 25 참고.

9) 『哲學辭典』(서울 : 平凡社, 1971).

10) 『現代哲學辭典』(서울 : 講談社, 1070), p. 438.

11) '본다'고 하여 단순한 시각적 의미의 봄(視)이나 따져봄(察)의 의미가 아니라, 바라보고 들어보고 먹어본다 등에서의 본다(觀)의 의미다. 또는 '세상의 소리를 본다(觀世音)'든가 觀工夫한다고 할 경우의 봄(觀)이다. 이것은 모든 감각과 이성이 동시적으로 작용하여 객관(대상)과 주관이 합일하여 대상을 깨닫는다는 의미다.

인 것에 대한 지향이 거의 없다. 헤겔은『역경』의 사상을 비평하며, "구체적인 것이 사변적, 개념적으로 취급되어 있지 않고 일상적인 관념에서 이해되고 있다. 즉, 그것은 직관적, 지각적으로 서술되어 있는 것이다. 따라서 이 구체적인 여러 원리들을 규합하는 데에서는 보편적인 자연력 혹은 정신력의 사변적 파악은 찾아볼 수 없다"고 말하고 있다.12) 여기서 역의 인식(사유) 방식의 특징을 잘 읽어낼 수 있다. 헤겔의 역에 대한 견해는 어느 정도 경멸적인 뉘앙스를 풍기는 어조로 표현되고 있지만, 그의 그러한 견해가 역의 우월한 인식(사유) 방식을 반증해준다고 생각한다. 즉, 역은 개념적이고 분석적이지 않다는 것이다.

『주역』의 사유 활동은 다음의 표현에서 요약된다.

　　"고요하게 움직이지 않다가 느껴서(感) 온 세상의 이치(=까닭)를 통한다(通)."13)

여기서 '움직이지 않는다'는 것은 시각 혹은 청각 등 어떤 하나의 인식 능력을 이용하지(=움직이지) 않고 온몸(=心身)으로 직접 느끼고 그래서 철저한 인식이 이루어진다는 뜻이다. 따라서 '느껴서 통한다(感通)'는 것은 우선 총체적으로 '직접 바라본다(直觀)'는 의미와 통한다. 여기서 말하는 총체적 인식으로서의 직관은 대상을 총체적인 것으로 인식한다는 의미와 감성(=다양한 감각적 인식 능력)과 이성이 통합적으로 작용하는 이루어지는 인식이라는 의미다. 그런 의미에서 직관적 인식은 통각적 인식(統覺的 認識=단순한 감각적 인식이나 분별 의식을 통한 인식이 아니라 '통합적으로 깨닫는다'는 의미에서의

---

12) 中村元 지음·金知見 옮김,『중국인의 사유 방법』(서울 : 까치, 1990), p. 50.
13)『周易』「繫辭傳」上 제10장, 寂然不動 感而遂通天下之故.

순수 경험 또는 직접 경험)이라고 할 수 있다. 따라서 『주역』에서 강조하는 감통을 통한 인식은 '단면적인 앎'이 아니라 '총체적인 각성'의 의미를 가진다고 볼 수 있다. 그리고 그러한 인식에 도달하는 방법이 직관이다. 통각이라는 의미에서의 관은 역의 가장 중요한 사유 방식 또는 인식 방법이다. 먼저 역의 원형인 괘가 설정되는 과정이 관(觀)을 통해 이루어졌음을 밝히고 있다.

"성인이 괘를 베풀(=만들) 때 (우주 만물의) 상을 '바라보고' 말을 매어 길흉을 밝혔다(=판단을 내렸다)."14)
"하늘의 무늬(天文)를 올려다 '바라보고' 땅의 이치(地理)를 굽어 살펴서 (우주 만물이 변화하는) 그윽하고 밝게 드러난 원리(=까닭)를 알게 되었다."15)

"성인이 온 세상(天下)의 다양하고 복잡한 현상을 보고 그 모습에 견주어서 그 만물의 마땅함(=존재 이치)을 상징하였다. … 성인이 온 세상의 움직임(=변화)을 보고 그 모이고 통함(=변화의 이치)을 '바라보아(觀)' 그 법칙을 실행하고 말을 매달았다."16)

"옛날 복희씨가 온 세상을 다스릴 때 하늘에서 상을 올려다 '바라보고' 땅에서 법을 굽어 '바라보고' 새와 짐승의 무늬와 땅의 마땅함을 '바라보고' … 신령스럽고 밝은 덕을 통하고 만물의 실정을 분류하였다."17)

---

14) 『周易』「繫辭傳」上 제2장, 聖人設卦 觀象繫辭焉 而明吉凶.
15) 『周易』「繫辭傳」上 제4장, 仰以觀於天文 俯以察以地理 是故知幽明之故.
16) 『周易』「繫辭傳」上 제12장, 聖人有以見天下之賾 而擬諸其形容 象其物宜… 聖人有以見天下 之動 而觀其會通 以行其典禮 繫辭焉.
17) 『周易』「繫辭傳」下 제2장, 古者包犧氏之王天下也 仰則觀象於天 俯則觀法於地 觀鳥獸之文 與地之宜 近取諸身…以通神明之德 以類萬物之情.

우주 만물에 대한 정확한 인식, 즉 총체적 깨달음을 위하여 관을 통해 만물의 상을 세워 괘를 만들었다는 것이다. 즉, 괘로써 만물을 상징하였다는 것이다. 괘에 세워진 만물의 상(=卦象)은 우주 만물과 그것의 변화를 바라보는 상징이다. 만물의 상을 바라보아(觀) 괘상이 세워졌고 다시 괘상을 바라보아 만물의 상을 세울 수 있게 되는 것이다. 『주역』은 그러한 인식 방법으로서의 관이 세계를 인식하는 올바른 방법(=군자나 知人의 인식 태도)이라고 말하고 있다.

"군자는 거할 때(=평상시)에는 그 상을 '바라보고' 그 말을 즐긴다. 움직일 때(=일을 처리할 때)는 그 변화를 '바라보고' 그 점(占)을 즐긴다."18)
"지혜로운 사람이 그 판단의 말(=역의 彖辭)을 '바라보면' 생각이 반을 지난다(=반 이상을 알 수 있다)."19)

위의 언급들을 통해서 보면, 관의 과정은 항상 열린 과정이다. 현실적인 사물에 대한 관찰을 통해 형태(=모양이라는 의미보다는 변화의 양상이라는 의미)를 확인하고, 다시 사물에 대한 더 나은 이해를 위해 그 형태를 사물에 적용하는 것이다. 관이라는 활동을 통해 상(象) ⇄ 물(物)의 관계를 가지게 되는 것이다. 즉, 관이란 그러한 관계를 통해 구체로서의 물과 추상으로서의 상이 하나로 통일되는 과정을 말하는 것이다.

『주역』의 사유 활동으로서의 관은 화이트헤드의 인식론적 관점인 '파악(把握. prehension)'이라는 개념과 유비적으로 설명될 수 있다. 즉, '느끼고 통한다'는 역의 인식 활동에서 가장 중요한

18) 『周易』「繫辭傳」上 제2장, 君子居則觀其象而玩其辭 動則觀其變而玩其占.
19) 『周易』「繫辭傳」下 제9장, 知者 觀其彖辭則思過半矣.

'바라본다(觀)'는 인식 방식은 화이트헤드의 '파악한다'는 인식 방식으로 새롭게 읽을 수 있다. 이러한 생각의 근거는 세 가지 측면에서 찾을 수 있다. 즉, 관과 파악은 일종의 통각적 사유 활동 또는 인식 방법으로서, 순수 경험을 통한 인식을 말하고 있다는 측면과 총체적인 대상[20] 포착을 강조하고 있다는 측면, 그리고 창조적 과정으로서의 인식을 주장한다는 측면이다.

순수 경험 또는 직접 경험으로서의 『주역』의 관은 단순한 시각적 관찰(=視)이 아니라 통각(=觀)이다. 그것은 몸(=통합된 감각)과 마음(=의식)이 하나로 통합되어 느끼고 안다는 의미에서의 '바라봄'이다. 즉, '온몸으로 바라본다'는 것이다. 그것이 바로 통각이다. 우선 그것은 단편적이고 분별적인 감각 경험이 아니다. 즉, 분리된 시·청·미·후·촉의 감각들이 단순히 모여서 이루어지는 감각 경험이 아니라는 것이다. 그것들은 한 대상을 각각 서로 다른 측면에서 경험한다. 그러한 단편적이고 일면적인 경험들이 단순히 집합한다고 하여 통합적 인식이 이루어질 수 없다. 또한 그것은 분별 의식이 만들어낸 분석적 인식이 아니다. 분별 의식이 만들어낸 분석틀을 가지고 대상을 해석해내는 인식이 아니라는 것이다. 분별 의식을 통한 인식은 진정한 인식이 아니라 일종의 주관적 해석에 다름 아니다. 관은 분리되기 이전의 본능으로서의 감각 경험과 순수 의식의 활동이 통합적으로 동시 작용한 것이다. 관에서는 감성과 오성과 이성이라는 구분 자체가 무의미해진다. 그래서 관은

---

20) 이 경우의 대상은 일반적인 의미의 인식 대상이다. 인식 주관과 인식 객관을 나눌 때 쓰이는 후자의 일반적인 명칭이다. 그러나 화이트헤드의 대상이라는 개념은 특별한 의미를 가진다. 일반적인 의미의 인식 대상은 그에게 감각 소여 또는 경험 소여로 불린다. 본 논문에서 사용되는 대상이라는 말은 일반적 의미의 대상이며, '대상'이라는 표현은 화이트헤드적 의미에서의 대상이다.

베르그송이 직관의 의미로서 말한21) '직접적 의식' 또는 '정신 감응'이라고 할 수 있다. '고요하게 움직이지 않다가 느낀다(寂 然不動而感)'는 것이 그런 의미다. 그것은 어떠한 감각이나 분별 의식이나 개념으로 다가가지 않다가 순간적으로 본능적인 인식 능력이 한꺼번에 작용하여 대상을 공감한다는 뜻이다. 괘상(卦象)으로써 물상(物象)을 발견한다는 것도 개념적으로 분석한다는 것이 아니다.

따라서 『주역』의 관은 화이트헤드의 파악으로서의 '느낌(feeling)'과 유비된다. 『주역』에서는 '실정과 거짓(情僞)'을 말한다. 만약 실정으로 서로 느끼는 것은 바른 응함(正應)이 되고, 거짓으로서 서로 느끼는 것은 바르지 못한 응함(不正應)이 된다. 즉, 바른 응함은 실정상감(實情相感)이며, 바르지 못한 응함은 거짓상감(虛僞相感)이다. 건괘(蹇卦)와 이괘(頤卦)를 예로 들면, 건의 육이(六二)와 구오(九五)의 응함은 바른 응함이며, 이의 육삼(六三)과 상구(上九)의 응함은 바르지 못한 응함이다. 원래 초(初)와 사(四), 이(二)와 오(五), 삼(三)과 상(上)의 음과 양이 서로 찾는 것이 바른 응함이다. 이괘 육삼(六三)과 상구(上九)는 음양이 서로 찾는 바른 응함이다. 다만 이괘는 스스로 기름(自養)의 뜻을 가진다. 사람의 턱을 표상하는 턱(頤)은 기르는 것이니 사람의 입은 먹고 마시어 몸을 기르는 것이다. 육삼이 스스로 기를 수 없어 위로 상구에서 찾는다. 상구는 양으로서 위에 처하여 네 음을 밟고 있으며, 네 음의 주가 된다. 그래서 육삼이 홀로 오로지할 수 없다. 육삼의 효의 말에 '기르는 바를 거스르면, 바르게 하더라도 흉해서 십 년을 쓰지 못한다. 이로운 바가 없다'고 한다. 여기서 '기르는 바를 거스

21) 김형효, 『베르그송의 철학』(서울 : 민음사, 1991), p. 187.

른다'는 것은 이괘의 괘성, 즉 자양의 뜻을 위반한다는 것이다. 그래서 흉하고 십 년을 쓰지 못하고 이로운 바가 없다고 한 것이다.[22] 그런데 화이트헤드의 파악 개념은 두 가지로 나뉜다. 주어진 원자료들을 받아들여 하나의 복합적인 일체로 변혁시키는 '긍정적 파악(positive prehension)'과 원자료들을 걸러내어 버리는 '느낌으로부터 제거시킴(eliminate from feeling)', 즉 '부정적 파악(negative prehension)'이 그것이다. 그리고 긍정적 파악은 '느낌'으로 불린다.[23] 이 긍정적 파악과 부정적 파악은 『주역』에서의 '바른 응함(正應)'과 '바르지 못한 응함(不正應)'으로 설명될 수 있다. 이괘에서 '기르는 바를 거스른다'는 것은 바르지 못한 응함인데, 이는 화이트헤드의 이른바 부정적 파악이며 느낌으로부터 제거시킴과 유비될 수 있다.

이 경우, 느낌이란 있는 그대로의 대상 자체를 총체적으로 또 순간적으로 붙잡는 것이다. 예를 들어, 정원에 '나무가 서 있다'는 것을 안다고 하자. 역은 가만히(=움직이지 않고) 그것을 바라보고 느껴 그것과 통한다고 한다. 그러한 과정에서 물상이 발견된다고 한다. 파악에서도 그 나무로부터 다가오는 정보와 감각이 직접 감응하고 일치한다. 그러한 감응과 일치를 통해 '나무가 서 있다는 것을 안다'는 새로운 경험 계기가 발생한다. 그러한 새로운 경험 계기가 곧 하나의 새로운 현실 존재가 된다. 그것은 단순히 개념적으로 형상만을 알게 되는 것이 아니라 일치된 경험 계기로서의 새로운 하나의 현실 존재가 생성된 것이다. 물론 파악에서는 느낌 또는 감각 이전의 경험만으로 인식이 마무리되는 것은 아니다. 화이트헤드에게서는

---

22) 唐華, 『易經變化原理』(上海社會科學院出版社, 1993), pp. 136-139 참고.
23) Alfred N. Whitehead, *Process and Reality* (New York : The Free Press, 1979), p. 41.

파악과 인식은 구분된다. 파악, 즉 감각 이전의 경험을 토대로
하여 또 다른 인식 작용이 일어난다는 것이다. 그는 그러한 감
각 작용 또는 인식 작용을 '파악 활동'과 구분되는 '인식 활동'
이라고 한다. 그가 말하는 인식이란 감각 작용 또는 인식 작용
이라는 2차적인 활동인 것이다.24) 반성적 사유와 인식 작용이
이루어지는 이 2차적인 단계에서는 감각 이전에 일어났던 경
험 계기를 더욱 분명히 알게 해준다고 한다. 그러나 그는 감각 이
전과 의식 이전의 경험이 진정한 인식이라고 주장한다. 그리고
그는 2차적인 인식 활동을 진정한 인식으로 간주하는 근대 철학
을 거부한다. 즉, 인식 주체인 '내'가 지각 대상인 '나무'를 단순히
'인식'하는 것이 아니라, 다른 현실 존재를 자신 안에 '파악'(=포용
하고 일치시킴)하는 것이 진정한 인식이라는 것이다.25)

　파악으로서의 느낌, 즉 '감각·의식 이전의 경험'은 통각이
다. 즉, 그것은 순수 경험이며 직접 경험이다. 감각·의식 이전
이라는 말은 그 경험이 단편적인 감각과 분별 의식으로의 분
리 이전이라는 뜻이다. 그것은 곧 그 경험이 통합적이고 순수
하고 직접적이라는 것이다. '감각 이전'이라고 해도 여전히 감
각적 경험이 아닐 수 없으며, '의식 이전'이라고 해도 의식적
경험이 아닐 수 없다. 인간의 경험은 어떤 방식의 경험이든 감
각과 의식을 초월할 수 없기 때문이다. 다만 그 감각과 의식의
상태가 일반적인 의미(=경험론과 합리론에서 말하는 감각과
이성의 의미)에서의 그것이 아니라는 뜻이다. 그러한 의미에
서의 감각·의식 이전의 경험은 통각으로서 이른바 '순수 경
험' 또는 '직접 경험'에 해당한다.26) 화이트헤드는 이 점에 관

24) Alfred N. Whitehead, *Adventure of Ideas* (New York : The Free Press,
1933), pp. 276-281 참고.
25) 강성도, 『화이트헤드의 과정철학입문』(서울 : 朝明文化社, 1992), p. 41 참고.

해서 간접적인 설명을 하고 있다. 즉, 그러한 감각·의식 이전의 경험으로 이루어지는 1차적 인식 작용에 이어서 이루어지는 2차적 인식 작용에서는 순수·직접 경험이 이루어질 수 없음을 강조한다. 2차적 인식 작용인 감각·의식 경험에 대한 그의 설명을 통해 간접적으로 감각·의식 이전의 경험이 어떤 것인가를 이해할 수 있다. 그는 2차적 인식 작용에서의 감각적 경험은 근대 과학의 방법론으로서 근본적인 한계를 가지고 있다고 비판한다. 그러나 그러한 감각 경험으로서의 관찰의 방법 자체가 잘못이거나 쓸모없는 것이라고 지적하는 것은 아니다. 다만 그것을 통해 보이는 세계는 세계의 일부분이거나 잘못 보인 세계라는 것이다. 그것이 관찰 혹은 감각 경험이 가지는

---

26) 이것은 흔히 동양적 사유 방식 또는 인식 활동으로 일컬어지는 신비 의식 또는 신비 경험 같은 것이다. 신비 의식은 그 속에 감각적 내용을 가지지 않은 의식이기 때문에 신비 경험은 '말로 표현할 수 없는' 경험인 것이다. 분별이 없고 감각적인 내용을 가지고 있지 않은 의식이지만 일종의 의식임에는 틀림이 없고 직접적인 방법으로 표현할 수 없는 경험이지만 일종의 경험인 것은 분명하다. 이 신비 의식을 우파니샤드에서는 튜리야(turiya)라고 부르면서 의식의 여러 형태 가운데에서 최고 의식으로 간주한다. 거기에서는 인간의 의식을 네 가지 단계로 구분한다. 첫째 단계는 바이쉬바나라(vaishvanara)로서 보통 깨어 있는 상태며, 둘째 단계는 타이자샤(taijasa)로서 꿈꾸고 있는 상태다. 꿈을 꾸고 있는 동안에는 시공을 초월할 수 있는 자유가 있기 때문에 깨어 있는 상태보다 더 높은 단계인 것이다. 셋째 단계는 프라주나(prajna)로서 꿈을 꾸지 않고 깊이 잠든 상태다. 넷째 최고의 단계는 튜리아로서 참된 자아의 무조건적 상태를 가리킨다. 이러한 최고의 의식을 얻는 것을 선불교에서는 '無心' 혹은 '三昧(samadhi)'라고 한다. 또 그것을 철학적으로 표현한다면 주객미분(主客未分)의 '순수 경험' 또는 '직접 경험' 또는 '경험 그대로의 사실'이라고 표현할 수 있을 것이다. 이러한 신비 의식 또는 신비 경험이 곧 직관인 것이다. 이것은 추리적인 것도 아니고 합리적인 것도 아니고 매개적인 것도 아니고 직접적이며 무매개적인 것이다. 또한 분석적인 것이 아니고 종합적인 것이며, 인식적인 것이 아니고 상징적인 것이며, 지향적(志向的)인 것이 아니고 표현적(表現的)인 것이고, 추상적인 것이 아니고 구체적인 것이다. 그리고 목적적인 것이 아니고 사실적이고 과정적이고 궁극적이며 최종적이고 다시 더 분화할 수 없는 것이다.

근본적인 한계라는 것이다. 그래서 그는 감각 경험과 감각 이전의 경험을 엄격히 구분하면서, 가장 기본적인 것은 감각 이전의 경험이며, 그것을 통해 이루어지는 파악이라는 인식의 단계를 거친 후에 감각 경험이 가능하다고 주장하는 것이다. 그가 말하는 파악으로서의 느낌은 단순한 감각 경험이 아니라 오히려 그것을 가능하게 하는 전 단계의 인식 활동으로서, 베르그송이 직관의 의미로 규정한 바 있는 감동적·정신 감응적 경험임을 짐작할 수 있다.27) 그렇다면 느낌, 즉 감각 이전의 경험은 대상을 총체적으로 파악할 수 있는 통각으로서의 감각 경험이라고 할 수 있다. 2차적 인식 단계에서의 의식 작용은 어떤 한 부분을 지나치게 강조하는 그리고 주의를 기울인 경험의 한 양식이다. 그에 의하면, 의식적으로 주의를 기울일 때 다가오는 것은 실재 자체에 대한 직관이라기보다는 실재에 대한 수많은 전제들인 것이다. 여기에서 인식적 오류가 발생하게 된다. 의식 작용을 통해 걸러지는 경험이 그 자체로 충분한 것이 될 수 없으며 감각 이전의 경험보다 우월하다고 말할 수 없다. 즉, 의식 이전의 경험과 감각 이전의 경험들이 좀더 근본적이고, 감각을 통해 이루어지는 경험이나 의식 경험은 그것으로부터 비롯되는 2차적인 것이며, 세계는 자체의 한계를 안고 있는 관찰과 그 결과에 의해서나 의식 작용을 통해서는 완전하게 규명될 수 없으며 왜곡될 수밖에 없는 것이다. 그러한 2차적인 경험들은 신념과 기대나 언어를 통해 걸러지는 과정(filtering process)이다. 이 걸러지는 과정 속에서 실재(reality)와 현상(appearance) 사이에는 왜곡이 있게 된다. 따라서 자연

---

27) 화이트헤드 자신도 느낌을 알렉산드의 '즐김(enjoyment)', 베르그송의 '직관(intuition)', 로크의 '관념(idea)' 등과 유비된다고 하였다(Alfred N. Whitehead, *Process and Reality*, p. 41).

과 이 우주는 그러한 부차적이고 왜곡된 경험을 통해서는 근본적으로 완전하게 규명되지 않는다. 또한 감각을 통해 파악되는 경험과 그 경험을 통해 얻어지는 관찰 결과를 통해서는 자연을 있는 그대로 규정할 수도 없다. 그럼에도 불구하고 그러한 왜곡된 세계관을 인정하지 않으려는 근대 과학과 근대 철학은 추상적인 것을 구체적인 것으로 오해하는 '잘못 놓인 구체성의 오류'를 범하고 있다고 비판하는 것이다. 결국 세계를 자연 그대로의 모습으로 인식할 수 있는 것은 감각·의식 이전의 경험이며, 그것은 그러한 인식을 가능하게 하는 본능적 감각 능력과 순수 의식이 통합된 일종의 통각으로서의 순수 경험인 동시에 직접 경험임을 알 수 있다. 『주역』의 관이나 감통과 화이트헤드의 파악이나 느낌은 모두 그러한 순수·직접 경험의 다른 표현들이다.

III. 깨달음으로서의 인식 : 『주역』의 관(觀)과 화이트헤드의 대상 포착

　『주역』에서의 '조용히 바라본다'는 관조적 의미의 관은 '조목조목 따져서 본다'는 분석적 의미의 시(視)와 다르다. 그것은 관이 대상인 만물을 총체적으로 포착한다는 의미를 함축하고 있다는 것이다. 이런 의미에서 관을 통각이라고 할 수 있다. 위에서 이해한 통각이라는 개념에는 '총체적으로(=분석된 것을 종합하는 것이 아니라 처음부터 분석하지 않는다는 의미) 깨닫는다'는 의미가 포함되어 있었다. '느끼고 통한다'는 말에서 '통한다'는 것은 그러한 의미를 가지고 있다. 그것은 단순한 대

상 '이해'가 아니라 대상 '포착'이며 대상과의 '일치'다. 관이라
는 것이 그저 바라보는 것이고 관조하는 것이라고 해서 대상
을 인식하는 방법론이 아닌 것은 아니다. 역설적으로 그것은
'비방법론적 방법론'이다.28) 『주역』에서는 실체로서의 고정적
인 존재를 인정하지 않기 때문에 비방법론적 방법이 어울린다.
그러나 『주역』이 대상을 대충 바라보라는 것을 말하는 것은
아니다. 베르그송이 지적한 대로 직관적 사유는 의식의 긴장
과 집중을 요구한다. 마찬가지로 철저한 인식을 요구하는 것
이 『주역』의 관이다. 즉, 미세한 곳을 바라보되 분석적으로 바
라보지 말라는 것이다. 그러한 관을 통해 하늘과 땅 사이의 모
든 변화하는 것을 인식하고 납득한다는 것이다. 그래서 '하늘
에서 상을 바라보고 땅에서 법을 바라본다'고 한 것이다. 그러
한 '바라본다(觀)'는 것은 '본다(見)'로 불리기도 한다. 그래서
"보는 것을 곧 상이라고 이른다"고 하고,29) '성인이 온 세상의
다양하고 복잡한 것을 본다'고 했던 것이다. 관과 견은 현상과
현상의 변화를 관찰하는 동일한 종류의 인식 활동이다. 비교적
넓게 바라보는 것이 관이며, 눈앞에서 비교적 좁게 바라보는
것이 견이다. 그러나 이 경우 '좁게' 본다는 것이 분석적으로
시각을 좁혀서 본다는 것이 아니다. 그것은 미세한 현상과 그
변화를 관찰한다는 것이다. 성인이 온 세상의 움직임을 '보고
(見)' 그 모이고 통함을 '바라본다(觀)'고 할 때, 보는 것이나 바
라보는 것은 모두 물체를 관찰하는 것이 아니라 움직임과 변

---

28) 이것은 '어두운 곳이 더 밝게 보인다'는 역설과 통한다. 분명하게 보려고
분석적(=이성적)으로(=어떤 방법을 가지고) 볼수록 오히려 한 측면만 보게 되
고, 그렇다고 해서 분석한 것을 단순히 종합하면 할수록 그 관계성을 보지 못한
다. 결국 대상의 총체성(=있는 그대로의 전체 모습)을 분명하게 보려면 그저
(전체를 관조하면서) 바라보아야(=어떤 방법을 가지고 있지 않듯이) 한다.

29) 『周易』「繫辭傳」上 제11장, 見乃謂之象.

화의 미묘함을 관찰하는 것이다. 움직임의 실마리인 '숨은 낌새(幾微)를 안다'는 것은 그러한 의미다. '바라보고 살핀다(觀察)'고 할 때의 '살핀다'는 것이 그러한 미묘한 기미를 살핀다는 것이다. 관으로써 우주 만물을 넓게 바라볼(廣觀) 수 있고 살핌(察)으로써 우주 만물을 좁게 바라볼(微觀) 수 있다. 광관(macro-view)과 미관(micro-view)은 일종의 깨달음(覺醒)을 가능하게 하는 것이다. 신비스러운 변화의 낌새를 '알기'보다는 '깨닫는' 것이다. 깨달음이란 우주 만물의 관계성과 변화성 그리고 총체성을 안다는 것이다. 그것은 인식인 동시에 삶 자체인 것이다. 이러한 의미에서의 관은 베르그송의 이른바 지속 속의 사유로서의 직관30)과 같은 것이다.

대상을 파악한다는 것은 직접 경험이 인식 대상을 포착하는 것이다. 파악이란 말은 일상적 의미에서의 이해나 인식이 아님을 보여주기 위한 용어다. 즉, 의식의 차원에서 개념적으로 이루어지는 이해나 인식이 아니라 '포착하는' 이해와 인식이라는 것이다. 그것은 '포괄적으로(통째로) 붙잡는다(comprehend)'는 뜻을 가진 말이다. 이것은 분별 의식이 만들어놓은 개념을 가지고 대상으로부터의 정보나 자료를 분석하는 것도 아니고 그 대상의 형상만을 알게 되는 것도 아니다. 그것은 있는 그대로의 대상과 공명을 일으켜 '붙잡는다'는 것이다. 그리고 그때 비로소 대상은 객관으로 남아 있는 단순한 대상('그것')이 아니라 하나의 경험 계기로서 새로운 현실 존재로 창조되는 것이다. 그것이 바로 '구체적인 자연'이다. 화이트헤드는 이를 전체적인 지속이며 사건의 복합체라고 한다. 그러한 사건의 복합체는 감각적 의식에 대해서도 사유에 대해서도 자기충족성(self-

---

30) 김형효, 『베르그송의 철학』, p. 185.

containedness)을 가지는 것이며 자연과학의 기초가 되는 것
이다.31) 이러한 그의 견해는 전통적인 경험론의 입장에 서 있
는 것이지만, 경험에 주어진 것을 상호 관계가 없는 단순한 감
각 인상이라고 생각하는 경험론의 견해를 넘어선다. 그는 직접
적 의식 속에 시공적으로 어떤 관계를 수반하는 무엇인가가
생기하고 있다고 보는 것이다. '무엇인가의 관계'를 그는 직접
적 의식을 구성하는 요소들 간의 의미지움의 관계로 부른다.
그 '의미지움' 또는 '관계지움'이 바로 직접 경험인 것이다.32)
그가 말하는 '의미지움'은 그 자체가 경험이지 경험에 의해서
비로소 의미지워지는 것이 아니다. 대상은 이미 관계(의미)지
워져 있는 것이기 때문이다. 인식이란 그 관계를 인식하고 있
을 따름인 것이다. 경험을 통해 의미지움을 하는 것은 대상을
포착하는 인식이 아니다. 파악한다는 것은 바로 그 관계(의미)
지워진 대상을 포착하는 것이다. 『주역』에서 바라본다는 것 또
한 바라봄을 통해 대상을 구성해내는 것이 아니라 '스스로 그
러한(自然)' 대상을 포착하는 것이다. 이것은 바로 화이트헤드
의 이른바 대상 포착과 같은 것이다.

IV. 창조적 인식 : 『주역』의 상(象)과 화이트헤드의 '대상'

『주역』의 관은 상(象)과 밀접한 관계를 가지고 이루어진다.
즉, 관은 상⇄물의 역동적 운동을 지속시키는 열린 인식 과정

---

31) Alfred N. Whitehead, *The Concept of Nature* (Cambridge : Cambridge
University Press, 1971), p. 3.
32) Alfred N. Whitehead, *An Enquiry Concerning the Principles of Natural
Knowledge* (New York : Dover Publications, Inc., 1982), p. 12.

인 것이다. 그 과정 속에서 상은 역동적으로 드러나서 물과 일치를 이룬다. 『주역』의 괘에는 그러한 만물의 상이 세워져 있다. 그래서 '괘를 지을 때 상을 바라보았다'고 한 것이다. 관 활동을 통해 상이 역동적으로 드러나듯이, 상을 세워둔 괘 또한 역동적으로 인식 작용에 참여한다. 그것은 어떤 고정적 의미를 가진 개념과 같은 방식으로 인식에 참여하는 것이 아니다. 그 의미는 상⇄물이라는 인식 운동 '속에서 드러난다.' 따라서 괘상은 이중적 의미를 동시적으로 가지고 있다. 하나의 의미는 물상(物象)으로서의 상과 표상(表象)(=이미지)으로서의 상의 의미다. 이는 현(顯)/시(示)(presentation/representation)의 의미다. 즉, 물상이 드러나며(顯) 표상이 보이는(示) 이중적 의미를 갖는다는 것이다. 또 다른 하나의 의미는 발견/발명(discovery/invention)의 의미다. 즉, 물상이 발견되고 표상이 발명된다는 이중적 의미인 것이다. 따라서 '상을 본다(觀象)'는 것과 '물을 본다(觀物)'는 것은 같은 의미로 이해된다. 상을 보는 경우에도 물상과 괘상을 동시적으로 바라보는 것이며, 물을 보는 경우에도 형태로서의 물상과 표상으로서의 괘상을 동시적으로 바라보는 것이기 때문이다. 그러므로 관 자체가 항상 이중적인 의미를 지니는 사유 활동이다. 하나는 '상의 발견'과 '상의 음미'라는 의미다. 또 한 가지는 상징으로서의 상을 세운다, 즉 상을 발명한다는 의미다. 따라서 '상을 바라본다(觀象)'는 것은 물상과 괘상이 동시적으로 현시하고 대상(객체)과 주체가 물상을 공동 결정하는 과정인 것이다. 이러한 직관적 사유 방식에서는 주관주의나 객관주의 또는 관념론과 실재론의 구분은 무의미해진다. 형태로서의 상의 발견은 표상(image)으로서의 상의 발명을 가능하게 하고, 그 표상으로서의 상의 발명은 객관적 형태로서의 상(=價値)의 발견으로 이어진다. 그래서 '성인이 상(물상)을 바라보고 말을 매어(표상) 길흉(=價値)을 판단했다', '그 모습(물상)에 견주어 그 마땅함(가치)을 상징(표상)하였다', '움직임이 모이고 통함(물상)을 바라보고 그 법칙(가치)을 실행했다'고 말한 것이다. 또한 "역에 사상(물상)이 있는 것은 보여주는 것이며, 말(표상)을 맨 것은 알려주는 것이며, 길흉(가치)을 정하는 것은 판단하는 것이다"라고 하였다.[33] 또한 "성인은 상(표상)을 세워 그의 뜻(=가치)을 다한다(실현한다)"고 말한다.[34] 즉, 관의 활동은 단순한 물의 인식에 머물지 않고 가치의 실현으로 이어지는 과정이다. 여기서 '자연의 인간화, 인간의 자연화'라는 역을 지은 의도를 읽을 수 있다. 관을 통해 사실은 가치와 만나고 가치는 사실로 실현된다. 즉, 물상(형태. 사실) ⇌ 괘상(표상. 가치)라는 통합의 과정이 관을 통해 일어나는 것이다. 그래서 관을 '포괄적·관조적·창조적 관찰(comprehensive, contemplative, creative observation)'로 요약하여 부르기도 한다.[35]

---

33) 『周易』「繫辭傳」上 제11장, 易有四象 所以示也 繫辭焉 所以告也 定之以吉凶 所以斷也.

34) 『周易』「繫辭傳」上 제12장, 聖人立象以盡意.

35) 성중영은 관의 인식론적 특징을 한마디로 '포괄적 관조적 창조적 관찰'이라고 요약하면서, 그것의 다양한 인식론적 특징들을 다음과 같이 제시한다. 즉, ① 그것은 만물을 총체적이고 전일적인 것으로 관찰한다는 의미에서 통합적 관찰이며, ② 변화와 변형의 가능성의 측면에서 만물을 역동적인 것으로 관찰한다는 의미에서 과정적 관찰이다. 그리고 ③ 만물을 관계들의 맥락 속에 있는 것으로 관찰한다는 의미에서 유기적·맥락적 관찰이며, ④ 만물의 변화와 변형의 근본적인 동인으로 간주되는 시간적 자리(통합적 의미에서의 시공)의 관점에서 그것을 관찰한다는 의미에서 시간적·변형적 관찰이다. 그리고 ⑤ 만물은 상호 작용하면서 조화를 만들어나간다고 관찰한다는 의미에서 상호 작용적 관찰이며, ⑥ 가치 창조와 새로운 문명의 창조와 관련된다는 점에서 가치적·발명적 관찰인 동시에 ⑦ 존재우주론적(ontocosmological) 관찰이며 ⑧ 하나의 관

창조적 관찰이라는 의미는 화이트헤드의 파악에서도 중요하다. 그에게 인식은 두 단계, 즉 '느끼고 아는(感知) 단계'와 '분명하게 아는(=분석적으로 안다는 의미지만 지적 이해와는 다른 의미)(認知) 단계'로 나누어진다. 그리고 사건으로 해석되는 현실 존재는 감지될 수 있지만 인지될 수 없다고 한다. 이 점에 관해서 그는 다음과 같이 설명한다.

　　"우리는 사건을 인지할 수 없다. 왜냐하면 사건은 지나가버리면 벌써 그 사건은 존재하지 않기 때문이다. 우리는 그것과 유사한 성질을 가지고 있는 또 하나의 사건을 관찰할지도 모르나 자연 활동의 현실적 토막은 그 독특한 사상에서 분리해버릴 수 없는 것이다. 그러나 사건의 성질은 인지할 수 있는 것이다. 인지하는 것을 나는 '대상'으로 부르고자 한다. '대상'은 사건들이나 그 사건의 성질을 나타내는 사건의 흐름에 위치하고 있는 것이다."36)

　　화이트헤드에게 인지(recognition)는 마음과 '대상'의 '관계지움'이다. 그것은 동일성(sameness)의 지각이며,37) 사건에서 '대상'을 확인하고 또 재확인하는 이중적 의미의 관계지움이다. 사건은 지속이며 끊임없는 추이이기 때문에 동일성을 가질 수 없는 것이다. 그러한 사건의 불변성을 믿게 하는 성질들을

점이 아니라 모든 관점들이고 그래서 모든 관점들로부터의 관점이며 자기수정적·자기부정적·자기초월적이라는 점에서 존재해석적(ontoher-meneutical) 관찰이다. 역의 직관적 사유가 보여주는 이러한 다양한 인식론적 특성들은 바로 생성 논리적 사유 방식의 특징들이다(Chung-Ying Cheng, Philosophical Significances of Guan(Contemplative Observation): On Guan as Onto-Hermeneutical Unity of Methodology and Ontology, 朱伯崑 主編 『國際易學硏究』 第1輯(華夏出版社, 1995), pp. 162-164, 175참고).

36) Alfred N. Whitehead, *The Concept of Nature*, p. 169.
37) 위의 책, p. 124.

'대상(object)'이라고 한 것이다. 이것은 사건들의 흐름에 참여하지 않는 성질들이다. 그 '대상'들이 서로 다른 사건들에 드러나더라도 자기 동일의 '대상'으로 인지할 수 있는 것이다. 지속적으로 추이하는 사건에서 '대상'을 인지해냄으로써 그 사건을 식별하게 된다. 그렇다고 해서 사건/'대상'의 관계가 실체/속성의 관계라고 보아서는 안 된다. 사건은 현실이고 구체인 반면 '대상'은 가능이고 추상이다. 사건은 지속이고 변화며 특수인 반면 '대상'은 단절이고 불변이며 보편이다. '대상'의 이러한 성질 때문에 인지될 수 있는 것이다. '대상'은 사건에 위치한다. 즉, 사건의 장소(situation=공간적 의미가 아니라 상황이라는 의미)에 '대상'은 '진입(ingression)'하는 것이다.

여기서 '대상'과 역의 '상' 또는 '괘상'은 유비될 수 있다. '대상'은 일종의 이미지로서 역의 (표)상에 해당된다. 사건 속에 진입한 '대상'은 곧 물상이다. 이런 의미에서 본다면, 감지와 인지의 동시적 활동으로서 파악은 '대상'이 (사건에 위치하여) 드러나고(顯) (사건의 성질로) 보여주는(示) 과정으로 볼 수 있다. 그리고 그 과정에는 사건을 인지한다는 것은 사건에서 '대상'을 확인(발명)하기도 하고 사건에서 '대상'을 재확인하기도(발견) 한다는 것이다. 상⇄물의 관계에서 상은 물 속에 현/시라는 이중적 의미를 가지며, 관은 물에서 상을 발견/발명한다는 이중적 의미를 가지듯이, 파악에서의 인지는 '대상'⇄사건의 관계에서 '대상'이 진입하는, 즉 '대상'이 드러나고 보여주는 과정이라고 볼 수 있다. 여기서 '대상'이 드러난다는 것은 마음과 '대상'의 관계지움 또는 '대상'의 확인(cognition) 또는 발명이다. '대상'이 보여준다는 것은 사건과 '대상'의 관계('대상'의 사건에의 진입)의 재확인(re-cognition) 또는 발견이다. 여기서 '진입'한다는 것은 드러나고 보여주는 두 가지 의미를 갖는다. 즉, '대상'⇄사건의 관계에서 현(presentation)/시(representation) 또는 확인(cognition)/재확인(recognition)이라는 이중적 의미를 가진 인식 활동 과정이 인지라는 것이다. 『주역』에서 바라본다는 것은 이러한 인지 과정을 포함하고 있다고 본다. 즉, (괘)상을 가지고 물을 본다는 것이 그러한 인지 과정이라고 할 수 있다. 그리고 『주역』의 괘상은 화이트헤드의 '대상'으로 유비될 수 있는 것이다.

그런데 이 경우, '대상'은 새로운 경험 계기로서의 현실 존재를 창조하는 것과 관련된다. 예를 들어, '내가 나무가 푸르다는 것을 안다'고 할 때, (나무의 푸름을 모르고 있던) '나'와 나무에 대한 감각 이전의 경험들, 즉 직접 경험들이 느끼고 일치하여 (나무가 푸르다는 것을 아는) '새로운 나'가 생성되어 하나의 인식이 이루어진다. 그것은 새로운 현실 존재의 창조를 의미한다. 그것은 직접 경험의 자료들에 '푸르다'는 '대상'이 드러나고 보여주는 또는 확인되고 재확인되는 활동이 이루어짐으로써 가능해진 것이다. 다시 말하면, 『주역』의 관이 상⇄물의 관계를 통해 새로운 물을 창조하는 것을, 화이트헤드적 의미에서 사건 속에서 '대상' 확인하고 재확인하는 연속적 과정을 통해 새로운 경험 계기로서의 현실 존재를 창조하는 것으로 유비적 설명이 가능하다는 것이다.

V. 신비적 경험 : 『주역』의 신(神)과 화이트헤드의 주객미분

본질적으로 시적인 직관적 사유는 정밀한 개념적 묘사와는 거리를 둔다. 이에 대해 스즈키는 다음과 같은 흥미로운 비유를 하고 있다.

"서양인은 원을 사각형으로 만들고자 애쓴다. 동양인은 원과 사각형이 동등하기를 원한다. 선(禪)을 하는 사람에게는 원은 원이고 사각형은 사각형이나 동시에 사각형은 원이고 원은 사각형이다. 서양에서는 '예'는 '예'이고 '아니오'는 '아니오'이므로, '예'가 '아니오'로 될 수는 없다. 그러나 동양에서는 '예'가 '아니오' 속으로, 또는 '아니오'가 '예' 속으로 스며든다. '예'와 '아니오' 사이에는 철저한 구분이 없다. 이런 이유는 이것이 생의 본질이 되기 때문이다. 오직 논리학에서만 그 구분을 지을 수가 있다."38)

이 비유는 서로 반대되는 배타적인 개념들이 직관적 사유에서는 서로 넘나들어 통합할 수 있음을 말한 것이다. 직관적 사유는 분별적 지성을 초월한 고차원적인 사유라는 것이다. 노드롭(Nothrop)은 그러한 직관적 사유를 매우 적절하게 설명하고 있다. 그는 동양과 서양의 사유 방식을 '직관에 의한 개념(concepts by intuition)' 그리고 '가정에 의한 개념(concepts by postulation)'이라는 두 가지 기본적인 개념을 통해 비교하고 있다.39) 여기서 말하는 직관에 의한 개념이란 감각된 색깔로서의 '푸름'과 같이 직접적인 감지를 통해 그 뜻이 전부 주어지는 그러한 개념이다. 직관이란 말은 '추측하여 안다'는 뜻이 아니라 '경험에서 직접적으로 보고 안다'는 것을 의미한다. 가정에 의한 개념은 연역적 가정을 통해 그 전적인 의미가 나타나는 개념을 말

---

38) D. T. Suzuki, *Zen Buddhism & Psychoanalysis* (New York : Grove Press, 1963), p. 9.

39) F. S. C. Northrop, *The Meeting of East and West* (New York : The Macmillan Company, 1953).

하는 것이다. 그는 한 걸음 더 나아가 직관에 의한 개념을, 모든 동양 사상들이 의도하는 궁극적 목표들40)과 관련시키면서 '무분별한 심미적 연속(undifferentiated aesthetic continuum)' 이란 말로 표현하고 있다.41) 그러한 목표의 경지에 들어가는 것은 개념을 통한 인식이 아니라 지각적인 경험을 통해 이루어지는 것이기 때문에 '심미적'이라 하며, 그러한 경험은 전체성을 가지고 있기 때문에 '연속'이라 하고, 경험된 내용은 분별적인 것이 아니기 때문에 '무분별'이란 표현을 사용한 것이다.42) 가정에 의한 개념, 즉 지성의 활동을 통한 인식에는 주관과 객관의 분리가 기본적으로 전제된다. 그러한 분리가 분별적 지식을 가져 오는 기본적 조건이기 때문이다. 객관으로부터의 주관의 분립은 의식의 전체를 분화시켜 개체적 대상에 집중적으로 주의를 기울여 그 형상을 포착하며 그 대상을 분석한다. 그러나 직관과 지성은 떼어놓을 수 없는 인식 과정이다. 직관에 의한 개념으로 사유한다는 경우에도 결코 지성이 결여된 것은 아니다. 그것은 어린아이가 주객미분의 상태에서 인식하는 것과는 다른 것이며, 더 차원 높은 주객합일의 상태에서 추리를 가하지 않고 경험 그 자체를 인식한다는 의미다. 직관에 의한 개념이란 지식의 내용을 갖지 못하는 어린아이의 주객미분적 인식과는 달리 지성적 활동을 전제하면서 그것을 초월하는 경험을 하는 것이다. 어린아이의 주객미분적 인식을 '전이성적(pre-rational)' 인식이라고 한다면, 주객이 분리되어 지성

---

40) 동양 사상에서 궁극적 실재 파악이라고 간주되는 '覺', '涅槃', '道' 등의 경지에 들어가는 것을 말한다.

41) Charles A. Moore ed., *Essays in East—West Philosophy* (Honolulu : University of Hawaii Press, 1951), p. 67.

42) 김하태, 『東西哲學의 만남』(서울 : 종로서적, 1993), pp. 13-14 참고.

적 활동을 통하여 분별적 지식을 가지게 되는 인식은 '이성적 (rational)' 인식이다. 그리고 더 높은 차원에서 주객합일의 경험을 통해 이루어지는 인식은 '초이성적(supra-rational)' 인식이다. 직관에 의한 개념이라는 것은 이러한 고차원적인 인식을 말하는 것이다.

『주역』의, '고요하게 움직이지 않다가 느끼고 통한다'는 감통은 그러한 초이성적 인식에 해당한다. 그러한 감통적 인식은 『주역』에서 신(神)이라는 표현으로 상징된다. 그리고 이 경우 신이란 초이성적 인식, 즉 '생각도 없고 함도 없다(无思无爲)'는 의미와 통한다. 우선 그러한 의미의 신에 관한 언급들을 살펴보자.

> "도가 나타나고 덕행을 신비하게 한다. 그래서 더불어 주고받을 수 있으며 더불어 신을 도울 수 있으니 변화의 도를 아는 사람은 그 신이 하는 바를 알게 된다."[43]

여기서 '더불어 신을 돕는다'는 말의 의미는, 인간이 알고자 하는 바를 괘상이라는 상징을 통해 표현하여 알려주는데, 점치는 사람이 나타난 괘상을 해석하여 그대로 실천하게 된다면 결국 신이 하고자 하는 바를 사람이 돕는다는 뜻이다. 여기서 말하는 신이란 만물 위에 군림하는 주재자를 가리키지 않고 변화의 미묘성을 가리킨다. 『주역』에서 말하는 신은 순자가 말하는 신[44]과 같이 모두 변화의 미묘한 작용을 가리키는 것이

---

43) 『周易』「繫辭傳」上 제9장, 顯道神德行 是故可與酬酢 可與祐神矣 子曰 知變化之道者 其知 神之所爲乎.

44) 『荀子』「天論」, "별들이 열을 지어 돌아가며 해와 달이 차례차례 비추며 사계절이 교대로 다스리며 음과 양이 크게 변화하며 바람과 비는 널리 베푼다. 만물은 각각 그 서로 응함을 얻어서 생겨나며 각각 그 기름을 얻어서 이루어진

다.45) 그것은 바로 우주의 마음(天地之心)이자 자연의 섭리인 것이다. 따라서 '신을 돕는다'는 것은 그러한 자연의 섭리를 인식하여 실행한다는 것이다.

"기미를 아는 것이 신이다."46)

여기서 '기미를 안다(知幾)'는 것은 자연의 미묘한 섭리(의 낌새)를 인식한다는 뜻이다. 『주역』의 점(占)은 일종의 세계 인식으로서 기미를 알아서 실천하는 활동이라고 할 수 있다. 그것은 결국 신을 돕는 인간의 행위인 것이다. 점을 통해서 기미를 알게 되는 것은 자연과 인간의 '서로 느낌(相感)' 또는 '함께 울림(共鳴)'이라고 할 수 있다. 그것은 감응 내지 감통과 같은 것이다. 그것을 초이성적이라는 의미에서 신비적 경험이라고 부를 수 있다.

그러한 신비적 경험은 지성적 의지적 경험이 아니다. 그리고 개념을 통한 인식 경험도 아니다. 그것은 가까이는 자신의 몸에서 멀리는 주변의 동물과 식물을 포함한 만물에서 그 조짐을 찾는 것이다. 그러한 활동은 상⇄물의 관계를 통해 이루어진다. 즉, 괘상과 물상을 '바라보는' 인식 활동을 통해 이루어지는 것이다. 거기에서 가장 중요한 것은 보고 듣고 (마음으로) 느끼는(視·聽·心) 것이다. 그래서 이 세 가지를 점의 3요(三要)라고 말한다.47) '보고 듣고 (마음으로) 느끼는' 것에는

다. 그 일을 보지 않아도 그 공을 본다. 무릇 이를 신이라 이른다(列星隨旋 日月 遞炤 四時代御 陰陽大化 風雨博施 萬物 各得其和 以生 各得其養以成 不見其事 而見其功 夫是之謂神)."

45) 夏甄陶, 『中國認識論思想史稿(上卷)』(北京 : 中國人民大學出版部, 1992), p. 223.

46) 『周易』「繫辭傳」下 제5장, 知幾其神乎.

지성적이고 의지적인 사고 활동은 빠져 있다. 지성적 개념적 사유를 초월하는 신비적 경험을 통해 기미를 알게 되는 신의 경지에 도달할 수 있다는 것이다.

그러한 신의 경지는 의지적 조작인 추리를 전혀 용납하지 않는다. 그것이 조금이라도 개입되는 점은 점일 수 없다. 그리고 점은 주술적 의미로 받아들여서는 안 되는 것이다. 그것은 근본적으로 세계 인식의 문제로서 철학적 의미를 지니는 것이다. 다음과 같은 역의 말은 그것을 암시한다.

"역은 생각도 없고 함도 없이 고요히 움직이지 않다가 느껴서 온 세상의 까닭(=이치)을 통하게 되는 것이니, 천하의 지극한 신이 아니면 그 누가 여기에 참여하겠는가."[48]

이 말은 시초(蓍草)를 손가락에 끼고 세면서 괘를 만들어나가는 점치는 과정을 묘사한 것이다. 이는 모든 의식적인 사고와 행위를 제거하고 점을 물어야 천하사물의 이치에 통할 수 있다는 것이다. 여기서 '생각도 없고 함도 없다(无思无爲)'는 것은 개념적 논리적 추리적 인식의 작용을 철저히 배제한다는 의미다. '느껴서 통한다(感而遂通)'는 것도 그러한 의미다. '지극한 신(至神)'이란 베르그송이 직관의 의미로 말한[49] '정신감응', '내향삼투(內向滲透)', '신성에 대한 관여', '단순 속의 풍요', '공평무사한 인식' 등의 개념과 의미 전환이 가능하다. 정이천은 무사무위를 인위적으로 행위하는 것을 경계한 것이라

---

47) 金碩鎭, 『周易占解』(서울 : 大有學堂, 1994), p. 10.
48) 『周易』 「繫辭傳」 上 제10장, 易无思也无爲也 寂然不動 感而遂通天下之故 非天下之至神 其 孰能與於此.
49) 김형효, 『베르그송의 철학』, pp. 187-190.

고 하였으며, 주희는 '마음이 없음(無心)'이라고 하였다.[50] 이는 모두 점을 묻는 과정에서는 어떠한 인위적인 생각이나 조작을 짓지 않는 순화된 마음이 요구된다는 점을 밝힌 것이다. 또한 왕선산은 "이것은 지극히 고요하고 감추어져 있으며 한 이치의 혼연한 데에 담겨 있기에 좇아 느끼고 반드시 통해야 하는 것이지, 알고 따져보는 것으로는 헤아릴 수 있는 것이 아니다. 오직 천하의 지극한 신만이 함께 할 수 있다"고 주석하고 있다.[51] 여기서 '지극한 신'이란 바로 개념적 사유와 분별지가 제거되어 직관적 능력이 회복된 정신적 주체를 의미하는 것이다.

그래서 『주역』이나 『주역』의 점은 의식을 무화(無化)시키고 무의식을 활성화시켜 직관적 인식을 가능하게 하는 수단으로도 생각할 수 있다. 이 점은 다음의 표현에서 그 의미를 찾을 수 있다.

"시초의 덕은 둥글면서 신령스럽고 괘의 덕은 모나서 지혜롭고 6효의 의의는 바꿔서 이바지하니, 성인은 이것으로써 마음을 씻어서 물러나 그윽한 곳에 감추며 길흉에 백성과 더불어 근심해서 신령스러움으로 오는 것(미래)을 알고 지혜로써 지나간 것(과거)을 감춘다."[52]

여기서 '둥글면서 신령스럽다'는 것은 변화에 일정한 방향이 없다는 것이며, '모나서 지혜롭다'는 것은 일에는 일정한 이치

50) 『周易』 「繫辭傳」 上 제10장, 注, 程子曰...惟曰无思也无爲也 此戒夫作爲也. 本義, 无思无爲言其無心也.

51) 王夫之, 『周易內傳』 卷5 『船山易學』(臺北 廣文書局), p. 508, 此則至靜微而括之於一理之渾然 以隨感必通 非智計之所能測 惟天下之至神乃能與也.

52) 『周易』 「繫辭傳」 上 제11장, 著之德圓而神 卦之德方以知 六爻之義易以貢 聖人以此洗心 退 藏於密 吉凶與民同患 神以知來 知以藏往.

가 있음을 말하며, '바뀌어서 이바지한다'는 것은 변하고 바뀌어서 사람에게 일러준다는 것을 말한다. 성인이 세 가지 덕을 체득해 갖추어서 티끌만한 더러움도 없으니, 일이 없을 때는 그 마음이 고요하여 사람이 엿보지 못하고, 일이 있으면 신령스럽고 지혜로운 쓰임이 느낌을 따라 응하니, 이른바 점을 치지 않아도 길흉을 안다는 말이다.53) '마음을 씻는다(洗心)'는 것은 역의 점으로써 마음을 씻어 깨끗하게 하는 것이다. 만물에 의심되는 것이 있으면 점을 쳐서 그 의심하는 마음을 깨끗하게 하여 선을 행하여 길함을 얻으며, 악을 행하여 흉함을 만나면 그 악한 마음을 깨끗하게 한다는 것이다. 즉, 성인이 점으로써 마음에 쌓인 것을 씻어버리면 마음이 넓고 크고 공평하게 된다는 것이다.54) 그러한 '마음 씻음'이 바로 신의 경지다. 이는 '둥글면서 모나다(圓而方)'는 역설이 역설이 되지 않는 상태다. 그리고 그러한 경지를 '그윽한 곳에 물러나 감춘다(退藏於密)'고 표현한다. 여기서 '그윽한 곳(密)'이란 "그 마음이 맑고 (하고자 하는) 일이 없어 온갖 이치들이 구비되어 있는 곳이다."55) 마음이 맑고 일이 없다는 것은 어떠한 분별적 지식이나 어떠한 의식의 작용도 일어나지 않는 상태를 말하는 것이다. 이런 경지를 『주역』에서는 '생각도 없고 함도 없이 고요하고 움직이지 않는다'(無思無爲 寂然不動)고 표현한 것이다. 이에 대한 『주역』의 언급을 더 살펴보자.

---

53) 『周易』「繫辭傳」上 제11장 朱子注, 圓神謂變化无方 方知謂事有定理 易以貢謂變易以告人 聖人體具三者之德而无一塵之累 无事則其心寂然人莫能窺 有事則神知之用隨感而應 所謂无卜 筮而知吉凶也.

54) 李光地, 『周易折中』, p. 1023, 聖人以此蓍卦六爻洗去夫心之累則是心之廓然大公.

55) 위의 책, 退藏於密只是其心湛然無事而衆理具在也.

"역에 말하기를 '자주 자주 가고 오면 벗이 네 생각을 따를 것이다'라 하니, 공자가 말씀 하시기를 '온 세상에 무엇을 생각하고 무엇을 염려하리오! 온 세상이 돌아가는 곳은 같아도 길이 다르며 이루는 것은 하나이지만 생각은 백 가지니, 온 세상에 무엇을 생각하고 염려하리오."56)

　　이는 함괘(咸卦) 구사 효사에 대한 「계사전」의 해석이다. 함괘는 느낌의 괘로서 인식 활동을 상징적으로 표현하고 있다. 『주역』에서는 인식 혹은 앎이 느낌을 통해 이루어지기 때문이다. 여기에 대한 정이천의 주석은 "생각하고 근심하는 사사로운 마음으로 물을 느끼면 느끼는 바가 좁다. 온 세상의 이치는 하나다. 길은 비록 다르나 돌아가는 곳은 같고, 생각은 비록 백 가지나 이루는 것은 하나다. 비록 물에 만 가지 다름이 있고 일에 만 가지 변함이 있으나 도몰아 하나로 하면 어긋날 수 없기 때문에, 그 뜻을 굳게 하면 온 세상의 모든 것이 모조리 느끼고 통하지 못함이 없게 된다"고 한다.57) '뜻을 굳게 한다'는 것은 정이천 자신의 표현대로 '가운데(=마음)를 비워 자기를 없애는 것(貞者 虛中无我之謂也)'이다. 근심과 사심과 욕심으로 마음을 채운 상태로 대상을 인식하면 그 앎은 편협되고 왜곡된다. 마음 상태 또는 인식적 태도가 올바르면 비록 만물이 각양각색이고 변화무쌍하지만 그것에 대한 깨달음의 지식을 가질 수 있다는 것이다. 이 괘의 구사는 마음의 상이고 느낌의

---

56) 『周易』「繫辭傳」下 第5장, 易曰憧憧往來 朋從爾思 子曰天下何思何慮 天下同歸而殊塗 一致而百慮 天下何思何慮.

57) 『周易傳義大全』咸卦 九四 爻辭 傳, 夫以思慮之私心感物 所感狹矣 天下之理一也 塗雖殊 而 其歸則同 慮雖百而其致則一 雖物有萬殊 事有萬變 統之以一則无能違也 故貞其意則窮天下无 不感通焉 故曰天下何思何慮 用其思慮之私心 豈能无所不感也.

주체로서58) 마음의 바름을 강조한 것이다. 마음이 바르다(貞)는 것은 사사로움이 없고 넓고 크고 공평한 마음이다. '자주 자주 가고 오면 벗이 네 생각을 따를 것이다(憧憧往來 朋從爾思)'는 것은 그러한 마음과는 전혀 다른 마음을 상징한다. '온 세상에 무엇을 생각하며 무엇을 염려하리오(天下何思何慮)'라고 한 말은 사사로운 마음을 없애고 바름을 회복하고자 한 것이다. '마음을 씻는다'고 한 것이 바로 '자주 자주 가고 오는' 마음, 즉 사사로운 마음을 버린다는 뜻이다. 그래서 주희는 "'무엇을 생각하고 무엇을 염려하리오'라는 한마디 말은 먼저 생각(思)이라는 글자를 깨부수자는 것이다"라고 주석한다.59) 분별적인 사고를 타파하여야 바른 마음이 회복됨을 말한 것이다. '생각한다(思)'는 것이 분별 의식을 의미한다면 '생각을 깬다(破思)'는 것은 마음의 대상과 내용을 전적으로 제거해버리는 것으로 감각적 인식과 이성적 인식의 저편으로 초월하는 것을 의미한다. 따라서 역을 대하고 점을 치는 자세와 세계를 바라보는 태도는 일상성을 깬 상태에서 이루어져야 한다. '그 (괘) 상을 바라보고 그 말(괘사)을 즐긴다' 또는 '그 변화(효의 움직임)를 바라보고 그 점을 즐긴다'는 것이 바로 그러한 상황을 말하는 것이다. 여기서 '바라본다(觀)', '즐긴다(玩=사랑한다는 의미)'는 것은 『주역』에서 말하는 신의 경지를 가장 잘 표현하고 있다.

이러한 『주역』의 직관적 인식은 웅십력(熊十力)의 이른바 '성지(性智)'로 적절하게 설명될 수 있다. 그는 인간이 가지고

---

58) 『周易傳義大全』咸卦 九四 爻辭 本義, 九四 居股之上脢之下 又當三陽之中 心之象咸之主也.

59) 『原本周易』「繫辭傳」下, p. 1092 小注, 天下何思何慮一句 便是先打破那箇 思字.

있는 두 가지 종류의 인식 능력으로 양지(量智)와 성지를 구분한다. 양지는 일반적으로 말하는 이성적 지식(理智)이다. 그것은 '외적 탐구'로서 객관적 사물을 대상으로 실증적 분석적 논리적 방법을 사용하여 탐구하는 것이다. 성지는 인간이 가진 일종의 자기 인식과 자아를 초월하는 능력이다. 이러한 인식은 순수한 이성적 분석과 논리적 추리를 통해 이루어지는 것이 아니고, '돌이켜 구하고 스스로 알게 되는 것(反求自識)', '몸으로 인식하는 것(體認)'이다. 이것은 옳고 그름이 없는 성지의 '스스로 밝고 스스로 깨닫는 것(自明自了)'이다. 그러한 깨달음을 얻으려면 자신의 본성과 자기의 진실한 존재를 인식해야 한다. 이 '진실한 자기'가 곧 본심(本心)이며 본체(本體)다. 진실한 자기를 인식하는 경우 내 마음의 본체가 우주 만물의 본체가되고 물아와 천인이 경계를 통하는 것이다. 그것은 이성적 분석, 즉 양지를 가지고서는 결코 도달할 수 없는 것이고, 본심에 의지하여 직각하고 체인하여 도달할 수 있는 경지다.[60]

여기서 웅십력의 양지는 역에서 말하고 있는 '가고 오는 마음' 또는 '유심(有心)'에 해당하는 것이다. 성지는 바로 '바라보는' 마음 또는 '무사무위'의 마음과 같은 것이다. 그에 의하면, 양지는 경험적 인식과 논리적 추리다. 이러한 양지는 현상을 인식할 수 있을 뿐 실재를 인식할 수 없다. 성지를 통해서만 실재를 인식할 수 있다. 웅십력은 인간은 누구나 직각적으로 본체를 인식하는 성지를 가지고 있지만 일상생활 중에는 향외적(向外的) 물질 이익을 추구하기 때문에 은폐되고 있다고 생각한다. 『주역』의 표현처럼 '자주 자주 가고 오면' '마음을 씻

---

60) 鄭家棟, 『本體與方法-從熊十力到牟宗三』(沈陽 : 遼寧大學出版社, 1992), p. 82 참고.

을' 수 없게 되는 것이다. 괘상을 바라보고 점을 즐기는 수양을 통해야만 생각이 없고 함도 없는 경지에 이를 수 있는 것이다. 『주역』은 그러한 측면에서 보면 정신수양서인 것이다. 웅십력 또한 도덕 수양을 통해 성지를 드러낼 수 있음을 강조한다.

『주역』에서 말하고 있는 '마음을 씻는다'거나 '생각도 함도 없다'는 표현은 현대적으로 말하면 의식 구조의 문제와 관련된다. 일반적인 의미의 의식이나 웅십력의 이른바 '익힌 마음(習心)'의 구조는 견분(見分)/상분(相分)의 구조를 가진다.61) 그가 말하는 '본래 마음(本心)'의 기본 구조는 '열림(闢)'과 '닫힘(翕)'이다.62) 여기서 『주역』에서 말하는 '씻은 마음'은 '익힌 마음'이 아니고 '본래 마음'이다. 『주역』의 괘상과 점을 '즐긴다'는 것은, 그러한 '본래의 마음'으로 '바라본다'는 의미인 동시에 그러한 마음을 찾기 위해 '바라본다'는 의미를 가지는 것이다. 웅십력은 우주적 생명력 혹은 우주 정신과 인간의 본심을 상통하는 것으로 보고 있다. 그것이 바로 자연과 인간의 감응이며 일치인 것이다.

동양적 인식 과정은 향외적이 아니라 향내적이라고 할 수 있다. 자기 안으로 끝까지 파고들어 그 속에서 참자기를 끄집

---

61) 유식종에서 말하는 최고 의식 경계인 '열반'은 일체의 대상성의 사유 방식이 사라진, 즉 견분과 상분이 일체가 된 경지다. 견분은 '능연연(能緣緣)'으로도 불리는 것인데, 일종의 의식 행위다. 상분은 의식 행위가 지향하는 대상이다. 견분과 상분은 의식 가운데에서 서로 관련된다. 봄과 보는 바가 서로 의존하며 하나가 조금도 없으면 다른 것도 없는 것과 같이 관련되는 것이다. 그것은 견분과 상분 사이의 의향적(意向的) 관계다. 후설(Edmund Husserl)에 비추어 보면, 의식은 의식 행위(Noesis) / 의식 내용(Noema)의 구조를 가진다. 의식 행위는 가장 넓은 의미의 생각(Vermeinen)이며, 의식 내용은 생각하는 바의 대상 자체다. 의식 행위는 의식 내용을 지향하며, 그것들 간에는 상호 의존적 관계가 있다.
62) 張慶熊, 『熊十力的新唯識論與胡塞爾的現象學』(上海 : 上海人民出版社, 1995), p. 265.

어내는 과정이 동양적 인식 과정의 독특한 모습이다. 자기 속의 참자기를 끄집어내어 포착한 경우 참된 인식이 이루어진 것으로 생각한다. '인식한다(erkennen)'는 말은 원래 '속'에서 끌어(끄집어)낸다'는 의미를 가지고 있다. '속'이란 사람의 눈에 보이고 감각으로 느껴지는 거죽이나 겉면이 아닌 이면에 숨겨져 있는 무엇을 끄집어낸다는 의미다. 진리는 보이지 않는 속에 숨겨져 있다는 말이다. 그래서 진리(aletheia)라는 말 자체가 '은폐되어 있는 것을 드러낸다'는 뜻이다. 따라서 거죽을 벗기고 드러내는 것이 바로 진리 인식이다. 동양적 인식에서의 속이란 개별적인 개체 사물의 속이 아니다. 그것은 인간 자아의 속이다. 그러므로 서양적 의미의 지식은 개개의 사물을 분석·비판하는 대상적 지, 즉 객관적 지식이며, 동양적 의미의 그것은 자기가 자기 속으로 파고들어 찾아내는 절대적 지, 즉 주관적 지식이다. 절대적 지는 대상 관계에서 이루어지는 것이 아니다. 거기에는 대상이 없다. 자신이 주관이면서 대상이다. 주관과 객관이 따로 없는 자리에서 드러나는 것이 절대지인 것이다. 이러한 인식을 직관적 인식이라고 한다. 서양에서는 일체가 자기 밖에 있으며, 동양에서는 일체가 자기 안에 있다. 인간을 완전한 소우주로 보는 것도 바로 이러한 이치다.[63]

『주역』은 그러한 주객미분의 상태에서 이루어지는 인식을 신이라고 한다.『주역』에서의 진리 인식이란 곧 도의 인식이라고 할 수 있다. 진리의 동양적 표현인 도는 형상 위(形而上)에 있는 것이기 때문에 감각적 경험이나 이성적 경험으로 파악할 수 없다. 그러나 그것이 형상 위에 있다고 하여 형상의 세계를 떠나 있는 것이 아니다. 자신의 형상은 없지만 반드시 형상 속

---

63) 宋恒龍,『東洋哲學의 문제들』(서울 : 驪江出版社, 1987), pp. 18-19 참고.

에 화이트헤드적 의미에서 '진입'한다. 그래서 감각과 이성을 완전히 떠난 경험으로 인식되는 것이 아니다. 형상의 세계에서 그것을 발견해야 하는 것이다. 이 점은 다음의 표현에서 암시된다.

"한 번 음하고 한 번 양함을 도라고 한다."[64]

물론 음양이 형상을 가진 것은 아니지만 형상의 세계가 변화하는 모습을 음과 양으로 표현한 것이다. 이 점은 정이천의 주석에서 알아볼 수 있다. 즉, "한 번 음하고 한 번 양함을 도라고 한다'는 것은 그 이치가 진실로 깊어서 설명하려면 할 수 없다. 음하고 양하는 바가 도다. 이미 기(氣)라고 말하면 곧 둘이 있고, 열리고 닫힘을 말하면 곧 느낌이 있는 것이니, 이미 둘이 있으면 곧 느낌이 있는 것이다."[65] 따라서 변화의 진리(=道)는 형상의 세계에서 음양이 열리고 닫히면서 서로 느껴서 변화하는 가운데에서 읽힐 수 있는 것이다. 역은 그러한 변화의 진리를 음양의 변화 원리에 의해 파악할 수 있도록 한다. 그 변화의 이치는 인간의 일상적 인식 능력으로는 미칠 수 없는 것이다. 그것은 다음의 표현에서 분명하게 드러난다.

"음과 양을 헤아릴 수 없는 것을 신이라고 한다."[66]

여기서 말하고 있는 신이란 만물이 변화하는 묘한 모습이다. 한 번 음하고 한 번 양하는 그러한 변화의 모습은 그것을

---

64) 『周易』「繫辭傳」上 제5장, 一陰一陽之謂道.
65) 金碩鎭, 『周易傳義大全譯解』(서울 : 大有學堂, 1996), p. 1363 참고.
66) 『周易』「繫辭傳」上 제 5장, 陰陽不測之謂神.

객관으로 두고 인식할 수는 없는 것이다. 『주역』의 이 구절에 대한 여러 주석들은 그 점을 말하고 있다. 즉, "신이란 변화가 지극하여 만물을 묘하게 하는 것을 말한다. 그것을 형체로써 따져볼 수 없기 때문에 음과 양을 헤아릴 수 없다고 한다."[67] "세상의 모든 사물이 음양으로 말미암아 생기기도 하고 이루어지기도 하지만 그 말미암는 바의 이치는 헤아릴 수 없음을 신이라 말한다."[68] 형체가 없는 음양의 변화는 감각으로 경험할 수 없고 이성으로 헤아릴 수 없음을 지적한 것이다. 또는 "이 속에 있다가 또 저 속에 있고 문득 한 사물이 달려오고 달려가서 있지 않는 곳이 없고, 이 한 물이 사물의 사이에 두루 행하여 마치 이른바 음과 양이 굽히고 펴고 가고 오고 위하고 아래하여 천만 가지 가운데에서 행하나 하나의 사물이 아님이 없다."[69] "두 군데에 있기 때문에 헤아릴 수 없는 것이다."[70] 이러한 주석들은 음과 양이 시공을 초월하여 동시적인 현상으로 나타나기 때문에 일상적 인식으로는 파악할 수 없음을 지적한 주석들이다. 그것은 이른바 신비적인(=감성과 이성이 파악할 수 없다는 의미) 현상이다. 만물의 변화는 시공을 초월하는 음양의 변화로 이루어지는 신비적인 현상임을 『주역』은 다음과 같이 직접 표현하고 있다.

"신은 일정한 방향과 장소가 없다."[71]

---

67) 孔穎達, 『周易正義』, 韓康伯 注, 神也者變化之極妙萬物而爲言 不可以形詰者也 故曰陰陽不 測.
68) 위의 책, 孔穎達疏, 天下萬物皆由陰陽或生或成 本其所由之理不可測之謂神也.
69) 『原本周易』「繫辭傳」上 第5장 本義 小注, 是在這裏又在那裏 便是這一箇物事走來走去无處 不在……乃是一箇物 却周行事物之間 如所謂陰陽屈信往來上下 而至行乎什百千萬之中 無非一 箇物事.
70) 『周易傳義大全』「繫辭傳」上 第5장 本義, 張子曰 兩在故不測.

"신이기 때문에 빠르지 않고도 빠르며 가지 않아도 이르게 된다."[72]

주희는 "신이 문득 음에 있다가 홀연히 양에 있고 양에 있다가 또다시 음에 있는 것"을 신이 방향과 장소가 없다는 말로 이해한다.[73] 음양의 범주로는 파악될 수 없는 것이 신이라는 뜻이다. 고형(高亨)은 여기에 대해 "음양의 변화에서는 필연성이 있어 헤아릴 수 있는 것이 있고 우연성이 있어 헤아릴 수 없는 것이 있다. 그 도리에도 알 수 있는 것과 알 수 없는 것이 있는데, 그 알 수 없는 것을 신이라고 한다"고 해석하고 있다.[74] 음양이 서로 상반되면서도 양이 음이 되고 음이 양이 되는 필연적 변화를 하는 동시에 헤아릴 수 없는 변화를 한다는 것이다. 그러한 헤아릴 수 없는 음양의 변화를 우연으로 이해하고 있는 것이다. 헤아릴 수 없다는 것, 즉 우연이란 합리주의적 세계관의 이론적 기저를 이루고 있는 인과율로써는 포착할 수 없는 삶의 현실을 말한다.[75] 『주역』에서는 괘효에 의해 결정된 예언과 점을 묻는 사람의 상황이 일치하리라는 것을 전제로 하고 있다. 이것은 인과율로써 설명할 수 없는 상황으로 본질을 직접 파악하는 신비 경험에 의해서만 가능한 일이다.

감통의 신비 경험은 대상을 자신과 분리된 것으로 경험하는 것이 아니라 서로 하나가 되는 경험이다. 따라서 역점의 전체 과정은 개인으로 하여금 옳게 행위하고 옳게 적응하도록 준비

---

71) 『周易』「繫辭傳」 上 제4장, 神无方.
72) 『周易』「繫辭傳」 上 제10장, 唯神也 故不疾而速不行而至.
73) 『原本周易』「繫辭傳」 上 제4장 本義, 小注, 神便是在陰底又忽然在陽 在陽底又或然在陰.
74) 高亨, 『周易大傳今注』(山東 : 齊魯書社, 1987), p. 516.
75) 李恩奉, 「周易의 同時性原理와 理想」, 『宗敎學硏究』 제3집(1980), p. 4.

시키기 위한 주체-객체화(subject-objectification)와 객체-주체화(object-subjectification)의 과정이라고 말할 수 있다.76) 이것이 곧 역점의 철학화인 것이다.77)

역점의 철학화는 그것에 관한 화이트헤드적 의미 해석으로 뒷받침될 수 있다고 본다. 역점의 인식에서 대상과 주관이 합일되는 것을 그의 인식론적 관점으로 새롭게 읽어낼 수 있다는 것이다. 화이트헤드에게 파악이란 대상을 객체로 두는 것이 아니다. 예를 들어, '내가 나무가 흔들리고 있다는 것을 안다'고 하는 경우, 나의 시각 신경들의 활동들이 '(지금까지 나무의 흔들림을 모르고 있던) 나'와 감응하고 일치되어 '(나무를 알게 되는) 새로운 나'가 생성되어 인식이 순간적으로 일어난다는 것이다. 이 경험에서 '나무가 흔들린다'고 여기게 되는 경험은 흔들리는 나무와 그것을 모르고 있던 나 사이의 일치되었던 경험이 자료가 되고 거기에 '흔들린다'는 새로운 자료들이 합치되어 '나무가 흔들린다'는 것을 아는 새로운 경험의 '나'가 이루어진다는 것이다. 곧 대상과 주관이 조화롭게 얽혀져 새로운 현실체가 생성된다. 그리고 이 얽혀진 관계가 최종적으로 하나의 현실 계기로 완성될 때, (나무가 흔들린다는) 하나의 새로운 인식이 가능하다고 한다. 따라서 '정원에 나무가 흔들리고 있음'을 아는 것은 하나의 독특한 '현실 계기'다. 이것은 주체

---

76) 자신의 가치(관)를 객체적 세계에 투사하고 삶의 상황을 객관적으로 의미 있는 것으로 인식하는 것은 주체-객체화며, 그것에 따라 행위할 수 있도록 주어진 상황으로부터 의미를 추출하고 가치(관)를 흡수하여 소화하는 것이 객체-주체화다.

77) Chung-Ying Cheng, 'Li and Ch'i in the I Ching : A Reconsideration of Being and Non-Being in Chinese Philosophy' in Chung-Ying Cheng ed., *Journal of Chinese Philosophy* 14(1987)(Dialogue Publishing Co., Honolulu, Hawaii), p. 2.

('나')와 객체('나무')가 일치되어 새로운 주체 ─ 정원에 나무가 있다는 것을 알고 있는 순간적인 나 ─ 가 생성된 것이다. 이 '새로이 생성된 나'는 바로 하나의 현실 존재다.[78]

전통적인 형이상학에서는 실체(나무)에다 성질(흔들린다)을 부여함으로써 실체/성질이라는 도식을 만들어왔다. 그러나 화이트헤드는 그러한 도식이 존재들의 상호연관성을 불가능하게 해왔다고 본다. 실체로서의 주관은 객관을 떠나 존재하지 못한다. 이 '나무'는 이미 '나의 경험' 속에 들어와 있는 나무다. 경험이 스스로 자기 즐거움을 향유하며 그러한 경험의 즐거움이 주관을 구성시켜나간다고 한다면 실체/성질과 같은 형이상학적 도식은 설 땅이 없어지고 만다.[79] 경험하는 주관을 일차적인 성질로 보고 생각한다거나 느낀다는 것을 마음이라는 실체 속에 있는 성질들이라고 하는 데카르트의 철학이야말로 실체/성질의 범주 속에 갇힌 철학이라고 할 수 있다. 데카르트의 이러한 생각을 화이트헤드는 '주관주의 원리'라고 한다. 이런 주관주의 원리는 필연적으로 유아론에 빠지고 만다. 그래서 객관적 내용이 없는 주관주의는 유아론적 주관주의에서 피할 길이 없게 된다. 화이트헤드는 데카르트가 발견한 주관주의는 객관적 내용으로 그 균형이 이루어지지 않으면 안 된다고 지적하고 있다.[80] 그는 이렇게 객관에 의해 균형이 잡혀진 주관주의를 '개혁된 주관주의 원리'라고 한다. 개혁된 주관주의는 객관의 내용을 하나의 성질 정도로 인정하는 것이 아니라 주관에 마주하는 존재로서 파악하는 것이다. 개혁된 주관주의 원리에 따르면, 경험의 객관은 경험의 주관 속에 내재된 객관이다.

---

78) 강성도, 앞의 책, p. 42 참고.

79) Alfred. N. Whitehead, *Process and Reality*, p. 159.

80) 위의 책, p. 160.

'객관'이란 말은 항상 '경험 주관'에 상관 관계적이다. 존재란 외적 존재일 수 없고 경험 주관 속에 내재된 것으로서의 존재다. 그래서 화이트헤드에 의하면 경험한다는 것은 '수용하고' '포함하는' 행위다. 하나의 새로운 현실 존재의 생성 과정으로서 대상을 수용하고 포함하는 과정을 파악이라고 한다. 그것은 일반적 의미에서의 인식이나 이해가 아니다. 즉, 단순한 감각이나 의식의 영역에서 일어나는 경험이 아니라는 것이다. 의식이나 개념으로 걸러지기 이전의 단계에서 일어나는 경험, 즉 의식 이전의 단계에서 '붙잡는다'는 뜻으로 파악이라는 말을 쓰고 있는 것이다. 현실 존재를 구성시키는 행위는 다른 존재를 붙잡는 행위며, 그것은 주관과 객관의 상함 관계를 의미한다. 파악의 과정 속에서 주관과 객관은 서로 서로가 구성 성분이 된다. 주관과 객관이 긍정적 파악을 한다는 것이 곧 감응이다. 감응 혹은 느낌이란 객관적인 소여 대상 자료가 주관적인 것 속으로 흘러들어 감을 의미한다.

그러므로 역이 실체를 인정하지 않고 만물을 생생의 과정으로 이해하면서 그러한 만물의 생성과 변화에 대한 인식은 주객미분의 상태에서 신비 경험으로 이루어져야 한다는 주장은, 화이트헤드가 현실 존재는 사건으로서 파악을 통해 끊임없이 새롭게 생성되는 것으로 이해하는 것과 같은 맥락을 이룬다고 보아야 한다. 이는 역의 세계와 화이트헤드의 과정철학의 세계가 이른바 '경직된 자연주의'적[81] 세계를 거부하고 있음을 보

---

81) 경직된 자연주의란 '순수한 관찰자(의 인식)'와 '관찰되는 자연'을 엄격하게 나누어보는 세계관이다. 이러한 세계관은 근대 과학의 기본 틀이었으나 신과학에서는 '너무도 값싸게 이 세계의 반쪽만을 보여주고 만다'고 비판받고 있다 (Holmes Rolston, *Science and Religion : A Critical Survey* (Temple : Temple University Press, 1987), p. 249).

여주는 것이다.

VI. 결 론

『주역』은 변화를 본질로 선언한다. 그리고 우주 만물을 '자발적인 자기 생성적 생명 과정'으로 이해한다. 이러한 『주역』의 세계 이해 방식에는 존재와 본질보다는 생성과 과정이 문제된다. 이 점에서 『주역』은 화이트헤드의 과정철학과 유비적 설명이 가능한 유사점을 지닌다.

『주역』의 직관적 사유는 '느껴 통한다'는 인식 방식이다. 그것은 전체적으로 '바라본다'는 통각적 인식이다. 그것은 인간의 본능적 인식 능력들이 통합적으로 작용해서 이루어지는 순수하고 직접적인 경험이다. 이는 화이트헤드의 이른바 '감각·의식 이전의 경험'과 유비된다. 그리고 『주역』의 인식 방식은 대상을 분석적으로 이해하지 않고 전체적으로 그대로 포착하는 일종의 깨달음이다. 이는 화이트헤드의 이른바 '포괄적으로 붙잡는다'는 '파악'과 그 의미를 같이 한다. 또한 『주역』의 인식 방식은 상⇌물의 관계 속에서 상의 현/시 또는 발견/발명이라는 이중적 의미를 지닌다. 이것은 물상(=사실)의 발견과 함께 표상(=가치)의 발명이다. 이는 『주역』의 인식 방식이 창조적 인식 과정임을 말해준다. 이러한 의미에서 『주역』의 (괘)상은 화이트헤드의 '대상'과 유비될 수 있다. 그리고 『주역』의 감통은 일종의 신비 경험에 해당한다. 그것은 '생각도 없고 함도 없는' 『주역』의 인식 태도에서 드러나듯이, 시간과 공간을 초월하고 인식 대상과 주관의 구분이 사라지는, 이른바 자연과 인간의 합일하여 이루는 과정이다. 그것은 화이트헤드가 말하는, 대상을 '수용하고' '포함하는' 그리고 하나의 새로운 현실 존재를 생성하는 파악의 과정에 유비된다.

　고대적 사유 방식인『주역』적 사고와 현대의 화이트헤드적 사고를 유비한다는 자체가 무리일 수 있다. 그러나 인간의 사유 문법은 고대나 현대나 서양에서나 동양에서나 근본적인 차이를 보이는 것은 아니라고 생각할 수 있다면,『주역』과 화이트헤드를 유비적으로 논의하는 것이 의미 있을 수 있다고 본다. 그 의미는, 고대 사상인『주역』을 현대적으로 해석하는 데에서 뿐 아니라 화이트헤드의 과정철학의 보편성을 확인하는 데에서 찾을 수 있을 것이다.『주역』과 화이트헤드 철학은 둘 다 존재에서 생성으로의 패러다임의 전환에 철학적 토대를 제공할 수 있을 것이다.

□ 참고 문헌

『주역』.
『순자』.
『주역전의대전(周易傳義大全)』.
『주역절중(周易折中)』.
왕부지,『주역내전(周易內傳)』권5『선산역학(船山易學)』(臺北 廣文書局).
『철학사전』(서울 : 평범사, 1971).
『현대철학사전』(서울 : 강담사, 1070).
강성도,『화이트헤드의 과정철학 입문』(서울 : 조명문화사, 1992).
김하태,『동서 철학의 만남』(서울 : 종로서적, 1993).
김석진,『주역점해』(서울 : 대유학당, 1994).
_____,『주역전의대전역해』(서울 : 대유학당, 1996).
김형효,『한국정신사의 현재적 인식』(서울 : 고려원, 1985).

_____, 『베르그송의 철학』(서울 : 민음사, 1991).

이은봉, 「주역의 동시성 원리와 리상」, 『종교학연구』 제3집(1980).

이정복, 「주역의 논리」, 한국주역학회 편, 『21세기와 주역』(1998 국제주역학술회의 학술지, 1998).

송항룡, 『동양 철학의 문제들』(서울 : 여강출판사, 1987).

중촌원 지음 · 김지견 옮김, 『중국인의 사유 방법』(서울 : 까치, 1990).

진교훈, 「보편적 가치윤리학의 재구성과 가치관 교육」, 한림과학원 편, 『21세기를 여는 한국인의 가치관』(서울 : 소화, 1997).

고형, 『주역대전금주(周易大傳今注)』(山東 : 齊魯書社, 1987).

당화, 『역경 변화 원리』(上海社會科學院出版社, 1993).

장경웅, 『웅십력적신유식론여호색이적현상학(熊十力的新唯識論與胡塞爾的現象學)』(上海 : 上海人民出版社, 1995).

정가동, 『본체여방법 ― 종웅십력도모종삼(本體與方法 ― 從熊十力到牟宗三)』(沈陽 : 遼寧大學出版社, 1992).

하견도, 『중국인식론사상사고(中國認識論思想史稿)(上卷)』(北京 : 中國人民大學 出版部, 1992).

Chung-Ying Cheng, 'Li and Ch'i in the I Ching : A Reconsideration of Being and Non-Being in Chinese Philosophy' in Chung-Ying Cheng ed., *Journal of Chinese Philosophy* 14(1987)(Dialogue Publishing Co., Honolulu, Hawaii).

_____, Philosophical Significances of Guan(Contemplative Observation) : On Guan as Onto-Hermeneutical Unity of Methodology and Ontology, 주백곤 주편, 『국제역학연구』 제1집(화하출판사, 1995).

D. T. Suzuki, *Zen Buddhism & Psychoanalysis* (New York : Grove Press, 1963).

Fung Yu-lan, *A Short History of Chinese Philosophy* (New York : Macmillian Co., 1948).

Legge, James, trans., *I Ching : Book of Changes* (New York : University Books, Inc., 1964).

Moore, Charles A., ed., Essays in East―West Philosophy(Honolulu : University of Hawaii Press, 1951).

Northrop, F. S. C., *The Meeting of East and West* (New York : The Macmillan Company, 1953).

Tu Wei-Ming, 'The Continuity of Being : Chinese Visions of Nature' J. Baird Callicott and Roger T, Ames, ed., *Nature in Asian Traditions of Thought* (Albany : State Univ. of New York Press, 1989).

Whitehead, Alfred N., *Adventure of Ideas* (New York : The Free Press, 1933).

_____, *The Concept of Nature* (Cambridge : Cambridge University Press, 1971).

_____, *Process and Reality* (New York : The Free Press, 1979).

_____, *An Enquiry Concerning the Principles of Natural Knowledge* (New York : Dover Publications, Inc., 1982).

제 3 장
기독교 상황 윤리와 유가의 중용 윤리

I. 서 론

오늘날 다원주의 사회에서 윤리나 윤리학은 위기에 처한 것 같다. 윤리 개념, 즉 선과 악, 옳고 그름 등의 개념에 대한 규정이 너무 다양하여 그 개념의 존재 필요성이 의심받기도 하고, 윤리가 더 이상 우리의 삶을 안내하는 지표로서의 기능을 거의 상실하고 있으며, 따라서 윤리학의 학문적 정체성마저 의심받아야 하는 지경인 것 같다.

이 윤리(학)의 위기의 원인은 급속도로 변화하는 삶의 환경에 있다기보다는 그것에 적절하게 대응하지 못한 윤리(학), 특히 원리 윤리(학)(ethics of principle)의 실패에 있다고 본다. 그것은 크게 두 가지의 실패들에 직면한 것 같다. 한 가지 실패는 그것이 인간 내지 인간 삶의 상황을 도외시한다는 점이다. 원리 윤리는 시간적 공간적 변화에 무관하게 합리적인 가치 체계 내지 윤리나 도덕 원리가 존재한다고 생각하면서, 그것을 삶의 지표로 삼아야 한다고 주장한다. 그것은 급속도로 변화하고 다양한 인간 삶의 현실을 도외시하는 보편적 형식적 원리이기 때문에 그 어느 때보다도 인간 중심적이고 개인주의적인 현대 다원주의 사회에서 개념적으로도 기능적으로도 그 타당성을 확보하기 어려울 것은 자명하다. 이제 누구도 윤리적 전문가일 수 없다. 우리들 자신들이 무엇을 행해야 하는지에 관해 결심할 수 있는 권리를 가진다고 생각한다. 윤리에서 중요한 것은 결국 개인적이고 구체적인 선택의 문제다. '옳은' 선택보다는 의미 있는 '나의' 선택이 중요한 것이다. 또 한 가지 원리 윤리의 실패는 '이론가의 딜레마(theoretician's dilemma)'다.1) 원리들의 이론이 선택과 결정의 구체적인 상황들에 더욱 정확하게 그리고 포괄적으로 연결될수록, 그리고 왜 이런 원리들을 따라야 하는지의 이유들에 대한 우리의 공식이 더욱 엄격한 것일수록, 우리의 이론은 그 상황의 긴급한 요구들에도, 그리고 관련되는 사람들의 실제적인 동기 부여에도 덜 적절하고 적용가능성도 더 적어지게 된다.

이 원리 윤리의 실패를 틈타서 세력을 확장시킨 것이 바로 윤리상대주의다. 원리의 부정은 곧 보편적인 윤리적 진리의 부정으로 이어진다. 윤리상대주의는 바로 어떤 절대적 윤리적 진리가 없다는 관점이다. 그러나 그것은 원리 윤리의 대안이 결코 되지 못한다. 그것은 윤리에 관한 의견의 불일치들이 그것의 타당성을 충분히 입증한다는 잘못된 관점의 결과다. 사람들은 영국인과 에스키모인은 윤리적 믿음이 다르고, 오늘날 우리의 윤리적 믿음과 옛날 선조들의 그것이 다르다고 말한다. 윤

---

1) Nathan L. Tierney, *Imagination and Ethical Ideals : prospects for a unified philosophical and psychological understanding* (Albany : State University of New York Press, 1994), pp. 9-13 참고.

리상대주의는 그러므로 윤리가 상대적인 것이라고 주장한다. 이 주장의 문제점은, 영국인과 에스키모인의 윤리적 믿음에 차이가 있음이 사실일지라도 그 믿음들에 내재하는 가치들이 다르고 혹은 그러므로 영국인과 에스키모인의 근본적인 윤리적 믿음이 다르다는 것이 반드시 진실일 필요는 없다는 점이다. 예를 들어, 에스키모인은 노인이 평온하게 죽을 수 있도록 해야 한다고 믿고, 영국인은 노인이 가능한 한 생명을 유지하게 해야 한다고 믿지만, 이 두 가지 믿음은 결국 노인은 존중되고 보호되어야 한다는 믿음의 서로 다른 적용들일 것이다. 그 적용은 이런 가치들이 적용되는 환경에서의 차이의 결과로서 다른 적용일 것이다.

원리 윤리의 실패와 윤리상대주의의 오류들에 대응하려는 가장 최근의 입장이 윤리다원주의(ethical pluralism)다. 그것에 대한 본격적인 연구가 1940년대의 벌린(Isaiah Berlin)과[2] 1950년대의 오우크쇼트(Michael Oakeshott)[3]에 의해 이루어졌지만, 어떤 입장들이 윤리다원주의에 속할 수 있는지에 관한 명확한 공식은 아직 설정되어 있지 않다. 그것은 가치에 관한 설익은, 새로운 접근이다. 그럼에도 불구하고, 원리 윤리나 윤리상대주의와 비교한다면 그것의 특징들을 살펴볼 수 있다. 그것은 선하고 행복한 삶을 가능하게 하는 다양한 가치들 사이에는 '양립할 수 없는' 갈등 현상이 존재함을 인정하면서, 합리적인 분석을 통하여 그 갈등을 해결하는 여러 가지 대안들을 제시하려 한다. 우선, 다원주의적 윤리는 가치란 인간으로 하

---

2) I. Berlin, *Four Essays on Liberty* (Oxford : Oxford University Press, 1969) 참고.

3) M. Oakeshott, *Rationalism in Politics and other essays* (Indianapolis : Liberty Press, 1991) 참고.

여금 선(good)하고 행복한 삶을 살게 하는 것이라는 관점을 갖는다. 그것의 중심된 주장은, 좋은 삶이란 어떤 삶인가에 대한 합당한 관념들이 많이 있을 수 있으며, 그 좋은 삶을 실현시킬 수 있는 합당한 가치들도 많이 있을 수 있다는 것이다. 그리고 대조적인 관념들과 가치들은 상호 배타적일 수 있다는 것이다. 그래서 서로 대조적인 가치들 사이의 '양립될 수 없음(incompatibility)'과 '같은 기준으로 잴 수 없음(incommensurability)'은 윤리적 갈등 현상을 일으키는 가치 체계의 본질적 속성이라는 것이다. 결국, 사람들이 '양립될 수 없기도' 하고 '같은 기준으로 잴 수 없는' 가치들을 실현하기를 원하기 때문에 도덕적 갈등들은 항상 있을 수 있다는 점을 인정해야 한다는 것이다. 다음으로, 윤리다원주의가 결론적으로 주장하는 것은, 가치는 조건적이며 어떤 가치도 압도적이지 않다는 것이다. 그것은 일원론과 상대주의 둘의 입장들의 일부를 받아들이면서 일부를 거부한다. 그것은 특정한 가치들이 다른 가치들에 비해 상대적으로 중요하다는 점을 인정하지만 그 특정 가치들을 절대시하지 않는다. 그것은 어떤 가치도 압도적이지 않다고 주장하기 때문에 일원론에 반하는 것이다. 그것은 '모든' 가치들을 '항상' 압도하는 어떤 특정한 가치들이 있다는 생각을 반대하는 것이다. 또한 다원주의는 상대주의를 반대한다. 모든 가치들이 조건적이고 압도적이지 않다고 주장하는 점에서 상대주의의 입장을 받아들이지만, 윤리다원주의는 비록 가치들이 조건적이고 가치 갈등들이 서로 다른 전통들의 맥락 속에서 일어날지라도 양립될 수 없고 같은 기준으로 잴 수 없는 가치들 사이의 갈등들을 해결하는 합당한 맥락-독립적 토대가 있다고 믿기 때문에 상대주의와 의견이 다르다. 윤리다원주의의 특징적인 주장의 또 하나는 바로 갈등 해결을 위한 합당한 방법을 모색한다는 점이다. 그것은 모든 합당한 사람들이 받아들일 수 있는 가치 갈등의 해결을 위한 맥락-독립적 방법이 있다는 것이다. 그 방법이 있음을 인정하는가에 따라 다원주의와 상대주의는 다르며, 그 방법이 있을 수 있음에 동의하지만 그것은 압도적(내지 절대적) 가치에 의한 방법이라고 생각하는가에 따라 일원론과 다원주의는 다르다. 윤리다원주의의 주장에 의하면, 윤리적 논의의 충돌은 다양한 윤리적 가치들 사이의 조화를 추구하기보다는 하나의 특정한 가치를 절대시하면서 그것을 토대로 다른 가치들을 압도하려는 편협한 성향들에서 기인한다. 윤리에 관한 대부분의 논의는 어느 하나의 주장이 다른 주장을 강제로 침범하거나, 그 주장들 사이의 타협으로 종결된다. 그러나 특정한 가치만을 지속적으로 주장하거나 가치들 간의 갈등을 근본적으로 해결하지 않고 타협하기보다는, 윤리적 담론에 참여하는 사람들이 가치 갈등 자체에 주목하면서 자신의 입장을 성찰할 경우 윤리적 갈등은 상대적으로 용이하게 해결될 수 있을 것이라고 생각하는 것이 윤리다원주의의 입장이다.

이 윤리다원주의의 범주에 속하는 체계적인 윤리 이론들이 있다면, 그것은 실용주의 윤리(pragmatic ethics)와 (기독교) 상황 윤리다. 본 논문은 기독교적 상황 윤리의 관점들에 비추어 유가의 중용 윤리를 분석함으로써 중용 윤리가 일종의 상황 윤리임을 밝히는 동시에, 유가 윤리가 다원주의 사회에서의 윤리(학)의 위기를 극복할 수 있는 바람직한 대안이 될 수 있음을 밝히고자 한다.

상황 윤리(situation ethics)는 '새로운 도덕(The New Morality)'[4)

으로서, 율법주의(legalism=원리 윤리)와 무율법주의(antinomianism =윤리상대주의) 사이의 제3의 접근 방법이다. (기독교) 상황 윤리는 크게 세 가지의 특징을 지닌다. 첫째, 그것은 무엇보다 도 상황을 강조한다. 상황 윤리는 선(good)이 객관적으로 사물 들의 본질 속에 주어진다는 관념을 거부하면서, 선과 악에 대 한 판단보다는 상황에 적합한가를 문제 삼는다. 둘째, 그것은 모든 원리들이나 규범들을 인정은 하지만 보편적이고 절대적 인 것으로 받아들이지 않는다. 그것들은 상황과 때에 알맞게 절대적으로 적용되어야 하는 것이지 그 자체가 선험적으로 보 편적인 것은 결코 아니라고 주장하는 것이다. 셋째, 그것은 사 랑(=아가페적 사랑)은 절대적인 삶의 원리로 받아들인다. 절대 적으로 중요한 것은 사랑과 상황이다. 모든 문제를 해결하는 선하고 옳은 삶의 원리는 사랑이다. 그것이 유일한 규범 또는 법칙이다. 사랑이라는 규범은 환경에 상관없이 항상 선하고 바 른 것이다. 본 논문은 유가의 중용 윤리 역시 상황 윤리와 같 은 세 가지 특징들을 지님을 살펴봄으로써 유가 윤리가 오늘 날의 다원주의 사회에 가장 합당한 윤리가 될 수 있음을 밝히 고자 하는 것이다.

II. 상황 윤리의 상황 '적절성'과 중용 윤리의 '집중(執中)'

(기독교) 상황 윤리는 율법주의(=원리 윤리)가 일상생활에 서 '도덕의 부도덕성(the immorality of morality)'을 나타낼 수

---

4) Joseph Fletcher, *Situation Ethics : The New Morality* (Philadelphia : The Westminster Press, 1966)의 부제를 참고.

있다는5) 전제에서 출발한다. 율법주의의 방식으로 결정을 내리는 경우 우리는 미리 짜인 규칙들과 법령들로 꽉 채워진 상황에 들어가게 된다. 법의 정신만이 아니라 법조문이 판을 치게 된다. 규칙들 속에서 성문화된 법의 원리들은 상황을 옳게 파악하는 지침이나 행동 준칙이기도 하지만 준수해야만 할 명령인 것이다. 해결책은 미리 결정되어 있는 것이다.6) 그것은 결국 거미줄을 친 거미가 곧 자기의 거미줄에 걸리게 되는 것과 같은 것이다. 그래서 상황 윤리는 법칙이나 원리의 존재 자체를 문제 삼기보다는 그것의 현실에의 적용을 문제 삼는다. 그것은 원리를 존중하면서 적용하기를 원하고 원리를 행동의 지침으로 삼기를 원하지, 법칙이나 계율로 삼기를 원하지 않는다. 따라서 그것은 '원리를 따르는 상대주의(principled relativism)'로 불리기도 한다.7) 템플(William Temple)이 지적하듯이, "보편적 의무(=윤리)는 양심(conscience)의 특정한 판단(=원리나 법칙)이 아니라 양심적인 것임(conscientiousness)에 따르는 것이다. 행위가 옳은 것인지의 여부는 상황에 달린 것이다. 그러나 무엇이든 옳은 것은 의지해야만 할 절대적인 의무가 존재한다."8) 이는 상황 윤리가 윤리의 절대성과 상대성을 동시에 인정하고 있음을 말해준다.

물론 유가에서도 윤리의 절대성과 상대성이 동시에 긍정된다. 유가의 중심 사상인 중용(中庸)에서 중이란 '한쪽에 치우치

---

5) Henry Miller, *Stand Still Like the Hummingbird* (New Directions, 1962), pp. 92-96, Joseph Fletcher, 위의 책, p. 17에서 재인용.

6) Joseph Fletcher, 위의 책, 18.

7) 위의 책, p. 31.

8) William Temple, *Nature, Man and God* (The Macmillan Company, 1934), p. 44, 위의 책, p. 27에서 재인용.

지 않음(不偏=적절함)'을 말하고 용이란 '변하지 않음(不易=원리)'을 말한다.9) 이는 유가 윤리가 상황성과 원칙성을 함께 인정한다는 것을 잘 보여준다.

그러나 상황 윤리는 맥락상 타당성(contextual appropriateness), 즉 선과 악에 대한 판단보다도 상황에의 '적절성(fitting)'을 목표로 삼는다.10) 그것은 이름 그대로 '상황'을 윤리적 판단의 가장 중요한 준거로 삼는다는 것이다. 여기서는 '상황'이 법칙이나 원리를 변경시킨다고 말할 수 있을 만큼 근본적인 것이다. 어떤 행동이 '그 자체로' 옳은 것인가는 결정된 바가 없다. 모든 행동은 원인과 결과의 사슬의 한 고리다.11) 따라서 행동의 선과 악의 결정은 상황 속에서 이루어지는 것이다.

유가 윤리는 무엇보다도 상황과 때를 강조한다. 그것은 위에 인용된 '중(=알맞음)이 세상의 바른 도리[中者 天下之正道]'라는 표현에서 잘 나타나고 있다. 이러한 중이 유가에서 최초로 강조되는 곳은 『서경』의 한 구절에서다. 즉, "인심은 오로지 위태롭고 도심은 오로지 은미하니 오로지 정밀히 하고 오로지 한결같이 하여 진실로 그 중을 지켜라."12) 이것은 순(舜)이 우(禹)에게 전수한 심법(心法)으로서 유가의 도통(道統)으로 계승되어온 것이다. 순이 요(堯)의 중의 실천[執中]을 계승 발전시켜 성인이 될 수 있었던 것에 대하여 공자(孔子)는 "순은 크게 지혜로운 자이시다. 순은 듣기를 좋아하시고, 가까운(=평범

---

9) 『論語』(『漢文大系 一 : 論語集說』(日本 : 富山房, 昭和, 59年))「雍也」, 子曰 中庸之爲德也 其至矣乎, 朱子注 程子曰 不偏之謂中 不易之謂庸 中者 天下之正道 庸者 天下之定理.

10) Joseph Fletcher, 위의 책, pp. 27-28.

11) 위의 책, p. 59.

12) 『書經』(『漢文大系 十二 : 尙書』(日本 : 富山房, 昭和, 59年))「虞書」, 「大禹謨」, 人心惟危 道心惟微 惟精惟一 允執厥中.

한) 말을 살피기를 좋아하시며, 악을 숨기고 선을 드러내시며, 그 두 끝을 붙잡아 그 중을 백성들에게 쓰시니, 그렇게 함으로써 순이 되신 것이다"라고 말한다.13) 그리고『중용』의 서문에서도, "천하의 큰 성인이셨던 요·순·우께서 천하의 대사인 천자의 제위를 주고받으실 때 신중하게 일러주신 말씀이 중을 지켜라는 것이었으므로 천하의 이치는 중을 실천하는 것보다 더 중요가 것이 있을 수 없다"14)고 말한다. 중의 실천이 세상의 바른 도리이자 성인의 길임을 강조하고 있는 것이다.

중의 의미는 '양단(兩端)을 잡는 것'이라는 공자의 표현 속에서 드러난다. 두 가지의 상반된 입장들 가운데 하나의 입장만 선택하는 것이 아니라 두 가지 입장을 상황에 알맞게 조화롭게 통합시킨다는 것이다. 조화로운 통합을 위해서 무엇보다 중요한 것은 지나침과 모자람이 없어야 한다. 그것은 이른바 최적(optimum)의 논리와 같다. 하나의 극단을 피하고 두 극단을 포용하는 것은 지나침도 모자람도 피하는 것이며 오직 그때 그 상황에 가장 적합하게 사물을 인식하거나 행동하는 것이다. 그래서 유가에서 말하는 중이란 우선 '지나침도 없고 모자람도 없음[無過無不及]'을 의미하게 된다. 양극단을 피하라는 가르침은『논어』전편에 걸쳐 일관되게 나타난다. 예를 들어, 공자는 '자장(子張)과 자하(子夏) 중 누가 더 현명합니까?'라는 제자 자공(子貢)의 질문에 '자장은 너무 지나치고 자하는 모자라다'고 답하고, '그렇다면 자장이 더 나은가'라는 질문에

---

13)『中庸』(『漢文大系 一: 中庸說』(日本: 富山房, 昭和, 59年)) 第六章, 子曰 舜其大知也與 舜好問而好察邇言 隱惡而揚善 執其兩端 用其中於民 其斯以爲舜乎.
14)『中庸』「中庸章句序」, 夫堯舜禹 天下之大聖也 以天下相傳 天下之大事也 以天下之大聖 行天下之大事 而其授受之際 丁寧告戒 不過如此 則天下之理 豈有以加於此哉.

'지나친 것은 모자람과 같다[過猶不及]'고 답한다.15) 지나친 현명함이 어리석음보다 나은 것같이 보이지만 상황이나 정도에 지나친 현명함은 어리석음과 마찬가지로 바람직하지 않다는 것이다. 그리고 "공자는 중을 행하는 사람[中行]을 만나 함께 지낼 수 없다면 반드시 뜻이 높은 사람과 고집스런 사람을 만날 것이다. 뜻이 높은 사람은 진취적이고 고집스런 사람은 (부질없는 짓은) 하지 않을 것이다"라고 말한다.16) 여기서 말하는 뜻이 높음[狂]은 지나침이며, 고집[狷]은 모자람이다. 자장은 지나치면서도 그치지 않았고, 자하는 모자라면서도 그친 것이다. 자장은 재주가 많고 뜻이 넓었으나 어려운 일을 하기를 좋아했기 때문에 항상 알맞음을 벗어났고, 자하는 독실하게 믿고 삼가며 지켰으나 도량이 좁아서 항상 알맞음에 도달하지 못했다는 것이다.

한쪽을 잡는 것만 알고 두 쪽을 모두 잡을 줄 모르는 사람은 순자(荀子)가 말하는 '한쪽으로 치우쳐서 입는 근심[偏傷之患]'을 가지게 된다. 그는 말하기를, "사람의 근심이란 한쪽으로 치우쳐서 입는 것이다. 좋아할 만한 것을 보면 그 싫어할 만한 것을 생각하지 않고, 이득이 될 만한 것을 보면 그 손해가 될 만한 것을 돌아다보지 않는다. 따라서 움직이면 반드시 결함이 생기고 일을 하면 반드시 욕을 본다. 이것이 한쪽으로 치우쳐서 입는 근심이다."17) 한쪽만을 잡고 다른 쪽의 견제를 받지 않는다면 반드시 극단에 빠지고 알맞음의 상태(=중)를 잃게

---

15) 『論語』「先進」, 子貢問 師與商也孰賢 子曰 師也過 商也不及 曰 然則師愈與 子曰 過猶不及.

16) 『論語』「子路」, 子曰 不得中行而與之 必也狂狷乎 狂者進取 狷者有所不爲也.

17) 『荀子』(『漢文大系 十五 : 荀子集解』(日本 : 富山房, 昭和, 59年))「不苟」, 凡人之患 偏傷之也 見其可欲也 則不慮其可惡也者 見其可利也 則不顧其可害也者 是以動則必陷 爲則必辱 是偏傷之患也.

될 것이다.

'양단을 잡고' '지나침도 모자람도 없는' 중의 실천을 위해 공자는 그 구체적인 방안들을 제시한다. 예를 들어, 자장이 공자께 정치를 잘할 수 있는 방안을 묻자, 공자는 '다섯 가지 아름다움(=미덕)을 존중하고 네 가지 악(=악덕)을 물리치면 정치를 잘할 수 있을 것이다'라고 답한다. 다시 '무엇이 다섯 가지 아름다움인가요?'라고 묻자, '군자는 은혜를 베풀되 낭비하지 않고, 힘쓰되 원망하지 않고, 욕망을 가지되 탐내지 않고, 너그러우면서도 교만하지 않고, 위엄이 있으나 사납지 않는 것이다'라고 답하고, '네 가지 악은 무엇인가요?'라는 질문에, '가르치지 않고 죽이는 것을 잔인하다고 하고, 평소에 조심하고 주의를 기울이게 하지 않고 보자마자 완전하게 이루기를 요구하는 것을 사납다고 하며, 명령 내리기를 게을리 하다가 갑자기 기한을 정하는 것을 해치는 것이라고 하며, 균등하게 나누어주어야 하는데 내어주고 받아들임을 아까워하는 것을 아전이라고 하는 것이다'라고 답한다.18) 다섯 가지 아름다움은 모두 양단을 잡는 것이다. 이로움과 해로움을 모두 헤아려서 알맞음(=중)에 이르게 하는 것이 아름다움이라고 한 것이다. 공자가 요구하는 중이란 바로 그 이로움을 일으키고 그 해로움을 막는다는 것이다. 이로움이 바람직한 것이라고 하여 그것만을 좇지 않고 그것이 가져올 해로움을 항상 함께 살펴야 한다는 것이다.

그러나 유가가 '양단을 잡음'과 '지나침도 모자람도 없음'을

---

18) 『論語』「堯曰」, 子張問於孔子曰 何如斯可以從政矣 子曰 尊五美 屛四惡 斯可以從政矣 子張曰 何謂五美 子曰 君子惠而不費 勞而不怨 欲而不貪 泰而不驕 威而不猛 … 子張曰 何謂四惡 子曰 不敎而殺謂之虐 不戒視成謂之暴 慢令致期謂之賊 猶之與人也出納之吝謂之有司.

주장하는 것을 결코 절충주의로 이해해서는 안 될 것이다. 유가에서 말하는 중이란 결코 '가운데'를 의미하는 것이 아니다. 그것은 상황이나 때에 알맞음[時中]의 뜻이다. 이 점은 상황 윤리에서도 충분히 강조된다. 상황 윤리는 결코 중간적인 입장에 서지 않는다. 그것은 '중간공리(middle axioms)'를 따르지 않는다. 예를 들어, 이웃 사랑의 실천은 (인권과 소유권의 타협이나 절충보다는) 인권을 소유권보다 우선시한다는 점을 의미한다는 것이다. '중간공리'라는 용어는 선의에서 사용되기는 하지만 적절하지 못한 것이다. 왜냐하면 하나의 공리는 스스로 타당하며 무엇으로부터 파생되지 않은 명제며, 논리적으로 그것에 선행하는 어떤 것과 뒤이은 파생어 사이 '중간'에 설 수 없기 때문이다. '중간공리'를 주장하는 학자들은 보편에서 보편을 도출하는 실수를 범하지 않도록 주의해야 한다.[19] (기독교) 상황 윤리는 무엇보다도 보편이나 원리가 가지는 폭력적 억압에 대한 도전으로 시작된 것이다. 그것은 큰 사람은 무조건 잘라버리고 작은 사람은 무조건 늘려버리는 프로크루스테스의 침대 같은 것이었다. 윤리적 절대성과 보편성을 율법에 두었기 때문에 사랑에 기반을 둔 중간공리의 탄생은 과거의 율법을 깨뜨린 반면 새로운 더 많은 율법들을 만들어내는 꼴이 되었다.

두 가지 입장을 상황에 따라 조화롭게 통합시키고자 하는 것이 상황 윤리며 유가의 중용 윤리다. 그래서 공자는 오히려 절충주의적인 사람을 경멸한다. 그는 향원(鄕原)이라는 절충주의적인 사람을 가장 싫어한 것이다. 이 점은 『맹자』의 다음과 같은 구절들에서 확인할 수 있다. 즉, "공자께서 말씀하시

---

19) Joseph Fletcher, 위의 책, pp. 31-32.

길, '나의 문을 지나면서도 나의 집에 들어오지 않더라도 내가
유감으로 생각하지 않을 사람은 오로지 향원일 뿐인데, 그 향
원은 덕의 적이다'라고 하시니, '어째서 향원이라고 부를 수 있
겠습니까?' 말씀하시기를, '어째 이토록 (뜻이나 말의 내용이)
커서 말이 행동을 돌아보지 않으며 행동이 말을 돌아보지 않
고 곧바로 옛 사람 옛 사람이라고 말하며, 어찌 홀로 행하여
나아가지 못하고 사람들에게 친하고 두텁게 대하지 못하는가?
이 세상에 태어남은 이 세상을 위하여 선하게 하는 것이 옳은
일인데도 숨어서 다른 사람들에게서 기쁨을 구하는(=아첨을
하는) 사람이 향원이다.'"20) 공자가 덕의 적이라고 한 까닭을
묻는 질문에 맹자는 "비난하고 싶어도 비난할 것이 없고, 꾸짖
고 싶어도 꾸짖을 것이 없어서 세상의 풍속과 같으며, 더러운
세상에 부합하여 성실과 믿음으로 살아가고 청렴결백하게 행
동하는 듯하여 무리들이 모두 기뻐하거늘, 스스로 옳다 하나
요순의 도(=중의 실천)에 들어가지 못하기 때문에 '덕의 적'이
라고 말씀하신 것이다"라고 말한다.21) 맹자의 이 말은 공자가
뜻이 높은 사람과 고집스런 사람에 대하여 한 평론에서 끌어
온 것이다. 공자는 뜻이 높은 사람[狂者]은 뜻은 원대하지만
실천은 미치지 못하는 것으로, 고집스런 사람[狷者]은 세속에
물들지 않고 자신의 순결을 지키지만 시의(時宜)에 부합하지
못하는 사람, 하나는 지나침이요 다른 하나는 모자람이며, 모

---

20) 『孟子』(『漢文大系 一:孟子定本』(日本:富山房, 昭和, 59年))「盡心 下」, 孔
子曰 過我門而不入我室 我不憾焉者 其惟鄕原乎 鄕原 德之賊也 曰 何如 斯可謂
之鄕原矣 曰 何以是嘐嘐也 言不顧行 行不顧言 則曰 古之人古之人 行何爲踽踽
涼涼 生斯世也 爲斯世也 善斯可矣 閹然媚於世也者是鄕原也.

21) 『孟子』「盡心 下」, 孔子以爲德之賊 何哉 曰 非之無擧也 刺之無刺也 同乎流
俗 合乎汙世 居之似忠信 行之似廉潔 衆皆悅之 自以爲是而不可與入堯舜之道
故曰 德之賊也.

두 '중을 실천하는 것[中行]'과는 거리가 멀다고 본 것이다. 공자가 싫어했던 향원은 뜻이 높은 사람과 고집스런 사람의 한쪽 치우침을 모두 고치려는 듯하지만[22] 실제는 허위적이며, 이 두 사람의 장점을 한 점도 가지지 못하고, 뜻은 비루하고 행동은 옹졸하며, 도리어 허세를 잘 부리고 속이고 아첨하기를 잘하며, 많은 다른 사람들의 기쁨을 바라는 사람인 것이다. 그는 중도를 행하는 사람인 것 같지만 실은 속임수에 불과한 것이며, 절충주의를 따르는 사람이다. 공자는 향원과 같은 '가짜[似而非]' 중도를 여러 가지 예를 들면서 비판한다.

그리고 상황 윤리가 상황에의 '적절성'을 강조한다는 것은 상황을 강조하는 동시에 서로 다름을 인정하면서 조화를 구한다는 것을 뜻한다. 그것은 항상 누구에게나 적용되는 보편적인 윤리를 강요하기보다는 모든 사람들의 서로 다른 입장들이 결국 가치를 결정하게 된다는 것을 의미한다. 아리스토텔레스는 모든 사람, 모든 상황을 똑같은 견지에 두고서 법대로 처리하는 방식을 수학적인 정의라고 했고, 각자에 따라 또한 그 처해진 환경에 따라 다양한 방법으로 일을 처리하는 것을 기하학적인 정의라고 했는데, 상황 윤리는 후자의 입장인 것이다. 상황 윤리에서는 도덕 법칙만큼 사람들에게 윤리 생활을 하는 데 장애가 되는 것도 없다. 도덕 법칙들은 모든 생활을 하나로

---

22) 주 17)의 인용문에 대한 주자의 주석은 다음과 같이 말한다. 즉, "향원이 뜻이 높은 사람[狂者]을 나무라면서 말하기를 '어찌 이같이 커서 행동이 그 말을 가리지 못하고 한갓 매사에 반드시 옛 사람만 칭하는가?' 또 고집스런 사람[狷者]을 나무라면서 말하기를 '어찌 반드시 이와 같이 홀로 행하고 사람들에게 친하고 두텁게 대하지 않는가? 사람이 이미 이 세상에 태어났으면 마땅히 이 세상 사람을 위해야 하는데, 이 세상 사람들로 하여금 모두 선하다고 여기게 만드는 것이 옳다고 생각하는 것이 향원의 뜻이다(鄕原譏狂者曰 何用如此嘐嘐然 行不掩其言 而徒每事 必稱古人邪 又譏狷子曰 何必如此踽踽凉凉 無所親厚哉 人旣生於此世 則但當爲此世之人 使當世之人 皆以爲善則可矣 此鄕原之志也)."

고착시켜놓지 않고서는 사실상 사용될 수가 없으므로 상황마다 다른 곳에 처해 있는 사람의 양심 속에서는 갈등이 생기지 않을 수 없다. 많은 사람들은 현실을 법칙에 부합시키려고 하지 법칙을 현실에 부합시키려고 하지 않는다. 율법주의자들은 법을 준수함으로써 질서를 유지한다고 생각하면서 확고한 법의 수립을 위해 노력한다.23) 원리 윤리(=율법주의)를 거부하는 상황 윤리는 결단의 불안으로부터 해방을 거짓으로 약속하는 유연성이 없는 고집불통인 원리(=율법)의 죽음의 손아귀로부터 벗어나서 선한 뜻을 품은 자유로운 인간으로서 살 것을 결단하게 한다. 상황 윤리가 강조하는 사랑은 '나를 닮도록 하라'는 식으로 말하지 않고, 오히려 '네가 처한 곳에서 네가 할 수 있는 일을 하라'고 말한다.24) 동등보다는 차이성을 더욱 가치 있는 것으로 여기고 차이들 간의 조화를 강조하는 것이 상황 윤리의 진정한 뜻인 것이다. 따라서 상황 윤리는 무조건적으로 사랑만을 절대시하는 일률적인 평등주의가 아니라 사랑과 정의를 동시에 강조하거나 심지어 그것들을 동일시하는 진정한 자유주의적인 다원주의의 모습을 보여주는 것이다.

중용 윤리가 중의 실천을 강조한다는 것도 다름을 인정하고 다름 간의 화합을 추구한다는 뜻이다. 『춘추좌전』에는 '조화(和)'와 '같음(同)'은 근본적으로 다르다는 사상을 토대로, 서로 상반되는 것들의 서로 이룸[相成]을 주장한다.25) 제나라 임금

---

23) Joseph, Fletcher, 위의 책, pp. 137-138.

24) 위의 책, p. 62.

25) 『春秋左傳』(『漢文大系 十 : 左氏會箋』(日本 : 富山房, 昭和, 59年)) 「昭公 二十年」, "사냥에서 돌아오자 안영(晏嬰)이 천대에서 모시고 있었는데, 대부 자유(=梁丘據)가 수레를 급히 몰고 와서 진현했다. 그러자 제경공은 칭송하시기를, '오직 양구거만이 나와 마음이 맞는구나.' 안영이 반박했다. '양구거 또한 군주의 비위를 맞추는 사람일 뿐입니다. 그가 어찌 군주와 마음이 맞는 사람이겠습

은 그와 신하 양구거가 마음이 맞는 관계라고 생각했지만 안
영(晏嬰)은 그 말에 동의하지 않는다. 그는 '마음이 맞음[和]'은
국을 끓이는 것과 같다고 하면서 군신의 관계가 '화'여야지 '동
(同=비위를 맞춤)'이어서는 안 된다고 주장한다. 국을 끓일 경
우 각종 양념들과 알맞은 불의 세기와 시간이 서로 녹아들어
야 맛을 내게 된다. 마찬가지로 임금과 신하가 하는 말에는 모
두 옳고 그름이 있으며, 그 양 방면이 조화를 이루어야 정치가
잘 이루어지고 백성들이 화합하게 된다. 서로 같은 의견만을
듣고 서로 다른 의견을 배척한다면 이는 '물로써 물에 양념하
는[以水濟水]' 꼴이 될 것이다. 안영의 이 사상은 공자의 '화이
부동(和而不同)'의 사상과 통한다. 여기서 말하는 '조화[和]'란
다름에서의 '중의 실천' 내지 '역동적인 중'을 의미한다. 그리고
'같음[同]'이란 차이를 인정하지 않음을 가리킨다. 공자는 말하
기를, "군자는 조화를 이루지만 같지는 않고, 소인은 같지만 조
화를 이루지 못한다."[26] 그리고 『논어』에는 다음과 같은 구절

니까?' '화(和 : 마음이 맞음)와 동(同 : 비위를 맞춤)은 다른가?' 안영이 답했다.
'다릅니다. 화는 국을 끓이는 것과 같습니다. 물, 불, 식초, 젓갈, 소금, 매실로
생선이나 고기를 조리할 때 우선 땔나무를 이용해서 끓입니다. 이어 재부(宰
夫)가 간을 맞추면서 양념으로 맛을 조화시킵니다. 만일 맛이 부족하면 양념을
더하고 지나치면 덜어냅니다. 이에 윗사람이 그 국을 먹으면 마음이 평온해집
니다. 군신의 사이도 이와 같습니다. 군주가 옳다고 해도 옳지 않은 것이 있다
면 신하가 그것을 지적하여 더욱 완전하게 만드는 것입니다. 또한 군주가 옳지
않다고 하더라도 그 중 옳은 것이 있다면 신하가 그것을 지적해서 옳지 않는
것을 제거하도록 하는 것입니다. 이로써 정사가 공평하게 되어 예를 벗어나지
않게 되고 백성들은 빼앗고자 하는 마음이 없어지는 것입니다(齊侯至自田 晏
子侍于遄臺 子猶馳而造焉 公曰 唯據與我和夫 晏子對曰 據亦同也 焉得爲和 公曰
和與同異乎 對曰 異 和如羹焉 水火醯醢鹽梅以烹魚肉 燀之以薪 宰夫和之 齊之以
味 濟其不及 以洩其過 君子食之 以平其心 君臣亦然 君所謂可 而有否焉 臣獻其
否以成其可 君所謂否 而有可焉 臣獻其可以去其否 是以政平而不干 民無爭心)."
26) 『論語』 「子路」, 子曰 君子和而不同 小人同而不和.

도 나온다. 즉, "예의 쓰임은 조화가 중요하다. 선왕의 도는 이를 아름답게 여기므로 작은 일이나 큰 일이 모두 이에 말미암았다. (그러나 이 방법이) 통용되지 않는 경우가 있으니, 조화(의 중요성)만 알아서 조화하려고만 하고 예로써 절제하지 않는다면 역시 통용되지 않을 것이다."27) 이 인용문들은 대립적인 것의 통합을 강조한다. 군자는 자신의 정확한 의견을 가지고 다른 사람의 잘못된 의견을 올바르게 고치게 함으로써 상호 조화를 추구하는 것이지, 결코 줏대 없이 남의 의견에 맹종하는 것을 인정하지 않는다. 소인은 반대로 자신의 다른 의견을 제시하고자 하지 않고 부화뇌동(附和雷同)하기만 한다. 한편으로는 차이를 인정하면서 다른 한편으로는 서로 대립하는 상대방들이 일정한 질서에 따라 협조하기를 요구하는 것이다. 공자는 자기만 옳다는 것을 고집하는 것을 경계한다. 그래서 그는 "네 가지를 하지 않았으니, 사사로운 뜻이 없었고, 기필코 하겠다고 하지도 않았으며, 옳고 그름을 고집하지도 않았고, 내로라함도 없었다."28) 그러나 그는 조화나 통합을 위한 준칙으로서 예를 강조하기도 한다.

III. 상황 윤리의 '결의'와 중용 윤리의 '권(權)'과 '시중(時中)'

상황 윤리가 상황을 중시하지만, 모든 보편적인 원리나 규범들을 전적으로 거부하고 상황만 윤리적 판단의 준거로 삼는 이른바 상황주의(situationalism)나 윤리적 상대주의(ethical

---

27) 『論語』「學而」, 有子曰 禮之用 和爲貴 先王之道 斯爲美 小大由之 有所不行 知和而和 不以禮節之 亦不可行也.

28) 『論語』「子罕」, 子絶四 毋意 毋必 毋固 毋我.

relativism)는 결코 아니다. 그것은 보편적인 원리나 규범 자체를 거부하는 것이 아니라 그것들이 보편적으로, 즉 상황이나 삶의 현실을 고려함이 없이 천편일률적으로 적용되는 것을 거부하는 것이다. 보편적 원리나 규범이 존재하지 않는다는 표현은 그것이 법률이나 율법처럼 보편적으로 적용될 수 없다는 말로 이해해야 한다. 그것들은 구체적인 삶의 현실을 떠나서는 전혀 의미를 가질 수 없다는 것이다. 따라서 상황 윤리는 현실적인 삶 속에서 윤리적 문제를 해결하려는 선택과 결단의 윤리다.

(기독교) 상황 윤리가 율법주의를 강하게 거부한다고 해서 그것이 곧 무율법주의(antinomianism)인 것은 아니다. 그것은 무율법주의 역시 극복하고자 한다. 무율법주의(=윤리적 상대주의)는 사람이 규칙은 말할 필요가 없고 어떤 원리나 원칙도 없이 결정을 내리는 상황에 들어가는 방식이다. 그것은 모든 '실존적 순간'이나 '고유한' 상황에서 사람은 그 상황에서의 윤리적 해결을 위해서는 '그때 그곳(there and then)', 즉 상황 그 자체에 의존해야 한다고 선언한다.[29] 그러나 그것은 율법과 모든 규율이 나에게는 상관없다는 식의 방종의 경향을 가져올 뿐 아니라 삶의 지침이 될 만한 법칙이나 규율이 필요 없다는 영지주의적(Gnostic) 태도를 가져오게 된다.[30] 무율법주의자들 혹은 영지주의자들은 너무나 단호하게 법과 심지어 원리를 거부하기 때문에 그들의 도덕적 결정은 임의적이고 예측이 불가능하고 변덕스러운 것이며 일관성이 없는 것이다. 도덕적 결정은 자의성의 문제다. 그것은 글자 그대로 무원칙적이고 임시변통이며(ad hoc) 우연적인 것이다. 그 결정들은 상황에 따라

---

29) Joseph Fletcher, 위의 책, p. 22.
30) 위의 책, pp. 22-23 참고.

예상할 수 있는 방식을 따르지 않는다. 그것들은 무정부적이라고 표현하는 것이 정확할 것이다.31) 이는 결국 아기를 목욕물과 함께 버리는 것과 조금도 다를 바가 없을 것이다. 상황 윤리는 모든 윤리적 행위를 결단하는 데에서 기존의 격률들을 충분히 고려하고 그것들로부터 문제 해결의 도움을 얻는다. 그러나 그 격률이 그 상황에 도움이 되지 못하고 사랑이 문제 해결에 최선의 도움인 것으로 판단되면 언제나 그 격률을 무시할 수 있는 것이 상황 윤리의 격률에 대한 입장이다. 상황 윤리의 입장은 다음의 말에서 잘 표현된다. 즉, "아무리 심지어 좋은 대답일지라도 대답하기보다는 질문하는 편이 더 낫다." 이것이 상황 윤리의 성향이다. 그것은 경험적이고 사실을 중시하는 태도며 자료를 의식하고 그리고 탐구한다. 그것은 무율법주의이기도 하지만 반도덕주의적(antimoralistic)이다. 그것은 다양성과 복합성에 민감하지 않기 때문이다. 그것은 지나치게 단순하지도 않고 완벽주의적이지도 않다. 그것은 그 말의 건설적이고 비경멸적인 의미에서 (사례에 토대를 두는) '결의론(casuistry)'이다. 우리는 아마 이것을 '신결의론(neocasuistry)' 이라고 부를 것이다. 고전적 결의론과 마찬가지로 그것은 사례에 초점을 두고 구체적이며 기독교의 명령들을 실제적으로 적용시키는 데 관심을 둔다. 그러나 신결의론은 고전적 결의론과는 달리 실존적 특수성 속에서 실제 삶의 결정들을 예단하거나 규정하는 어떤 시도도 받아들이지 않는다.32)

상황 윤리의 신결의론적 특징은 유가 윤리에서는 권(權=저울질)과 시중(時中)의 개념을 통해 잘 표현된다. 유가의 중용

---

31) 위의 책, p. 23.
32) 위의 책, p. 29.

윤리가 윤리적 문제를 해결하는 방식도 경(經=보편적 원리나 규범)을 고려하고 때[時]와 상황 변화[變]에 따라서 임기응변하며, 원리나 규범을 고집하지 않는 방식이다. 이것이 보편적 원리와 임기응변을 동시에 고려하는 '경권(經權)' 혹은 '경상(經常)과 권변(權變)'의 방식이다. 이는 특수와 보편, 구체와 추상의 문제를 해결하는 방식인 것이다.

'권'은 우선 저울추를 말한다. 공자는 이 저울추를 이용하여 중용의 길을 밝힌다. 구체적인 삶 속에서 중을 찾는 방법이 저울질인 것이다. 그것은 사물 변화 중에서 중도를 얻는 최고 수단이다. 공자는 말한다. 즉, "함께 배울 수는 있어도 함께 도에 나아갈 수는 없으며, 함께 도에 나아갈 수 있어도 함께 설 수는 없으며, 함께 설 수는 있어도 함께 저울질(=임기응변)하지 못한다."[33] 함께 배우는 사람이라도 도에 의거해서 행동할 수 있는 것은 아니고 함께 도에 의거해서 행동할 수 있는 사람도 반드시 함께 임기응변할 수 있는 것은 아니다. 공자는 일마다 도에 의거해서 행동하기를 바라지 않으며 변하지 않는 규칙에 빠져서는 안 되며 임기응변하여 도에 부합하기를 주장한 것이다. 도와 권은 대립적인 것이 아니고 통합될 수 있는 것이다. 맹자는 권에 대해서 더 명백하게 설명한다. 그는 말한다. 즉, "자막(子莫)은 그 중을 잡으니, 중을 잡는 것이 도에 가까우나 중을 잡고도 임기응변이 없다면 하나를 잡는 것과 같을 것이다. 하나를 잡는 것을 미워하는 것은 그 도를 해치기 때문이니, 하나를 가지고 백 가지를 버리는 것이다."[34] 자막이라는 노나

---

33) 『論語』「子罕」, 子曰 可與共學 未可與適道 可與適道 未可與立 可與立 未可與權.
34) 『孟子』「盡心 上」, 子莫執中 執中爲近之 執中無權 猶執一也 所惡執一者 爲其賊道也 擧一而廢百也.

라의 어진 사람은 양자(楊子)와 묵자(墨子)가 중을 잃은 것을 알기 때문에 두 사람의 사이를 헤아려서 그 중을 잡았다. 그러나 중을 잡아도 임기응변이 없다면 일정한 중에 달라붙어서 변함을 알지 못하니 이 또한 하나를 잡는 것이다. 도의 귀한 것은 중이고 중의 귀한 것은 권이라는 것이다.35) '중'이란 본래 하나의 추상적 개념이다. 그것이 구체화된 후에 인간 관계나 만사만물 속에 표현된다. 만사만물은 나름대로의 정확한 점[중]이 있기 때문에 중을 잡는 것을 아는 것만으로는 부족하고, 반드시 모든 일어난 일들의 '중'이 아니라 그때 그곳에서 일어난 그 일의 '중'을 알아야 한다. 문제를 만나면 저울질의 방법을 사용하여 그때 그곳 그 사물의 '중'을 얻어야 한다. 만약 임기응변을 모르고 그때 그 일의 '중'을 고집하여 모든 일들의 '중'이 된다면, 하나로서 백을 버리게 되고 진정한 '중의 실천'이 되지 못할 것이다. 서로 다른 일에는 서로 다른 '중'이 있으며, 그것을 잡기 위해서는 반드시 저울질하여 얻어야 한다.

'시중'의 의미는 변화하고 발전하는 시대에 환경과 각종 관계들 속에서 그때 그곳의 '중'을 파악하고 실천하는 것이다. '중'은 한 번 이루어지면 변하지 않는 그런 것이 아니고 시간과 조건이 달라짐에 따라 달라지는 것이다. 중을 잡고 중을 사용하는 하나의 원칙이 '시중'인 것이다. 공자는 "군자의 중용은 군자면서 시중하는 것이다"라고 말한다.36) 맹자는 말한다. 즉, "그 임금이 아니면 섬기지 않고 그 백성이 아니면 일을 시키지 않으며 다스려지면 나아가고 어지러우면 물러가는 사람은 백이(伯夷)이고, 어떤 이든 섬기면 임금이 아니며 어떤 이든 일

---

35) 주33)의 인용문에 대한 朱子注, 子莫 魯之賢人也, 知楊墨之失中也, 故度於二者之間而執其中 … 執中而無權 則膠於一定之中而不知變 是亦執一而已矣.

36) 『中庸』第二章, 仲尼曰 君子之中庸也 君子而時中.

을 시키면 백성이 아니냐고 하여 다스려져도 나아가고 어지러워도 또한 나아가는 사람은 이윤(伊尹)이다. 벼슬을 할 수 있으면 벼슬을 하고 그쳐야 하면 그치고 오래 할 수 있다면 오래하고 빨리 할 수 있다면 빨리 하는 사람은 공자이시니, 모두 예전의 성인들이다."[37] 유가에서는 '이 한때 저 한때'의 중을 실천하는 것은 중도를 어기는 것이 아니고 융통성을 가진 중용의 도다.

'권'과 '시중'은 미묘한 차이점도 있지만 서로 통하는 것이다. 임기응변의 측면에서 말하면 서로 통한다. 그러나 시중은 서로 다른 사물이나 서로 다른 때에서 서로 다른 중을 실천하는 구체적인 방법이며, 권은 모든 사물들이 중에 합하는지를 저울질하여 판단하는 구체적인 과정이다. 이와 관련하여 공자는 큰 원칙인 예를 어기지 않으면서 구체적인 상황을 분석할 것을 요구한다. 즉, "삼베로 면류관을 만드는 것이 예지만 요즘은 실로 만들어서 검소하니 나는 대중을 따르겠다. 당 아래에서 절하는 것이 예인데 지금은 당 위에서 절하니 교만하다. 비록 대중과 다를지라도 나는 당 아래에서 절하는 것을 따르겠다."[38] '삼베 면류관'의 예와 '당 아래에서의 절'의 예는 모두 기존의 예다. 지금의 것(=실 면류관과 당 위에서의 절)은 모두 인간이 바꾸어 고친 것이다 고친 예가 바르면 그것을 따르고, 고친 예가 바르지 못하면 따르지 않고 기존의 예를 따른다. 여기서 '권'과 '시중'의 의미는 분명해진다. 대중을 따라서 고친 예를

---

37) 『孟子』「公孫丑 上」, 非其君不事 非其民不使 治則進 亂則退 伯夷也 何事非君 何使非民 治亦進 亂亦進 伊尹也 可以仕則仕 可以止則止 可以久則久 可以速則速 孔子也 皆古聖人也.
38) 『論語』「子罕」, 子曰 麻冕 禮也 今也純 儉 吾從衆 拜下 禮也 今拜乎上 泰也 雖違衆 吾從下.

따르는 것은 시중에 가깝고 대중을 따르지 않고 옛 예를 고수하는 것은 그것의 합당함을 저울질한 결과인 것이다. 공자의 일생은 '선왕의 도' 내지 '예'의 기본 원리를 견지하면서 구체적인 상황에서 '덜고 보탬[損益]'을 하거나 저울질하였다. 그는 고정된 불변의 방식을 고수하지 않는다. 그는 확고한 입장[立]을 중시하면서도 더욱 임기응변[權]을 중요하게 생각했다. 그리고 그는 '산을 좋아하는[樂山]' 고요함[靜] 내지 안정되고 떳떳한 자세[壽]와 '물을 좋아하는[樂水]' 역동성[動] 내지 즐거움[樂]을 동시에 추구하였고,39) 바르게 살았으나[貞] 작은 일에 대한 믿음에 구애되지 않았다[不諒].40) 그는 실로 원칙성과 융통성을 함께 추구했던 것이다.

공자의 관중(管仲)에 대한 인물평은 '권'과 '시중'의 의미를 잘 나타낸다. 그 내용은 『논어』의 세 곳에서 나온다. 먼저, "공자가 '관중의 그릇이 작구나!'라고 하자, 누군가가 '관중은 검소하였습니까?'라고 묻는다. 공자가 답하기를, '관중은 세 성씨의 여자들을 부인으로 거느렸고, 부하들에게 공무를 겸임시킨 적이 없었으니 어찌 검소했다고 하겠는가?' '그렇다면 관중은 예를 알았습니까?' 공자가 답하기를, '나라의 임금이라야 나무를 심어 문을 가릴 수 있는데 관중 또한 나무를 심어 문을 가렸고, 나라의 임금이 두 나라 임금의 우호를 위해 대청에 술잔받침대를 둘 수 있는데 관중도 그것을 두었으니, 관중이 예를 안다고 한다면 누가 예를 모르겠는가?'"41) 여기서 공자는 관중이

---

39) 『論語』「雍也」, 子曰 知者樂水 仁者樂山 知者動 仁者靜 知者樂 仁者壽.

40) 『論語』「衛靈公」, 子曰 君子貞而不諒.

41) 『論語』「八佾」, 管仲之器小哉 或曰 管仲儉乎 曰 管氏有三歸 官事不攝 焉得儉 然則管仲知禮乎 曰 邦君樹塞門 管氏亦樹塞門 邦君爲兩君之好 有反坫 管氏亦有反坫 管氏而知禮 孰不知禮.

한 나라의 신하면서도 임금처럼 행세하였으니 '예를 모르는 사람'이라고 직접 비판한다. 그러나 다른 두 곳에서는 오히려 그를 칭송한다. 즉, "자로가 말한다. '환공이 공자 규를 죽이자 소홀은 죽었는데 관중은 죽지 않았으니, 관중은 인하지 않다고 하겠습니까?' 공자가 말하길, '환공은 제후들을 여러 차례 모아 맹약을 맺었으나 무력을 사용하지 않았던 것은 관중의 힘이었다. 누가 그만큼 인하겠는가? 누가 그만큼 인하겠는가?'"[42] "자공이 말한다. '관중은 인한 사람이 아니다. 환공이 공자 규를 죽일 때 따라 죽지 못하였고 더욱이 환공을 도왔다.' 공자가 답한다. '관중이 환공을 도와 제후의 패자가 되게 하여 세상을 하나같이 바르게 하였으니 백성들이 오늘에 이르기까지 그 은혜를 입었다. 관중이 아니었다면 우리는 머리를 묶지 않고 옷깃을 왼쪽으로 여미는 오랑캐가 되었을 것이다. 어찌 일반 사람들처럼 작은 신의에 얽매여 도랑에서 스스로 목을 매고 죽어도 아는 사람이 없게 할 수 있겠는가?'"[43] 자로나 자공 두 사람은 관중이 인하지 못한 사람이라고 평가하지만 공자는 두 가지를 고려하여 평가한다. 그는 관중의 결점과 잘못을 보기도 하고 그의 일생의 공적을 고려하기도 한다. 두 방면의 가볍고 무거움을 저울질하여, 그가 '예를 알지 못하고' '검소하지 않음'은 작은 예절의 문제에 속하고 세상과 백성에 대한 공적은 큰 예절에 속하며 그것이 그의 일생의 본질에 속한다고 판단한다. 이는 관건을 잡고 결정적 순간을 포착하여 합당을 추구하는

---

42) 『論語』「憲問」, 子路曰 桓公殺公子糾 召忽死之 管仲不死 曰 未仁乎 子曰 桓公九合諸侯 不以兵車 管仲之力也 如其仁 如其仁.

43) 『論語』「憲問」, 子貢曰 管仲非仁者與 桓公殺公子糾 不能死 又相之 子曰 管仲相桓公 霸諸侯 一匡天下 民到于今受其賜 微管仲 吾其被髮左衽矣 豈若匹夫匹婦之爲諒也 自經於溝瀆而莫之知也.

'권'과 '시중'의 방식에 다름 아니다.

『맹자』에는 특히 '권'의 의미를 잘 드러내는 이야기가 나온다. 즉, "순우곤이 묻기를, '남녀가 (물건을) 주고받기를 직접 하지 않는 것이 예입니까?' 맹자가 답하기를 '예다.' 또 묻기를, '형수가 물에 빠지면 손으로 구해야 합니까?' 답하기를, '형수가 물에 빠졌는데 구하지 않는 것은 승냥이와 이리다.' '남녀가 주고받기를 직접 하지 않는 것은 예며, 물에 빠진 형수를 손으로 구하는 것은 권이다.'"[44] 남녀가 함부로 가까이 하지 않는 것은 '변함없는 예'이지만 물에 빠진 형수에게 손을 내밀어 '사람의 목숨'을 구하는 것은 예를 어기지만 도리어 상황에서의 합당성, 즉 중을 얻는 길이다. 서로 다른 일에는 서로 다른 중이 있을 수 있고 그것을 얻는 것은 '권(=저울질)'을 통해서 가능한 것이다.

상황 윤리에서 들고 있는 사례 역시 저울질의 중요성을 강조하는 것이다. 1841년 '윌리엄 브라운(William Brown)' 호라는 배가 리버풀(Liverpool)항을 출발하여 필라델피아로 가던 도중 뉴펀들랜드 근해에서 빙산에 부딪혀 파선하게 된 일이 있었다. 보트 두 척이 내려지고 한 배에는 선장과 몇 명의 선원들과 승객 한 사람이 탔다. 그러나 다른 한 배가 좀 큰 배이기는 했으나 남아 있는 7명의 선원과 32명의 승객을 태우기에는 도저히 불가능했다. 비는 퍼붓고 있었고, 파도는 사납게 들이치고 있었다. 홈즈라는 선원이 장정들에게 물에 뛰어들라고 명령했다. 그러나 한 사람도 물에 뛰어들려고 하지 않았다. 이때 홈즈는 장정들을 붙들어 바다 속으로 내던졌다. 그 후에 남

---

44) 『孟子』「離婁 上」, 淳于髡曰 男女授受不親 禮與 孟子曰 禮也 曰 嫂溺則授之以手乎 曰 嫂溺不援 是豺狼也 男女授受不親 禮也 嫂溺 援之以手者 權也.

아 있는 사람들을 배에 태웠다. 필라델피아에서 홈즈는 살인범으로 몰리게 되었다. 율법주의자들이 보기엔 그의 행동은 악한 것이었으나, 상황윤리학자들은 그가 용감하게 죄를 범했으나 사실 그의 행동은 선한 것이었다고 평가한다.45)

그러나 유가 윤리에서 '권'과 '시중'만으로 윤리적 문제 해결을 도모하는 것은 결코 아니다. 그것은 항상 '경(經)'을 고려하는 가운데 '권'과 '시중'의 방식을 적용시키는 것이다. 보편적 원리와 규범을 구체적 상황 속에 적용하는 것을 진정한 윤리 문제로 인식한다는 것이다. '권'을 행한다는 것은 단순히 자기 뜻대로 행하는 것이 결코 아니다. 거기에는 세 가지 전제들이 있다. ① 논리상 먼저 경이 있고 난 후에 권이 있다. ② 경은 구체적 상황에서 선악을 판단하고 행동의 지침을 제공할 수 없다. ③ 상황 변화를 저울질하는 방식(=權變)을 통하여 판단을 내려야 한다.46)

경과 권이 서로를 돕고 이루어주는 식의 윤리적 문제 해결 방식을 보여주는 대표적인 예가 『논어』의 다음과 같은 일화다. 즉, "섭공이 공자에게 말한다. '우리 고장에 정직한 사람이 있습니다. 그의 아버지가 양을 훔치자 그 자식이 그 사실을 알려주었습니다.' 공자가 말한다. '우리 고장의 정직한 사람은 그와 다르다. 아버지는 아들을 위해 숨기며 아들은 아버지를 위해 숨기니, 정직은 그 속에 있다.'"47) 훔치지 않음이 기본적인 윤리 규범(=경)임은 자명한 사실이다. 그런데 공자는 오히려 '아버지와 아들이 서로를 숨기는 것'을 정직이라고 생각한다. 그

---

45) Joseph Fletcher, 위의 책, p. 136.

46) 黃慧英, 『儒家倫理 : 體與用』(上海 : 上海三聯書店, 2005), p. 88.

47) 『論語』「子路」, 葉公語孔子曰 吾黨有直躬者 其父攘羊 而子證之 孔子曰 吾黨之直躬者異於是 父爲子隱 子爲父隱 直在其中矣.

는 사람의 순수한 정감이 그대로 표현되는 것이 정직이라고
생각한 것이다. 그에게는 구체적인 윤리 규범을 어길 수는 있
어도 혈연간의 사랑의 정은 손상시킬 수 없다는 것이다. 윤리
적 선택과 판단은 오히려 이 원리에 따라서 이루어져야 한다
는 것이다. (기독교) 상황 윤리에서도 유사한 예를 제시한다.
입센(H. Ibsen)의 『들오리(*The Wild Duck*)』라는 작품을 읽어
보면, 가끔은 덕이 악마의 일을 돕는 경우도 있다는 것을 알
수 있다. '윌'이라는 젊은이가 그의 아버지가 오래 숨겨온 일에
대해서 진실을 알게 된 후 한 소녀와 그녀의 어머니와 그녀의
아버지며 자기의 아버지인 그 아버지를 죽이게 된다. 상황주의
자인 렐링 박사만이 아무리 진실이라도 사람을 위해서는 말하
지 말아야 한다고 주장한다. 어떤 새로운 상황에 대해서든지
우리는 알고 그것을 진단해보아야 한다.[48] 『맹자』에도 유사한
문제가 등장한다. 즉, "도응이 묻기를, '순은 천자이고 고요는
사(=법을 집행하는 관리)인데, 고수(=순의 아버지)가 살인을
한다면 어떻게 할 것인가?' 맹자가 답한다. '법을 잡을 따름이
다.' '그렇다면 순이 하지 못하게 하지 않겠습니까?' '순이 어찌
그것을 하지 못하게 하겠는가? 받은 바가 있을 것이다.' '그렇
다면 순은 어떻게 하겠는가?' '순은 천하를 버리기를 해진 신
을 버리는 것과 같이 보고 몰래 업고 도망하여 바닷가에 가서
살면서 평생 기쁘고 즐겁게 천하를 잊을 것이다.'"[49] 맹자는
사랑의 정(=仁)으로 인하여 옳음(=義 내지 法)을 깨뜨리지 않
고 옳음으로 인하여 사랑의 정을 손상시키지 않음의 방식을

---

48) Joseph Fletcher, 위의 책, p. 141.
49) 『孟子』「盡心 上 」, 桃應問曰 舜爲天子 皐陶爲士 瞽瞍殺人 則如之何 孟子
曰 執之而已矣 然則舜不禁與 曰 夫舜惡得而禁之 夫有所受之也 然則舜如之何
曰 舜視棄天下猶棄敝蹝也 竊負而逃 遵海濱而處 終身訢然樂而忘天下.

주장한다. 지고의 자리인 천자의 직을 버리고 부친을 몰래 업고 도망함으로써 아버지와 아들 간의 사랑의 정을 지켜내기를 주장하는 것이다. 유가의 저작들 속에는 이런 식의 이야기들이 매우 많이 등장한다. 유가는 구체적인 현실의 무게를 저울질하여[權衡輕重] 불변의 원리나 규범[常理]을 따르지 않으면서 근본적인 큰 옳음[大義]을 지켜나간다. 이것은 유가 특유의 처세의 지혜이자 윤리적 선택의 방식인 것이다. 이것의 두드러진 특징은 표면적으로는 일반적인 규정을 어기지만 실질적으로는 윤리의 근본 원리를 지킨다는 점이다. 그 전형적인 사례가 '형수'의 사례다. 예의 일반적 규정은 남녀 간에 손을 잡지 않는 것이다. 그러나 형수가 물에 빠졌는데도 손으로 구하지 않는 것은 짐승과 같은 짓이다. '예가 아님'을 두려워하지 않고 그녀를 구하는 것은 측은의 마음을 표현하는 것이며 도의에 합당한 행동인 것이다. 비슷한 예가 다음에도 나온다. 즉, "만장이 묻기를, '『시경』에 장가를 들 때는 반드시 부모에게 알려야 한다고 하였는데, 진실로 이 말을 믿는다면 순과 같이 해서는 안 될 것인데, 순이 알리지 않고 장가를 든 것은 무엇 때문입니까?' 맹자가 답하길, '알리면 장가를 갈 수 없기 때문이었다. 남녀가 한 집에 사는 것(=결혼)은 인간의 큰 윤리이니, 만일 알려서 인간의 중대한 윤리를 폐지한다면 부모를 원망하게 될 것이다. 그래서 알리지 않으셨던 것이다.'"50)

경과 권은 절대적으로 따로 지켜져야 할 윤리의 원칙들이 아니다. 그것들은 어느 의미에서는 동일한 것이다. 고공(高拱)은 『문변록』에서 "무릇 경은 고정의 권이며, 권은 고정되지 않

---

50) 『孟子』「萬章 上」, 萬章問日 詩云 娶妻如之何 必告父母 信斯言也 宜莫如舜
舜之不告而娶 何也 孟子日 告則不得娶 男女居室 人之大倫也 如告則廢人之大
倫 以懟父母 是以不告也.

은 경이다. 고정되지 않음으로써 고정됨을 찾는다. 이 고정됨
이란 곧 바름이 되는 것이다. 왜 그런가? 권이 비록 경과는 다
르지만 마땅히 그래야 하는 것이기에 역시 경일 따름이다"라
고 말한다.51) 그리고 왕부지도 "경과 권은 하나다. 불변과 변
함의 상황으로 말미암아 나눌 뿐이다"라고 말한다.52) 결국 경
과 권은 원칙성과 융통성의 선택의 문제로서 서로 구별되기도
하지만 내재적으로 관련되는 것이기도 하다. 둘의 관계를 최초
로 고찰한 곳은 『춘추공양전』「환공11년」이다. 즉, "권이란 것
은 무엇인가? 권이란 것은 경으로 돌아온 후에 선이 있는 것이
다. 권이 베풀어지는 것은 죽은 상태에서는 베풀어질 수 없다.
권을 행하는 데에도 일정한 길이 있는데, 자신을 낮추고 손해
를 받아들이면서 권을 행하고 남을 해치지 않으면서 권을 행
한다. 남은 죽이면서 자기는 살고 남은 망하게 하면서 자신은
살아남는 일을 군자는 하지 않는다."53) 권의 윤리적 선택이 비
록 일상 규범(=경)에는 부합되지 않지만 그것을 어기는 과정
이나 방법을 지나서 다시 그것으로 돌아와 선 내지 바람직한
결과를 가져오는 것이다. 경을 떠난 권이지만 권을 행할 때는
다른 사람을 해치지 않는다는 일정한 도리에 부합되어야 한다.
그 도에 부합되는 권의 행사는 결국 경으로 돌아와서 선을 가

---

51) 高拱, 『問辨錄』, 盖經乃有定之權 權乃無定之經 無定也而以求其定 其定乃爲
正也, 權雖異於經 而以其當然 則亦只是經, 徐嘉, 「論儒家'經權相濟'的 道德模式」,
郭齊勇 主編, 『儒家倫理爭鳴集-以「親親互隱」爲中心』(武漢 : 湖北敎育出版社, 2004),
p. 591에서 재인용.

52) 王夫之, 『讀四書大全說』 卷五, 郭齊勇, 위의 책, p. 591에서 재인용.

53) 『春秋公羊傳』(公羊壽 傳/何休 解詁/徐彦 疏, 『春秋公羊傳注疏』(北京大學出
版社, 2000))「桓公十一年」, 權者何 權者反於經 然後有善者也. 權之所設 舍死亡
無所設 行權有道 自貶損以行權 不害人以行權 殺人以自生 亡人以自存 君子不
爲也.

져오게 된다는 것이다. 주희는 경과 권을 불변과 변화와 관련지어 설명한다. 즉, "경은 아주 오랫동안 변함이 없이 행해지는 도리며 권은 마지못해서 사용하는 것이다. 경이란 것은 도리의 불변함이며 권은 도리의 변함이다."54) 경은 원리 윤리의 근본으로서 변화와 예외 없이 지켜야 할 원리나 규범을 말한다. 칸트의 정언명법과 같은 것이다. 반면 권은 원리와 규범을 인정하지 않는 것이 아니라 구체적인 윤리 문제들에 적용될 수 있도록 변화와 예외를 인정하는, 융통성을 지닌 원리나 규범을 말한다. 그것은 가언명법과도 같은 것이다. 권은 구체적인 현실 문제에서 경이 미치지 못하는 부분을 보전하기 위한 임시방편인 것이다. 정이(程頤)는 이 점을 분명히 한다. 즉, "권은 경이 미치지 못하는 곳이다. 경은 다만 큰 강령과 큰 법으로 있을 수 있는 정당한 도리일 따름이다. 세부적이고 미묘한 구구절절한 사연들은 실로 도리가 다할 수 있는 것이 아니다. 이른바 권이라는 것은 세부적이고 미묘한 구구절절한 사연들에 대해서 그 마땅함을 다함으로써 경이 미치지 못하는 곳을 돕는 것일 따름이다."55) 따라서 유가 윤리의 중심은 항상 경에 있고 권은 그 경을 지키고 실현하는 수단과 방법이나 절차인 것이다. 권은 경을 실현하기 위해 도입된 새로운 행위 규범이다. 권의 실마리는 경에 있는 것이다. 이에 대해 동중서는 말한다. 즉, "권이 비록 경에 반하기는 하지만 역시 반드시 그렇게 할 수 있는 한계(=용인할 수 있는 범위) 안에 있어야 한다. 그

---

54) 『朱子語類』(北京 : 中華書局, 1994) 卷 三七, 經是萬世常行之道 權是不得已而用之 經者道之常 權者道之變.

55) 高拱, 『問辨錄』卷 六, 權者經之所不及也 經者只是存得个大綱大法 正當的道理而已 其精微曲折處 固非理之所能盡也 所謂權者 于精微曲折處 曲盡其宜 以濟經之所不及爾, 郭齊勇 主編, 『儒家倫理爭鳴集-以「親親互隱」爲中心』(武漢 : 湖北教育出版社, 2004), p. 592에서 재인용.

렇게 할 수 있는 한계 안에 있지 않다면 그것으로 인해 비록 죽더라도 끝내 해서는 안 될 것이다."56) 『중용』도 이 점을 강조한다. 즉, "공자가 말한다. '군자는 중용을 행하고 소인은 중용에 반한다. 군자의 중용은 군자면서 때에 알맞게 행동하는 것이며, 소인의 반중용은 소인이면서 꺼리고 삼가는 바가 없는 것이다.'"57) 여기서 말하는 '꺼림과 삼감이 없는 것'은 옳음의 범위를 넘어서는 것이다. 권은 '용인할 수 있는 범위' 속에서 이루어져야 한다. 그 범위를 결정하는 것은 경에 의해 가능하다. 만약 그 범위를 넘어선다면 근본적으로 경에 반하는 것이고 그것은 용인할 수 없는 것이다.

(기독교) 상황 윤리는 다른 윤리들과는 달리 미리 조립된 규칙들의 안내 책자 속에서 결단들을 '바라보기'보다는 '결단 내림'의 윤리다. 괴테의 '태초에 행동이 있었느니라'는 말이 생각나는 윤리다. 파이크의 책의 제목인 '진리를 행함'이라는 표현이 그것을 간결하게 나타낸다. 그것은 그리스적 명사적인 사고 방식이 아니라 성서적이고 동사적인 사고 방식이다. 이것은 무엇이 선이냐를 묻지 않고 어떻게 누구에게 선을 행할 것인가를 묻는다. 또 상황 윤리는 사랑이 무엇이냐를 묻지 않고 상황 속에서 어떻게 가장 사랑을 잘 실천할 것인가를 묻는다. 이 상황 윤리는 '도그마(dogma)'보다는 '프라그마(pragma)'에 초점을 두고 있다. 또 이것은 신앙에 따라 행동하는 것에 관심을 두는 '행동주의적' 윤리다.58) 여기서 결단을 정당화시키는 것

---

56) 董仲舒 撰 / 凌曙 注, 『春秋繁露』(中華書局, 1991) 「玉英」, 夫權雖反經 亦必在可以然之域 不在可以然之域 故雖死之 終弗爲也.

57) 『中庸』第二章, 仲尼曰 君子中庸 小人反中庸 君子之中庸也 君子而時中 小人之反中庸也 小人而無忌憚也.

58) Joseph Fletcher, 위의 책, p. 52.

은 어떤 보편적 원리나 규범들이 아니고 구체적인 상황에서 그 결단을 내리게 했던 사랑의 원리다. 사랑만이 모든 수단들을 정당화시키는 것이다. 맥그레골(G. H. C. Macgregor)의 주장에 의하면, 바울의 적대자들은 '선을 이루기 위하여 악을 행하자'고 말하면서 결국은 '악이 선이다'라고 말하는 자기모순에 빠지고 말았다. 이것은 논리적으로 허튼소리일 뿐이다. '악이 선이다'라고 하는 말은 모순율의 전형이다. 그러나 사실상 그들(바울, 무율법주의자들, 맥그레골)이 범하는 오류는 본래 '모든 사물은 선하거나 그렇지 않으면 악한 것이다'라는 틀린 전제에서 시작되었기 때문에 생겨진 것이다. 그러나 선과 악은 특성이 아니라 속성이다. 그러므로 한때 선하다고 볼 수 있는 일이 어떤 경우에는 악한 일이 될 수도 있고, 그릇된 것이라고 판단되던 것도 경우에 따라서는 (상황에 따라서는) 목적에 이바지할 만큼 선할 때는 옳은 것일 수 있다.59)

두 가지 일화들을 소개하자. ① 한 스코틀랜드 출신 여자는 그녀의 젖먹이 어린애가 아파서 하도 보채며 울므로 인디언들에게 위치가 발각되어 자기뿐 아니라 그의 세 자녀들을 비롯하여 그녀와 같이 있던 모든 사람들이 잡혀 죽었다. ② 한 흑인 여자는 자기의 어린애가 갑자기 울자 그녀와 함께 있는 사람들의 생명에 위협이 되는 줄로 깨닫고 자기 어린애를 제 손으로 죽여서 무사히 안전지에 모두 도착할 수 있었다. 어느 여자가 더 바른 결정을 하였는가?60) 어떤 결정을 할지라도 목적은 수단을 정당화한다. 수단은 그 자체만으로는 정당화되지 못한다. 여기서 목적은 사랑이란 삶의 원리며 수단들이란 다른 모

---

59) 위의 책, pp. 122-123.

60) 위의 책, p. 125.

든 삶의 원리들이나 규범들이다. 어떤 필요한 수단을 강행하기 위하여 불가피하게 행하게 되는 악에도 불구하고 선한 일을 성취시키지 않으면 안 된다. 우리에게 옳고 그른 것, 선하고 악한 것은 그 행위에 있지 않고 그 상황 여하에 달려 있다. 결국 상황 윤리에서의 결단은 사랑의 원리와 상황에 의해서 내려지는 것이다.

유가 윤리에서 구체적인 윤리 문제를 해결할 때도 경과 권, 즉 원칙성과 융통성이 유기적으로 결합되어 적용되어야 한다. 이것이 상황 윤리나 중용 윤리의 방식이다. 경은 불변의 도리이기 때문에 알기도 적용하기도 용이하지만 권은 임기응변이기 때문에 알기도 적용하기도 곤란하다. 그러나 복잡하고 변화가 심한 현대 사회에서는 권의 중요성은 더욱 증가한다. 공자가 '함께 도를 배우고 그것에 나아가고 그리고 그것을 체득하더라도 함께 할 수 없는 것이 권이라'고 말하듯이, 임기응변은 그만큼 중요하고 어려운 일이다. 도리를 행함[行道]은 도리의 체득[體道]을 넘어서 권을 실천할 수 있어야 비로소 가능한 것이다. 경과 권의 통합은 경직되고 생명력이 없는 직접적인 동일함이 아니고 역동적인 목표의 일치에 다름 아니다. 반드시 우회의 길을 돌아서 권은 경으로 돌아오고 도리에 부합될 수가 있는 것이다. 유안(劉安)은 그의 『회남자』에서 "권은 성인만의 독특한 식견이다. 도에 거스르는 것 같다가도 뒤에는 도에 합하는 것을 '권을 안다'고 말하며, 도에 합하는 것 같다가도 결국 거스르는 것은 '권을 모른다'고 말하는데, 권을 모른다면 선한 행동도 결국 추한 행동이 되고 만다"고 말한다.[61] 때

---

61) 『淮南子』(『漢文大系 二十:淮南子』(日本:富山房, 昭和, 59年)) 「氾論訓」, 權者 聖人之所獨見也 故忤而后合者 謂之知權 合而后舛者 謂之不知權 不知權 者 善反醜矣.

에 따라서 곳에 따라서 일에 따라서 그리고 형세에 따라서 권을 사용하여 경을 지키는 것이 바로 진정한 권인 것이다. 『회남자』「범론훈」에는 그 예들을 소개한다. 초(楚)나라 공왕(恭王)이 진(晉)나라 여공(厲公)과 싸울 때 공왕은 적의 화살을 맞고 사로잡혔다가 네 명의 대부들의 도움으로 탈출하였다. 그런데 왕은 겁에 질려 정신을 잃고 말았다. 대부 중 한 사람이 하는 수 없어 왕을 발길로 걷어찼다. 그러자 왕은 겨우 정신을 차리고 진노했으므로 그들은 왕을 데리고 되돌아올 수 있었다. 여기서 충(忠)과 예(禮)는 상보적이다. 임금에게 예를 잃음으로써 오히려 임금을 지켜낸 것이다. 또한 진(秦)나라의 목공(穆公)이 군사를 이끌고 정(鄭)나라로 진군하고 있었다. 때마침 정나라 상인 현고(弦高)는 서쪽으로 소를 팔러가던 중에 진나라의 군대를 만났다. 정나라 임금이 명령한 것으로 속이고 그는 군사들을 위로하겠다는 구실로 소 12마리를 잡아서 군사들을 대접했다. 그 사이 정나라에 몰래 사람을 보내 위급을 알리고 대비하게 하였다. 결국 진나라 군대는 정나라의 방비가 튼튼한 것으로 잘못 알고 철군했다. 현고는 정직이라는 규범에 얽매이지 않고 임기응변으로 적군을 속여 나라에 충성을 다한다는 경을 지킨 것이다. 그의 속임수는 오히려 큰 공이 된 것이다. 이는 권의 중요성과 정확한 권의 적용은 경을 위반하는 것이 아니라 오히려 경으로 돌아오는 것임을 말해주는 사례들이다.

Ⅳ. '항상 선한 것'으로서의 '사랑'과 인(人)으로서의 '인(仁)'

기독교 상황 윤리에서는 사랑만이 항상 선한 것이다.[62] 여기에서는 오직 한 가지만이 본래적으로 선한 것인데, 그것이 사랑이다. 그 밖에 아무것도 절대적으로 선하다고 할 수 없다. 따라서 상황 윤리에서는 '사랑'이 필요할 때는 도덕의 법칙을 따르거나 무시하게도 된다. 예를 들면, "만일 어떠어떠한 경우에는 자선이란 좋은 것이다"라고 말해야지 단언적으로 "자선은 좋은 것이다"라고 상황 윤리에서는 말하지 않는다. 그의 결정은 가설적인 것이지 결코 정언적인 것이 아니다. 오직 사랑의 계명만이 정언적으로 선하다. 만약 가난한 사람에게 동냥을 주는 것이 결과적으로 그를 가난한 처지에 그대로 남아 있게 하거나 더욱더 가난한 경지로 내려가게 하는 때는 그러한 구제는 오히려 하지 않는 편이 나으며, 어떤 새로운 다른 방도를 모색해야 한다는 것이 상황 윤리의 태도다.63) 상황 윤리에서는 법칙과 원리를 변경시킨다고 말할 수 있을 만큼 상황이 기본적이다. 그러나 기독교 상황 윤리는 단 하나의 규범 또는 법칙을 가진다. 이 규범은 환경에 상관없이 항상 선하고 바른 것으로 예외가 있을 수 없다. 이 규범이 곧 '사랑'이다. 따라서 만약 사랑에 근거하지 않은 거짓말을 한다면 그것은 그릇된 것이며 또 악이다. 또한 사랑에 근거한 거짓말이라면 그것은 선이다.64)

그리고 기독교 상황 윤리에서는 사랑은 유일한 규범이다.65) 여기에서는 사랑이 모든 행동들을 결정하는 것이다. 우리가 규범을 지키는 이유가 사랑을 하기 위함에 있지 규범을 지키기 위해서 사랑을 하는 것이 아니다. 아우구스티누스가 사랑을 모든 윤리의 원천으로 삼고 있고 또 모든 다른 덕들이 이 사랑의

---

62) Joseph Fletcher, 위의 책, p. 57.
63) 위의 책, p. 26.
64) 위의 책, p. 65.
65) 위의 책, p. 69.

원리에 의존하고 있다고 말한 것은 옳은 것이다. 사랑은 여러 가지 덕들 중의 하나가 아니다. 그리고 사랑은 동등한 원리들 중의 하나도 아니다. 사랑은 절대적인 것이다.[66]

그래서 기독교 상황 윤리는 사랑과 정의(=옳음)를 동일한 것으로 본다. 정의가 사랑에서 비롯된 것이기 때문이다. 얼핏 보기에 사랑과 정의는 갈등할 것 같다. 어떻게 우리는 정의를 사랑할 수 있는가? 어떻게 사랑하면서 공정할 수 있는가? 공평하게 대하는 것과 사랑으로 감싸는 것이 어떻게 동일할 수 있을까? 이 질문들에 대한 기독교 상황 윤리의 답은 간단하다. 정의가 다른 사람에게 마땅한 몫을 주는 것이라면, 그 주는 것이 다른 것이 아니라 바로 사랑이라는 것이다. 진정한 사랑은 정의에 바탕을 두어야 하며, 정의롭기 위해서는 진정한 사랑이 필요한 것이다.

유가 윤리에서도 모든 것을 꿰뚫는 하나의[一以貫之] 삶의 원리가 있다. 그것은 공자 사상의 핵을 이루는 인(仁)이다. 유가 윤리에서 진정한 보편성과 절대성을 가진 삶의 원리가 인이다. 인의 보편성과 절대성은 예의 구체적 적용을 통해 드러나는 것이다. 예의 기본 정신이 인이다. "예, 예 이야기하는 것은 옥과 비단을 말하는 것은 아니다"라는 말에서 드러나듯이, 예의 형식보다는 정신이 중요한 것이다. 공자가 "사람이면서 인하지 않으면 예인들 무엇을 하겠는가? 사람이면서 인하지 않으면 악인들 무엇을 하겠는가?"라고 한 말도 예의 근본인 인의 실현이 절대적으로 중요하다고 말하는 것이다. 인은 예를 통해 자각하고 지켜야 할 심리적 토대를 말하는 것이다. 그 심리적 토대의 내용은 공자가 이른바 '사람을 사랑하는 것[愛人]',

---

66) 위의 책, p. 78.

'널리 많은 사람들을 사랑하는 것[汎愛衆]', '성실하게 다른 사람의 마음을 헤아리는 것[忠恕]', '자기가 서고 싶으면 남을 서게 하고, 자기가 이루고 싶으면 남을 이루게 하는 것[己欲立而立人 己欲達而達人]'이며, 맹자가 이른바 '가까운 사람을 가까이 하고 백성을 사랑하고 만물을 사랑하는 것[親親而仁民 仁民而愛物]' 등이다. 유가가 말하는 인은 사랑이며 그것은 사람과 사람, 사물과 사람 사이에 서로 통하는 정감을 말한다. 그것은 인간이 보편적으로 가지고 있는 동정심이며 정의감이다. 즉, 측은하게 여기는 마음과 자기를 미루어 남에게 나아가는 마음이 유가가 말하는 사랑, 인인 것이다. 그것은 곧 맹자가 말하는 '(인간의) 마음이 모두 그렇게 느끼고 생각하는 것[心之所同然者]'이다. 그래서 그것은 보편적인 것이다. 이는 맹자의 지적대로 선천적으로 인간에게 주어진 것으로 사람과 짐승을 구별하는 근본인 것이다. 그것은 사회적 도덕 규범이 아니라 궁극적인 도덕 이성인 것이다.

그런데 공자에게 인은 자신의 마음으로 남을 헤아린다면 쉽게 실천할 수 있는 것이다. 그래서 그는 "가까이 자기로써 비유할 수 있다면(=자기의 마음과 같으려니 하여 남을 헤아릴 수 있다면) 인을 실천하는 방법이라고 부를 수 있다"고 말한다.67) 그리고 그는 "인이 멀리 있겠는가? 내가 인하고자 하면 곧 인에 이를 것이다"라고 말한다.68) 그러나 다른 한편, 인은 사람이 가장 실천하기 힘든 것이기도 하다. 공자의 가장 우수한 제자로 평가받는 안연도 그 마음이 불과 오래도록(=3개월) 인을 어기지 않았고, 다른 사람들은 어쩌다 한 번씩 인에 이를

---

67) 『論語』「雍也」, 子曰 … 能近取譬 可謂仁之方也已
68) 『論語』「述而」, 子曰 仁遠乎哉 我欲仁 斯仁至矣.

따름이었다.69) 공자 자신도 "성과 인 같은 것은 내 어찌 감당하겠는가?"라고 말하기도 했다.70) 인을 행한다는 것은 실현하기 어려운 궁극적인 목적에 해당할 것이다. 이는 인의 의미가 복잡하고 이중적인 성격을 띠고 있음을 말한다. 한편에서는 '성실하게 다른 사람의 마음을 헤아리는 것'이나 '자기가 서고 싶으면 남을 서게 하고, 자기가 이루고 싶으면 남을 이루게 하는 것' 등은 분명히 인을 행하는 것이지만, 그것은 구체적이고 상대적인 인의 절목에 불과한 것이다. 다른 한편, 인을 체현하는 사람[仁人]은 인생의 궁극 목적이자 이상적 인간상인 것이다. 이 후자의 입장에서 생각한다면 예는 인을 실천하는 수단 혹은 절목 내지 절차다. 공자가 '자기를 이기고 예로 돌아오는 것이 인을 행하는 것이니, 하루라도 자기를 이기고 예로 돌아온다면 온 세상이 인으로 돌아올 것'이라고 말할 때의 인은 단지 예를 바꾸어 표현한 것이 아니고 예로 하여금 예가 되게 하는 근본이 되는 것이다. 이는 삶의 절대적이고 보편적인 원리로서의 인인 것이다. 절대적 원리로서의 인에 관한 논의들도 많이 등장한다. 예를 들면, 인은 인간 자체로 정의될 정도로 절대적이고 보편적인 삶의 원리이자 이상이다. 공자와 맹자는 인이 사람이라고 정의를 내린다.71) 그리고 맹자는 인은 사람의 마음이라고 정의하기도 한다.72) 또한 공자는 "뜻있는 선비와 인한 사람은 자신이 살겠다고 인을 해치는 일은 없지만 자신의 몸을 죽여 인을 이루는 경우는 있다"거나73) "인을 실천하

---

69) 『論語』「雍也」, 子曰 回也 其心三月不違仁 其餘則日月至焉而已矣.
70) 『論語』「述而」, 子曰 若聖與仁 則吾豈敢.
71) 『中庸』第二十章, 子曰 仁者 人也, 『孟子』「盡心 下」, 仁也者 人也.
72) 『孟子』「告子 上」, 仁 人心也.
73) 『論語』「衛靈公」, 子曰 志士仁人 無求生以害仁 有殺身成仁.

는 일은 스승에게도 양보하지 않는다"고 말한다.74)

여기서 '인이 사람'이라거나 '사람의 마음'이라는 말은 모두 사람으로 하여금 사람이 되게 하는 근본 내지 본질임을 의미한다. 그런데 그것을 실천하여 사람이 되는 것은 선택과 자유 의식의 문제며 자기 책임의 문제라는 것이다. 그래서 '내가 인을 원하면 곧 인에 이를 것이며', '스승에게도 인의 실천을 양보하지 않을 것'이라고 말한 것이다. '몸을 죽여 인을 이룸'을 말한 것도 인간의 궁극적인 사명 내지 목적이 인임을 말하는 것이다.

일종의 상황 윤리로서의 유가 윤리는 절대성과 보편성을 결여한 것은 결코 아니다. 인을 현실 생활에서 실천하는 것은 예(禮)를 통해서다. 그 예의 정신[禮義]은 절대적이고 보편적인 삶의 원리다. 그리고 그 예의 절목[禮節]은 구체적이고 상대적인 행동 지침들이다. 유가 윤리의 상황성은 이 예절 속에서, 원칙성과 보편성은 예의 속에서 구현되는 것이다. 그리고 그 예의가 바로 인인 것이다. 공자는 예의 정신, 즉 인을 굳게 지킬 것을 강조한다. 즉, "안연이 인에 관해 묻는다. 공자가 답한다. '자기를 이기고 예로 돌아가면 인하게 된다. 하루라도 자기를 이기고 예로 돌아간다면 세상 사람들이 인으로 돌아갈 것이다.'"75) 여기서 말하는 예란 바로 유가 윤리의 원칙성과 보편성을 보여주는 예의 정신이다. 또한 "예, 예 하는데, 옥과 비단을 말하겠는가? 악, 악 하는데 종과 북을 말하겠는가?"라고 말하는 것은,76) 예라는 것이 구체적인 형식에 지나지 못하는 것이 아니라 일관된 보편성이 그 속에 관철되어 있음을 밝히는 것이다. "삼베로 면류관을 만드는 것이 예지만 요즘은 실로 만

---

74) 『論語』「衛靈公」, 子曰 當仁不讓於師.
75) 『論語』「顔淵」, 顔淵問仁 子曰 克己復禮爲仁 一日克己復禮 天下歸仁焉.
76) 『論語』「陽貨」, 禮云禮云 玉帛云乎哉 樂云樂云 鐘鼓云乎哉.

들어서 검소하니 나는 대중을 따르겠다. 당 아래에서 절하는 것이 예인데 지금은 당 위에서 절하니 교만하다. 비록 대중과 다를지라도 나는 당 아래에서 절하는 것을 따르겠다"는 말 속에서 일정한 조건에서 '대중을 따르기도 하고[從衆]' 일정한 조건에서 '대중을 따르지 않기도 하는[違衆]' 것은 예의 구체적인 형식 속에 보편성이 관통하고 있음을 말해주는 것이다. 또한 공자는 제자인 재아(宰我)가 삼년상(三年喪)을 비판하자, "무릇 군자가 상을 입었을 때 맛있는 음식을 먹어도 달지 않고 음악을 들어도 즐겁지 않으며 거처함에 편안하지 않기 때문에 하지 않는 것이다. 이제 너는 편하거든 그렇게 하라"고 말한 것도 부모의 죽음에 사람들이 공동으로 갖는 심리를 표현한 것이다. 예의 구체적인 형식은 번잡하지만 그 가운데 일종의 불변의 보편이 깃들어 있음을 말하는 것이다. 공자가 "예란 사람의 정서로부터 절약과 문식을 만들어 백성의 막음으로 삼는 것이다"라고 말한[77] 이유도 여기에 있다. 예라는 것은 사람의 정서에 그 바탕을 둔다. 사람의 정서는 공동적인 정감이자 요구인 것이다. '백성의 막음[民坊]'은 규범의 구체적인 표현 형식인 반면 사람의 공통적인 정서는 예의 정신과 그것의 보편성을 말하는 것이다.

V. 결 론

원리 윤리와 윤리상대주의를 통합하는 윤리(학)로서 (기독

---

77) 『禮記』(『漢文大系 十七 : 禮記鄭注』(日本 : 富山房, 昭和, 59年)) 「坊記」, 禮者 因人之情而爲之節文 以爲民坊者也.

교) 상황 윤리는 선과 악에 대한 판단에 앞서 무엇보다도 상황에 적합한가를 문제 삼으며, 원리나 규범들을 인정하지만 절대적인 것으로 받아들이지 않으며, 절대적인 선이자 유일한 규범으로서 사랑을 강조한다. 이것은 옳고 그름의 기준을 사용하지만 결코 '기준적이지(criterial)' 않고, 절대주의적이지 않으면서 객관적이고, 상대주의적이지 않으면서 윤리적 판단들이 상대적이라고 인정하는 실용주의 윤리와 그 맥을 함께 한다.

유가의 중용 윤리도 세 가지 측면들에서 기독교 상황 윤리와 동일한 입장을 취한다. 첫째, 상황 윤리에서 상황에의 적절성을 중시하듯이, 중용 윤리도 집중이라는 관념을 통하여 상황과 때[時]를 강조한다. 중은 양단을 잡는다는 의미다. 그것은 상반된 두 가지 입장들 중 하나를 선택하는 것이 아니라 두 입장을 상황에 따라 조화시킨다는 것이다. 최적의 논리로서 그것은 지나침과 모자람이 없는 상태를 지향하는 것이다.

둘째, 상황 윤리가 상황을 중시하지만 모든 원리들이나 규범들을 거부하고 상황만을 윤리적 판단의 준거로 삼는 이른바 상황주의나 윤리상대주의가 아니듯이, 중용 윤리 역시 상황성과 함께 원칙성을 가진다. 그것은 권(=저울질)과 시중이라는 관념을 통해 잘 표현된다. 권은 중에 합하는지를 저울질하여 판단하는 구체적인 과정을 말하며, 시중은 서로 다른 때 서로 다른 중을 실천하는 구체적인 방법을 말한다. 그러나 유가 윤리가 윤리적 판단의 준거로서 권과 시중만을 주장하는 것은 아니다. 그것은 경(=원칙성)을 고려하는 가운데 권과 시중을 적용하기를 요구한다. 그래서 '권은 경으로 돌아온 뒤에 선이 있음[權者反於經然後有善者也]'인 것이다. 경과 권은 서로 다른 것이 아니라 동일한 것의 서로 다른 적용을 말하는 것이다.

그것은 동일한 것의 변과 불변의 관계와 같은 것이다.

마지막으로, 상황 윤리가 항상 선한 것으로 그리고 유일한 절대적 규범으로서 사랑을 강조하듯이, 중용 윤리도 유교의 전 사상을 하나로 꿰뚫는 삶의 원리로서 그리고 완전한 덕으로서 인을 강조한다. 그 인은 구체적으로 예를 통해서 드러난다. 예의 정신이 인인 것이다. 예의 절목이나 형식[예절]을 통해서 예의 정신[예의]이 실현되는 것이다. 그러나 예의 정신인 인은 보편적이고 절대적인 것으로 원칙성을 나타내는 반면, 예절은 특수성과 상황성을 보여주는 것이다.

상황 윤리의 특성을 지니는 유가의 중용 윤리는, '할 수 있는 (can)' 것이 극단적으로 증가하여 '해야 할(ought)' 것도 너무 나 많아진 현대 다원주의 사회에 합당한 윤리라고 할 수 있을 것이다. 다원주의 사회에서 합당성을 지닌 윤리는 원칙성과 보 편성을 잃지 않으면서도 상황성과 특수성을 심각하게 고려하 는 윤리여야 하기 때문이다. 그것이 바로 실패한 원리 윤리를 대신하고, 무원칙적인 윤리상대주의를 극복하는 길일 것이다. 유가의 중용 윤리는 무책임한 절충주의도 아니고 그렇다고 원 칙성만을 고집하는 원리 윤리도 아니면서, 무원칙의 상대주의 도 아니다. 그것은 원리 윤리와 상대주의의 장점들을 통합한 윤리인 것이다. 그것은 상황 윤리 내지 실용주의 윤리로 불릴 수 있을 것이다.

□ 참고 문헌

『서경』(『漢文大系 十二 : 尙書』(日本 : 富山房, 昭和, 59年)).
『논어』(『漢文大系 一 : 論語集說』(日本 : 富山房, 昭和, 59年)).

『맹자』(『漢文大系 一 : 孟子定本』(日本 : 富山房, 昭和, 59年)).

『중용』(『漢文大系 一 : 中庸說』(日本 : 富山房, 昭和, 59年)).

『순자』(『漢文大系 十五 : 荀子集解』(日本 : 富山房, 昭和, 59年)).

『예기』(『漢文大系 十七 : 禮記鄭注 』(日本 : 富山房, 昭和, 59年)).

『춘추좌전』(『漢文大系 十 : 左氏會箋 』(日本 : 富山房, 昭和, 59年)).

『춘추공양전(春秋公羊傳)』(公羊壽 傳/何休 解詁/徐彦 疏, 『春秋公羊傳注疏』
　　　(北京大學出版社, 2000))).

『회남자』(『漢文大系 二十 : 淮南子 』(日本 : 富山房, 昭和, 59年)).

『춘추번로(春秋繁露)』(董仲舒 撰/凌曙 注)(中華書局, 1991).

『주자어류』(北京 : 中華書局, 1994).

황혜영, 『유가 윤리 : 체여용(體與用)』(上海 : 上海三聯書店, 2005).

Berlin, I., *Four Essays on Liberty* (Oxford : Oxford University Press, 1969).

Fletcher, Joseph, *Situation Ethics : The New Morality* (Philadelphia : The
　　　Westminster Press, 1966).

Oakeshott, M., *Rationalism in Politics and other essays* (Indianapolis :
　　　Liberty Press, 1991).

Tierney, Nathan L., *Imagination and Ethical Ideals : prospects for a unified
　　　philosophical and psychological understanding* (Albany : State University
　　　of New York Press, 1994).

제4장
유가 윤리에서의 공감의 원리

Ⅰ. 서 론

도덕성은 인간적인 배려(humane caring)와 객관적인 사고 (objective thinking), 결연한 행동(determined action) 등 세 가 지 요소들로 구성된다(Hersh, 1980, pp. 1-7). 따라서 도덕 교 육은 이 세 요소들을 함께 고려하는 통합적 접근의 교육이어 야 한다. 그러나 도덕적 정서의 함양은 도덕 교과서의 내용 구 성에서도 실제 도덕과 수업 시간 속에서도 상대적 홀대를 받 고 있는 것 같다. 도덕 교과 교육이 그 효과성을 강하게 의심 받으면서 걸핏하면 존립의 위기에 처하게 되는 것도 통합적 접근의 실패에서 그 근본적인 이유를 찾을 수 있을 것 같다. 도덕 교육 효과성의 문제는 곧 아크라시아(=의지의 결여)의 문제라고 할 수 있다. 도덕적 지식을 가진다는 것이 도덕적 행 동을 보장하는 것은 결코 아닐 것이다. 도덕적 지식을 행동으 로 실천하게 하는 데에는 도덕적 의지의 문제가 반드시 고려되어야 한다. 그 도덕적 의지는 결국 도덕적 정서나 열정을 고려하지 않고는 논의할 수 없는 문제다. 나딩스가 교육의 주된 목적은 유능하고 보살피고 사랑하며 사랑받을 수 있는 사람의 성장을 촉진하는 일이어야 한다고 주장한 것은(Noddings, 1995, p. 366) 특히 도덕 교과 교육에서 도덕적 정서 함양의 중요성을 인식하게 하는 매우 큰 의미를 지닌 주장이다. 그녀의 주장에 따르면, 모든 어린이들은 다른 사람들을 보살피는 법을 배워야 하며, 교육은 전통적인 교과 중심이 아니라 보살핌의 주제를 중심으로 재편되어야 하며, 도덕적 삶이 교육의 주된 목적으로 포함되어야 한다.

통합적 접근의 도덕 교과 교육, 도덕적 정서 함양의 도덕 교과 교육이 제대로 이루어지기 위해서는 우선 도덕적 정감 이론(theories of moral sentiments)으로서의 도덕 철학에 대한 이론적 연구들이 선행되어야 한다고 본다. 본 연구는 서양의 도덕적 정감 이론들에서 주장하는 공감(sympathy)의 원리를 바탕으로, 선진 유가에서의 공감의 원리를 검토할 것이다. 여기서 다루는 서양의 도덕적 정감 이론은 루소(Jean-Jacques Rousseau)와 흄(David Hume)과 아담 스미스(Adam Smith)의 그것들이다. 루소의 자연 교육은 곧 정서 교육이다. 그는 존재하는 것은 곧 느끼는 것이라고 말할 정도로 교육에서의 감성의 중요성을 역설한다. 그리고 그는 지식의 소유가 도덕성에 큰 도움이 되지 않는다고 생각한다. 그리고 도덕적 판단이나 지식이 감성적 경험에 의해 발달하는 것이라고 주장한다. 루소를 해석하는 사람들은 그의 도덕 교육 사상을 주지주의 전통과의 절교로 평가한다. 그리고 이 절교는 낭만주의적 감정 윤리라는 새로운 도덕적 이상을 선언한 것이라고 평가한다(안인희 외, 1994, pp. 82-83 참고). 흄에게서도 인간 본성과 도덕의 문제는 인식의 문제나 이성의 문제가 아니라 경험의 문제며 감정의 문제다. 그리고 그에게 이성은 정념의 노예며 또 노예일 뿐이어야 한다. 그는 오직 이성만으로는 어떤 의지 활동의 동기도 될 수 없으며, 이성은 의지의 방향을 결정할 때 결코 정념과 상반될 수 없다는 점을 증명한다(박재주, 2003, p. 131). 아담 스미스도 인간의 사회성을 그의 도덕 철학의 출발점으로 전제하면서, 인간은 다른 사람들로부터의 칭찬과 칭찬받을 성품(praiseworthiness)을 갖기를 욕구한다고 주장한다. 이 본성적 욕구가 인간으로 하여금 도덕적 행위를 추구하게 한다는 것이다. 인간을 사회적 동물과 도덕적 인간으로 만드는 본성적인 욕구들의 작동 원리가 공감이다. 이들이 공통적으로 주장하는 도덕적 정감 이론들의 중심적 관념은 공감이다. 본 논문은 이 공감의 원리를 바탕으로 공자의 충서(忠恕)를 중심으로 유가에서의 공감의 원리 — 호혜성(互惠性)으로서의 충서 — 를 분석하고자 한다.

Ⅱ. 호혜성으로서의 충서(忠恕)

1. 충(忠) : 내향적 마음-자기의 마음을 헤아림

인(仁)과 함께 유가 윤리의 핵심적 원리를 이루고 있는 '충서'는 '입장을 바꾸어 생각함[易地思之]'을 의미한다. 공감이 동정심이나 연민의 감정을 느끼게 하는 힘이나 작동 원리인 것처럼, 충서도 사람(=나 자신과 남)을 대하는 형식적인 도덕 원리(formal moral principle)에 해당한다. 이 원리 자체는 '거짓말하지 말라'와 같은 어떤 구체적인 내용을 가진 규범이 아니라 도덕적 판단을 내리는 방식을 제시할 뿐이다. 즉, 이 원리는 당시의 공동체가 당연한 것으로 받아들이는 관습적 도덕률이나 유가의 전통 자체를 의미하는 것이 아니라 이들을 넘어서서 이들이 도덕적 정당성을 갖기 위해서 반드시 충족시켜야 할 형식적 조건을 말하고 있는 것이다(Rötz, 1993, p. 148).

충서가 공자의 윤리 사상에서 가장 중요한 원리가 된 것은 자신이 그것을 자신의 도를 '하나로 통하는[一以貫之]' 것으로 제시하고 있기 때문이다. 그런데 일반적으로는 충과 서를 두 가지 삶의 원리로 이해하지만, '하나로' 통한다는 언급 그대로 하나의 삶의 원리로 해석하는 경우도[1] 있다. 본 연구에서는 일반적인 해석을 따라 충과 서를 두 가지 서로 다른 삶의 원리로 나누어 살피고자 한다.[2]

---

1) 그 근거로 제시되는 것은, '평생 행할 수 있는 한마디의 말은 무엇입니까?'라는 제자 자공(子貢)의 질문에 공자는 그것은 '서'라고 답했다는 사실이다. 그리고 『논어』에서 증자가 스승 공자의 하나로 통하는 도[一貫之道]에 관해 설명하는 곳을 제외하면, 다른 곳에서는 결코 충과 서가 나란히 등장하지 않는다는 사실이다. 다른 곳에 나오는 충은 '충실(하다)', '절실(히 하다)'(『論語』「學而」, 爲人謀而不忠乎,「學而」,「子罕」,「顔淵」, 主忠信,「公冶長」, 十室之邑 必有忠信如丘者焉 不如丘之好學也,「述而」, 孔子四敎 文行忠信,「顔淵」, 行之以忠,「顔淵」, 忠告而善道之,「子路」, 與人忠,「衛靈公」, 言忠信 行篤敬 雖蠻貊之邦行矣 言不忠信 行不篤敬 雖州里行乎哉,「季氏」, 言思忠), 혹은 '충성(하다)'(『論語』「爲政」, 使民敬忠以勤,「八佾」, 臣事君以忠)의 의미로 쓰이고 있다. 주로 충은 신과 나란히 쓰이고 있다. 따라서 충서는 '충실(절실)한 서' 혹은 '서를 충실(절실)하게 행한다'는 의미로 해석해야 한다는 것이다. 대표적인 경우가 茶山 정약용의 해석이다. 이에 대해서는 한국철학사연구회(2004), 「다산 경학의 현대적 이해」, 심산문화, pp. 242-249를 참고하라.

2) 필자는 충과 서가 내용은 하나면서 적용 대상이 둘이라고 생각한다. 공자의 '하나로' 통한다는 말에서 하나란 그 내용을 말한 것으로 본다. 그 내용은 사람이 사람을 헤아리는 마음 내지 태도를 말한다. 그 적용 대상은 자기 자신과 다

도덕적 판단은 이성의 산물이 아니라 도덕감의 산물이라고 주장하는 흄은 도덕의 객관적 근거로서 공감을 주장한다. 독특한 도덕감들은 어떤 한 사람의 측면에서도 사람들 간의 측면에서도 일관성과 객관성을 확보하기 힘들다. 그가 말하는 공감은 공자가 말하는 인이나 충서처럼 다양한 덕들을 통합하거나 조정하는 인간 본성의 원리며, 도덕적 구별의 주요 원천인 것이다. 루소 또한 공감을 양심으로 제시한다. 그는 정신적 행복을 지향하는 자기 사랑으로서의 양심을 인류 사랑의 근원으로 주장하는 것이다. 그 양심의 작동 원리가 공감인 것이다. 그는 공감을 도덕적 삶의 기둥으로 삼는다. 그리고 그는 만일 자연이 인간에게 이성을 지주로 하고 공감을 부여하지 않았다면 인간은 모든 덕성들을 가지고서도 괴물에 지나지 않았을 것이라고 말한다(루소 지음 / 최현 옮김, 1989, p. 63).

　　공자가 가장 강조하는 삶의 원리3)인 인(仁)의 또 다른 이름이 충서라고 할 수 있다. 인을 체(體)라고 한다면 충서는 용

른 사람으로 나뉜다고 본다. 따라서 자기 자신(의 마음)을 헤아리는 자신의 마음[內向的 心]을 충으로, 다른 사람(의 마음)을 헤아리는 자신의 마음[外向的 心]을 서로 표현한 것으로 보는 것이다. 유가 윤리는 항상 상호성의 원리에 바탕을 두고 있다. 예를 들어, '부모는 자식에게 자애를 베풀어야 하며, 자식은 부모에게 효도를 다해야 한다'는 것은 부모와 자식 간의 균형적 관계를 말하는 것이다. 다만 효를 상대적으로 강하게 강조하는 것은 부모가 자식을 사랑하는 것은 자연적인 현상이지만 자식이 부모를 공경하는 것은 힘써 노력하지 않으면 행하기 힘든 것이기 때문이다. 마찬가지로 공자가 충서를 서 위주로 설명하고 있는 것은 자신을 헤아리는 마음보다는 다른 사람을 헤아리는 마음이 갖기 더욱 어려운 것이기 때문이라고 생각한다.

3) 인을 두고 공자가 강조한 유가의 핵심적인 덕목이나 완전한 덕목으로 이해하는 경우가 많지만, 필자는 인을 삶의 원리로 표현하고자 한다. 마치 (기독교적) 상황 윤리(situation ethics)에서 말하는 사랑과 같은 것이 인이라고 보기 때문이다. 그것은 특정한 하나의 덕목이 아니라 모든 덕목들이나 덕목들 사이에서 발생할 수 있는 충돌을 해결하는 삶의 원리다.

(用)에 해당한다고 볼 수 있다. 「논어」4)에서 증자(曾子)는 공자의 '하나로 통하는 원리'를 '충서'라고 해석한다. 공자가 '나의 도는 하나로 통한다'고 하니 증자는 '예'(=그렇습니다)라고 답한다. 공자가 나가자 문인들이 '무슨 말씀인가?'라고 묻자 증자는 '선생님의 도(=삶의 원리)는 충서일 뿐이다'라고 답한다 (「里仁」 15 , 子曰 參乎 吾道 一以貫之 曾子曰 唯 子出 門人問曰 何謂也 曾子曰 夫子之道 忠恕而已矣). 충서의 구체적인 뜻풀이는 「중용」5)에 나온다. 즉, "충서는 도(=삶의 원리)와 거리가 멀지 않으니, 자기에게 베풀어서 (자신이) 원하지 않는 것이면 남에게 베풀지 말라"(13, 忠恕違道不遠 施諸己而不願 亦勿施於人). '자신이 하기 싫은 것을 남에게 베풀지 말라'는 황금률에 해당하는 충서는 흄이나 루소가 말하는 공감처럼 도덕적 삶의 근본 원리인 것이다.

공감이 다른 사람들에 대한 일방적 배려의 감정이 아님은 당연하다. 다른 사람들의 감정에 동감하거나 다른 사람의 마음을 헤아리는 수준을 넘어서 자신의 감정과 마음을 헤아리는 것이 공감인 것이다. 공감은 정감이나 마음의 호혜성을 말하는 것이다. 흄에 의하면, 공감은 자기중심성을 완전히 벗어날 수 없는 것이다. 특히 이해 관계를 가진 사람들과의 공감은 편견을 가진 공감일 수밖에 없을 것이다. 자신의 쾌락과 고통만큼 확실하고 우선적인 것은 없으며, 가족이나 친구 같은 연고가 있는 대상들의 쾌, 불쾌도 자신의 것으로 쉽게 인식될 수 있다. 그러나 공감의 힘은 확장이 가능하며 일차원적인 관계를 떠나 낯선 이방인이나 적대자의 행, 불행의 감정까지 전이하는 일은

---

4) 『論語』(『漢文大系 一 : 論語集說』(日本 : 富山房, 昭和, 59年)).

5) 『中庸』(『漢文大系 一 : 中庸說』(日本 : 富山房, 昭和, 59年)).

오직 공감의 힘이 인간 모두에게 보편적 성질로 주어져 있기 때문이라는 것이 흄의 주장이다(David Hume, 1978, pp. 385-386). 그래서 그는 '즉각적인' 공감과 '공평무사한' 공감을 구분하면서, 도덕적 감정들은 후자에 의해서만 생긴다고 주장한다. 루소 역시 인간에게 유일한 자연적인 감정은 자기 사랑(amour de soi)과 넓은 의미에서의 자존심(amour propre)6)이라고 주장한다(루소 지음 / 정봉구 옮김, 2000, p. 138). 그러한 자기 사랑의 확대가 공감인 것이다. 아담 스미스도 공감을 느끼기 전에 우선적으로 자기(의 기쁨과 고통)를 느끼는 내향적 마음을 강조한다. 그는 어떤 사람도 다른 사람들이 느끼는 것을 직접 경험할 수 없다고 주장한다.

모든 사람은 우선적으로 그리고 원칙적으로 자기 자신에 대하여 관심을 가지도록 권장된다. 그리고 또한 누구나 다른 사람들보다는 자기 자신을 돌보는 데 더 적합하고 더 능력이 많다. 모든 사람은 다른 사람들의 기쁨이나 고통보다는 자신의 그것에 대하여 더욱 민감하다. 자신의 기쁨과 고통은 본원적인 감정들인 반면에 다른 사람들의 그것은 자신에 대한 원초적인 감정의 반영 또는 그것과의 동감에서 우러나오는 이미지다. 자신에 대한 느낌은 실체이고, 타인에 대한 느낌은 그림자다(Smith, 1979, p. 219).

스미스에 따르면, 자신에 대한 감정은 실체인 반면 다른 사람들에 대한 그것은 그림자다. 한 사람은 상상을 통해서만 다른 사람의 감정인 것에 관한 관념을 형성할 수 있다. 한 사람

---

6) 자기 사랑과 자존심은 모두 자기 자신에 대한 사랑이다. 자기 사랑은 자기 보존의 본능이며 다른 사람과는 전혀 무관한 자연적 감정인 반면, 자존심은 자기 사랑이 잘못 인도되어 생긴 인위적 감정으로서 다른 사람과의 관계 속에서 자신을 우선시하고 자신에 집착하는 감정이다.

이 다른 사람들의 슬픔에 대해 슬픔을 느낄 때, 그는 그들이 어떻게 감정을 느끼는지에 관한 어떤 생각을 가짐에 의해서라기보다 다른 사람의 상황에 자기 자신을 생각하거나 상상함에 의해 그 슬픔을 느낀다. 스미스에 의하면, 공감은 상상을 통해 다른 사람의 감정을 느끼는 일종의 그림자와 같은 것이다. 이와 관련하여 스미스는 다음과 같이 주장한다.

우리의 상상이 묘사하는 것은 다른 사람이 가지고 있는 감각의 인상이 아니라 바로 우리 자신의 감각의 인상뿐이다. 다른 사람이 처한 상황에 우리 자신을 설정해놓는 상상에 의해 우리는 타인과 완전히 동일한 고통을 겪는다고 느끼려 한다. 우리는 말하자면 그의 몸의 일부가 되며, 어느 정도는 그와 동일인이 된다. 그리고 그렇게 함으로써 우리는 타인의 감동에 대한 어떤 관념을 형성하게 되고, 정도에서는 약하다고 할지라도, 심지어는 타인의 감동과 크게 다르지 않은 감동을 느끼게 된다(Smith, 1979, p. 9).

공자가 말하는 충 역시 자기 자신(의 마음)에 돌이켜 헤아리는 것이다. 그것은 주자의 해석대로 '자기를 다하는 마음[盡己之心]'(「중용」, 13, 朱子注)이다. 그것은 '자기를 다하는 마음'을 가지고 '다른 사람들을 사랑하고 사사로움이 없거나[愛民無私]', '다른 사람들을 이롭게 하기를 생각하는[思利民]' 이른바 강자가 약자에게 취할 심리적 태도를 말한다. 마음속으로(中心) 타인을 섬기는 것이 충이고 타인의 마음을 헤아리기를 내 마음 같이 하는[如心] 것이 서다. 서가 다른 사람의 마음과 같아짐을 의미한다면, 다른 사람의 마음을 알고 같아지기 위해서는 나의 마음을 돌이켜보아야 한다. 왜냐하면, 나의 마음은 누구보다도 자신이 가장 잘 알기 때문이다. 공자는 주로 사회 속에서의 다양한 종류의 인간들 중에서 다양한 상호 관계들에 관심을 갖지만, 무엇보다도 개인의 자유 의지의 자기 개발에도 큰 관심을 가진다. 유교적 전통은 마음을 신이나 국가와 같은 어떤 다른 외적 존재에 의해 결정되는 것으로 지각하지 않는다. 군자는 그 자신의 마음속에서 합리적으로 하나의 도덕적 세계를 구성할 수 있는 사람이며, 그의 세계의 도덕적 원리들을 따르는 진지한 노력을 하는 사람이다. 구체적인 진리를 확인할 수 있는 자신의 마음을 제외하고 어떤 외적 구체적인 권위는 없다. 개인의 마음들은 개별적이지만 도 혹은 보편적 원리에 의해 지배된다. 개인의 마음들은 어떤 다른 마음에 자연적으로 동등하다. 이런 일반적 시각의 토대 위에서, 유교적 전통은 군자는 어떤 타자를 수단으로서가 아닌 목적으로서 대하라고 주장하며, 군자는 그 자신을 사회에서의 다른 사람들에게로의 수단으로 지각하지 않는다고 주장한다. 이것은 유교적 군자가 국가에 봉사하는 수단이 아님을 함의한다. 진리 앞에서 모든 사람은 다른 타자에게 자유롭고 평등하다. 이런 의미에서 유교는 합리적이고 자유주의적이고 개인주의적이다.

공자는 자신의 본성의 원리에 충실(=진실)해야 한다고 요구한다. 사람이 충실해야 하는 것은 황제나 특수한 사회 집단이나 사회에 대해서가 아니라 도이자 인이며 충서의 원리인 것이다. 이는 오늘날의 말로 표현한다면 사람은 자기 의식에 충실해야 함을 의미한다. 자기(마음)에의 충실의 관념은 공자의 다음과 같은 말에 반영된다. 즉, "군자는 일정한 용도에 쓰이는 그릇이 아니다"(『論語』「爲政」12, 子曰 君子不器). 여기서 말하는 '그릇'이란, 주자에 의하면 '각각 제 나름의 쓰임이 있으나 서로 통하지 못하는 것'이며, '하나의 재주와 기예(各適其用而

不能相通, 一才一藝)'다(위 인용문에 대한 朱子注). 군자는 어떤 특정한 분야에만 능통한 사람이 아니다. 『예기』「學記」에서 말하는 "큰 도는 그릇이 아니다[大道不器]"라는[7] 말도 같은 의미다. 군자란 어떠한 상황에 처하더라도 근본을 잃지 않으면서 그 환경에 적응하여 인도를 실천할 수 있는 사람을 뜻한다. 그리고 군자는 인(=덕)과 의(=의무)라는 무거운 짐을 지지만 결코 타율적인 강요에 의해서가 아니라 자율적인 선택에 의한다. 그래서 "선비는 도량이 넓고 뜻이 굳세지 않으면 안 된다. 책임은 무겁고 길은 멀기 때문이다. 인(의 실현)을 자기 임무로 삼으니 무겁지 않겠는가? 죽은 뒤에야 그만두는 것이니 멀지 않은가?"라고 증자는 말한다(『論語』「泰伯」 7, 曾子曰 士不可以不弘毅 任重而道遠 仁以爲己任 不亦重乎 死而後已 不亦遠乎). 이는 유가에서 말하는 도덕적 인간들의 삶의 태도다. 유가의 선비들은 인의 구현을 인생의 궁극적 목적으로 삼고, 그것에서 인생의 의의를 찾는 사람들이다. 그리고 안연이 인을 묻자 공자는, "자기를 이겨 예로 돌아옴이 인을 행하는 것이니, 하루 동안이라도 자기를 이겨 예로 돌아온다면 온 세상이 인으로 돌아올 것이다. 인을 행하는 것이 자기에게서 말미암는 것이지 남에게 달려 있는 것이겠는가?'라고 답한다"(『論語』「顔淵」 1, 顔淵問仁 子曰 克己復禮爲仁 一日克己復禮 天下歸仁焉 爲仁由己 而由人乎哉). 또한 "인을 실천하는 일은 스승에게도 양보하지 않는다"고 말한다(『論語』「衛靈公」 35, 子曰 當仁 不讓於師). 유가에서의 도의 추구나 인의 실천은 가까운 데서 이루어져야 하는 것이다. 그런데 그 가까운 데란 바로 자기자신이다. 군자의 마음은 그 자신의 목적을 가지며 자유 의지

---

7) 『禮記』(『漢文大系 十七 : 禮記鄭注』(日本 : 富山房, 昭和, 59年)).

(free will)인 것이다.

유가의 자유 의지나 자기에의 충실을 '돌이켜 구함[反求]'의 정신으로 이해하기도 한다(박동환, 2001, pp. 34-37 참고). 공자는 자기가 바라는 것을 다른 사람에게서 찾을 것이 아니라 자기 자신에게 돌아가 찾으라고 되풀이해 말한 기록을 남기고 있다. 그는 직접 "군자는 자기에게서 구한다"(『論語』「衛靈公」20, 君子求諸己)고 말하기도 하고, "인한 사람은 자신이 서고자 할 때 남을 세우고 자신이 통달하고자 할 때 남을 통달하게 한다"(『論語』「雍也」28, 夫仁者 己欲立而立人 己欲達而達人)고 말한다. 『중용』에서는 '자기에게서 구한다[求諸己]'는 말을 다음과 같이 풀이한다.

> 자기 자신을 바르게 하고 다른 사람에게서 구하지 않으므로 원이 없다. 위로는 하늘을 원망하지 않고 아래로는 다른 사람을 탓하지 않는다. … 활을 쏘는 일은 군자에 닮은 데가 있으니 정곡을 맞히지 못하면 돌이켜(反) 그 자신에게서 (맞히지 못한 원인을) 찾는다(求)(『中庸』14, 正己而不求於人 則無怨 上不怨天 下不尤人 … 射 有似乎君子 失諸正鵠 反求諸其身).

돌이켜 구한다는 것은 자기에게 돌아가 자기를 찾고 자기의 뜻을 세우는 것이 아니다. 자기에게 돌아가 자기를 지키는 것도 아니다. 그것은 자기의 모습과 자기의 할 바를 타자의 소리 —그것이 민심이든 천명이든— 에서 찾는 것이다. 말하자면 자기로부터 타자에게 요구되는 것이 아니라 타자에게서 자기에게 요구된 것을 찾는 것이다.

2. 서(恕) : 외향적 마음 — 남의 마음을 헤아림

유가는 내향적 마음에 음/양적으로 상응하는 외향적 마음이 존재한다는 데 대해서는 다른 근거를 제시하지 않는다. 맹자가 선천적인 인간 본성으로 사단, 특히 측은지심을 제시한 것이 공감에 대한 근거 제시의 거의 전부라고 본다. 이 점은 서양의 도덕정감론자들에게도 마찬가지다. 흄에 의하면, 모든 인간 존재는 자신과 닮았으며, 바로 이 닮았다는 점 때문에 상상력이 작용할 때 다른 사물보다 더 유리하며, 모든 사람들의 마음은 그 느낌이나 작용이 엇비슷하기 때문에 우리의 행위를 자극하는 감정은 다른 모든 사람들이 다소라도 느낄 수 있는 그런 감정들이라는 것이다. 사람의 목소리와 몸짓에서 정념의 결과를 지각할 때, 마음은 곧장 이 결과에서 그 원인으로 옮겨가서 당장 그 정념 자체로 전환될 정도로 그 정념에 대해 생생한 관념을 형성한다. 마찬가지로 어떤 정서의 원인을 지각할 때, 마음은 그 결과로 옮겨가서 그 결과 때문에 기동된다. 우리는 이 원인이나 결과로부터 정념을 추정하며, 결과적으로 이 원인이나 결과가 우리의 공감을 유발하게 된다. 루소는 육체의 목소리인 정념과 구별되는 '영혼의 목소리'인 양심의 작동 원리가 공감이라고 주장한다. 그는 자기 사랑의 확대가 공감이라고 본다. 아담 스미스도 공감의 능력을 선천적인 것으로 주장한다. 자기 자신에 대한 느낌(=마음)은 실체이고 다른 사람들에 대한 느낌(=마음)은 상상을 통해 가능한 그림자와 같은 것이라는 스미스의 말은, 결국 공감은 '상상을 통한 자기 사랑의 확대'라는 의미다. 그리고 자연적인 자기 사랑의 확대가 공감이라는 것이다. 그는 인간은 그의 본성의 부분으로서 원초적 열정들을 가진다고 주장한다. 덕 있는 사람도 악당도 이런 자연적 열정들을 가진다고 주장한다. 예를 들어, 어떤 사람도 타자들의 슬픔에 대해 자연스럽게 슬픔을 느낀다. 이 감정이 인간 본성이다. 스미스는 다음과 같이 주장한다.

> 인간이 아무리 이기적이라고 상정하더라도 인간의 본성에는 분명 이와 상반되는 몇 가지 원리들이 존재한다. 이 원리들로 인해 인간은 타인의 운명에 관심을 갖게 되며, 단지 그것을 지켜보는 즐거움밖에는 아무것도 얻을 수 없다고 하더라도 타인의 행복을 필요로 한다. 연민과 동정이 이런 종류의 원리들이다(Smith, 1979, p. 9).

스미스는 자연이 덕을 위해 정감에 토대를 제공한다고 믿는다. 그리고 그는 주장한다.

> 한 사람의 모든 능력은 그가 타인의 유사한 능력을 판단할 때의 척도가 된다. 나는 나의 시각에 의해 당신의 시각을, 나의 청각에 의해 당신의 청각을, 나의 이성에 의해 당신의 이성을, 나의 분개에 의해 당신의 분개를, 나의 애정에 의해 당신의 애정을 판단한다. 나는 그것들을 판단할 다른 어떤 방법도 가지고 있지 않으며 또 가질 수도 없는 것이다(Smith, 1979, p. 19).

결국 상상이 다른 사람들에 대한 인간의 공감의 원천이다. 스미스에게, 공감은 연민과 슬픔의 감정을 가리킬 뿐 아니라 어떤 열정들을 포함한다. 그에 따르면, 자신의 행동을 시인하거나 부인하는 것의 토대는 타자들의 행동을 판단하는 것과 동일하다. 그는 다른 사람들의 상황에 자신을 위치시키고 그들의 눈을 통해 자신의 행동을 바라봄으로써 공감을 한다고 주장한다. 동일한 상황에서 다른 사람들에 대해서 그러하듯이,

스스로 옳게 행동하는지 그르게 행동하는지를 결정함에 의해, 사회적으로 인정받은 행동 규범의 토대를 구성한다는 것이다. 스미스는 모든 사람이 본성상 선천적인 도덕감을 부여받는다고 주장하기보다는, 사람들에게서 서로의 정서에 공감하고, 진지하고 인간적인 배려와 상상을 가지고 공감하는 명백한 성향을 주목하는 것이 중요하다고 주장한 것이다. 그는 우리 내부에 다른 사람들의 정서들 속으로 들어가고 다른 사람들과 동일시되는 진지한 욕망의 실존을 주장하고 있는 것이다. 이 욕망이 사람들로 하여금 다른 사람들에 대한 공감을 얻고 그것을 유지시키도록 노력하게 만든다는 것이다.

자공이 공자에게 평생 실천해야 할 바를 한마디로 말한다면 무엇이라고 할 것인가를 묻자, 공자는 그것은 서라고 대답하고 그것은 자신이 원하지 않는 일을 남에게 시키지 말라는 것이라고 말한다(『論語』「衛靈公」23, 子貢問曰 有一言而可以終身行之者乎 子曰 其恕乎 己所不欲 勿施於人). 그리고 중궁이 인에 대해서 묻자, 공자는 "문을 나가서는 귀한 손님을 맞듯이 하고, 백성을 부릴 때는 큰 제사를 받들 듯이 하며, 자신이 원치 않은 일을 남에게 베풀지 말라. (그렇게 하면) 나라 안에서도 원망하는 이가 없을 것이고, 집안에서도 원망하는 이가 없을 것이다"라고 답한다(『論語』「顏淵」2, 仲弓問仁 子曰 出門如見大賓 使民如承大祭 己所不欲 勿施於人 在邦無怨 在家無怨). 여기서는 인을 실천하는 태도로서 경(敬)과 서를 제시하고 있다. 서의 구체적인 내용은 '자기가 하기 싫은 일은 남에게도 시키지 말라'는 것이다. 주자는 서를 '자기를 미루어 사물(다른 사람)에 나아가는 것[推己及物(人)]'이라고 주석한다(『論語』「衛靈公」23, 朱子注). 『대학』[8)에서는 이를 '자로 재는 도

[絜矩之道]'라고 부르면서 나라와 세상을 다스리는 원리로 제시한다. 즉,

> 윗사람에게서 싫었던 것으로써 아랫사람을 부리지 말며, 아랫사람에게서 싫었던 것으로써 윗사람을 섬기지 말며, 앞사람에게서 싫었던 것으로써 뒷사람에게 보태지 말며, 뒷사람에게서 싫었던 것으로써 앞사람에게 따르지 말며, 오른쪽에게서 싫었던 것으로써 왼쪽에게 사귀지 말며, 왼쪽에게서 싫었던 것으로써 오른쪽에게 사귀지 말 것이니, 이것을 자로 재는 도라고 부른다(『大學』 10, 所惡於上 毋以使下 所惡於下 毋以事上 所惡於前 毋以先後 所惡於後 毋以從前 所惡於右 毋以交於左 所惡於左 毋以交於右 此之謂絜矩之道).

맹자 또한 서의 중요성을 다음과 같이 강조한다. 즉, "서의 원리에 따라서 행하는 것보다 인을 구하는 더 가까운 방법은 없다"(『孟子』 「盡心 上」 17, 强恕而行 求仁莫近焉). 그리고 『중용』에서 공자는 다음과 같이 말한다.

> 남이 너에게 해주기를 바랄 수 없는 행위를 남에게 행하지 마라. 군자의 도에는 네 가지가 있는데 나는 한 가지도 잘하지 못한다. 나의 자식이 해주기를 바라는 바에 따라 부모를 섬기는 것을 잘하지 못한다. 나의 자식이 해주기를 바라는 바에 따라 부모를 섬기는 것을 잘하지 못한다. 나의 신하가 해주기를 바라는 바에 따라 임금을 섬기는 것을 잘하지 못한다. 동생이 해주기를 바라는 바에 따라 형을 섬기는 것을 잘하지 못한다. 벗들이 해주기를 바라는 바에 따라 먼저 베풀어주는 것을 잘하지 못한다(『中庸』 13, 孔子曰 施諸己而不願 亦勿施於人 君子之道 四 丘未能一焉 所求乎子 以事父 未能也 所求乎臣 以事君 未能也 所求乎弟 以事兄 未能也 所求乎朋友 先施之 未能也).

---

8) 『大學』(『漢文大系 一 : 大學說』(日本 : 富山房, 昭和, 59年)).

공자는 인을 다른 사람을 사랑하는 것[愛人]으로 설명하고 있다. 다른 사람을 사랑한다는 것은 곧 다른 사람의 마음이 되는 것이며, 이를 위해서는 먼저 자신을 관찰하고 유비 추리를 통해 다른 사람을 이해해야 한다. 그리고 타자 이해의 적극적인 방법으로 서를 말하고 있는 것이다. 공자는 구체적인 행위 규범을 정하고 있다. 그것은 바로 '자기가 하기 싫은 일은 남에게 시키지 말라'는 도덕적 명령문의 형태로 나타난다. 서는 결국 타자 존중의 정신이다. 타자 존중의 정신은 관용을 실천할 수 있는 도덕적 힘과 정당성을 보장한다. 비록 다른 사람이 나와 다르더라도 그의 생각이나 행동을 반대한다고 하더라도 그것을 용납해야 할 이유는 내 속에 다른 사람이 있으며 다른 사람 속에 내가 있기 때문이다. 충과 서는 궁극적으로 나와 다른 사람을 동질적인 존재로 보게 한다. 공자는 상식에 호소하여 일반인들이 충서를 쉽게 이해하도록 한다. 먼저 자신의 욕망과 이익을 살피고, 그 욕망과 이익 추구의 확대 과정을 통해 다른 사람들도 나와 동일한 욕구를 가진 존재라는 사실을 확인하도록 한 것이다. 자기 부모가 소중한 것처럼 다른 사람의 부모도 소중하게 여겨야 한다는 단순한 도덕은 '자기를 돌이켜보고 난 후 다른 사람을 미루어 생각하는 것'에 다름 아니다. 유가가 존중하는 호혜성의 원리는 상호간의 경제적 이익을 포함한다. 그 개념은 경제적 측면에 한정되지 않는다. 그것은 상호간의 감정들, 체면들, 사회적 관계들 등을 포함한다. 이 원칙은 서로 다른 상황들 아래에서 사람들 간에 서로 다른 형식으로 시행될 것이다.

공자가 말한 충서의 원리는 일종의 '협동적인 사회의 미래도'였을 것이며, 반목과 의심, 투쟁과 고통이 바람직하지 않다는 확신인 것이다. 그것은 인간의 진정한 이해 관계란 상충하는 것이 아니라 상호 보완적이라는 것, 전쟁, 불의, 착취는 그것으로 고통 받는 사람뿐 아니라 이득을 보는 사람까지도 해친다는 깊은 신념이다(크릴 지음 / 이성규 옮김, 2001, p. 158). '자기가 하기 싫은 일은 남에게 시키지 말라'는 충서의 원리가 소극적인 개념으로 때때로 비난을 받기도 하지만, 공자는 인간의 의무를 단순히 소극적인 것으로 생각하지 않은 것은 확실하다. "인한 사람은 자신이 서고자 할 때 남이 서게 해주며, 자신이 이루고자 할 때 남이 이루게 해준다. 가까이 자기에게서 취하여 비추어보아 남을 이해할 수 있다면(자기의 마음속에서 바라는 것에서 다른 사람을 대하는 행동의 원리를 찾는다면) 인을 실천하는 방법이라고 할 수 있다"(『論語』「雍也」 28, 夫仁者 己欲立而立人 己欲達而達人 能近取譬 可謂仁之方也已)는 공자의 언급은 결코 소극적인 언급이 아니다. 칸트가 말한 '네 의지에 따른 행위의 준칙이 자연의 보편적인 법칙이 되게 행동하라'는 정언명법과 공자의 언급은 그 원리가 비슷하다. 칸트와 공자는 둘 다 자유주의자 내지 개인주의자이기 때문에 개인의 관점에서 세계를 자아와 외계라는 두 개의 커다란 측면으로 구성된 것으로 생각한다. 개개인의 입장에서 본다면 자기 스스로 자신을 통제해야 하기 때문에, 따라서 그 책임은 사실상 무한한 것이다. 그러므로 인간은 끊임없이 부지런히 인격을 도야하지 않으면 안 된다. 그리하여 선이 무엇인가를 알게 되면, 만인을 위하여 그 선을 실현하는 데 최선을 다하지 않으면 안 된다. 이 때문에 칸트는 두 가지 목표, 즉 '자기 자신의 완성과 타인의 행복'을 추구하는 데 진력하는 것이 도덕적 의무라고 주장한 것이다. 이것은 공자의 도덕적 교훈을 요약한 것으로 볼 수 있다(크릴 지음 / 이성규 옮김, 2001, pp. 167-168 참고). 그러나 서의 원리를 타산적으로 정당화시키는 것은 유가의 윤리를 '윤리학적 이기주의(ethical egoism)'로 간주하게 하거나 '이기주의'와 '비이기주의'가 병존하는 모순된 체계로 보게 할 가능성이 있다. 서의 원리에 대한 타산적 정당화는 이기적 성향을 가진 사람들을 도덕의 원리에 따라 살아가도록 이끄는 방편으로 이해해야 할 것이다.

Ⅲ. 적정성 원리로서의 스미스의 '공정한 관찰자'와 공자의 '군자/소인 공간'

스미스는 사람들이 어떻게 도덕 판단과 개선을 이루는가를 설명하기 위하여 내생적인 역동적 메커니즘으로서 '공정한 관찰자'의 개념을 사용한다. '공정한 관찰자'라는 개념은 인간의 내적 본성으로서의 정의와 선을 설명하는 매우 애매한 개념이다. 공정한 관찰자의 개념을 사용함으로써 스미스는 서로 다른 사회경제적 환경들 속에서 자기 조직 과정으로서의 도덕 형성이 이루어지는 과정을 설명하게 된다. 공자는 인간의 도덕성 형성의 과정을 결정하는 어떤 구체적인 '권위'도 사용하지 않는다. 그는 고대 중국의 사고 방식9)의 하나인 음/양적 사고를 바탕으로 인간 도덕성 형성 과정을 설명하는 '중국적 공간(Chinese space)'을 만든다. 인간의 도덕성을 분석하는 공자의 방식은 음양의 원리에 바탕을 두는 것이다. 음양의 원리는 만

---

9) 여기서 말하는 중국적 사고란 생성 논리를 바탕으로 하는 역적(易的) 사고를 말한다. 이는 직각적 사고, 상징적 사고, 전일적 사고, 상보적 사고, 생명적 사고 등으로 구성된다. 상세한 논의는 박재주, 1999, 청계를 참고하라.

물 생성을 음과 양이라는 두 가지 극으로서 설명한다. 만물은 두 가지 극 내지 요소들의 혼합의 결과며, 두 가지 극들 사이에 위치한다. 공자에게 모든 사람들은 두 가지 극단적인 유형들, 즉 군자(君子)와 소인(小人) 사이에 위치된다. 도덕성 내지 인간성의 문제는 두 극단들 사이 어디에 위치하는가는 정확하게 측정하기 어려운 것이다. 더욱이 이 측정 체계는 한 사람이 극단적인 점들을 확인하고 그 극단적인 점들 사이에 그 실제성을 위치시켜야 하기 때문에 미리 정해진 것이 아니다. 공자의 이 전체적인 공간을 이해할 수 있기 위해서는 현대적 용어로 말하여 '퍼지적 (fuzzy)' 사고가 요구될 것이다. 그의 방식을 '군자/소인 공간 (gentleman-smallman space)'이라고 부를 수 있을 것이다.

스미스는 자기 사랑이라는 강한 충동에 대항할 수 있는 것은 인간 사랑이라는 부드러운 힘도 아니고, 자연이 인간 마음에 점화시킨 자애라는 약한 불꽃도 아니라고 주장한다. 이 경우에 작용하는 것은 더욱 강렬한 힘이고 더욱 강제력 있는 동기다. 그것은 양심이나 이성, 가슴 속의 거주하는 내부의 사람이며, 행위에 대한 재판관 내지 조정자다. 우리가 타인들의 행복에 영향을 미치는 일을 할 때마다 깜짝 놀라게 하는 큰 목소리로 소리치는 것은 바로 이 사람이다. 우리가 자신들 및 자신들에 관련하는 모든 것이 실제로 사소하다는 사실을 배우는 것은 오직 이 중립적 관찰자로부터이고, 이 중립적 관찰자의 눈에 의해서만 자기 사랑이 빠지기 쉬운 잘못된 생각을 정정할 수 있다는 것이다. 우리 자신의 이해 관계보다 더 큰 타인들의 이해 관계를 위하여 우리 자신의 그것을 포기하는 것의 적정성과 우리 자신의 최대 이익을 얻기 위하여 타인에 대하여 최소의 해악을 주는 것의 추악성을 우리에게 보여주는 것은 바로 그 공평무사한 중립적 관찰자를 통해서라는 것이다.

스미스가 말하는 '공정한 관찰자'는 도덕적 행위자가 자기 자신과 타인들에 관하여 판단을 내리는 메커니즘이다. 도덕 철학에서 '관찰자'라는 개념은 새로운 것은 아니다. 스미스는 그의 도덕 철학에서 이 관념을 더욱 발전시킨 것이다. 그는 우리 자신의 행동들을 판단할 우리의 능력의 원천과 본질을 설명하기 위하여 '공정한 관찰자'를 도입한 것이다. '공정한 관찰자'의 기능에 대해 스미스는 다음과 같이 주장한다.

우리가 우리 자신의 자연적 위치에서 떠나 일정한 거리를 두고 자신의 여러 가지 감정과 동기를 바라보려고 노력하지 않는다면, 우리는 결코 그것들을 제대로 관찰하거나 그것들에 대한 올바른 판단을 할 수 없다. 그러나 우리는 다른 사람들의 눈으로 보려고 노력하거나 다른 사람들이 바라보듯이 보려고 노력하는 방법 이외에 다른 방법은 없다. 따라서 우리가 다양한 감정과 동기에 대하여 어떠한 판단을 형성하더라도 그 판단은 항상 암암리에 타인의 판단은 어떠하며, 특정한 상황에서는 어떠할 것이고, 우리가 생각컨대 당위적으로 어떠해야만 할 것인가 하는 문제와 어느 정도 관련되어 있다. 우리는 우리 자신의 행동을 공정한 관찰자가 관찰하는 것처럼 관찰하도록 노력한다(Smith, 1979, p. 110).

스미스의 '공정한 관찰자'는 내부에 이미지화된 사람이다. '공정한 관찰자'는 가슴 속의 사람이며 행위의 위대한 심판관 내지 조정자다. 우리가 그의 입장에 서서 그가 우리를 보는 것처럼 실제로 그의 눈으로 우리 자신을 보고, 그가 우리에게 제시하는 것들에 대해서 진지하고 성실하게 관심을 가지고 귀를 기울인다면 그의 음성은 결코 우리를 기만하지 않을 것이라고 스미스는 생각한 것이다. 이 '공정한 관찰자'의 메커니즘은 그들 자신의 도덕적 판단들을 공식화시키려고 시도하는 모든 사람들에게 적용될 수 있는 것이다. 공정한 관찰자는 열정과 합리적 능력을 가진다. '공정한 관찰자'는 스스로를 타자의 행동의 관찰자로서 뿐 아니라 자신의 행동들의 관찰자로서 상상할 수 있다. 도덕적 행위자는 '공정한 관찰자'의 눈을 가지고 그 자신의 그리고 타자들의 행위와 동기를 관찰한다. 스미스는 이 점을 다음과 같이 주장한다.

　타인들의 행복 또는 불행이 어떤 점에서든 우리의 행동에 의존하고 있는 경우, 우리는 자기 사랑이 우리에게 그렇게 하도록 시사하듯, 우리 자신의 작은 이해 관계를 우리 이웃 사람의 더욱 큰 이해보다 우선시키는 일은 감히 하지 못한다. 내부의 사람(the man within)이 곧바로 우리에게, 우리는 우리 자신들을 너무 높게, 타인들을 너무 낮게 평가하고 있으며, 그렇게 함으로써 우리 자신을 우리 형제들의 경멸과 의분의 적정한 대상으로 만들고 있다는 사실을 알려준다 (Smith, 1979, pp. 37-38).

　도덕적 행위자는 '공정한 관찰자'의 마음을 가지고 판단을 내린다. 그 관찰자는 스미스에 의해서 묘사된 상상을 통해 공정한 판단을 할 수 있다. 우리가 우리의 행동에 대한 관찰이나 판결을 하려고 할 때, 관찰자이자 재판관으로서의 우리와 관찰되고 재판을 받는 우리와는 서로 다른 성격을 지닌다. 그러나 스미스는 재판관이 피재판인과 동일하게 되는 것이 불가능하다고 주장한다. 그는 도덕적 판단 과정의 다른 예를 제시한다. 그것은 행위자와 관찰자의 경우다. 관찰자는 행위자의 슬픔 속으로 들어가서 그것을 공유하는 성향을 지닌다. 행위자는 그가 공감을 받고 있음을 알 수 있고, 자기의 슬픔이 그 관찰자에게 고통의 원인이 됨을 후회할 수 있다. 그 행위자는 더욱 적절하게 행동함으로써 그 상황을 개선하려고 한다. 그래서 관찰자는 그 행위자의 행동으로부터 고통을 더 적게 받을 수 있다. 이런 과정을 통해서 둘 사이에는 새로운 정서적 평행 상태가 이루어질 수 있다. 스미스는 이 조화로운 균형 상태에 있는 개인을 다음과 같이 설명한다.

> 그는 공정한 관찰자의 감정을 단순히 가장하는 것이 아니라 실제로 그것들을 채택하는 것이다. 그는 자신을 그 공정한 관찰자와 거의 동일시하고, 자기 스스로가 거의 공정한 관찰자로 되며, 그리고 그의 행동에 대한 위대한 조정자가 그에게 그렇게 느끼도록 지도하는 대로 느낀다(Smith, 1979, p. 147).

스미스는 다양한 행위자들을 가진 상황들을 포함하여 더 복잡한 상황들을 상상한다. 그는 사실상 사람들은 어떤 특정한 개인을 주 관찰자로 인정하지 않고 그들은 '가슴 속'의 사람을 '상상할' 것이라고 주장한다. 이 관찰자의 판단은 타자들의 행동들에 공감하고 그것들을 심판하고 관찰하는 사람들이 되는 그들 자신의 경험에 의해 측정된다. 그러한 상호적인 동료 감정(fellow-feeling)을 사용하여 그의 도덕 철학을 구성한 것이다.

스미스의 도덕 역동성의 주메커니즘은 '공정한 관찰자'를 통해서지만 공자의 그것은 '군자-소인 공간'을 통해서다. 공자는 다양한 사람들의 유형을 예시하기 위하여 군자와 소인이라는 두 극단적인 유형의 사람들을 사용한다. 그리고 그는 사태의 역동성을 따르기 위해 역시 두 가지 극단적인 시간 점들, 고대와 현대를 사용한다. 이렇게 하여 공자는 각 사람이 (혹은 각 상황이) 군자(나 덕스런 상황)로부터 얼마나 떨어져 있는가를

'측정'할 수 있었다. 공자의 도덕 철학에서 고대와 군자의 개념은 둘 다 정확한 적정성과 완전성을 수립하는 역할과 '근접성의 정도'를 측정하는 준거점의 역할을 수행한다. 군자와 소인이라는 그의 개념은 비록 그가 현대적 역동적인 분석 방법들을 가지고 있지는 않을지라도 그가 효과적으로 인간의 역동성을 검토할 수 있게 도움을 주었다. 예를 들어, 그는 환경이 달라짐에 따라 실제 인간이 어떻게 변하는지를 예시하기 위해서 군자와 소인을 사용한다. 환경이 바뀌면 소인은 도덕적으로 정신적으로 하향의 경향이 있지만 군자는 그 반대의 경향을 갖는다. 공자는 말한다. 즉, "군자는 위로 통달하고 소인은 아래로 통달한다"(『論語』「憲問」24, 子曰 君子上達 小人下達). 여기서 위로 통달한다는 것은 근본에 도달하거나 인의에 도달하는 것이며, 아래로 통달한다는 것은 지엽적인 것에 도달하거나 재물과 이익을 추구하는 것이다. 그리고 "대체로 인한 사람은 자신이 서고자 할 때 남이 서게 해주며, 자신이 이루고자 할 때 남이 이루게 해준다. 가까이 자기에게서 취하여 비추어보아 남을 이해할 수 있다면 인을 실천하는 방법이라고 할 수 있다"(『論語』「雍也」, 夫仁者 己欲立而立人 己欲達而達人 能近取譬 可謂仁之方也已). 자신으로써 비유를 삼는다는 것은 자기의 마음과 같으려니 하여 남을 헤아리는 것을 뜻하므로 서(恕)의 뜻과 같다. 공자는 또한 인간 행위의 다양성을 묘사하기 위해서 그 개념을 사용한다. 사람들과 만날 때 얼굴의 표현에 관련하여 공자는 말한다. "군자는 태평하되 교만하지 않으며, 소인은 교만하되 태평하지 않다"(『論語』「子路」26, 子曰 君子泰而不驕 小人驕而不泰). 그리고 의와 용기에 관련하여 그는 말한다. "군자는 의를 으뜸으로 여긴다. 군자가 용맹은 있으나 의가 없다면 난을 일으키고, 소인이 용맹은 있으나 의가 없으면 도둑질을 한다"(『論語』「陽貨」23, 子曰 君子義以 爲上 君子有勇而無義爲亂 小人有勇而無義爲盜). 그리고 피고 용인에 대한 고용인의 태도와 관련하여 그는 말한다. "군자는 섬기기는 쉬우나 기쁘게 하기는 어려우니, 기쁘게 하는 것을 도로써 하지 않으면 기뻐하지 않는다. 그가 사람을 부릴 때는 각자 그릇에 맞게 쓴다. 소인은 섬기기는 어려우나 기쁘게 하기는 쉬우니, 기쁘게 하는 것을 비록 도로써 하지 않더라도 기뻐한다. 그가 사람을 부릴 때는 갖은 짓을 다해주기를 요구한다"(『論語』「子路」23, 子曰 君子易事而難說也 說之不以道 不說也 及其使人也 器之 小人難事而易說也 說之雖不以道 說也 及其使人也 求備焉). 공자에 따르면, 군자와 소인은 그들의 욕망이 충족되지 않을 때 다르게 행동한다. 진(陳)나라에 양식이 떨어지니 제자들이 병들어 일어나지 못한다. 자로가 성난 얼굴로 뵙고 '군자도 곤궁한 경우가 있습니까?'라고 말하자 공자는 답한다. "군자는 곤궁함도 견뎌나갈 수가 있으나, 소인이 곤궁하면 못할 짓이 없게 된다"(『論語』「衛靈公」2, 在陳絶糧 從者病 莫能興 子路慍見曰 君子亦有窮乎 子曰 君子固窮 小人窮斯濫矣).

우리는 논어에서 소인뿐 아니라 군자와 함께 하는 많은 구절들을 만날 것이다. 중요한 것은 공자가 실제상의 다양한 유형의 사람들을 예시하기 위해서 이 두 끝을 사용했다는 점이다. 중용에서 공자는 순(舜)이 순이 되신 이유를 들면서 "두 끝[兩端]을 잡고 그 중을 백성에게 사용하셨다"(『中庸』6, 執其兩端 用其中於民)고 말한다. '두 극단적인 점들을 사용한다'는 공자의 분석적 방법은 다음의 말에서 설명된다. 즉, "내가 아는 것이 있겠는가? 아는 것이 없다. 어떤 비루한 사나이가 무식하게 나에게 물어올지라도 나는 그 물음의 처음과 끝을 되물어 본 다음에 성의를 다해 가르쳐준다"(『論語』「子罕」7, 子曰 吾有知乎哉 無知也 有鄙夫問於我 空空如也 我叩其兩端而竭焉). 여기서 '성의를 다한다'는 말은 두 극단들 사이의 다른 모든 경우들을 검토한다는 의미다. 중국적 추론의 이 방식을 사용한다면 공자의 도덕 철학은 혼란스러움을 주는 것은 아닐 것이다. 이는 오히려 수학적(mathematical)이다. 그가 양극단을 다룰 때 그의 관념들은 매우 분명하다. 그의 군자 관념은 스미스의 우월한 신중한 사람의 관념만큼 분명한 것이다.

그러나 유가 윤리에서 주장하는 충서의 원리는 마음의 원리로서 이성과 감성과 의지를 통섭하는 것인 반면, 서양의 정감론자들이 말하는 공감은 주로 정서적인 측면에서 말하는 것이다. 따라서 지식과 정서와 행위의 통합을 지향하는 오늘날 우리의 도덕 교육이 더욱 적절한 시사점을 찾을 수 있는 곳은 바로 충서의 원리일 것이다. 그리고 유가 윤리의 '군자-소인 공간'과 아담 스미스의 '공정한 관찰자' 사이에도 다른 점이 있다. 전자는 실제적 삶을 평가하는 기준으로서 두 극단적인 삶의 모범들을 제시하고 종합적인(이성과 정서를 포함한 인간 삶의 전체를 고려한다는 의미에서) 면에서 자신의 위치를 검토하게 하는 것이다. 그 검토의 기준인 군자와 소인의 성품들은 객관적인 기준으로 행위자에게 주어지는 것이다. 반면 후자의 경우 '공정하다'는 것은 정서를 배제한 이성적인 판단에 머무는 것이며, 판단의 주체도 자기 속의 타자다. 군자-소인 공간이 명확하지는 않지만 실제적인 삶 자체를 평가하는 기준인 반면 공정한 관찰자는 매우 추상적인 판단의 기준이다. 공정한 판단

과 공감은 상호 접합되기 어려운 개념들이다. 공감의 순간 공
정하기 힘들 것이며, 공정하고 정확한 정보들을 가지고 내린
판단이 공감을 불러일으키기 힘들 것이다. 아무튼 충서의 원리
와 공감 이론은 그 원리상 상통하는 면들도 있지만 개념상 또
는 실제 방법론상에는 많은 차이점들도 있음을 이해하는 것도
무엇보다 중요할 것이다.

IV. 결론

지금까지 서양의 도덕정감론자들이 말하는 공감에 비추어
유가 윤리의 공감의 원리를 살펴보았다. 서양의 공감은 한마디
로 자기 사랑의 일방적 확대로서의 타인 사랑이다. 그것은 자
기와 타인 사이의 진정한 상호성 내지 호혜성의 관계로 보기
힘들다. 그리고 그것은 주로 인간의 정감 문제다. 그러나 유가
에서의 충서의 원리는 진정한 호혜성의 윤리로 이해할 수 있
다. 자기 충실로서의 내향적 마음과 자기 마음과 타인의 마음
의 동일시로서의 외향적 마음은 서로 쌍방적인 방향으로 작동
하는 것이다. 그리고 그것은 정감의 문제만이 아니라 이성과
정감을 따로 구분하지 않는 통합적인 공감이다. 그래서 유가에
서는 상호성과 적정성의 문제를 충(忠=中心), 서(恕=如心)와
같이 '마음(心)'을 중심으로 논의하고 있는 것이다. 여기서 말
하는 마음은 사단(四端)과 칠정(七情), 리(理)와 기(氣)를 통합
하는 것으로서, 마음의 공감은 이성과 정감의 통합적 상호성을
말하는 것이다. 따라서 윤리 이론으로서의 공감의 원리는 유가
의 충서의 원리가 더욱 적절한 것으로 생각된다. 더욱이 통합

적 접근의 도덕 교과 교육을 위한 이론적 근거로서 유가 윤리의 충서의 원리가 적절하고 타당한 것으로 생각한다.

도덕 교과 교육은 도덕 의지를 기르는 교육으로 거듭나야 할 것이다. 도덕 의지는 도덕적 지식과 도덕적 정감의 통합을 통해 형성될 수 있는 것이다. 앎과 느낌의 통합적 주체로서의 마음에 대한 교육이 도덕 교과 교육의 주된 내용이어야 할 것이다. 인간은 이성과 감정의 조화로서의 정신적 존재다. 도덕 교육은 인간의 전인적인 요소들인 지성과 감정 그리고 의지가 통합적 조화를 이룬 도덕적 인격의 사람을 기르는 것을 목적으로 삼아야 할 것이다.

도덕 교과 교육은 도덕적 지식의 교육도 필수적이지만, 감정의 순화와 의지력 형성을 위한 공감의 교육도 필수적으로 요구되는 것이다. 유가 윤리에서 말하는 공감은 충서로서 '입장 바꿔 생각하기'에 다름 아니다. 다른 사람의 행위에 대해 항상 그 사람의 입장에서 판단할 수 있는 사람은 '공정한 관찰자'라기보다는 '공감적 관찰자(sympathetic spectator)'일 것이다 (R. H. Hare, 1978, p. 94). 스미스가 말하는 '이상적인 관찰자(ideal observer)'는 그가 말하는 '공정하고 사정에 정통한 관찰자(impartial and well-informed spectator)'이자 헤어가 말하는 '공감적 관찰자'일 것이며, 이는 곧 유가가 말하는 군자와 유사한 사람일 것이다. 공감 교육의 지향점이 단순한 연민과 동정심의 함양에 머물지 않고 그것과 지성을 통한 타인 이해가 하나로 통합되는 것이라면, 유가의 충서에 대한 교육이 도덕 교과 교육의 주된 내용으로 선정되어야 할 것이다.

충서의 가치는 일차적으로 개인의 수양과 훈련을 전제로 한 덕목이다. '자기의 마음을 다하는' 일이나 '자기를 미루어 타인에게 이르는' 일은 모두 개인적 수양의 정도에 따라 달라지기 때문이다. 그러나 도덕 의식의 확장을 통해 충서의 가치는 다른 사람에 대한 도덕 규범, 즉 사회 윤리의 덕목으로 확대될 수 있다. 따라서 도덕 교과 교육의 핵심적 내용은 충서의 덕목이어야 한다. 그 구체적인 내용은, 남의 행복을 증진시키기 위하여 자신의 최선을 다하는 것으로서의 충과, 소극적인 측면으로서 타인의 해악을 금지하고 적극적인 측면으로서 타인의 행복을 증진시키는 것으로서의 서 두 가지일 것이다. 그것은 곧 타인의 해악 금지라는 최소 도덕과 타인의 행복 증진이라는 최대 도덕을 통합하는 내용일 것이다.

□ 참고 문헌

『논어』(『漢文大系 一 : 論語集說 』(日本 : 富山房, 昭和, 59年)).
『맹자』(『漢文大系 一 : 孟子定本』(日本 : 富山房, 昭和, 59年)).
『중용』(『漢文大系 一 : 中庸說』(日本 : 富山房, 昭和, 59年)).
『서경』(『漢文大系 十二 : 尚書』(日本 : 富山房, 昭和, 59年)).
『예기』(『漢文大系 十七 : 禮記鄭注 』(日本 : 富山房, 昭和, 59年)).
『순자』(『漢文大系 十五 : 荀子集解』(日本 : 富山房, 昭和, 59年)).
루소, 장 자크 지음 / 최현 옮김, 「인간불평등기원론·사회계약론」(집문당, 1989).
루소, 장 자크 지음 / 정봉구 옮김(2000), 「에밀(상)(하)」, 범우사.
안인희 외(1994), 「루소의 자연 교육 사상」, 이화여대 출판부.
박동환(2001), 「안티호모에렉투스」, 도서출판 길.
박재주(1999), 「주역의 생성 논리와 과정철학」, 청계.
_____(2003), 「서양의 도덕 교육 사상」, 청계.
크릴, H. G. 지음 / 이성규 옮김(2001), 「공자—인간과 신화」, 지식산업사.
한국철학사연구회(2004), 「다산 경학의 현대적 이해」, 심산문화.
Hare, R. M.(1978), *Freedom and Reason*, Oxford University Press.

Hersh, Richard H., et. al.(1980), *Models of Moral Education : An Appraisal*, New York : Longman Inc.

Hume, David(1978), *A Treatise of Human Nature* (ed., L. A. Selby-Bigge), Oxford.

Noddings, Nel(1995), 'A morally defensible mission for schools in the 21st century', Phi Delta Kappan, Bloomington.

Rötz, Heiner(1993), *Confucian Ethics and the Axial Age*, Albany : State University of New York.

Smith, Adam(1979), *The Theory of Moral Sentiments* (ed., D.D. Raphael & A.L. Macfie), Clarendon Press, Oxford.

제 5 장
아리스토텔레스의 실천지와 공자의 의(義) 개념

I. 서 론

오늘날 도덕 교육은 외부에서 오는 충격 때문이 아니라 자체 내부의 문제로 심각한 존폐의 위기에 봉착하고 있다고 생각한다. 무엇보다도 그것의 효과성이 크게 의심받고 있는 실정이다. 교과 교육으로서의 도덕 교육이 그래도 존속되는 것은 도덕이라는 이름 덕분일 것이다. 실효성을 따진다면 과연 존속할 수 있을까 심히 의문스럽다. 그 누가 도덕 교육의 효과가 사회의 도덕성 확립에 크게 기여하니까 계속 도덕을 가르쳐야 한다고 주장할 수 있겠는가? 쓰러지려는 나무를 살리려면 오히려 가지나 잎사귀를 잘라내고 뿌리를 손봐야 할 것이다. 도덕 교육의 근본은 그것의 목적과 방향일 것이며, 그 지엽이 내용과 방법일 것이다. 도덕 교육을 논의하는 자리는 거의 지엽을 왈가왈부하는 자리에 머문다. 그 지엽에 관한 논의는 근본에 관한 논의가 충분히 이루어진 후에 가능한 일이다.

최근 도덕적 판단력을 기르는 도덕 교육에서 덕 교육 내지 인격 교육으로 도덕 교육의 목적과 방향이 크게 바뀌었다. 그런데 덕과 인격이 무엇인지는 심도 있는 논의를 하지 않고 상식적으로 생각하려고 한다. 이 문제에 관한 상식은 많은 오류들을 내포하고 있다고 생각한다. 상식이 쓰러질 도덕 교육을 일으켜 세울 수 없을 것은 당연하다. 도덕 교육의 목적과 방향에 대한 진지한 논의가 충분히 이루어진 후에 내용과 방법의 문제를 논의하는 것이 순리일 것이다.

　　도덕 교육의 근본인 "덕이나 인격이란 무엇인가?" 라는 논의의 핵심은 아리스토텔레스가 강조했던 '실천지(phronesis)'에 관한 논의여야 한다고 생각한다. 그가 최초로 구분한, 지적으로 뛰어난 사람과 도덕적으로 탁월한 사람 사이의 근본적 차이는 실천지를 가진 사람이냐는 것이다. 그가 지적 덕과 윤리적(=도덕적) 덕을 구분한 것도 이 점을 강조하기 위함이었을 것이다. 소크라테스는 알면 곧 행동하게 된다고 생각하여, 지적으로 뛰어난 사람이 바로 윤리적으로도 뛰어난 사람이 된다고 생각했던 것이다. 그의 이런 주지주의의 문제점을 간파했던 아리스토텔레스는 지적인 덕과 윤리적(=도덕적) 덕을 구분 지우고, 지식도 이론지와 실천지로 나누었다. 그리고 덕은 실천지와 관련된 것임을 강조하였다.

　　소크라테스의 주장대로, 도덕적 행위의 문제가 도덕적 지식의 문제인 것은 아니지만, 그것들이 서로 구분되는 별개의 문제는 결코 아니다. 도덕은 본질적으로 통합적이다. 그것은 이성만의 문제나 정서만의 문제, 단순한 행위의 문제만이 결코 아니다. 따라서 도덕 교육은 당연히 통합적으로 접근되어야 한다. 차시별로 나누어 이성과 정서와 행동을 따로 가르치는 것이 통합이라고 생각하는 것은 어불성설이다. 도덕에 관한 한 세 가지들은 따로 가르칠 수도 없고 그래서도 결코 안 된다. 도덕은 그 자체가 세 가지들의 통합이기 때문이다. 맛있는 음식의 맛은 소금과 설탕과 간장이 조화(=통합)를 이룬 맛이지, 차례대로 소금과 설탕을 그리고 간장을 먹고는 맛있는 음식을 먹었다고 할 수 없을 것이다. 통합적 도덕 교육은 글자 그대로 도덕의 통합성을 가르치는 것이어야 한다. 그런데 그것을 가장 잘 표현하고 있는 것이 실천지 개념인 것이다. 실천지가 무엇인지를 논의한다면 도덕이나 인격이 과연 무엇인가를 알 수 있을 것이다. 그리고 도덕의 통합성, 즉 덕의 실천지적 성격을 가르친다면, 그것이 곧 통합적 도덕 교육 내지 인격 교육이 될 것이다.

그런데 본 논문은 선진 유가에서 말하는 실천지의 개념을 검토하고, 그것이 오늘날의 도덕 교육에 주는 시사점을 살펴보고자 한다. 유가에서 말하는 도덕과 인격은 처음부터 통합성의 개념이다. 그것은 '통합적 인격(integrated personality)'인 것이다. 그리고 인격 교육 내지 도덕 교육의 성격을 띠는 유가의 교육은 당연히 통합적 접근의 교육이었다. 그리고 유가에서는 처음부터 지식을 이론지와 실천지로 구분하지 않았다. 유가에서 말하는 지식은 아리스토텔레스의 실천지에 해당한다. 공자(孔子)가 말하는 지(知)나 의(義)는 곧바로 실천지로 번역될 수 있을 것이다.

Ⅱ. 덕의 통합성

우선 덕의 통합성의 문제를 논의하기 전에 '도덕'이라는 말에 대한 올바른 이해가 선행되어야 할 것이다. 우리가 사용하는 도덕 내지 윤리는 '도덕(moral)' 내지 '윤리(ethics)'보다는 오히려 '덕(virtue)'에 더 가까운 개념이다. 서양에서 '도덕적' 인간(moral person)이라는 말과 도덕 교육(moral education)이라는 말이 쓰이기는 하지만, 그 본래적 의미로 말한다면 '덕 있는' 인간(virtuous person)과 '덕 교육(virtue education)'이 더욱 정확한 표현인 것 같다. 중국에서도 '도덕' 내지 '도덕 교육'이라는 말이 간혹 보이기는 하지만 일반적으로 '덕' 내지 '덕육'이라는 말이 일반적으로 사용되고 있는 것 같다. 우리는 지금 '덕'과 '덕육'처럼 익숙하지 않은 용어를 다시 쓸 수는 없지만, 도덕이나 도덕 교육의 정확한 의미를 덕과 덕육의 의미로 받아들여야 할 것이다.

고대 그리스의 소크라테스나 플라톤은 도덕(moral)이라는 말보다는 '탁월성(excellence)'의 의미를 가지는 arete(=덕)라는 말을 사용하였다. 그리고 아리스토텔레스는 탁월성을 지적 탁월성과 도덕적(=윤리적) 탁월성으로 구분하면서, 도덕이라는 말을 사용한다. 이 경우 도덕이란 관례와 습관 내지 욕구의 구조라는 의미를 지닌다. 라틴어 vir에서 나온 오늘날의 virtue(덕)라는 말은 '힘(force)' 내지 '작용(agency)'이라는 근본적 의미를 지니는데, 그것은 그리스어의 arete(탁월성)에 가까운 말이다.

동양 고대에서 사용된 '도덕'이라는 말은 서로 다른 '도(道)'와 '덕(德)' 두 개념으로 이루어진 말이다. '덕'의 의미는 서양의 virtue와 큰 차이가 없다. 그것 역시 힘이나 세력의 의미를 지닌다. 그 힘이 특히 아리스토텔레스의 경우 지식(=지적 덕)과 습관 내지 관례에서 오는 것(=도덕적 적)이며, 동양의 경우 도를 따르는 데서 나타나는 것이다. 이 경우 도는 우주 만물의 근본 원리에서 일상의 관례와 규범을 포함하는, 단순한 표현으로 인간이 걸어갈 '길'을 말한다. 덕은 오랜 동안 도(=길)를 따라서 살아감으로써 얻게 되는(=得) 것이기 때문에, 지식(=지혜. sophia)과 관례를 통해 습관적으로 얻어지는(=習得)되는 것이다. 그리스에서의 지혜(=이론지. episteme+직관지. nous)의 대상으로서의 본질이나, 동양에서의 우주 만물의 근본 원리로서의 도나 리(理)는 존재론의 대상이며 상당한 차이가 있을 수 있을 것이다. 그러나 순수한 도덕 철학의 입장에서 본다면, 서양이나 동양에서 주요한 개념은 '덕'일 것이다. 그리고 그 근본적 의미는 동양과 서양에서 별 차이가 없을 것이다. 서양의 '도덕'은 관례만을 의미하기에 지적 덕과 도덕적 덕을 통합하고, 덕의 자연성과 인위성을 동시에 의미하는 개념으로는 '덕'이라는 말이 합당할 것이며, 동양의 경우에도 순수한 경험주의적 도덕 철학의 문제로서 '도'와 '덕'보다는 '덕'이 더욱 합당한 말일 것이다. 그리고 '덕'의 의미로 사용한다면 '도덕'의 근본적 의미는 동양과 서양에서 큰 차이가 없을 것이며, 다만 강조점과 표현상의 차이가 있을 따름일 것이다. 이 점은 이미 공자와 아리스토텔레스의 덕 관념을 살펴보면 분명히 알 수 있을 것이다. 서양식의 덕 교육 내지 인격 교육이 우리의 도덕 교육을 주도하고 있지만, 우리의 전통적인 도덕 관념도 더욱 강조해야 할 입장에서, 동서양의 도덕 관념을 더욱 분명히 하면서 덕의 근본적 의미를 밝히는 일은 도덕 교육의 진정한 모습을 회복하는 데 무엇보다도 중요한 일이 될 것이다.

　오래 전의 일이지만, 근본적 의미의 차원이 아니라 실천 방식의 차원에서 '도덕'을 잘못 이해하여 도덕 교육의 방향을 크게 바꾸어놓았던 사건이 있었다. 이른바 '덕목 보따리(a bag of virtues)' 혹은 '보이스카우트 덕목 보따리(a bag of Boy Scout virtues)' 사건이 그것이다. 1960년대 이후 콜버그(L. Kohlberg)를 중심으로 하는 일부 학자들은 기존의 인격 교육을 비판하면서, 도덕적 판단력을 기르는 도덕 교육을 주장했다. 그 비판의 증거는 두 가지로 제시된다. 하나는 실험 연구에서 밝혀진 바와 같이 정직, 친절, 봉사 등의 인격 특성들의 형성을 목표로 삼는 '인격 교육'은 실효를 거두지 못한다는 것이다. 콜버그는 덕을 덕목(德目)으로 간주하면서, 그것은 다른 사람들의 행위를 비난하거나 칭찬하면서 사용하는 꼬리표 같은 것이며, 인격이나 인성을 나타내는 말이 아니라고 주장한다. 그 증거로 정직한 사람은 항상 정직한 행위를 하고 부정직한 사람은 항상 부정직한 행위를 하는 것은 아니라는 점을 제시한다. 즉, 정직한 행위는 그 사람이 '정직'이라는 인격 특성을 가졌거나 '정직'에 대해 무슨 말을 하는지에 관계없이 일어난다는 것이다. 또 하나는 인격에 대한 잘못된 가정에서 출발하는 덕목 교육이 학생들에게 풀어놓는 '덕목의 보따리'는 그 속에 담긴 내용에 따라서 상대주의적인 교육이 될 수밖에 없고, 상대적으로 강조되는 덕목들 사이에 생길 수 있는 갈등의 해결은 불가능하다는 것이다. '보따리(bag)' 은유는 그것이 특정한 어떤 것을 담아야 하는 것이 아니라 모든 종류의 대상들을 담아야 한다는 점에서 조직화되지 않고 관련성도 없는 임의적인 덕들을 시사한다. 그리고 그 은유는 그 보따리의 내용물을 평가하는 수단을 제시하지 않는다. 보따리 은유는 덕에 대한 정확한 설명을 하지 않고 덕 교육의 타당성을 부정하는 내용을 담은 경멸적인 슬로건이다.1) 덕에 관한 잘못된 해석은 결국 덕목 교육으

---

1) Betty A. Sichel, *Moral Education : Character Community, and Ideals*

로서의 도덕 교육을 실효성이 거의 없는 교화(indoctrination)로 거부하고, '도덕'이라는 말마저 거부감을 심하게 느낄 정도로 도덕 교육의 모습을 상하게 만들고 말았다. 대안으로 제시된 이른바 '자율적 접근'의 도덕 교육은, 도덕 교육을 '도덕 이후'(=인습 이후) 수준의 자율적인 '도덕적 판단력'의 형성을 목표로 삼거나 '도덕'이 아닌 '가치'를 교육하는 것으로 변모되었다. 그러나 이 자율적 접근의 도덕 교육이 도덕의 근본적 의미를 이해하지 못하고 덕의 의미를 왜곡하였으며, 실효성이 거의 없는, 진정한 도덕 교육의 모습과는 거리가 먼 도덕 교육이었음을 알게 되면서 순식간에 덕 윤리의 부활과 덕 윤리 교육 내지 인격 교육((character education)이 새롭게 활기를 찾으면서 도덕 교육의 본 모습을 회복하였다고 본다. 이 사건은 '도덕'이라는 개념에 대한 올바른 이해와 '도덕'의 근본적 의미를 강조하는 도덕 교육이 얼마나 중요한 것인지를 보여준 사건이었다고 생각한다. 결국, 도덕은 관례를 통해 습득하게 되는 인격 내지 인성이라는 점과 도덕의 근본적 의미와 그 의미를 실현하는 방안을 동시에 가르치는 것이 필수적이라는 점을 올바르게 이해하는 것이, 인격 교육으로서의 도덕 교육이 제대로 된 모습을 보이는 데 가장 중요할 것이다.

이제 덕의 통합성을 논의해보자. 아리스토텔레스는 인생의 궁극적인 목적은 행복한 삶을 사는 것이며, 그것이 곧 선이라고 주장했다. 그에게 행복이란 '완전한 덕을 따른 정신의 활동'[2]이며, 인간의 선이란 결국 '덕에 일치하는 정신의 활동'(NE, 1098a)이다. 따라서 행복과 선을 위해서 덕의 본질을 이해하는

(Philadelphia : Temple University Press, 1988), p. 88.

2) Aristotle, *The Nicomachean Ethics* (trans. David Ross)(Oxford : Oxford University Press, 1980)(아래에서는 NE로, 본문 속에 표기함), 1102a.

것이 대단히 중요하다. 우선 인간의 탁월성(=덕)은 지적인 것과 윤리적(도덕적)인 것으로 구분된다(NE, 1103a). 지적인 탁월성은 사물의 이치를 인식하고 올바른 행동을 계획하는 것으로서 철학적 지혜나 이해력이나 실천적 지혜 등이며, 도덕적인 탁월성은 너그러움, 절제, 용기 등과 같은 성품의 상태다. 이 두 가지 종류의 탁월성이 조화롭게 발휘될 때 인간의 행복과 선이 이루어질 수 있다는 것이다. 즉, 행복하고 선한 사람이 되기 위해서는 이성을 통한 진리 인식뿐 아니라 개인의 생생한 경험을 통해 진리를 깨달아야 한다고 본 것이다.

경험과 실천에 대한 강조는 도덕적 덕에 관한 그의 논의를 통해 더욱 분명해진다. 그는 관념의 수준에 머무는 행복보다는 덕 있는 행위를 통해 도달될 수 있는 덕 있는 사람의 행복을 문제 삼는다. 그에게 도덕적 행위를 가능하게 하는 것은 두 가지, 즉 도덕적 덕과 지적 덕(=실천지)의 통합이다. 도덕적 덕은 습관의 결과로 생긴다. 그래서 '에티케'란 말은 '에토스'(습관 혹은 관습)란 말을 조금 고쳐 만들어진 것이다. 도덕적인 덕은 본성적으로 우리에게 생기는 것이 아니다. 본성적으로 존재하는 것은 모두 그것에 반하는 습관을 형성할 수 없다. 도덕적 덕들은 본성적으로 생기는 것도 아니며, 본성에 반하여 생기는 것도 아니다. 우리는 본성적으로 그것들을 받아들이도록 되어 있으며, 또 그것들은 습관에 의해 완전하게 되는 것이다. 자주 보고 자주 듣기 때문에 시각과 청각이 생기는 것이 아니라 먼저 시각과 청각을 가지고 보거나 듣게 되듯이, 본성적인 것은 먼저 능력을 얻고 후에 활동한다. 그러나 (도덕적) 덕은 실천을 통해 비로소 얻게 되는 것이다. 집을 지어봄으로써 건축가가 되고, 거문고를 탐으로써 거문고 타는 악사가 되듯이, 옳은 행위를 함으로써 옳게 되고, 절제 있는 행위를 함으로써 절제 있게 되며, 용감한 행위를 함으로써 용감하게 된다는 것이다. 성품(으로서의 덕)은 활동(=행동)에서 생기며 그것에 의해 결정된다(NE, 1103a-b). 올바른 행위를 함으로써 올바른 사람이 되고 절제 있는 행위를 함으로써 절제 있는 사람이 된다는 것의 의미는 매우 중요하다. 문법의 규칙에 맞는 일을 하면 문법가인 것처럼, 만일 사람들이 올바른 행위를 하고 절제 있는 행위를 하면 이미 올바르고 절제 있는 사람이다. 남의 지시에 따라 문법의 규칙에 맞는 일을 하기보다는 '문법적으로'(=그 사람 자신 속에 내면화되어 있는 문법적 지식을 따라서) 어떤 일을 하기만 하면 문법가이듯이, '도덕적으로' 행위하면 도덕적인 사람이 된다. 이 경우 '도덕적으로' 행위한다는 것은 문법가의 경우에서처럼 옳은 이치를 '머금고 있는' 상태에서(=내면화된 지식에 따라) 행위하는 것이다. 그러나 아리스토텔레스에 의하면, 문법가와 도덕적인 사람의 경우는 다르다. '문법적으로' 어떤 일을 하는 것은 내면화된 문법적 지식을 따르는 일이지만, '도덕적으로' 행위하는 것은 내면화된 옳은 이치(=지식 혹은 학적 인식)에 따르기만 하면 되는 것이 아니다. 지식 이외에 다른 두 가지 조건들이 요구된다. 그에 의하면, 일정한 상태에서 행위할 수 있어야 도덕적인 행위자가 될 수 있다. 첫째로 지식을 가져야 하며, 둘째로 행위를 선택하되 그 행위 자체 때문에 선택해야 하며, 셋째로 행위가 확고하고 불변하는 성격에서 나오지 않으면 안 된다. 그러나 덕을 가지고 있다고 할 수 있는 조건으로서, 지식은 거의 혹은 전혀 아무 중요성도 없는 것이다. 다른 두 가지 조건들은 적지 않은, 아니 절대적인 힘을 가지고 있는 것이다. 그리고 이 조건들은 옳은 행위나 절제 있는 행위를 자주 하는 결과로 생긴다. 그러므로 옳고 절제 있는 행위를 하는 사람이 곧 옳고 절제 있는 사람인 것은 아니다. 그러한 행위를 하되 '옳고 절제 있는 사람이 하듯' 행하는 사람이 옳은 사람이며 절제 있는 사람이다(1105a-b 참고). 행위를 하지 않고서는 도덕적인 사람이 될 수 없지만 단순히 도덕적인 행위를 하는 것만으로는 필요조건일 뿐이지 충분조건이 될 수 없다. '도덕적인 사람이 행하듯', '알고 그 행위 자체 때문에 선택하고 확고한 성향으로서의 성품을 통해' 행위해야 한다. 아리스토텔레스는 인간의 궁극적 목표인 행복이 이성의 기능을 잘 발휘하는 것과 진리를 인식하는 것과 관련됨을 말하면서 지적 덕의 중요성(비록 그 가운데 실천지의 중요성을 강조하지만)을 강조한다. 그가 지식이 중요하지 않다고 하는 말의 본뜻은 이론지(혹은 관조적 이론 이성)보다는 실천지(혹은 실천 이성)가 중요하며, 동시에 성품(또는 성향)으로서의 도덕적 덕이 더욱 중요하다는 점을 강조하는 것이다.

도덕적 덕은 정념, 능력, 성품 가운데 하나다. 쾌락이나 고통을 수반하는 감정들이 정념이며, 여러 가지 감정들을 느낄 수 있게 하는 것이 능력이며, 정념과의 관계에서 잘 혹은 잘못 처신하게 하는 어떤 것이 성품이다. 두려워하거나 노여워한다고 해서 비난받거나 칭찬받지 않는 것처럼 정념 자체는 도덕과 무관하다. 어떤 정념을 느끼는 능력 또한 그것이 본성이기 때문에 도덕과 무관하다(선한 사람과 악한 사람이 되는 것은 본성에 의한 것이 아니다). 그렇다면 덕은 정념도 마음의 능력도 아니고 성품임에 틀림없다. 덕은 '성품' 또는 '성격의 상태'(=헤크시스)다. 어떤 상태인가? 눈의 덕이 잘 보게 하는 것이듯, 덕은 그것을 가진 어떤 것이 좋은 상태에 이르게 하고 그것의 기능을 잘 발휘하게 하는 것이다. 사람의 덕은 사람을 선하게 하며 그 자신의 일을 잘 하게 하는 성품이다. 덕은 정념과 행동과 관련하여 과도와 부족은 실패며 중간은 일종의 성공이다. 마땅한 때, 마땅한 일에 대하여, 마땅한 사람들에 대하여, 마땅한 동기로, 마땅한 태도로 정념을 느끼고 행동한다면 중간적인 것이며 동시에 최선의 일이다. 사람은 과도나 부족이 아닌 중간적인 것을 선택해야 한다. 그리고 중간적인 것은 올바른 이치에 따르는 것이다. 따라서 덕은 '중용에서 성립하는 행위(정념도 포함된다) 선택의 성품'이다. 즉, 정념과 행위를 선택하는 데에(물론 모든 정념과 행위에 중용이 있는 것은 아니다) 과도와 부족을 피하고 중용을 선택하려는 성향을 가진 성품의 상태인 것이다. 중용이란 대상 자체에서의 중간(=산술적 비례에 따른 중간)이 아니고 만인에 대해서 오직 하나만 있는 그런 것이 아니다. 그것은 '우리에 대한(=우리와의 관계에서의) 중간'이며 만인에 대해 같은 것이 아니다.

(도)덕의 통합성은 결국 실천성을 포함하는가의 문제다. 오로지 도덕을 합리주의의 입장에서 접근한다면 통합성을 인정할 수 없을 것이다. 간혹 순수 철학을 전공하는 사람들 중에는 도덕의 통합성 자체를 거부하거나 그것이 현실적으로 불가능한 입장이라고 주장하는 경우가 바로 합리주의적 도덕관이라고 볼 수 있다. 이는 도덕에 대한 잘못된 입장이다. 합리주의 내지 주지주의의 원조로 여겨지는 소크라테스마저 플라톤의 <대화편> 「메논」에서 도덕은 지식(=이론지)이라기보다는 진실한 의견(eudoxia)이라고 주장한다. 합리성이란 도덕을 지식(=이성)의 문제로서만 다루는 입장이다. 반면, 통합성의 입장은 도덕을 실천이나 경험의 측면에서 접근하면서 이성과 정서

와 행동을 통합적인 것으로 접근하는 입장이다. 합리성이란 질서와 일반성과 추상성을 추구하며 명백한 공식화를 요구한다. 현실적인 도덕적 실제가 그 합리성의 기준을 만족시키지 못한다면 반드시 수정되어야 하는 것으로 여겨진다. 합리주의는 하나의 보편적이고 추상적 원리에 바탕을 두고 모든 도덕적 성찰들이 이루어져야 한다고 생각하는 것이다. 그리고 특정한 상황에서 특정한 행동을 이끄는 구체적인 도덕 판단은 반드시 이 원리에서 연역되어야 한다고 주장한다. 여기에서는 구체적인 도덕적 경험들이 가질 수 있는 철학적 가치는 거의 무시되며, 특정한 도덕적 상황들을 만난다는 것의 의미는 거의 부정되고 마는 것이다. 특정한 상황은 기껏해야 예를 제시하는 것일 뿐 오히려 도덕적 판단과 이해를 방해하는 것으로 간주된다.

그러나 통합적 접근의 도덕적 성찰은 아주 대조적이다. 그것은 인간의 도덕적 경험의 관점에서 도덕적 실제를 이해하고자 한다. 그것은 관찰과 성찰에 우선성을 둔다. 그것은 사회적 맥락에 연루된 한 개인이 어떤 가치와 태도를 가지고 그의 삶을 살고 있으며, 어떤 선택의 상황들을 만나면 그 대응 방식을 심사숙고하여 결정하고 그리고 그 결정을 행동으로 나타내며 그리고 그 행동이 그의 삶에 어떤 결과를 가져오는지를 관찰하고 성찰하는 것이다. 경험주의 양식의 도덕적 성찰에서 도덕적 실제를 이해하는 중요한 원천은 자기 자신의 성찰과 판단을 가지고 도덕적 행위자로서의 삶을 살고 싶다는 그 사람의 삶 자체다. 그러한 삶의 특수성들에 대한 지각이 도덕적 실제를 이해하는 데 본질적인 것이라고 믿는 것이다. 그리고 그것은 특정한 사람들에 대한 우리의 정서적 대응들도 도덕적 지식에 중요하고 필수적인 것으로 간주한다. 따라서 그것은 역사나 문학이 철학적 분석을 통해 이미 세워진 관점들을 뒷받침해주는 유용한 예시들의 저장고로서가 아니라 우리 자신의 개인적 경험의 지평들을 확장시키고 따라서 철학적 분석에 중요한 역할을 수행하는 중요한 자원들로 간주한다. 통합적 접근의 도덕적 성찰은 도덕적 경험들에 권위를 부여하는 것으로 시작한다. 그리고 그것은 도덕적 성찰이 다양하고 비교적 구체적인 도덕적 고려들에 대한 성찰이어야 한다고 주장한다. 그것은 한 상황의 특수성들을 그것의 일반성만큼 중요한 것으로 간주한다. 그것은 그 특수성들이 정확하고 완전하게 표출되지 못하며 그래서 우리가 파악하기 힘들다고 해서 자명한 것으로 언명되는 추상적인 보편적 원리로부터 모든 것을 연역해야 한다고 결코 믿지 않는다. 그렇다고 해서 경험주의는 도덕적 경험들에 대한 성찰을 반대하고 그것들을 무비판적으로 수용하자고 주장하는 것은 결코 아니다. 그것은 합리주의적 성찰과 비판의 방식을 거부하는 것이다. 도덕적 실제를 이해하고 판단하고 수정해나가는 과정은 밖에서 주어지는 어떤 기준에 따라서 이루어지는 것이 아니라 도덕적 경험들 속에 나타나는 여러 가지 난점들에 대한 성찰에 따라 이루어져야 한다는 것이다.

그런데 선진 유가 윤리는 철저한 통합적 접근의 도덕적 성찰의 입장을 취한다. 그것은 일상적인 삶의 세계를 성찰의 대상으로 삼았던 것이다. 그래서 공자는 추상적이고 합리적인 성(性)과 천도(天道)에 관해서 이야기하지 않았던 것이다.[3] 그는 사람을 생활 세계와 분리시키려는 지나치게 추상적이고 합리

---

3) "자공이 말한다. '선생님의 문장은 들을 수 있었으나 성과 천도에 관한 선생님의 말씀은 들을 수 없었다'"(『論語』(『漢文大系 一：論語集說』(日本：富山房, 昭和, 59) 「公冶長」13, 子貢曰 夫子之文章 可得而聞也 夫子之言性與天道 不可得而聞也)).

적인 사변을 경계하였던 것이다. 그리고 『대학(大學)』에서 마음의 수양[修心]보다는 몸의 수양[修身]을 말하고 있는 것도 현실적 삶과 도덕적 경험을 중시하는 경험주의의 입장을 나타내는 것이다.

도덕의 통합성, 즉 실천성을 보여주는 대표적인 사례가, 공자가 '부자상은(父子相隱)으로 정직의 덕을 제시하는 『논어』의 구절이다.4) 아버지가 남의 양을 훔치자 아들이 고발하였는데, 공자는 오히려 아버지를 위하여 아들이 그 사실을 숨기는 것이 정직이라고 판단한다는 내용이다. 훔치지 않음도 또 훔친 사실을 알리는 것도 모두 합리적인 지식이자 도덕적 의무임에는 분명하다. 그런데도 공자는 그 사실을 숨겨야 한다고 말한 것이다. 합리적으로 이 문제에 접근하는 경우에는 문제는 비교적 간단하다. 남의 것을 훔치는 것은 비도덕적이며, 아버지의 훔친 행위를 아들이라도 고발하여야 한다. 정직이라는 덕은 바로 그 사실을 사실대로 알리는 것이다. 그러나 통합적 접근으로 정직을 판단한다면 해결이 어려운 도덕적 딜레마가 될 것이다. 공자는 실천성 내지 상황을 심각하게 고려하여 정직이라는 덕을 합리성의 입장과는 다르게 판단한다. 먼저 이성적 시비 판단을 내린다. '양을 훔쳤다'는 사실을 확인하고 그것에 대한 시비 판단을 내리고, 그 아들이 사실을 알리거나 숨기는 것에 대해서도 명확한 시비 판단을 내린다. 그리고 중요한 것은 그 판단이 내려진 후에 아버지와 아들 사이의 사랑하는 마음

---

4) "섭공이 공자에게 말한다. '우리 고장에 정직한 사람이 있습니다. 그의 아버지가 양을 훔치자 그 자식이 그 사실을 알려주었습니다.' 공자가 말한다. '우리 고장의 정직한 사람은 그와 다르다. 아버지는 아들을 위해 숨기며 아들은 아버지를 위해 숨기니, 정직은 그 속에 있다'"(『論語』「子路」18, 葉公語孔子曰 吾黨有直躬者 其父攘羊 而子證之 孔子曰 吾黨之直躬者異於是 父爲子隱 子爲父隱 直在其中矣).

과 아버지와 아들의 행위의 잘못을 서로 저울질한다. 그리고 그 잘못의 인류과 사회에 대한 침해의 정도와 자신의 선택의 그것을 저울질한다. 그리고는 '알릴 것인가' 아니면 '숨길 것인가'를 결정한다. 공자는 물론 이 과정을 거쳐 숨겨야 한다고 판단한 것이다.

또 하나의 사례는, 도응(桃應)이라는 제자가 던진 어려운 도덕 문제에 대한 맹자의 해결 방식이다.[5] 여기서 순(舜) 임금은 천자(天子)로서 법에 따라 살인자를 징벌하여 죽일 책임을 진다. 반면 아들의 신분으로서 그는 아버지를 살리고 봉양해야 할 책임을 진다. 이 경우, 합리적 접근을 따른다면 당연히 아버지라도 살인자는 처벌해야 할 것이다. 그러나 통합적 접근을 따른다면 문제는 복잡해진다. 순 임금은 두 가지 책임들을 동시에 수행할 수 없다. 이런 책임 갈등은 융통성으로 대충 해결할 방도는 없다. 어떤 선택도 작지 않은 잘못을 범할 수 있는 것이다. 이 경우에 전적으로 옳고 타당한 행동 방식은 가능하지 않다. 이 경우 그것을 이론적으로 해결하는 정답을 찾을 수 없을 것이다. 맹자가 제시한 해결책에 따르면, 아들인 순 임금이 일종의 자기 유배(=도망)를 통해 문제를 극복한다. 그것은 우연적이거나 기회주의적인 선택이 아니며, 더욱이 친친(親親

---

5) "도응이 묻기를, '순은 천자이고 고요는 사(=법을 집행하는 관리)인데, 고수(=순의 아버지)가 살인을 한다면 어떻게 할 것인가?' 맹자가 답한다. '법을 잡을 따름이다.' '그렇다면 순이 하지 못하게 하지 않겠습니까?', '순이 어찌 그것을 하지 못하게 하겠는가? 받은 바가 있을 것이다.', '그렇다면 순은 어떻게 하겠는가?', '순은 천하를 버리기를 해진 신을 버리는 것과 같이 보고 몰래 업고 도망하여 바닷가에 가서 살면서 평생 기쁘고 즐겁게 천하를 잊을 것이다'"(『孟子』(『漢文大系 一 : 孟子定本』(日本 : 富山房, 昭和, 59))「盡心 上」35, 桃應問曰 舜爲天子 皐陶爲士 瞽瞍殺人 則如之何 孟子曰 執之而已矣 然則舜不禁與 曰 夫舜惡得而禁之 夫有所受之也 然則舜如之何 曰 舜視棄天下猶棄敝蹝也 竊負而逃 遵海濱而處 終身訢然樂而忘天下).

=효, 부모 봉양)을 절대적이고 압도적인 삶의 원리로 생각하여 그렇게 판단한 것은 아니다. 아버지의 잘못(=살인)이 가져올 사회적 영향력을 고려하였을 것이다. 만약 그 정도가 약했다면 다른 선택을 했을 것이다. 아버지의 죄가 도저히 용서할 수 없는 것이고 사회적 영향이 대단히 크다면 죽음으로써 대의멸친(大義滅親)하였을 것이다. 그러나 삶을 바탕으로 주어진 도덕인 친친을 버리지 못하고, 인륜의 선과 사회적 정의를 모두 실현하는 방향으로 결정을 내린 것이다. 결국 맹자의 해결책은 순 임금이 그 갈등하는 책임들 가운데 하나, 즉 살인범을 체포하는 책임을 버린다는 것이다. 이 책임은 임금으로서의 그의 신분상의 역할에서 주어진 책임이다. 그리고 다른 책임은 아들이라는 신분상의 역할이 부여하는 책임이다. 그리고 순은 그 책임을 수행한다. 당시 법이 통하지 않는 해변으로 아버지를 업고 도망감으로써 법을 지켜야 하는 책임을 면한 것이다. 따라서 이 도덕적 딜레마는 해결된 것이다. 그런데 이 해결 방법은 사람이 맡은 바의 역할을 버리는 데 초점이 두어진다. 만약 일종의 신분상의 역할을 버릴 수 없다면 갈등을 해결할 수 없을 것이다. 버릴 수 없는 역할이 있다. 대표적으로 부모의 역할과 자식의 역할은 사람으로서 버릴 수 없는 것이다. 이 버릴 수 없는 역할과 다른 역할들이 갈등하는 경우에 당연히 버릴 수 있는 역할을 버린다. 순 임금은 버릴 수 있는 임금의 역할을 버린 것이다. 자식으로서의 역할은 버릴 수가 없는 것이다. 그것은 태어남과 동시에 가진 역할이며 살아 있는 한 가져야 하는 역할이기 때문이다. 임금으로서의 역할은 인위적으로 주어진, 그래서 버릴 수 있는 역할이다. 삶과 함께 가지는 역할이 부모를 모시는 역할이다. 그래서 삶은 부모를 모시는 것이 도

덕이 될 필요조건인 것이다. 따라서 사람으로 사는 것이 가장 기본이다.6) 그리고 부모를 모시는 도덕을 지키는 것이 가장 중요한 책임이 되는 것이며, 다른 어떤 책임들을 능가하는 것이다. 그러나 그 책임을 직감적인 초보적(prima facie) 책임으로 받아들이고, 그것을 압도적인 삶의 원리로 받아들인 것은 결코 아니다. 그것은 그 상황에서의 최선의 선택일 뿐이며, 그러한 선택을 내린 순 임금도 평생을 즐겁게 산다는 것[善]이다. 맹자가 순 임금의 판단을 모범적인 도덕적 행위의 사례로 제시한 것은 도덕이라는 '하늘의 벼슬[天爵]'을 '사람의 벼슬[人爵]'과는 비교할 수 없이 중요한 것임을 강조하기 위한 것이다.

객관성과 합리성의 측면에서 도덕에 접근하는 합리주의적 도덕 철학은 법과 같으며 기계적인 결정 작성 절차라는 이상을 추구하고, 개인적 심사숙고의 여지를 거의 남겨두지 않는다. 그러나 통합성과 실천성의 측면에서 도덕에 접근하는 공자는 군자(=도덕적 인간)는 어떤 것에 일정하게 불변하게 찬성하거나 반대하지 않는다고 주장한다. 그는 실천적 추론(practical reasoning)의 특수성과 맥락성에 주목한다. 도덕적 지식의 중요한 특징은 보편성과 일관성보다는 인간 삶의 실제 상황에의 감수성이다. 덕을 가진 행위자는 유연하고 항상 특별한 상황들의 두드러진 특징들을 고려함으로써 특별한 환경들에서 적절한 것을 추구한다. 이는 바로 윤리적 특수주의의 입장인 것이다. 따라서 공자 자신도 '기필하는 마음을 가지지 않는다'고 했던 것이다.7)

---

6) "맹자가 말한다. '누구를 섬기는 것이 큰가? 어버이를 섬김이 큰 것이다. 누구를 지키는 것이 큰가? 자신을 지키는 것이 큰 것이다. 자기 자신을 잃지 아니하고 능히 그 어버이를 섬기는 자를 내가 들었고, 자기 자신을 잃고서 능히 그 어버이를 섬기는 자를 내가 듣지 못하였노라'"(『孟子』「離婁 上」19, 孟子曰 事孰爲大 事親爲大 守孰爲大 守身爲大 不失其身而能事其親者 吾聞之矣 失其身而能事其親者 吾未之聞也).

III. 의(義)와 실천지

인간의 삶은 행위의 연속으로 이루어진다. 인간의 행위는 선택과 결정에 의해 이루어진다. 아리스토텔레스에 의하면, 목적적 이치와 욕망이 선택과 결정을 가능하게 한다. 따라서 성품(=정서 내지 욕구)과 사유(=이성)의 결합을 통해서만 선택과 결정이 이루어질 수 있는 것이다. 그러나 관조적 이성 혹은 사유 그 자체는 진리와 허위에 관계될 뿐 무엇을 움직일 수 없다. 오직 목적적이고 실천적인 사유만이 무언가를 움직일 수 있다(NE, 1139a). 그래서 아리스토텔레스는 지적인 덕들 가운데에서 실천지를 통해서 도덕을 논의한다. 그가 말하는 실천지는 기본적으로 이성적인 부분의 탁월성인 지적 덕에 속하지만 도덕적 덕과 연관된다. 목적적 이치는 실천지에, 욕망은 도덕적 덕에 해당한다. 이 두 가지의 통합을 통해 이론적 선택과 욕구적 결정이 이루어지며, 그 선택과 결정에 따라 인간의 삶이 이루어진다.

'건강한 것'과 '좋은 것'은 사람과 물고기에게 서로 다르지만, '흰 것'과 '직선적인 것'은 언제나 같은 것이다. 지혜 내지 완전지(sophia)(이론지+직관지)가 다루는 것은 언제나 같은 것이며, 실천지가 다루는 것은 변할 수 있는 것이다. 실천지가 있는 사람의 특징은 전체적으로 자기 자신에게 유익하고 좋은 것에 관해서 잘 살필 수 있는 것이다. 실천지란 결국 '인간적인 선에 관해서 참된 이치를 따라 행동할 수 있는 상태'다(NE, 1140b). 즉, 인간에게 좋은 것과 나쁜 것에 관한 참된 이치에 따라서

---

7) "공자는 네 가지의 마음이 전혀 없으셨으니, 사사로운 뜻이 없으셨으며, 기필하는 마음이 없으셨으며, 집착하는 마음이 없으셨으며, 이기심이 없으셨다"(『論語』 「子罕」4, 子絶四 毋意 毋必 毋固 毋我).

행동할 수 있는 상태를 말한다.

　모든 사람들이 본성적으로 도덕적(=윤리적) 성품(='본성적 덕')을 가지고 있을 수 있지만(나면서부터 옳으며, 절제할 줄 알며, 용감할 수 있지만), '시력이 없이 움직이는 강한 신체는 넘어져도 세게 넘어지는 것'과 마찬가지로 그것으로 인해 오히려 길을 잃어버릴 수 있기 때문에 이성(=실천지)을 얻어야만 '엄밀한 의미에서의 덕'이 될 수 있는 것이다. 그래서 아리스토텔레스는 모든 덕이 실천지라고 말할 수는 없지만 실천지 없이는 덕이 성립하지 못한다는 말은 지당하다고 말한다. 이어서 그는 덕을 정의하면서 (성품의) 상태와 그 영역을 지적하고 나서 그 상태가 '올바른 이치를 따른' 것이라고 부언하는 사실이 그 점을 입증한다고 말한다. 그런데 올바른 이치란 실천지를 따른 이치인 것이다. 모든 사람들은 대체적으로 이런 상태를 덕이라고 여긴다. 그러나 덕은 올바른 이치를 '따른'(그리스어 '카타'로서 남의 말의 이치를 듣고 따르는 경우를 포함한다) 상태일 뿐 아니라 올바른 이치를 '머금고 있는'(그리스어 '메타'로서 따르는 태도가 자주적이고 자신 속에 이치를 가지고 있는 것을 말한다) 상태이기도 하다. 그리고 이런 것들에 대한 올바른 이치가 다름 아닌 실천지다. 소크라테스에게는(그에게 모든 덕이 결국 학적 인식이었기 때문에) 모든 덕이 이치 내지 합리적 원리였지만, 아리스토텔레스에게 덕은 이치를 '머금고 있는' 것이다. 그에게 덕은 이치에 대한 학적 인식 혹은 이해의 수준을 넘어서는 것이다. 다시 말해, 실천지 없이는 엄밀한 의미에서의 좋은 사람이 될 수 없고 또 도덕적 덕 없이는 실천지 있는 사람이 될 수 없다. 본성적 덕의 경우에는 한 가지의 덕은 있으나 다른 덕은 가지지 못할 수 있지만, 실천지를 가지면 모든 덕이 따라서 존재하게 된다. 덕(=성품으로서의 도덕적 덕)이 없이는 올바른 선택이 가능하지 않다. 그리고 실천지(지적 덕으로서의)가 없어도 올바른 선택은 불가능하다. 전자는 목적을 결정하고, 후자는 목적을 실현시켜주는 것들을 행하도록 해준다. 그러나 의술이 건강보다 우월하지 않은 것과 같이 실천지가 철학적 지혜를 지배하지 못한다. 실천지는 지혜를 사용하는 것이 아니라 그것이 생기도록 마음을 쓰는 것이다. 그것은 지혜를 위하여 명령하는 것이지 지혜에게 명령하는 것이 아니다. 이는 정신적인 부분이 실제적인 활동보다 우월함을 말하는 것이다(NE, 1144b-1145a). 이는 아리스토텔레스가 합리주의적 입장에서 실천 윤리를 강조하고 있음을 나타낸다. 그는 인간의 행복은 사유의 기능인 이성을 잘 발휘하는 데 있다고 생각한다. 그러나 이성이 발휘되기 위해서는 실천지가 필요하다는 것이다. 실천지는 인간의 욕망이나 정념을 이성과 연계시킴으로써 이성적(합리적)인 삶을 살 수 있게 하는 것이다.

유가에서 지식은 때로는 아리스토텔레스의 이론지와 거의 같은 도덕을 벗어난 인지적 상태 내지 지능을 의미하기도 한다. 그것은 도덕적인 사람이나 비도덕적인 사람이 모두 가질 수 있는 것이다. 공자는 예전에 들은 것을 때로 익히고 항상 새롭게 터득함이 있다면 남의 스승이 될 수 있다고 말한다.8) 스승이 되는 데 도덕보다는 새로운 것을 '알면' 된다는 것이다. 그리고 군자와 소인의 구분을 '작은 것을 아는가[小知]'에서 결정하고,9) 알게 되는 과정에 따라서 사람의 등급을 판단하기도

---

8) "공자께서 말씀하셨다. '옛 것을 잊지 않고 새 것을 알면 스승이 될 수 있다'"(『論語』「爲政」11, 子曰 溫故而知新 可以爲師矣).
9) "공자께서 말씀하셨다. '군자는 작은 것을 알 수는 없으나 큰 것을 받을 수 있고, 소인은 큰 것을 받을 수는 없으나 작은 것을 알 수 있는 것이다'"(『論語』

한다.10) 즉, 태어나면서 아는 사람[生知], 배워서 아는 사람[學知], 곤란하여 배우는 사람[困學], 곤란해도 배우지 않는 사람[困不學]으로 사람을 구분한다. 뿐만 아니라 앎과 알지 못함(=어리석음)은 변화시킬 수 없다고 말한다.11) 이런 단순한 이론적인 지식은 좋아하거나 즐거워하는 것만 못한 것이라고 한다.12)

그러나 유가에서 지식은 하나의 덕으로서 간주되는 경우가 더욱 흔하다. 지식과 인(仁)이 함께 짝으로서 자주 거론된다. 예를 들어, 인한 사람은 인을 편안히 여기고 지식을 가진 사람은 인을 이롭게 여긴다고 하여,13) 인하지 못한 사람은 그 본심을 잃어 오래 곤궁하면 반드시 넘치고, 오래 즐기면 반드시 거기 빠져버리는 반면, 인한 사람만이 인을 편하게 여겨 가는 곳마다 변함이 없고, 지식을 가진 사람은 인을 이롭게 여겨 지키는 바를 바꾸지 않으니 비록 깊음과 얕음의 차이는 있으나 모두 외물에 마음을 빼앗기지 않는다는 점을 말한다. 그리고 지식을 가진 사람은 물을 좋아하고 인한 사람은 산을 좋아한다고 말하여,14) 지식인은 사리(事理)에 통달하여 두루 통하고 막

「衛靈公」33, 子曰 君子 不可小知而可大受也 小人 不可大受而可小知也).

10) "공자께서 말씀하셨다. '태어나면서 아는 자가 상등이요, 배워서 아는 자가 다음이요, 통하지 않아서 배우는 자가 그 다음이니, 통하지 않는데도 배우지 않으면 하등이 된다'"(『論語』「季氏」9, 孔子曰 生而知之者 上也, 學而知之者 次也 困而學之 又其次也, 困而不學 民斯爲下矣).

11) "공자께서 말씀하셨다. '오직 위로 아는 사람과 아래로 어리석은 사람은 서로 바꿀 수 없다'"(『論語』「陽貨」3, 子曰 唯上知與下愚 不移).

12) "공자께서 말씀하셨다. '아는 사람은 좋아하는 사람보다 못하고, 좋아하는 사람은 즐기는 사람보다 못하다'"(『論語』「雍也」18, 子曰 知之者不如好之者 好之者不如樂之者).

13) "공자께서 말씀하셨다. '인하지 못한 사람은 오랫동안 곤궁을 견딜 수 없고, 오래 즐거워할 수 없으니, 인한 사람은 인을 편하게 여기고 지식을 가진 사람은 인을 이롭게 여긴다'"(『論語』「里仁」2, 子曰 不仁者 不可以久處約 不可以長處樂 仁者 安仁 知者 利仁).

힘이 없어 물과 비슷하여 물을 좋아하고, 인한 사람은 의리(義理)에 편안하여 중후하고 옮기지 않아서 산과 비슷하여 산을 좋아한다고 말한다. 또한 지식인은 지혜가 밝아서 사리를 밝힐 수 있기 때문에 의혹되지 않으며 인한 사람은 천리(天理)가 사욕(私慾)을 이길 수 있기 때문에 근심하지 않는다고 말하고,15) 인은 사람을 사랑하는 것이고 지식은 사람을 아는 것이라고 한다.16) 인과 지를 대비적으로 말하고 있지만 그 관계는 분명하지 않고, 오히려 전덕(全德)의 인이 지를 포괄하는 것이다. 인 속에 포괄된 지식은 실천지에 가깝고, 인과 대비적으로 사용되는 지혜는 이론지에 가까울 것이다.

유가에서는 지식을 이론지와 실천지로 구분하지 않는다. '군자가 작은 일에는 알 수 없으나 큰 것을 받을 수 있다'는 말에서 '작은 일을 아는 것[小知]'은 실천지일 수 있으나 '큰 것을 받는다[大受]'는 것은 큰 것 내지 일반적인 것에 대한 지식, 즉 이론지를 말한다. 이론지로서의 지는 큰 것, 즉 명(命)과 예(禮)에 관한 지식을 말한다. 공자는 "명을 알지 못하면 군자가 될 수 없고, 예를 알지 못하면 설 수 없다"고 말한다.17) 그리고 공자 자신은 천명을 안다고 말한다.18) 명은 명령, 운명, 주어지는 것 등으로 다양하게 번역된다. 명의 원천은 하늘, 우주의 비

---

14) "지자는 물을 좋아하고 인자는 산을 좋아하며, 지자는 동적이고 인자는 정적이며, 지자는 낙천적이고 인자는 장수한다"(『論語』「雍也」21, 子曰 知者 樂水 仁者 樂山 知者 動 仁者 靜 知者 樂 仁者 壽).

15) "지자는 의혹되지 않고 인자는 근심하지 않는다"(『論語』「子罕」28, 子曰 知者 不惑 仁者 不憂).

16) "번지가 인을 묻자, 공자는 '사람을 사랑하는 것이다' 하셨고, 지를 묻자 '사람을 아는 것이다'라고 하셨다"(『論語』「顏淵」22, 樊遲問仁 子曰 愛人 問知 子曰 知人).

17) 『論語』「堯曰」3, 子曰 不知命 無以爲君子也 不知禮 無以立也.

18) 『論語』「爲政」4, 子曰 … 五十而知天命.

인간적 힘이다. 하늘의 규범적 관념으로부터 생긴 명은 유교 도덕성의 바탕이며, 하늘의 기술적 관념으로부터 생긴 명은 인간들이 직면하는 기대되지 않고 통제할 수 없는 조건을 의미하며 그리고 도덕적으로 중립적인 것이다. 유가에서는 하늘의 명을 아는 것이 군자의 한 자질이라고 생각되기 때문에 그것은 유교 도덕성의 존재론적 토대를 의미한다. 유가에서의 지식은 하늘의 명에 대한 지식, 좋은 인간 삶의 존재론적 전제이기 때문에 이론지인 것이다.

그런데 유가에서의 지식은 사람을 아는 것[知人]이다. 이 경우의 지식은 실천지에 다름 아니다. 아리스토텔레스가 말하는 실천지는 우주의 구성 요소와 같은 변화할 수 없는 것에 관한 이론적 지식이 아니라 인간적인 선에 관하여 아는 것을 가리킨다. 인간적인 선에 관하여 아는 것은 곧 인간에 관해서거나 인간 자신을 아는 것과 다르지 않을 것이다.

유가에서 실천지에 가까운 개념은 옳음(right)이나 마땅함(宜. appropriateness)의 두 가지 뜻을 가진 의(義)다. 객관적인 행위 기준으로서의 의는 옳음으로, 주관적인 행위자의 판단과 선택으로서의 의는 적절함이나 마땅함으로 해석된다. 아무튼 공자는 의를 무척 강조한다. 그는 '군자는 의를 으뜸으로 삼는다'거나,19) '군자는 의를 따를 뿐이다'라고 말한다.20) 도덕적인 사람이 되는 데에서 본질적인 것이 의라고 말하는 것이다. 용

---

19) "자로가 말하기를 '군자가 용맹을 숭상합니까?' 하자, 공자께서 '군자는 의를 으뜸으로 삼는다. 군자가 용맹만 있고 의가 없으면 난을 일으키고, 소인이 용맹만 있고 의가 없으면 도둑이 될 것이다'라고 말씀하셨다"(『論語』 「陽貨」23, 子路曰 君子尙勇乎 子曰 君子 義以爲上 君子有勇而無義 爲亂 小人有勇而無義 爲盜).

20) "군자는 천하에서 오로지 주장함도 없고 즐겨하지 않음도 없으며 의를 좇을 따름이다"(『論語』 「里仁」 10, 子曰 君子之於天下也 無適也 無莫也 義之與比).

기를 가지고 있지만 의가 없는 군자는 난을 일으킬 수 있고 소인이라면 도둑이 될 것이라는 언급에서 볼 수 있듯이, 의가 없는 용기는 진정한 덕이 될 수 없다. 의는 모든 덕들의 기본이고 토대며 따라서 덕의 필수적인 요소다. 덕들을 덕이 되게 만드는 것이 의인 것이다.

아리스토텔레스에게 덕들은 서로서로 따로 존재하지 않고 통합적이다. 그것을 가능하게 하는 것이 실천지다. 실천지의 소유가 모든 덕들을 통합시키는 것이다(1144b-1145a). 그는 실천지를 모든 덕들의 토대로 간주하는 것이다. 실천지는 '하나(mia)', 즉 하나의 상태 혹은 자질이라는 것이다(1145a2). 하나의 전체로서의 좋은 삶이라는 삶의 진정한 관념은 덕들에 의해서 추구되는 궁극적 선을 형성한다. 이 선은 분리될 수 있는 것이 아니다. 그것은 각각의 특별한 덕들에 작동한다. 비록 덕이 인간 삶의 한 영역에 관련되고 그 자신의 특별한 선을 가지지만 그 각각의 덕들에서의 실천지는 하나의 전체로서의 자신의 삶 속에서의 이 덕의 위치를 고려해야 한다. 공자가 용기는 의가 없다면 진정한 덕일 수 없다고 말했을 때 그는 유사한 생각을 하고 있는 것이다. 실천지로서 의는 예의 필요조건들을 알고 또한 언제 어떻게 예의 근본적 정신의 어김이 없이 그 예로부터 떠날 수 있는지를 안다. 예로부터 의는 하늘의 도를 반영하는 선의 일반적인 관념에 대한 파악을 얻는다. 공자에게서 만약 하나의 특별한 인격 특성이 진정한 덕으로 간주된다면 그것은 어떤 주어진 감정과 행위의 영역 속에서 무엇이 행해야 할 적절한 것인가를 파악하는 것을 의미한다. 이것은 예의 일반적 요구 조건들에 관한 이해뿐 아니라 어떤 주어진 상황에서 그 예를 어떻게 적용시킬 것인가에 대한 감각을 포함한다. 각 덕은 역시 적절한 것을 수행한다. "의를 보고도 행위하지 않음은 용기가 없다"는 공자의 언급은[21] 의가 덕들의 토대임을 분명히 알려준다. 의가 없다면 다른 인격 특성들은 진실한 덕들이 될 수 없다는 것이다.

그러나 『논어』에는 의 개념이 명확하게 정의되거나 자세하게 설명되고 있지 않다. 따라서 다양한 해석들이 존재한다. 먼저, 그것이 행위의 속성인가 행위자의 속성인가의 문제가 있다. 전자의 경우에는 의를 도덕적 행위의 자질이라고 생각하여 '옳음', '도덕성' 등으로 해석한다. 이 경우 의는 행위자의 성향이나 동기에 무관하다. 그것은 어떤 상황들 속에서 그 행위가 도덕적으로 적절한 행위인가의 문제인 것이다. 이런 해석의 의는 오히려 이론지에 더욱 가깝다. 의는 옳은 행위의 기준이며, 물질적 이득과 대비되는 것이라는 공자의 언급들이 많이 등장한다.[22] 그러나 의를 행위자의 속성인 덕으로 파악하고, 어떤 특정한 상황에서 적절한 도덕적 판단과 선택을 할 수 있는 행위자의 창조적 통찰력으로 해석하기도 한다. 공자는 분명히 군자의 인간됨의 바탕은 의라고 주장한다.[23] 『중용』에서 '의는 마땅함 내지 적절함[宜]'이라고 직접 표현한다.[24]

---

21) 『論語』「爲政」24, 見義不爲 無勇也.

22) "약속이 의(리)에 가까우면 그 약속한 말을 실천할 수 있다"(「學而」13, 有子曰 信近於義 言可復也), "의를 보고도 행동하지 않으면 용기가 없는 것이다"(「爲政」24, 子曰 … 見義不爲 無勇也), "의를 듣고 옮기지 못함이 나의 걱정거리다"(「述而」3, 子曰 … 聞義不能徙 … 是吾憂也), "의를 옮기는 것이 덕을 높이는 것이다"(「顏淵」10, 子曰 … 徙義 崇德也), "윗사람이 의를 좋아하면 백성들이 복종하지 않는 사람이 없다"(「子路」4, 子曰 … 上好義 則民莫敢不服), "말이 의(리)에 미치지 못하면 어려움이 있을 것이다"(「衛靈公」16, 子曰 … 言不及義 … 難矣哉), "얻음을 보면 그 의를 생각한다"(「季氏」10, 孔子曰 … 見得思義).

23) 『論語』「衛靈公」17, 子曰 君子 義以爲質.

24) 『中庸』(『漢文大系 一：中庸說』(日本：富山房, 昭和, 59年)) 20, 義 宜也.

옳음은 의의 객관적 외적 측면이며, 적절함은 주관적 내적 측면이다. 인간은 안으로 자기 자신을 느끼는 동시에 밖으로 세상을 바라본다. 자신을 안으로 느낀다는 것은 자신의 영혼이 자신을 확인한다는 것이며 주관적인 것이다. 밖으로 세상을 바라본다는 것은 세상을 이해하려는 지성적인 태도를 말하며, 객관적인 것이다. 이 두 가지 측면들은 도덕 철학에서 중요한 쟁점을 이룬다. 영혼의 자기 확인은 도덕에 가깝고, 지성의 사실에 관한 의미 사유는 윤리에 가깝다. 또한 도덕은 덕 윤리 혹은 존재 윤리(ethics of being)로 연관되고 이 논문의 주제인 실천지와 관련된다.

맹자 역시 '의를 으뜸으로 삼거나 의를 좇을 따름이라'는 공자의 주장처럼, 오직 의를 따를 뿐임을 강조한다.25) 맹자는 비교적 분명하게 의의 두 가지 측면들을 구분한다. 『맹자』의 여러 구절들에는 인간 관계를 지배하는 규범들의 의미, 즉 행위의 기준으로 객관적인 옳음의 의미로 의를 사용한다. 그러나 인과 의의 내외(內外) 논쟁에서는 분명히 그 뜻을 달리 한다. 즉, 고자(告子)가 인(仁) 내적이지만 의는 젊은 사람이 노인에게 나이가 많아서 보이는 존경의 근거로 외적이라고 주장할 때 맹자는 그 입장을 거부한다. 의는 흰색처럼 자연성일 수 없다고 주장하는 것이다. 왜냐하면, 우리는 노인을 존경하듯이 늙은 말을 존경할 수 없기 때문이다. 오히려 그것은 마음속에 있으며, 존경심을 가지고 노인을 노인으로 대하는 덕이다.26)

---

25) 『孟子』「離婁 下」11, 孟子曰 大人者 … 惟義所在.
26) "고자가 말한다. '식과 색이 성이니, 인은 안에 있고 밖에 있지 않으며, 의는 밖에 있지 안에 있지 않다.' 맹자가 말씀하신다. '어찌하여 인은 안에 있고 의는 밖에 있다고 하는가?', 고자가 말한다. '저들이 어른이라고 하므로 내가 그를 어른으로 여기는 것이요, 나에게 그를 어른으로 섬기려는 존경심이 있는 것은 아니다. 저들이 흰색이라고 하므로 내가 그것을 흰색이라고 하여 그 흰색을 밖에

맹자에 따르면 의는 인의예지(仁義禮智) 네 가지 덕들 중 하나다. 그것은 부끄러워하고 미워하는 마음[羞惡之心]에서 자란다. 그 수치심이 육체적 욕구와 파괴적인 감정들을 통제하고 행동을 자제하도록 동기를 부여한다. 이 수치심에 바탕을 두는 의는 더 많은 개인적 심사숙고와 선택을 포함하며, 그것은 주관적이고 내적인 의다. 이 내적인 의가 아리스토텔레스의 실천지와 같은 것이다.

아리스토텔레스의 실천지는 한마디로 '숙고를 통한 선택과 결정'으로 요약될 수 있다. 그는 도덕적 행위의 구성 요소를 세 가지 제시한다. 즉, ① 알아야만 한다. ② 선택하고 그 자체를 위해 선택해야 한다. ③ 고정된 성격(=인격)으로부터 나와야 한다. 여기서 알고 선택하기는 지적 덕, 즉 실천지에 해당한다. 그리고 고정된 인격은 도덕적 덕에 해당한다. 알고 선택한다는

서 따르는 것과 같다. 그러므로 이것을 밖에 있다고 하는 것이다.' 맹자께서 말씀하신다. '말의 흰색을 흰색이라고 하는 것과 사람의 흰색을 흰색이라고 하는 것과 다를 것이 없겠지만, 모르겠으나 말의 나이 많음을 가엾게 여김이 사람이 나이 많음을 존경하는 것과 다름이 없는가? 또 어른을 의라고 여기는가? 그를 어른으로 높임을 의라고 여기는가?' 고자가 말한다. '내 아우면 사랑하고, 진나라 사람의 아우면 사랑하지 않으니, 이는 나를 위주로 하여 기쁨을 삼는 것이다. 그러므로 안에 있다고 말한 것이요, 초나라 사람의 나이 많은 이를 어른으로 여기며, 또한 내 어른을 어른으로 여기니, 이것은 어른을 위주로 하여 기쁨을 삼는 것이다. 그러므로 밖에 있다고 말한 것이다.' 맹자께서 말씀하신다. '진나라 사람의 불고기를 좋아함이 나의 불고기를 좋아함과 다를 것이 없으니, 물건은 또한 그러한 것이 있는 것이다. 그렇다면 불고기를 좋아함도 또한 밖에 있단 말인가?"(『孟子』「告子 上」4, 告子曰 食色 性也 仁 內也 非外也 義 外也 非內也 孟子曰 何以謂仁內義外也 曰 彼長而我長之 非有長於我也 猶彼白而我白之 從其白於外也 故 謂之外也 曰 白馬之白也 無以異於白人之白也 不識 長馬之長也 無以異於長人之長與 且謂長者義乎 長之者義乎 曰 吾弟則愛之 秦人之弟則不愛也 是 以我爲悅者也 故 謂之內 長楚人之長 亦長吾之長 是 以長爲悅者也 故 謂之外也 曰 耆秦人之炙 無以異於耆吾炙 夫物 則亦有然者也 然則耆炙亦有外與).

것은 구체적으로 숙고하여 선택하고 결정한다는 것이다.

유가에서 말하는 의는 아리스토텔레스의 '숙고를 통한 선택과 결정'과 마찬가지로 단순한 실천적 합리성이 아니고 합리적 능력의 덕이다. 공자는 '군자는 의로써 바탕을 삼고 예로써 그것을 행한다'고 말한다. '근본 바탕'이라는 것은 단순한 행위 규범에 대한 지식이 아니라 수양된 본성 내지 성품을 뜻하며, 그것을 통해 예(=행위 규범)의 적절한 적용이 가능해지는 것이다. 공자가 자기를 극복하고 예로 돌아가야 함[克己復禮]을 말하지만 그는 결코 엄격주의 내지 보수주의를 강요하지 않는다. 예로 돌아간 다음에는 의로 돌아가야 함을 주장한다. 기본 바탕인 의로 돌아가 예의 적용을 선택하고 결정해야 한다. 그래서 그는 결코 예의 상세한 규범들, 즉 예의 절목(=예절)들을 엄수할 것을 주장하지 않고 그것의 변화를 시인한다. 예를 들어, 예의 근본은 검소함과 슬퍼함이라고 말한다.27) 검소함과 슬퍼하는 예의 정신이 중요한 것이지 그 정신을 표현하는 형식은 중요하지 않다는 뜻이다. 공자는 직접 예의 형식이나 민중의 뜻[時俗]보다는 예의 정신을 따르겠다고 말한다.28) 그리고 공자의 제자 자하는 "큰 덕이 한계를 넘지 않으면 작은 덕은 드나들어도 괜찮다"고 말한다.29) 여기서 '큰 덕의 한계'는

---

27) "임방이 예의 근본을 묻자, 공자께서 '훌륭하구나! 질문이여! 예는 사치보다는 차라리 검소함이고 상은 쉽게 치르기보다는 차라리 슬퍼함이니라'라고 말씀하셨다"(『論語』「八佾」4, 林放 問禮之本 子曰 大哉 問 禮 與其奢也 寧儉 喪 與其易也 寧戚).

28) "베로 만든 면류관이 예이지만 지금에는 생사로 만든 관을 만드니, 검소하다. 나는 여러 사람들을 따를 것이다. 당 아래에서 절하는 것이 예인데, 지금은 당 위에서 절을 하니 교만하다. 나는 비록 여러 사람들과 어긋날지라도 당 아래에서 절을 할 것이다"(『論語』「子罕」3, 子曰 麻冕 禮也 今也純 儉 吾從衆 拜下 禮也 今拜乎上 泰也 雖違衆 吾從下).

29) 『論語』「子張」11, 子夏曰 大德 不踰閑 小德 出入 可也.

예의 정신일 것이다. 공자가 가장 못난 사람으로 평가하면서 '덕의 적'으로 부른 향원(鄕原)은 관습들에 정통하여 모든 사람들을 즐겁게 하는 사람이다.[30] 대덕(大德)이나 대절(大節)에는 관심이 없고 오로지 소덕(小德)이나 소절(小節)에 능통하여 시속과 더러움에 영합하여 세상 사람들에게 잘 보이기만 하는 사람이다. 그것은 덕처럼 보이지만 덕이 아니고 오히려 덕을 어지럽히기 때문에 공자는 그를 덕의 적이라고 부른 것이다. 공자의 이 구분은 아리스토텔레스의 실천지와 '영리함(deinotes)'의 구분과 유사하다. 영리함은 '우리 앞에 설정된 과녁을 향하고 그것을 적중시킬 수 있는' 능력이다(NE, 1144a). 그것은 단순히 과녁을 적중시키는 합리적 능력일 뿐 거기에는 어떤 '큰 한계'라는 것이 설정되어 있지 않다. 실천지는 영리함의 합리적 문제 해결 능력을 갖지만 고상한 목적과 관련한 건전한 추론이다. 실천지를 가진 사람은 단순히 합리적으로 자질구레한 일들을 잘 처리하는 사람이 아니라 영리하면서도 도덕적인 사람이다. 그러나 영리한 사람은 능력은 갖지만 악한일 수 있는 사람이다. 그가 실천지를 가진 사람인가 아니면 단순히 영리한 사람인가는 그의 목적의 선함에 달려 있다(NE, 1144a). 선한 목적이 영리함, 즉 중립적인 실천 능력으로부터 실천지를 구별지어준다. 마찬가지로 공자에게 의는 군자와 연관되며 그것은 오직 군자만이 가질 수 있는 자질이다. 의는 군자의 '근본 바탕'인 것이다. 따라서 군자와 소인은 같은 지능을 갖지만 군자는 항상 의의 편에 서서 도덕적 판단을 내리는 반면, 소인은 물질적 이득을 만나면 그 이득만을 보게 된다.[31] 도덕적인 사람이

---

30) 『論語』「陽貨」13, 子曰 鄕原 德之賊也.
31) "군자는 의에 깨닫고, 소인은 이익에 깨닫는다"(『論語』「里仁」16, 子曰 君子 喩於義 小人 喩於利).

되기 위해서 관습들을 내면화시켜야 하고, 이 과정은 맹목적인 준수의 문제라기보다는 지적인 성찰을 포함한다. 그러나 예가 지켜야 하는 것인지 혹은 조정될 필요가 있는 것인지를 결정할 때 그것의 목표는 예의 정신을 포기하기보다는 예를 더욱 적절하고 마땅한 것으로 만드는 것이다. 그래서 예를 따르는 것과 의로써 예에 관해 숙고하고 새로운 선택과 결정을 내리는 것이 시간에 따라서 분리될지라도 그것들은 근본적 수준에서는 동일한 것이다. 의가 곧 예의 근본 정신인 것이다.

아리스토텔레스도 인간은 사회적 동물이어야 하며, 따라서 사회적 관습과 규범에 순응해야 한다고 믿는다. 그런데 한 사회에서 추구되는 목적들은 서로 충돌할 수도 있고, 심지어 선하지 못한 목적도 있을 수 있다. 사회에는 경쟁적인 덕들과 그 덕에 대한 서로 다른 정의들이 공존한다. 예를 들어, 아리스토텔레스는 '선한 사람(a good man)'과 '선한 시민(a good citizen)'을 구별한다(NE, 1130b). 사회의 변화에 따라 선한 시민의 의미도 변한다. 선한 시민을 위한 유일한 완전한 덕은 존재하지 않는다. 그러나 선한 인간을 위한 완전한 덕은 있을 수 있다. 그에게 그것은 이성이다. 인간은 사회를 떠나서 살 수 없는 한, 선한 사람이 되기 위해서는 사회적 관습에 대한 반성적 태도를 유지해야 한다. 이 반성적 기능이 실천지다. 그것은 관습들이 왜 진실하고 고상한 것인지를 이해하는 것을 돕는다. 그래서 '그것'을 아는 것으로부터 '왜'를 아는 것으로 나아가야 한다. 실천지의 인간은 진실로 덕스럽기 때문에 덕스럽게 행위한다.

공자가 말하는 문과 질의 관계도 예와 의의 관계를 잘 표현해준다. 그는 "질(=근본 바탕)이 문(=아름다운 외관)을 이기면 촌스럽고, 문이 질을 이기면 겉치레만 번드레하니, 문과 질이 같이 빛난 뒤에야 군자가 된다"고 말한다.[32] 질 또는 바탕은 도덕적 자질을 의미한다. 그것은 문, 즉 꾸밈 혹은 세련과 대조된다. 서로 대조되는 질과 문의 통합을 강조하는 공자의 윤리는 '윤리-미적(ethico-aesthetic)' 성격을 띠는 것으로 해석될 수 있다. 예의 수많은 실천들을 통한 인격의 훈련에 그 강조점을 두고 있다고 보아야 한다. 그러한 훈련을 통해 덕이 개발될 수 있다는 것이다. 예를 실천하는 과정(文)에서 어떤 덕의 자질(質)을 가지게 된다. 문과 질은 개념적으로는 구분되지만 사실적으로는 상보적인 것이다. 그 중 하나를 다른 하나가 없이는 완전하게 이해할 수 없는 것이다. 문이란 질 혹은 도덕성 위에 첨가될 수 있는 장식이거나 여가 시간에 하게 되는 어떤 것이 아니다. 문과, 예의 실천들에서의 그것의 드러남은 윤리-미적 성격 형성을 위한 훈련이 된다. 사실 의는 질(=바탕)이다. 그것은 예와 문 이전의 기본 재료에 해당한다. 예의 옳음을 보증하는 것이 의다. 의는 그것에 의해 모든 행위들이 최종적으로 측정되어야 하는 기준이다. 그래서 예와 의 사이에는 밀접한 관계가 있다. 두 가지를 통합적으로 고려하는 것이 바로 실천지의 입장인 것이다.

Ⅳ. 충(忠)과 서(恕) 그리고 실천적 추론

실천지를 가진 사람이 선택과 결정을 내릴 때 어떤 과정을 거치는가? 실천적 추론이란 어떤 과정으로 이루어지는가? 실천지가 바로 실천적 지각은 아니다. 실천적 지각이 실천지의

---

32) 『論語』 「雍也」16, 子曰 質勝文則野 文勝質則史 文質彬彬然後君子.

중요한 부분이기는 하지만 그것의 전부는 아니기 때문이다. 실천지는 실천적 지각뿐 아니라 숙고를 포함한 인간의 행위와 관련된 지적인 능력 모두를 가리키는 것이다. 실천지를 가진 사람의 특징은 잘 숙고하는 것이다(NE, 1141b). 실천지의 숙고는 물리적 우주나 사각형의 대각선과 변의 불통약성 등과 같은 영원한 것들에 관해서는 숙고하지 않으며, 하지나 동지의 도래나 별자리의 출현 등 운동하고 있으면서도 어떤 원인에 의해 언제나 똑같은 방식으로 일어나는 일과 한발이나 폭풍우나 보물찾기와 같은 우연한 사건에 관해서는 숙고하지 않는다. 그리고 인간의 모든 일에 대해서도 숙고하는 것도 아니다. 우리 자신의 노력으로 이루어질 수 없는 일에 관해서는 숙고하지 않는다. 우리는 우리 자신에게 달려 있는 것, 즉 우리의 힘이 미칠 수 있고 이루어질 수 있는 것들에 관해 숙고한다. 숙고의 대상은 실천적인 것, 즉 우리가 행위할 수 있는 것이다. 엄밀하고 자족적인 학문의 경우에는 숙고라는 것이 있을 수 없다. 숙고는 인간의 실천적인 영역을 대상으로 하며, 그 중에서도 우리의 능력이 미치는 범위의 일들, 그리고 비결정적인 일들로서 우리의 행위에 의해 다르게 될 수 있는 것들에 관한 일종의 탐구다. 그리고 숙고는 실천적인 목적을 전제로 한 탐구다. 우리는 목적에 대해 숙고하지 않고, '목적을 향한 것들'에 관해 숙고한다. 의사는 환자를 고칠 것인가 말 것인가를 숙고하지 않으며, 웅변가가 청중을 설득시킬 것인가 여부를 숙고하지 않으며, 정치가가 좋은 질서를 만들 것인가를 말 것인가를 숙고하지 않는다. 사람들은 목적을 설정해놓고 나서 어떻게 그것을 달성할 것인가를 숙고한다(NE, 1112a-b 참고).

'목적에 대해서는 숙고하지 않고 목적을 향한 것들에 대해 숙고한다'는 말과 함께, '덕은 우리에게 올바른 목적을 목표로 삼게 하고, 실천지는 우리로 하여금 올바른 목적을 향한 것들을 사용하게 한다'(NE, 1144a)거나, '덕은 목적을 결정하고, 실천지는 목적을 실현시켜주는 것들을 우리로 하여금 행하게 한다'(NE, 1145a)는 언급들은, 인간의 이성적 숙고 능력을 목적이 아닌 수단에만 관계하는 도구적 이성으로 간주하는 오해를 사기에 충분하다. 또한 (도덕적) 덕은 인간의 욕구적 부분의 탁월성이며, 실천지는 이성적 부분의 탁월성이기 때문에, 덕이 목적을, 실천지가 수단을 올바르게 해준다는 말은 목적은 욕구에 의해 결정되며, 이성은 그 수단을 찾는 데 불과하다는 의미로 해석될 소지를 안고 있다. 그러나 아리스토텔레스에게 이성은 욕구에 종속적인 것이 결코 아니다. 우선 그는 인간의 궁극적인 목적인 행복을 이성적 활동으로 규정하고 있다. 그가 말하는 행복은 이성을 배제한 순수한 욕망의 개념이 아니다. 그리고 그가 '영리함'과 실천지를 비슷하지만 다른 것으로 구분하고 있는 곳에서(NE, 1144a) 언질을 받을 수 있지만, 실천지 또는 그것의 숙고 능력은, 표적이 정해지면 그것을 향하는 일들을 잘하는 '영리함'과는 달리 올바른 목적에 대한 판단을 함축한다. '목적에 대해서가 아니라 목적을 향한 것들에 대해 숙고한다'고 할 때 '목적을 향한 것들'이란 목적을 성취하기 위한 외적 수단의 의미만 가지는 것이 아니며, 목적을 세부적으로 구성하는 내적 그리고 구성적 수단(요소)의 의미를 함께 지닌다. 외적 수단은 목적과 독립적인 관계에 있는 수단이지만, 내적 그리고 구성적 수단의 경우엔 그것의 결정이 곧 목적의 결정이라고 볼 수 있다. 자선냄비에 돈을 기부하는 행위는 그 자체가 자선이라는 목적의 구성 요소이지 외적 수단이 아니다.

따라서 숙고에 의해 목적의 구성 요소를 결정한다는 것은 숙고적 이성이 단지 목적 실현의 도구적 이성이 아니라 목적 결정에 기여하는 실천적 이성임을 충분하게 보여주는 것이다. 아리스토텔레스의 실천(=행위) 개념은 목적의 구성 요소를 결정하는 것 자체가 목적을 결정하는 것임을 분명하게 설명해준다. 엄밀한 의미에서의 실천이란 자기 목적적 가치를 지니는 행위를 말한다. 제작의 경우엔 그것의 결과를 목적으로 삼지만, 실천은 실천 그 자체가 목적이다. 덕 있는 행위는 그 자체가 목적이지 다른 목적을 가지지 않는다. 그것은 행복을 위한 행위다. 이 경우 덕 있는 행위는 행복의 수단이 아니라 행복이라는 목적의 구성 요소다. 따라서 실천지의 숙고에 의한 도덕적 행위의 선택은 다른 목적을 위한 외적 수단을 결정하는 것이 아니라 바로 목적을 숙고하고 결정하는 것에 다름 아니다. 그런데 아리스토텔레스가 '목적을 숙고하지 않는다'고 한 것은 무슨 의미인가? 예를 들어, 의사가 환자를 치료한다는 목적을 숙고하지 않는다는 것은 의사로서 그 목적을 당연한 것으로 여긴다는 것이지, 그 목적은 결코 숙고되지 않는다는 의미가 아니다. 그 목적이 당연시되지 않는 다른 조건에서는 숙고의 대상이 될 것이다. 숙고는 분명히 목적에 대해 숙고한다.

아리스토텔레스는 숙고는 목적을 당연한 것으로 여기고 목적을 성취할 방법을 여러 가지로 생각한다고 한 후에, "그리고 여러 가지 방법이 있는 것으로 보일 때는 그 중에 어떤 것이 가장 쉽고 가장 훌륭하게 목적에 도달할 수 있을까를 고찰한다"고 말하는 것이다(NE, 1112b). 숙고를 통해 '가장 쉽고 가장 훌륭한' 방법을 모색한다는 것은 아리스토텔레스의 숙고가 단순한 기술적 탐구가 아님을 말해준다. 숙고의 과정은 주어진 목적의 실현을 위한 효율적인 수단만을 모색하는 단순한 과정이 아니라, 목적을 향하는 것들을 탐색하는 과정에서 다양한 가치들이 함께 고려되는 복합적인 과정인 것이다. '가장 쉬운' 방법만을 찾는 것이 아니라 '가장 훌륭한' 방법을 찾는다는 것은 방법과 관련한 도덕적 가치를 함께 고려한다는 것이다. 그래서 '숙고를 잘(탁월하게) 한다'는 것은 건강이나 운동 등의 부분적인 영역에서가 아니라 '잘사는 것 일반', 즉 삶 전체를 고려한다는 것이다. 따라서 실천적 숙고는 구체적인 상황에서 주어진 목적을 전제로 그 목적을 향한 것들을 탐구하는 것이지만, 다양한 가치들을 함께 고려하는 것이며, 행복의 관점에서 탐구하는 것이다.

아리스토텔레스의 숙고 개념은 행위자의 관점에서 진행되는 실천적 탐구다. 숙고가 실천적 탐구라는 것은 행위의 목적이 없는 것에 대해서는 숙고(=사량)하지 않는다는(NE, 1141b) 말과 같은 의미다. 목적 있는 것에 대해서 숙고가 이루어진다는 것은 욕구하는 바를 숙고한다는 의미다. 욕구하지 않는 실천(행위)이란 이루어질 수 없다. 욕구 대상이 바로 목적에 해당한다. 목적을 가진다는 것은 인지적이며 동시에 욕구적인 요소를 가지는 복합적인 작용이다. 그러므로 욕구에서 출발하는 숙고는 단지 지적인 과정만이 아닌 욕구가 전이되는 과정이다. 따라서 숙고의 결론은 곧 구체적 실천(행위)으로 이어질 수 있다. 숙고는 현재의 자료를 기초로 미래의 결과를 예측하는 지적 과정만이 아닌 주체 자신의 욕구와 행위를 구체적으로 선택해가는 과정이다.

유가에서의 실천적 추론은 유비적 추론(analogical reasoning), 즉 유추(類推)다. 유추는 무엇을 행할 것인가를 결정할 때 서로 다른 상황들 사이의 유사점들을 보고 적절한 유비들을 도출하는 것이다. 유추의 과정은 두 단계로 구분될 수 있다. 자기 자신에 대한 검토와 상대방에 대한 검토다. 공자는 자기 자신에 대한 검토인 충(忠=中+心)과 상대방에 대한 검토인 서(恕=如+心)를 하나로 통하는 자신의 삶의 원리로 제시한다. '나의 도는 하나로 통한다'는 공자의 말씀에 대해서 증자는 그것이 충서라고 단정하여 말한다.33) 충과 서를 따로 분리하여 해석하기도 하고 서 중심으로 해석하기도 한다. 여기서는 충과 서를 구분하여 해석할 것이다. 그리고 주로 정서적인 측면을 중심으로 삼는 서양의 공감(共感)과는 다르게, 유가의 충서는 정서적 측면과 이성적 측면이 통합된 것이라는 점을 강조할 것이다. 그런 점이 아리스토텔레스의 실천지의 개념과 서로 어울리는 점이다.

충은 내향적 마음으로서, 스스로 자기의 마음을 헤아리는 것을 말한다. 모든 사람들은 우선적으로 그리고 원칙적으로 자기 자신에 대하여 관심을 가지도록 권장된다. 그리고 모든 사람들은 다른 사람들의 기쁨이나 고통보다는 자신의 그것에 대하여 더욱 민감하다. 자신의 기쁨과 고통은 본원적인 감정들인 반면에 다른 사람들의 그것은 자신에 대한 원초적인 감정의 반영 또는 그것과의 동감에서 우러나오는 이미지다. 자신에 대한 느낌은 실체이고 타인에 대한 느낌은 그림자다.34) 아담 스미스에 따르면, 자신에 대한 감정은 실체인 반면 다른 사람들에 대한 그것은 그림자다. 한 사람은 상상을 통해서만이 다른 사람의 감정인 것에 관한 관념을 형성할 수 있다. 한 사람이

---

33) 『論語』「里仁」15, 子曰 參乎 吾道 一以貫之 … 曾子曰 夫子之道 忠恕而已矣.
34) Adam Smith (ed., D. D. Raphael & A. L. Macfie), *The Theory of Moral Sentiments* (Oxford : Clarendon Press , 1979), p. 219.

다른 사람들의 슬픔에 대해 슬픔을 느낄 때, 그는 그들이 어떻게 감정을 느끼는지에 관한 어떤 생각을 가짐에 의해서라기보다 다른 사람의 상황에 자기 자신을 생각하거나 상상함에 의해 그 슬픔을 느낀다. 공감은 상상을 통해 다른 사람의 감정을 느끼는 일종의 그림자와 같은 것이다. 공자가 말하는 충 역시 자기 자신(의 마음)으로 돌아가 헤아리는 것이다. 그것은 주자의 해석대로 '자기를 다하는 마음[盡己之心]'이다.35) 그것은 다른 사람들을 사랑하고 이롭게 하기 위해서 자기를 다하는 마음을 가지는 것이다. 서가 다른 사람의 마음과 같아짐을 의미한다면, 다른 사람의 마음을 알고 같아지기 위해서 나의 마음을 돌이켜보아야 한다. 왜냐하면, 나의 마음은 누구보다도 자신이 가장 잘 알기 때문이다. 공자는 주로 사회 속에서의 다양한 종류의 인간들 중에서 다양한 상호적 관계들에 관심을 갖지만, 무엇보다도 개인의 자유 의지의 자기 개발에도 큰 관심을 갖는다. 공자가 말하는 군자는 그 자신의 마음속에서 합리적으로 하나의 도덕적 세계를 구성할 수 있는 사람이며, 그의 세계의 도덕적 원리들을 따르는 진지한 노력을 하는 사람이다.

자기(마음)에 진실해야 한다는 군자는 그릇이 아니라는 공자의 말36) 속에 담긴 뜻이다. 여기서 말하는 '그릇'이란 '각각 제 나름의 쓰임이 있으나 서로 통하지 못하는 것'이며, '하나의 재주와 기예'다. 군자는 어떤 특정한 분야에만 능통한 사람이 아니라는 것이다. 군자란 상황이 변하더라도 근본(=의)을 잃지 않으면서 그 상황에 적응하여 도덕을 실천할 수 있는 사람이다. 이 군자가 바로 실천지를 가진 사람, 곧 의를 따르는 사람

---

35) 『中庸』13, 朱子注, 盡己之謂忠.
36) 『論語』 「爲政」12, 子曰 君子不器.

인 것이다.

유가에서의 자기 충실을 '돌이켜 구함[反求]'의 정신으로 이해하기도 한다.[37] 공자는 자기가 바라는 것을 다른 사람에게서 찾을 것이 아니라 자기 자신에게 돌아가 찾으라고 말한다.[38] '자기에게서 찾는다[求諸己]'는 말의 의미를 『중용』은 "자기 자신을 바르게 하고 다른 사람에게서 구하지 않으므로 원이 없다. 위로는 하늘을 원망하지 않고 아래로는 다른 사람을 탓하지 않는다. 활을 쏘는 일은 군자에 닮은 데가 있으니 정곡을 맞히지 못하면 돌이켜 그 자신에게서 (맞히지 못한 원인을) 찾는다"고 풀이한다.[39] 돌이켜 구한다는 것은 자기에게 돌아가 자기의 뜻을 세우는 것이 아니다. 자기에게 돌아가 자기를 지키는 것도 아니다. 그것은 자기의 모습과 자기의 할 바를 타자의 소리에서 찾는 것이다. 말하자면 자기로부터 타자에게 요구되는 것이 아니라 타자에게서 자기에게 요구된 것을 찾는 것이다.

서는 외향적 마음으로서 남의 마음을 헤아림이다. 자공이 공자에게 평생 실천해야 할 바를 한마디로 말한다면 무엇이라고 할 것인가를 묻자, 공자는 "그것은 서라고 할 수 있다. 그것은 자신이 원하지 않는 일을 남에게 시키지 말라"는 것이라고 말한다.[40] 그리고 중궁이 인에 대해서 묻자, 공자는 "문을 나가서는 귀한 손님을 맞는 듯이 하고, 백성을 부릴 때는 큰 제사

---

37) 박동환, 『안티호모에렉투스』(도서출판 길, 2001), pp. 34-37 참고.
38) "군자는 자기에게서 구한다"(『論語』「衛靈公」20, 君子求諸己).
39) 『中庸』14, 正己而不求於人 則無怨 上不怨天 下不尤人 … 射 有似乎君子 失諸正鵠 反求諸其身.
40) 『論語』「衛靈公」23, 子貢問曰 有一言而可以終身行之者乎 子曰 其恕乎 己所不欲 勿施於人.

를 받들 듯이 하며, 자신이 원치 않은 일을 남에게 베풀지 말
라. (그렇게 하면) 나라 안에서도 원망하는 이가 없을 것이고,
집안에서도 원망하는 이가 없을 것이다"라고 답한다.41) 여기
서는 인을 실천하는 태도로서 경(敬)과 서를 제시하고 있다.
주자는 서를 '자기를 미루어 사물(다른 사람)에 나아가는 것
[推己及物(人)]'이라고 주석한다. 『대학』에서는 이를 '자로 재
는 도[絜矩之道]'라고 부르면서 나라와 세상을 다스리는 원리
로 제시한다. 즉, "윗사람에게서 싫었던 것으로써 아랫사람을
부리지 말며, 아랫사람에게서 싫었던 것으로써 윗사람을 섬기
지 말며, 앞사람에게서 싫었던 것으로써 뒷사람에게 보태지 말
며, 뒷사람에게서 싫었던 것으로써 앞사람에게 따르지 말며,
오른쪽에게서 싫었던 것으로써 왼쪽에게 사귀지 말며, 왼쪽에
게서 싫었던 것으로써 오른쪽에게 사귀지 말 것이니, 이것을
자로 재는 도라고 부른다."42) 맹자 또한 서의 중요성을 다음과
같이 강조한다. 즉, "서에 따라서 행하는 것보다 인을 구하는
더 가까운 방법은 없다."43) 공자는 인을 다른 사람을 사랑하는
것[愛人]으로 설명하고 있다. 다른 사람을 사랑한다는 것은 곧
다른 사람의 마음이 되는 것이며, 이를 위해서는 먼저 자신을
관찰하고 유비적 추론을 통해 다른 사람을 이해하는 것이다.
그리고 타자 이해의 적극적인 방법으로 서를 말하고 있는 것
이다. 공자는 구체적인 행위 규범을 정하고 있다. 그것은 바로
'자기가 하기 싫은 일은 남에게 시키지 말라'는 도덕적 명령문

41) 『論語』「顔淵」2, 仲弓問仁 子曰 出門如見大賓 使民如承大祭 己所不欲 勿施
於人 在邦無怨 在家無怨.
42) 『大學』(『漢文大系 一 : 大學說』(日本 : 富山房, 昭和, 59年)) 10, 所惡於上 母
以使下 所惡於下 母以事上 所惡於前 母以先後 所惡於後 母以從前 所惡於右 母
以交於左 所惡於左 母以交於右 此之謂絜矩之道.
43) 『孟子』「盡心 上」17, 强恕而行 求仁莫近焉.

의 형태로 나타난다. 서는 결국 타자 존중의 정신이다. 타자 존중의 정신은 관용을 실천할 수 있는 도덕적 힘과 정당성을 보장한다. 비록 다른 사람이 나와 다르더라도 그의 생각이나 행동을 반대한다고 하더라도 그것을 용납해야 할 이유는 내 속에 다른 사람이 있으며 다른 사람 속에 내가 있기 때문이다.

서(恕=如+心)는 글자 그대로 자신 자신과 타인들 간의 하나의 유비를 도출하는 추론을 의미한다. '자기가 하기 싫은 일은 남에게도 시키지 말라'는 말은 서양의 황금률(Golden Rule)에 가깝다. 그러나 황금률이 하나의 수동적 필요조건인 반면, 공자는 하나의 긍정적 차원을 제시한다. 즉, "인한 사람은 자신의 입장을 세우기를 원하면 다른 사람들의 입장을 세워준다. 그리고 그 자신이 도달하고자 원한다면 다른 사람들이 도달하도록 돕는다."[44] 사람들이 이런 식으로 생각하고 추론할 수 있는 까닭은 무엇인가? 이 문제가 바로 도덕적 동기의 문제인 것이다. 공자는 "가까운 데에서 취하여 비유할 수 있으면 인을 (얻는 그리고 실천하는) 방법이라 불린다"고 말한다.[45] 가까운 것이란 근본적인 것을 말한다. 그것은 부모와 형제들 내지 효도와 우애를 말하는 것이다. 유가에서는 효도와 형제간의 우애가 인(=도덕)의 근본이라고 생각한다. 삶의 모든 문제들은 효도와 우애를 바탕으로 해결한다면 그 해결이 가능할 것이라는 것이다. 그리고 효도와 우애를 가정보다 더 큰 공동체의 구성원들에게 확장시키는 것이 도덕을 실천하는 주요한 방법이라는 것이다. 유가에서의 도덕 내지 인을 간단하게 표현한다면 부모나 형제에 대한 사랑을 유비로 다른 사람을 사랑하는 것에 다름

---

44) 『論語』「雍也」28, 夫仁者 己欲立而立人 己欲達而達人.
45) 『論語』「雍也」28, 能近取譬 可謂仁之方也已.

아니다. 부모와 형제가 원하지 않는 것을 남들에게 시키지 말며, 부모와 형제를 돕듯이 다른 사람들을 돕는 것이 바로 유비적 추론의 실천인 것이다.

충과 서는 궁극적으로 나와 다른 사람을 동질적인 존재로 보게 한다. 공자는 상식에 호소하여 일반인들이 충서를 쉽게 이해하도록 한다. 먼저 자신의 욕망과 이익을 살피고, 그 욕망과 이익 추구의 확대 과정을 통해 다른 사람들도 나와 동일한 욕구를 가진 존재라는 사실을 확인하도록 한 것이다. 자기 부모가 소중한 것처럼 다른 사람의 부모도 소중하게 여겨야 한다는 단순한 도덕은 '자기를 돌이켜보고 난 후 다른 사람을 미루어 생각하는 것'에 다름 아니다. 유가가 존중하는 호혜성의 원리는 상호간의 경제적 이익을 포함한다. 그 개념은 경제적 측면에 한정되지 않는다. 그것은 상호간의 감정들, 체면들, 사회적 관계들 등을 포함한다. 이 원칙은 서로 다른 상황들 아래에서 사람들 간에 서로 다른 형식으로 시행될 것이다. 공자가 말한 충서의 원리는 반목과 의심, 투쟁과 고통이 바람직하지 않다는 확신인 것이다. 그것은 인간의 진정한 이해 관계는 상충하는 것이 아니라 상호 보완적이라는 것, 전쟁과 불의는 그것으로 고통 받는 사람뿐 아니라 이득을 보는 사람까지도 해친다는 깊은 신념이다.[46] 칸트가 말한 '네 의지에 따른 행위의 준칙이 자연의 보편적인 법칙이 되게 행동하라'는 정언명법과 공자의 언급은 그 원리가 비슷하다. 칸트와 공자는 둘 다 자유주의자 내지 개인주의자이기 때문에 개인의 관점에서 세계를 자아와 외계라는 두 개의 커다란 측면으로 구성된 것으로 생

---

46) 크릴, H. G. 지음 / 이성규 옮김, 『공자 — 인간과 신화』(지식산업사, 2001), p. 158.

제5장 아리스토텔레스의 실천지와 공자의 의(義) 개념 239

각한다. 개개인의 입장에서 본다면 자기 스스로 자신을 통제해야 하기 때문에, 따라서 그 책임은 사실상 무한한 것이다. 그러므로 인간은 끊임없이 부지런히 인격을 도야하지 않으면 안 된다. 그리하여 선이 무엇인가를 알게 되면, 만인을 위하여 그 선을 실현하는 데 최선을 다하지 않으면 안 된다. 이 때문에 칸트는 두 가지 목표, 즉 '자기 자신의 완성과 타인의 행복'을 추구하는 데 진력하는 것이 도덕적 의무라고 주장한 것이다. 이것은 공자의 도덕적 교훈을 요약한 것으로 볼 수 있다.[47]

V. 도덕 교육적 의미

유가나 아리스토텔레스가 말하는 실천지의 입장에서의 도덕 교육은 도덕 이론 교육이나 이론적 접근의 도덕 교육이어서는 안 될 것이다. 그렇다고 해서 단순히 정서나 행동을 훈련시키는 교육이어서는 더욱 안 될 것이다. 도덕성 자체가 통합적이듯이, 도덕 교육도 당연히 통합적으로 접근해야 할 것이다. 지식과 정서와 행동을 따로 가르치는 도덕 교육도 진정한 의미에서의 통합적 접근의 도덕 교육은 아니다. 덕의 통합성을 토대로 실천지를 교육하는 것이 진정한 통합적 도덕 교육일 것이다. 이것은 결국 수심(修心) 교육이라기보다 수신(修身) 교육이어야 한다는 뜻이다. 몸은 통합적 개념이다. 그것은 단순한 육체가 아니라 마음을 포함한 인간 전체를 가리킨다. 분명한 것은 마음만을, 도덕적 지식만을 교육하는 것보다 몸을, 통합적인 덕을 교육하기는 훨씬 복잡하고 어려운 일이다. 그러

---

47) 위의 책, pp. 167-168 참고.

나 덕 내지 인격을 교육한다는 현재의 도덕 교육은 통합성의 교육을 지향하고 있는 것이다. 제대로 된 도덕 교육, 그 효과성을 인정받는 도덕 교육이 되려면 진정한 통합 교육이 이루어져야 할 것이다. 그것이 바로 몸의 교육으로서의 도덕 교육, 실천지의 도덕 교육인 것이다.

실천지는 일종의 감각(sense)이며, 숙고를 통한 선택과 결정은 일종의 '이성적 욕구'며, 올바른 정서 구조로서의 도덕적 덕은 합리적 평가와 판단과 분리될 수 없는 도덕적 감정인 것이다. 따라서 실천지를 가르치는 진정한 덕 교육이나 인격 교육에서는 인지냐 정서냐 행동이냐의 논의는 불필요하다. 정확하게 말하면 그런 논의 자체가 불가능하다. 그것은 '합리적 감정' 내지 '감정적 이성'의 교육인 것이다. 따라서 실천지의 도덕 교육은 기존의 합리적 접근을 벗어나는 일이 시급하다. 이 접근에서는 개인이 가지는 이른바 보편적 이성의 힘을 과도하게 신뢰한다. 그것이 자신이 따라야 할 규칙이나 원리를 결정하고 스스로 그 결정에 따를 수 있게 보장할 것이라고 믿는다. 따라서 기존의 전통과 사회적 환경에서 가능한 한 떨어진 입장에서 깨끗한 마음을 가지고 자율적으로 판단하는 능력을 길러야 한다고 주장한다. 여기서는 마음(이성)의 능력만이 강조될 뿐 감정이 자리할 여지는 조금도 마련되지 못한다. 마치 윤리와 도덕을 학적 인식의 문제인양 교육한다. 은연중에 개별적인 상황들은 무시되고, 보편적인 원리나 규범 또는 그것을 인식하는 과정에 지나친 강조가 두어진다. 실천지의 도덕 교육은 보편적인 것에 관한 이론 이성의 교육이 아니라 구체적이고 개별적인 것들에 대한 실천적 지각(=감각)을 교육하는 것이다. 여기서 말하는 실천적 지각이란 감각적 이성을 의미한다. 그것은 보편적 이성과는 달리 감정이나 욕구를 전제한 이성인 것이다. 실천적 지혜의 도덕 교육은 또한 숙고를 통한 선택의 교육이다. 그것 역시 욕구적 이성의 교육이다. 이러한 실천적 지혜의 도덕 교육은 마치 삼각형을 지각하듯이 도덕적 사태를 지각하도록 교육하는 것이다. 보편적 가치의 내면화에 결코 머물지 않고 오히려 개별적인 사태들 속에서 보편적 가치를 실천적으로 지각하는 것에 중점을 두는 도덕 교육이다.

도덕감의 도덕 교육은 도덕적 덕을 올바른 정서(=감정 및 욕구) 구조의 내적 형성으로 간주한다. 아리스토텔레스가 플라톤의 말을 인용하여 표현했듯이, 마땅히 기쁨을 느껴야 할 일에 기쁨을 느끼고 마땅히 괴로워할 일에 괴로워할 줄 알도록 교육하는 것이 중요하다. 이러한 도덕감의 교육에서 중요한 것은 감정의 평가적 판단적 요소를 강조하는 일이다. 그것은 곧 합리적 감정 또는 도덕적 감정에 교육의 초점을 두는 것이다. 예를 들어, 동점심이라든지 수치심이라든지 이타심 등의 도덕 감각(moral senses)에 대한 교육이 더욱 강조되어야 할 것이다. 실천지의 교육과 도덕 감각의 교육은 같은 것의 다른 측면일 뿐이다. 그 핵심은 '합리적 감정' 내지 '감정적 이성'의 교육인 것이다.

아리스토텔레스의 덕 윤리가 도덕 교육의 방법적 측면에서 중요한 지침을 제시하는 것은 이른바 '함으로써 되기(becoming by doing)'의 방식이다. 그에 의하면, 덕은 실천을 통해 비로소 얻게 되는 것이다. 그는 옳은 행위를 함으로써 옳게 되고, 절제 있는 행위를 함으로써 절제 있게 되며, 용감한 행위를 함으로써 용감하게 된다고 하였다. 행위뿐 아니라 감정의 계발에도 이 방식은 그대로 유용하다. 도덕적 감정을 가져봄으로써 중용의 감정을 가질 수 있는 성향을 계발할 수 있는 것이다.

　이러한 인식의 바탕 위에서 이루어지는 도덕 교육은 이론 교과 또는 도덕적 지식의 전수에 중점을 두는 것이라기보다는 실기 교과로서의 면모를 가져야 한다고 생각한다. 즉, 도덕 교육은 미술이나 음악과 같은 실기 위주의 교육이어야 한다는 것이다. 물론 실기 교육이라고 해서 행동 훈련이 아님은 분명하다. 이 경우 실기란 도덕적 행위에 해당한다. 그렇다고 무조건적인 행위 길들이기가 아니다. 마치 음악과 미술을 실기하듯이(물론 그 속에서 보편적 가치를 확인하면서), 도덕적 행위나 도덕적 감정도 반복적으로 실기되어야 한다. 아름다운 음악을 듣고 그 아름다움을 느낄 수 있고, 아름다운 그림을 보고 그 아름다움을 느낄 수 있듯이, 올바른 행위나 감정에서 즐거움을 느끼고 바르지 못한 행위나 감정에서 괴로움과 수치심을 느낄 수 있는 도덕적 감수성을 교육하는 도덕 교육이어야 할 것이다. 이는 곧 감정적 능력을 의식적으로 형성하고 더욱 통찰력 있는 감각들이 되도록 순화시키는 노력들로 이루어질 것이다. 아리스토텔레스의 관점에서 감정을 선택한다는 것은 바로 그것을 계발하기를 선택한다는 의미다.[48] 도덕적 성품(=덕)의 지속적인 원천으로서 감정적 능력을 형성하는 도덕 교육이 요청된다. 예술 교육이 노래를 부르고 악기를 연주하거나 그림을 그리는 기술 교육과 함께 아름다움에 대한 감수성을 기르는 데 힘써야 하듯이, 이제 도덕 교육도 도덕적 원리와 규범에 대한 이해력과 문제 사태의 해결을 위한 합리적 판단력과 같은 지적 능력의 교육과 함께 선과 악에 대한 감수성을 기르는 데

---

48) Nancy Sherman, *Making a Necessity of Virtue : Aristotle and Kant on Virtue* (Cambridge : Cambridge University Press, 1997), p. 78.

열중하여야 할 것이다. 미술 교육에서 이론이란, 요리책(=요리이론)이 요리가 있고 난 후에 만들어지듯이, 그림을 그리는 기교를 습득한 후에 그 기교를 정리한 것에 지나지 않듯이, 도덕적 이상과 규범 그리고 그것들에 대한 지식들은 도덕적 행위들이 이루어지고 난 후에 정리된 것에 지나지 않는 것이다. 도덕 교육에서 지식의 교육은 이런 차원에서 이루어져야 한다. 이 경우, 보편적이거나 객관적인 도덕적 규범이나 지식의 추구는 금물에 해당한다. 사람들이 실질적으로 도덕적 행위를 행하는 이유와 그 방식을 이해하는 식의 도덕 교육 내용과 그것을 정당화시키고 설명할 수 있도록 정리하는 식의 도덕 교육 내용이 통합적으로 이루어져야 한다.

진정한 실천지의 도덕 교육을 위해서 가장 중요한 점은, 합리성과 자율성을 지나치게 강조하는 기존의 합리적 접근의 도덕 교육의 모습을 완전하게 탈피하는 일이다. 이 접근에서는 개인이 가지는 이른바 보편적 이성의 힘을 과도하게 신뢰한다. 그것이 자신이 따라야 할 규칙이나 원리를 결정하고 스스로 그 결정에 따를 수 있게 보장할 것이라고 믿는다. 따라서 기존의 전통과 사회적 환경에서 가능한 한 떨어진 입장에서 깨끗한 마음을 가지고 자율적으로 판단하는 능력을 길러야 한다고 주장한다. 여기서는 마음(이성)의 능력만이 강조될 뿐 감정이 자리할 여지는 조금도 마련되지 못한다. 마치 윤리와 도덕을 학적 인식의 문제인양 교육한다. 은연중에 개별적인 상황들은 무시되고, 보편적인 원리나 규범 또는 그것을 인식하는 과정에 지나친 강조가 두어진다. 실천지의 도덕 교육은 보편적인 것에 관한 이론 이성의 교육이 아니라 구체적이고 개별적인 것들에 대한 실천적 지각(=감각)을 교육하는 것이다. 여기서 말하는 실천적 지각이란 감각적 이성을 의미한다. 그것은 보편적 이성과는 달리 감정이나 욕구를 전제한 이성인 것이다. 실천지의 도덕 교육은 또한 숙고를 통한 선택의 교육이다. 그것 역시 욕구적 이성의 교육이다. 그러한 도덕 교육은 마치 삼각형을 지각하듯이 도덕적 사태를 지각하도록 교육하는 것이다. 보편적 가치의 내면화에 결코 머물지 않고 오히려 개별적인 사태들 속에서 보편적 가치를 실천적으로 지각하는 것에 중점을 두는 도덕 교육이다.

이 점과 관련하여 '모든 교육이 도덕 교육이어야 하며, 따로 도덕 교과 교육이 필요하지 않다'는 존 듀이의 관점이 오늘날의 도덕 교육에 던지는 시사점과 요구는 대단히 중요하다. 전문적인 지식의 교육에 연연하는 도덕 교육이라면 듀이의 요구는 너무나 합당하다. 그 요구의 진의는 '도덕 원리를 위한 도덕 교육이 아니라 인간(=학생)을 위한 도덕 교육, 진정한 통합 교육으로서의 도덕 교육, 하나의 교과 교육이 아니라 교육 자체로서의 도덕 교육을 바라는 것'이라고 판단한다. 도덕 교육은 도덕주의적(moralistic)이 아니라 인간주의적(humanistic)인 모습으로 탈바꿈해야 한다는 것이다.

존 듀이가 요구하는 것은 탄력적인 도덕 교과 교육이다. 도덕적 옳고 그름이 선험적으로 결정되어 있지 않고 구체적인 상황 속에서 그것이 판단되어야 한다는 점이 존중되어야 한다. 상황을 존중한다는 것이 상대주의적(relativistic) 도덕관을 의미하는 것은 결코 아니다. 이른바 '상황 윤리'적 관점은 상황을 심각하게 고려한다는 것이지 모든 도덕 원리들을 부정한다는 것은 아니다. 도덕 교과 교육은 특정한 도덕적 가치나 지식이나 덕목을 가르치는 일에 관심을 가져서는 안 된다. 도덕적 성장에 관심을 가져야 한다. 성장한다는 것은 모든 것이 미성숙한 것이며 상호 의존적이며 가소성을 지닌 것임을 전제한다. 가치(신념) 체계를 가르친다거나 덕목을 가르친다는 것은, 상황을 초월하여 타당한 그래서 완전하고 고립적이고 보편적인 것으로 가치와 덕목을 가르치기 십상이며, 학생들을 가치 체계와 덕목 목록 속에 가두어버릴 가능성이 높다. 학생들로 하여금 지금의 행위들이 좀더 지성적이고 사회적인 것이 될 수 있도록 그 성장을 돕는 것이어야 한다. 악한 사람이란 지금까지는 선했지만 점점 타락하기 시작하고 점점 덜 선해지는 사람이며, 선한 사람이란 지금까지는 도덕적이지 않았지만 점점 더 선해지는 사람이라는 점이 항상 기억되는 그러한 도덕 교과 교육이어야 한다. 그래서 그것은 생활로서 계획되고 교육되고 생활과 함께 개선되고 재구성되어야 한다. 그것은 곧 생활 교육으로서의 도덕 교과 교육이다. 그것은 또한 자연 학습으로서의 과학 교육처럼, 사회 학습 내지 경험 학습으로서의 도덕 교육인 것이다.

다른 하나의 요구는 통합적 도덕 교과 교육이다. 지금까지는 합리적인 도덕적 삶만을 강조한 나머지 지적 판단 능력의 배양에만 관심을 두는 것이었거나, 습관적인 도덕적 삶을 중시하여 도덕적 행위 습관들을 형성하는 데에만 관심을 두는 것이었다. 모두 앎과 행동을 분리시키는 결과를 초래했다. 생활 교육으로서의 도덕 교육은 지능과 품성의 통합으로서의 지성을 개발하는 교육이다. 이는 또한 학습하는 대상을 결과로서가 아닌 과정으로서 인식하는 교육이기 때문에 학습의 내용이 학생 개인에게 의미를 부여하고 그래서 행동에 영향을 미친다. 더욱이 성장으로서의 도덕 교육은 학생들의 흥미 유발과 밀접하게 연관됨으로써 앎과 행위의 괴리 문제가 해소되는 통합적 인격 교육으로서의 도덕 교과 교육이 될 것이다.

VI. 결 론

제7차 교육 과정에서 이루어지고 있는 도덕 교육은 근본에 문제가 있다고 생각한다. 도덕적인 인간을 기르는 교육, 인격 교육이나 덕 교육의 근본을 상실하고 있다는 것이다. 유기체로 서의 인간은 통합적 인격의 소유자다. 인격을 이성과 정서와 행동으로 나누는 순간, 그것은 조작된 인격일 뿐이다. 지식과 정서와 행동을 열심히 가르쳐서 훌륭한 인격을 조합해보겠다 는 것은 도덕 교육의 근본을 왜곡시키는 일이다. 도덕적 인격 은 아인슈타인이나 빌 게이츠의 인격과 일치하지 않는다. 그것 은 일반인들의 인격이다. 그것은 일반인들이 매일 먹는 음식과 같다. 오늘 짠 소금을 먹고, 일주일 후에는 단 설탕을 먹고, 다 음 주에는 매운 고추장을 먹고 아주 맛있게 먹었다고 말하는 것은 어불성설이다. 인격과 덕은 유기적인 것이다. 비록 값싼 음식을 먹더라도, 소금과 설탕과 고추장을 적당하게 자신의 입 맛에 합당하게 섞어서 먹어야 일미(一味)를 맛볼 수 있는 것이 다. 오랜 기간의 일미를 맛본 경험을 통해 음식의 맛을 알게 (=make sense of)되는 것이다. 이 경우 '안다'는 것은 이론적으 로 아는 것도 아니고 정서적으로 느끼는 것도 아닌, 통합적인 현상이다.

도덕의 통합성을 근본으로 하는 도덕 교육은, 보편적인 이 론지를 가르치는 교육일 수는 없을 것이고. 그렇다고 단순한 느낌이나 행동 훈련을 시키는 듯한 교육이어도 결코 안 될 것이다. 더욱이 그것들의 종합은 결코 아니다. 이론지의 교육은 머리만 굴리는 사람을 만들 것이며. 단순한 감정과 행동을 가르치는 것은 자극-반응의 훈련에 지나지 않을 것이다. 인격과 덕의 통합성을 가르치는 것은 결국 실천지의 교육과 같다. 실천지의 교육은 지식 교육이 아니다. phronesis라는 말을 실천지 내지 실천적 지식이라고 번역하여 그것이 이론지와 같은 지식으로 오해한 것 같다. 실천지는 '숙고(=실천적 추론)를 통한 선택과 결정'을 말한다. 거기에는 이성도 욕구도 구분되지 않는다. 유가는 지식을 이론지와 실천지로 구분하지 않지만, 의(義)의 개념은 아리스토텔레스의 실천지와 거의 같은 개념이다. 그리고 실천적 추론의 의미를 가진 유가의 충과 서 개념도 유가에서의 지식이 실천지의 성격을 가지고 있음을 잘 드러내준다.

실천지나 의를 가르치는 도덕 교육의 성격은 실기 교과여야 한다고 생각한다. 그것은 인간 자체 내지 인간의 삶 자체를 가르쳐야 한다. 그것은 몸 자체의 교육이어야 한다. 마음 닦기[修心] 교육보다는 몸 닦기[修身] 교육이어야 한다. 그것은 결국 지식 교육도 감정 교육도 행동 훈련도 아니다. 몸은 마음과 머리와 육체를 포괄하는 개념이다. 세 가지들이 유기적으로 통합된 것이 몸인 것이다. 그래서 몸 교육의 목표도 내용도 방법도 통합적인 것이어야 한다. 우리가 통합성을 잘 모르고 연구가 많이 되어 잇지 않다고 하여 계속 왜곡된 도덕 교육을 해서는 안 될 것이다. 새로운 연구와 논의들이 필요하다.

실기 교과로서의 도덕 교육의 통합적 접근은 한마디로 '구성주의적 탐구'라고 생각한다. 구성주의는 좁은 의미로 지식의

구성을 말하는 것이 아니고, 이성도 정서도 의지도 행동 습관
도 스스로 구성해나간다는 의미다. 탐구라는 말도 좁은 의미로
지적 탐구를 가리키지 않는다. 그것은 인간이나 인간의 삶에
대한 통합적 탐구 과정을 가리킨다. 결국 구성주의적 탐구는
탐구의 과정을 통해 자연스럽게 인격과 덕을 구성해나간다는
것이다. 구성주의적 탐구의 구체적인 접근 방식들로는 대화
(dialogue), 토론(discussion), 사례 연구(case study), 내러티브
(narrative), 이야기하기(story-telling), 역할해보기(role-playing)
등을 제시할 수 있을 것이다.

□ 참고 문헌

『논어』(『漢文大系 一：論語集說』(日本：富山房, 昭和, 59)).
『맹자』(『漢文大系 一：孟子定本』(日本：富山房, 昭和, 59)).
『중용』(『漢文大系 一：中庸說』(日本：富山房, 昭和, 59年)).
『대학』(『漢文大系 一：大學說』(日本：富山房, 昭和, 59年)).
박동환, 『안티호모에렉투스』」(도서출판 길, 2001).
크릴, H. G. 지음 / 이성규 옮김, 『공자―인간과 신화』(지식산업사, 2001).
Aristotle, *The Nicomachean Ethics* (trans. David Ross)(Oxford：Oxford
    University Press, 1980).
Sherman, Nancy, *Making a Necessity of Virtue：Aristotle and Kant on
    Virtue* (Cambridge：Cambridge University Press, 1997).
Sichel, Betty A., *Moral Education：Character Community, and Ideals*
    (Philadelphia：Temple University Press, 1988).
Smith, Adam, (ed., D. D. Raphael & A. L. Macfie), *The Theory of Moral
    Sentiments* (Oxford：Clarendon Press, 1979).

제6장
아리스토텔레스의 중용 관념에 비추어본
유가의 덕 윤리적 중용 관념

Ⅰ. 서 론

현대 다원주의 사회는 '윤리(학) 없는 도덕성(morality without ethics)의'[1] 사회라고 볼 수 있다. 사회의 다원성은 선과 악이나 옳음과 그름에 관한 보편적 원리로서의 윤리를 거부할 수밖에 없을 것이다. 그러나 보편적 원리의 거부가 상대주의적인 가치관이나 무정부주의적인 사회로 이어져서는 안 된다는 것도 받아들일 수밖에 없는 상황이다. 상황을 진지하게 고려하지 않는 절대적인 원리는 설 땅을 잃었겠지만, 인간 삶의 기준으로서의 도덕(성)이 상실된 것은 아니다. 오늘날 칸트 도덕 철학이나 공리주의와 계약론적 윤리 이론들이 비판을 받고 있는 것은, 그 이론들의 실질적인 내용과는 관계없이 보편성과 공정성을 강조하고 있다는 특징 때문일 것이다. 윤리 이론들은 보

---

1) Zygmunt Bauman, *Life in Fragments : Essays in Postmodern Morality* (Cambridge : Blackwell, 1995), p. 10.

편성과 공정성을 추구하기 때문에 구체적인 도덕적 판단들이 내려질 상황들의 특수성과 도덕적 행위자들의 개인적 특징들에 적절한 고려를 할 수 없을 것이며, 상황 특수성을 고려하지 않는 윤리 이론이 현대 사회에서 그 타당성을 주장할 수 있기란 정말 어려울 것이다. 오늘날 윤리 이론들의 대안으로 다시 등장한 윤리가, 상황을 진지하게 고려하면서 삶의 기준을 마련하고자 하는 덕 윤리(virtue ethics)일 것이다.

덕 윤리를 주장하는 사람들 사이에서도 서로 다른 강조점들을 주장하기 때문에 덕 윤리가 어떤 것인지를 한마디로 분명하게 규정하기는 거의 불가능한 일이지만, 적어도 두 가지의 특징들을 가지고 있다는 점은 확인할 수 있을 것이다. 슬롯(Michael Slote)이 제시하는 두 가지 특징들은, 옳음과 그름이나 의무나 책무 등의 의무론적(deontic) 관념보다는 선과 악이나 탁월성(=덕) 등의 덕(aretaic) 관념을 근본적인 것으로 다룬다는 점과, 행위와 선택에 대한 평가보다는 행위자와 그들의 동기와 인격 특성에 대한 윤리적 평가에 더 큰 강조점을 둔다는 점이다.2)

이 두 가지 특징들을 가진 전형적인 덕 윤리의 출발점은 바로 아리스토텔레스의 덕 윤리다. 그의 덕 윤리는 보편적인 원리로서의 윤리 이론보다는 행복한 삶 내지 성공적인 삶을 궁극적인 목표로 삼고 있으며, 그것은 성품의 탁월성(=덕)의 일생 동안의 실천을 통해 달성될 수 있는 그런 것이다.

동양의 유가 윤리도 원형적인 모습의 덕 윤리라고 볼 수 있다. 유가 윤리는 의무론적 관념들보다는 덕을 근본적인 것으로

---

2) Michael Slote, *From Morality to Virtue* (Oxford : Oxford University Press, 1992), p. 89.

다룬다. 유가 윤리의 본질적인 윤리적 개념들인 인, 의, 예 등은 의무론적 관념이라기보다는 주로 덕 관념을 가진다. 유가 윤리에서의 인(仁)은 덕이 아니라, 그것이 없다면 모든 덕들이 덕이 될 수 없는, 도덕적 행위의 초월적 근거 내지 하나의 도덕적 의지로 다루어지기도 하지만, 완전한 덕이나 하나의 덕으로 다루어지기도 한다. 의(義) 또한 두 가지의 의미들을 가진다. 그것은 우선 상황에의 적절성을 확인할 수 있는 인간의 능력을 의미하기도 하지만, 그 능력에 의해 설정된 적절성의 기준들을 충족시키는 성품들이나 행위를 의미하기도 한다. 예(禮)는 인간의 능력이라는 의미보다는 규범(norm)이라는 의미를 강하게 가지고 있지만 덕의 의미를 지닌다. 하나의 덕으로서의 예는 질서 의식을 가리킨다. 덕 윤리의 두 번째 특징인, 행위자와 그의 동기나 성품에 더 큰 강조점을 둔다는 점에서 본다면 유가 윤리는 더욱 명백하게 덕 윤리적이다. 유가의 중심적인 관심의 대상은 도덕심의 수양이지 결코 어떤 종류의 행위나 행위 규범이 아니다. 유가 윤리에서 윤리적 평가는 그 사람의 어떤 행위나 선택을 통해서가 아니고 그 행위의 동기나 그 사람의 성품을 통해서 이루어진다.[3)]

그러나 본 논문은 아리스토텔레스 윤리와 유가 윤리가 동서양의 원형적인 덕 윤리로서 공통점들을 가진다는 점을 인정하면서, 그것들이 가지는 또 다른 덕 윤리로서의 공통점은 중용 관념의 강조에 있음을 밝히고자 한다. 특히 유교 윤리의 중용 관념을 아리스토텔레스의 중용 관념에 비추어서 설명하고자 한다. 아리스토텔레스의 덕 윤리에서 중용 관념이 중심을 이루

---

3) 유교 윤리의 덕 윤리적 특성에 관한 상세한 내용은, Wong Wai-Ying, "Confucian Ethics and Virtue Ethics", *Journal of Chinese Philosophy* 28 : 3 (September 2001), pp. 285-300을 참고.

고 있음은 충분히 명백하다. 잘 알려져 있듯이, 그의 덕 윤리는 좋은 삶을 사는 것에 관한 것이며, 그런 삶은 행복한 삶인 것이다. 좋은 삶을 사는 사람은 인간의 기능을 잘 수행하게 만드는 성품 특성을 가진 사람이다. 그러한 성품 특성이 덕이다. 그리고 그 덕이 사람을 중용에 머물게 한다. 중용에 머무는 것이 좋은 삶을 사는 것이며, 중용에 머무는 선한 사람이 행복한 사람인 것이다. 결국 덕은 감정과 행동에서 중용을 선택하는 성품의 특성이다. 악덕(vice)이란 한 사람을 '과잉'이나 '부족'의 극단으로 기울게 하는 성품 특성이다. 중용은 과잉이나 부족이 아닌 적절한 상태를 말한다. 그리고 올바른 선택을 내린다는 것은 중용을 선택한다는 것이다. 여기서 중용을 선택한다는 것은 일단 생겨난 감정을 잘 조절하여 올바르게 행동한다는 것이 아니다. 감정 자체가 중용의 상태로 상황에 적절하게 생긴다는 것이다. 욕구나 감정의 중용이란 그것을 잘 억제하는 것이 아니라 그것 자체를 올바르게 가지는 것을 말하는 것이다. 수동적인 감정 상태를 선택한다는 것은 아리스토텔레스가 말하는 덕이란 습관을 통해 계발된 일종의 능력인 성품의 특성임을 상기할 경우에만 이해될 수 있다. 행위와 관련하여 성품은 구체적으로 활동할 수 있는 능력인 반면, 감정과 관련하여 성품은 영향을 받을 수 있는 능력을 말하는 것이다.

유가에서의 중용 관념도 아리스토텔레스의 그것과 크게 다르지 않다. 유가에서 말하는 덕 역시 중용의 상태에 머물게 하는 성품 특성들에 다름 아니다. 물론 유가에서의 중용 관념은 존재론적 내지 본체론적 위상을 가진다. 그래서 진실로 그 깃대(=중)를 잡는다[允執厥中]는 것은 모든 사람들이 지향해야 할 어떤 기준이나 표준을 지킨다는 의미다. 이 중은 천지 자연

과 인간의 역사를 지배하는 도(道)의 개념이 되면서 우주적 질
서의 구성 원리라는 본체론적 중도 사상으로 발전한 것이다.
그러나 중이 인간 삶에 적용되면서 중용 관념으로 발전하여
강한 덕 윤리적 관념을 가지게 된다. 본 논문은 이 점을 아리
스토텔레스 덕 윤리의 중용 관념에 비추어 자세하게 살펴보고
자 한다.

II. 중도(中道)로서의 중용

'기울거나 치우치지 않고 지나침과 부족함이 없다'고 일반적
으로 해석되는 중의 의미는 크게 두 가지다. 하나는 '가운데에
서서 치우지지 않는다(中立而不倚)'는[4] '중간(=가운데)'의 의
미다. 다른 하나는 '적중(適中)한다'거나 '적절하다'는 의미다.
전자는 중을 도(道)로서 본체론적으로 이해하는 것이며, 후자
는 덕(德)으로서 윤리적으로 이해하는 것이다.

중용은 우선 유가의 보편적인 세계관으로 이해되어온 중도
주의를 의미한다. 『서경』에서는 "인심은 오로지 위태롭고 도
심은 오로지 은미하니 오로지 정밀히 하고 오로지 한결같이
하여 진실로 그 중을 지켜라"[5]는 구절이 나온다. 여기서 말하
는 중의 실천[執中]은 순(舜) 임금이 우(禹) 임금에게 전수한
심법(心法)으로서, 이후 유가의 도통(道統)으로 계승되어온 것

---

4) 『中庸』(『中庸章句』)(『原本備旨 大學 中庸』(金赫濟 校閱, 明文堂, 1993))(앞
으로는 본문 속에 인용하는 내용을 표기함) 第十章, 中立而不倚.
5) 『書經』(『漢文大系 十二 : 尙書』(日本 : 富山房, 昭和 59))(앞으로는 본문 속에
인용하는 내용을 표기함) 「虞書」, 「大禹謨」, 人心惟危 道心惟微 惟精惟一 允執
厥中.

이다. 공자는 그것이 성인이 될 수 있는 본질적인 도리임을 다음과 같이 표현한다. 즉, "순은 크게 지혜로운 자이시다. 순은 듣기를 좋아하시고, 가까운(=평범한) 말을 살피기를 좋아하시며, 악을 숨기고 선을 드러내시며, 그 두 끝을 붙잡아 그 중을 백성들에게 쓰시니, 그렇게 함으로써 순이 되신 것이다"(『中庸』第六章, 子曰 舜其大知也與 舜好問而好察邇言 隱惡而揚善 執其兩端 用其中於民 其斯以爲舜乎). 그리고 『중용』의 서문에서도 "천하의 큰 성인이셨던 요·순·우께서 세상에서 가장 중요한 일인 천자의 자리를 주고받으실 때 신중하게 일러주신 말씀이 중을 지키라는 것이었으므로 세상의 이치는 중을 지키는 것보다 더 중요한 것이 있을 수 없다"(『中庸』「中庸章句序」, 夫堯舜禹 天下之大聖也 以天下相傳 天下之大事也 以天下之大聖 行天下之大事 而其授受之際 丁寧告戒 不過如此 則天下之理 豈有以加於此哉)고 말한다. 『중용장구』의 첫 머리에서 주자(朱子)는 "중이라는 것은 기울지 않고 치우치지 않고 지나침과 미치지 못함이 없음을 이른다. 용이라는 것은 변함없이 한결 같음이다"(『中庸』「中庸章句」, 中者 不偏不倚 無過不及之名 庸 平常也)고 말하면서, 정자(程子)의 다음과 같은 말을 인용한다. "기울어지지 않음을 중이라 하고 변하지 않음을 용이라고 한다. 중은 세상의 바른 도며 용은 세상의 정한 이치다"(『中庸』「中庸章句」, 子程子曰 不偏之謂中 不易之謂庸 中者天下之正道 庸者天下之定理). 이것은 모두 중의 실천이 세상의 바른 도리이자 성인의 길임을 강조하고 있는 것이다.

여기서 말하는 중용의 의미는 '가운데에 서서 치우침이 없으며[中]' '변함이 없는[庸]' 도리(道理)를 말하는 것이다. 이 도리로서의 중용은 우선 자연과 우주의 질서라는 형이상학적인

[=본체론적인] 의미를 지닌다. 이것은 곧 세계관으로서의 중용과 상통하는 의미다. 중용의 세계관에 따르면, 인간을 포함한 만물은 하늘로부터(=자연적으로) 일정한 본성을 지니고 있으며[天命之謂性], 그 본성으로서의 도리를 따르면[率性之謂道] 조화로운 질서를 유지할 수 있다는 것이다. 자연과 우주가 끊임없이 생성 변화하는 가운데 일정한 조화와 질서를 유지할 수 있는 근본적인 도리가 중용이라는 것이다. 아리스토텔레스가 말하는 중용의 의미도 이런 형이상학적(=존재론적) 관점에 토대를 두는 것이다. 그가 말하는 '좋은 삶'이란 결국 극단들 간에 중용 내지 조정을 얻는 삶이다. 사람을 한 측면으로 밀거나 끌어당기는 힘들이 존재하지만 잘산다는 것은 중도의 길을 유지하는 것이다. 이것은 어떤 극단적인 요소들, 예를 들어 두려움이나 분노를 제거시키자는 것이 아니라, 균형 상태에서 적절한 비율로 그것을 유지하자는 것이다. 이 경우 중용은 극단을 넘어서는 어떤 것이 아니라 극단들 간에 균형을 이룬 입장이다. 그래서 중용을 얻는다는 것은 극단들을 조화로운 혼합의 상태로 유지하는 것이다. 전체가 균등하게 나누어졌을 때, 즉 당사자들이 균등한 것을 가지게 되었을 때 '자기 몫을 가졌다'고 말할 수 있으며, 이것이 바로 옳음(디카이온=균등한 두 부분으로 나누어짐)이나 정의(디카=균등한 두 부분)라고 불리는 것이다. 이 경우 중용은 곧 정의며, 그것은 자연적인 우주 자체의 질서의 한 특정 사례다. 이러한 중용 관념은 자연주의적(naturalistic) 관점에서 출발하는 것이다. 유가의 중용 관념의 출발도 역시 아리스토텔레스의 중용 내지 정의 관념과 같이 우주론적 관점에 토대를 두는 자연주의로 해석될 수 있다. 특히, 유가는 자연 자체가 정당하고, 자연의 길이 인간으로 하여

금 옳은 길을 가도록한다고 생각한 것이다. 중은 하늘(=자연)의 법칙이며 용은 중에 머물고자 하는 인간의 노력이다. 용은 우주적인, 자연의 법칙인 중속에 내포되어 있는 것이다. 인간 행위의 옳음은 자연의 법칙에 의해서 측정된다. 그래서 『중용』에서는, "중은 세상의 큰 근본이며, 조화는 세상에서 누구나 가야할 길이다"(『中庸』第一章, 中也者 天下之大本也 和也者 天下之達道也), "성실은 하늘(=자연)의 길(=道)이며, 성실하려고 노력하는 것은 인간의 길이다. 성실한 사람은 힘쓰지 않고 중하며 생각하지 않고도 조용히 중도를 얻는 성인이며, 성실하려 노력하는 사람은 선을 택하여 굳게 지키는 사람이다"(『中庸』第二十章, 誠者天之道也 誠之者人之道也 誠者 不勉而中 不思而得從容中道 聖人也 誠之者 擇善而固執之者也)고 말한다. 정의(正義)로서의 도는 중이며, 그것은 동일한 본성(=性)을 지닌 모든 사람들에게 공유된다. 사람들은 중이라는 도를 공유하면서 용(=평상)을 유지하면서 자연의 길을 따를 수 있는 것이다. 도의 길을 따르는 것은 바로 인간사에서 조화를 유지하는 것이다. 자연 세계에서처럼 개인이나 사회에는 극단들이 존재한다. 중용을 얻는다는 것은 그 극단들을 제거하는 것이 아니고 그것들을 조화롭게 유지하는 것이다. 유가에서의 인간의 길인 예(禮)는 자연의 길인 의(義=정의=옳음)의 표현인 것이다. "예는 옳음의 실상"이라고 말하듯이,[6] 예의 정신은 의며, 그것이 의를 기준으로 만들어졌기 때문에 숭고한 것이다. 그래서 "의가 생기고 난 뒤에 예가 만들어지며, 예가 만들어진 뒤에 만물이 편안하게 된다"(『禮記』「郊特牲」, 義生然後禮作 禮作然後

---

6) 『禮記』(『漢文大系 十七 : 禮記鄭注』(日本 : 富山房, 昭和, 59年))(앞으로는 인용한 내용을 본문 속에 표기함) 「禮運」, 禮也者 義之實也.

萬物安)고 말하는 것이다. 아리스토텔레스와는 달리 소크라테스 이전의 철학자들에게 인간의 질서와 우주나 자연의 질서는 구분될 수 없는 것이었다. 인간은 우주적 자연의 일부이기 때문에 정의도 우리의 진정한 본성이다. 인간이 정의로울 때 우주나 자연과 하나가 될 수 있는 것이다. 이것은 유가와 일치되는 관점이다. 『중용』에서는 이 점을 다음과 같이 요약하여 말한다. 즉, "공자께서는 … 위로는 하늘의 때를 법으로 따르고 아래로는 물과 흙의 이치를 따르셨다. 비유하면 하늘과 땅이 잡아주고 실어주지 않는 것이 없으며, 덮어주고 감싸주지 않음이 없는 것과 같으며, 비유하면 사계절이 번갈아 다가오는 것과 같으며, 해와 달이 교대하여 밝혀주는 것과 같다. 만물이 아울러 자라지만 서로 해치지 않으며, 도가 아울러 행하지만 서로 어긋나지 않는다. 작은 덕은 냇물과 같이 흐르고, 큰 덕은 변화를 돈독하게 한다. 이것이 하늘과 땅이 큰 까닭이다"(『中庸』第三十章, 仲尼 … 上律天時 下襲水土 辟如天地之無不持載 無不覆幬 辟如四時之錯行 如日月之代明 萬物竝育而不相害 道竝行而不相悖 小德川流 大德敦化 此天地之所以爲大也).

III. 덕(德)으로서의 중용

1. 지덕(至德)으로서의 중용

유가나 아리스토텔레스가 말하는 중용의 중심적인 의미는 덕으로서의 중용이다. 유가에서의 덕은 '얻음(得)'인데, 어떤 성품의 달성을 말한다. 아리스토텔레스의 덕은 아레테(=탁월성)인데, 이 역시 사람을 선한 사람으로 만드는 어떤 성품의 특성을 말한다. 유가에서의 덕은 전덕(全德)으로서의 인(仁)으로 대변된다. 인은 인간의 특성을 말한다. 그래서 '인은 사람(仁=人)'(『中庸』第二十章, 仁者人也, 『孟子』「盡心 下」, 仁也者 人也)이라고 표현한다. 인을 가진 사람은 선한 사람이며, 인은 인간다운 인간의 삶의 기준이다. 그런데 아리스토텔레스 역시 덕을 정의하면서 인간의 정신 속에 생기는 정념, 능력, 성품을 고려하면서, 결국 덕은 정념일 수 없고 마음의 능력도 아니며,[7] 쾌락과 고통에 관련된 최상의 행위를 하는 성품(=성격의 상태. hexis)이라고 한다(NE, 1106a). 그리고 그는 덕을 일종의 중용이라고 주장한다. 중용의 상태에 머무는 것이 사람을 선한 사람으로 만들며 인간으로서 기능을 잘 수행하게 만드는 성품이라는 것이다. "올바른 때, 올바른 일에 대해서, 올바른 사람들에 대하여, 올바른 동기로, 올바른 태도로 (정념을) 느끼는 것은 중간적이며 동시에 최선의 일이다. 또 이것이 바로 덕의 특색이다. … 그러므로 덕은 일종의 중용이다. 그것은 중간이 되는 것을 목표로 삼는다"(NE, 1106b). 공자는 인과 중용의 직접적인 관계를 언급하고 있지는 않지만, 중용이 지극한 덕이라고 다음과 같이 주장한다. 즉, "중용의 덕 됨이 지극하구나! 이 덕을 가진 사람들이 적은지 오래이구나."[8] 여기서 말하는 지극한 덕은 인을 전덕(全德)으로 이해할 때의 그것과 같은 의미다. 공자의 인은 인간의 존엄과 인간에 대한 사랑을 근본으로 삼는 인도주의(人道主義)라는 완전한 덕[全德]의 구현이다.

---

7) Aristotle, *The Nicomachean Ethics* (trans. David Ross)(Oxford : Oxford University Press, 1980)(앞으로는 NE로 본문 속에 표기함), 1105b.

8) 『論語』(『漢文大系 一 : 論語集說』(日本 : 富山房, 昭和 59))(앞으로는 인용한 내용을 본문 속에 표기함) 「雍也」27, 子曰 中庸之爲德也 其至矣乎 民鮮久矣.

'중용이 지극한 덕'이라는 말은 중용이 완전한 덕으로서의 인의 다른 표현임을 알 수 있게 한다.

공자는 인에 대한 분명한 정의를 내린 적은 없지만, 인간의 존엄성을 강조하고, 다른 사람과 정감을 같이 하고[同情], 다른 사람을 평등하게 대하는 것을 인이라고 표현한다. 지극한 덕으로서의 중용도 이런 인도주의에 다름 아닐 것이다. 공자는 제자 자공(子貢)의 인에 대한 질문을 받고, "인한 사람은 자신이 서고자 하면 남도 서게 하고 자신이 통달하고자 하면 남도 통달하게 한다. 가까운 데에서 골라서 비유할 수 있다면 인을 하는 방법이라고 말할 수 있을 것이다"(『論語』「雍也」28, 夫仁者 己欲立而立人 己欲達而達人 能近取譬 可謂仁之方也已)라고 답한다. 여기서 말하는 '자기가 서고자 함[己欲立]'과 '자기가 통달하고자 함[己欲達]'이라는 것은 한 사람의 주체 의식을 인정하는 것이며, '남도 서게 함[而立人]'과 '남도 통달하게 함[而達人]'은 다른 사람의 주체 의식을 인정하는 것이다. 자공이 말하는 "나는 남이 나에게 하기를 원하지 않는 일을 나도 남에게 하지 않으려고 한다"(『論語』「公冶長」11, 子貢曰 我不欲人之加諸我也 吾亦欲無可諸人)는 말은 인간의 독립 인격 내지 존엄성을 더욱 인정하는 표현이다. 완전한 덕, 지극한 덕으로서의 인과 중용은 '몸을 죽여서라도 이루며[殺身成仁]', '목숨을 버리더라도 택해야 하는[捨生取義]' 것이다. 동정과 평등으로 다른 사람을 대하라는 것은 '서(恕]'에서 충분하게 표현된다. 중궁(仲弓)이 인을 묻자 공자는 "문을 나갔을 때는 큰 손님을 만난 듯하며, 백성들에게 일을 시킬 때는 큰 제사를 모시듯이 하고, 자기가 하고자 하지 않는 것을 남에게 베풀지 않는다. 그러면 나라에서도 원망이 없고 집안에서도 원망이 없을 것이다"(『論語』「顔淵」 2, 仲弓問仁 子曰 出門如見大賓 使民如承大祭 己所不欲 勿施於人 在邦無怨 在家無怨)라고 답한다. 그리고 "한 말씀으로 평생 행할 만한 것이 있습니까?"라는 자공의 물음에 "그것은 서일 것이다. 자기가 하고자 하지 않는 일을 남에게 베풀지 말라"(『論語』「衛靈公」 23, 子貢問曰 有一言而可以終身行之者乎 子曰 其恕乎 己所不欲 勿施於人)라고 답한다. 그리고 "삼아 나의 도는 하나로 통할 수 있다"고 하는 공자의 말에 증자가 "그렇습니다"라고 답하고 공자가 나간 후에 문인들이 그 뜻을 묻자, 증자는 "선생님의 도는 충과 서일 따름이다"(『論語』「里仁」 15, 子曰 參乎 吾道 一以貫之 曾子曰 唯 子出 門人問曰 曾子曰 夫子之道 忠恕而已矣)라고 답한다. '충(忠)'은 인을 실천하는 내적 측면이다. 즉 '자신을 돌아보는 성실함[反身而誠]'이며 '서'는 외적 측면으로 '노력하여 자기를 미루어 남에게 미치게 하는 것[强恕而行]'이다. '귀한 손님을 모시듯 하는 것'은 공경의 마음이며, '큰 제사를 모시듯 하는 것'은 정성을 다하는 마음이다. 이는 개인의 내적 인격 수양인 '충'이다. '자신이 하고자 하지 않는 것을 남에게 베풀지 말 것'은 외적 행동 강령인 '서'다. 여기서 공자의 일관한 도가 인이자 중용이며, 그것이 바로 '서' 임을 알 수 있다. '서'의 기본 정신은 인격을 평등한 것으로 인정하는 바탕에서 자기의 마음과 다른 사람의 마음을 함께 하는 것이다. 소극적인 면에서 인간존중, 적극적인 면에서 타인 배려의 정신이 '서'의 정신이다. 이는 『대학』에서 말하고 있는 '혈구지도(絜矩之道)와 같은 것이다. 즉, "위에서 미워하는 것을 아래에 시키지 말며, 아래에서 미워하는 것으로 위를 섬기지 말며, 앞에서 미워하는 것을 뒤에서 먼저 하게 하지 말며, 뒤에서 미워하는 것을 앞을 좇게 하지 말며, 오른쪽에서 미워하는 것을 왼쪽에 주고받지 말며 왼쪽에서 미워하는 것을 오른쪽에 주고받지 말라. 이것을 곱자로 재는 방법이라고 한다."[9] '자신이 서고자 하면 남도 서게 하고 자신이 통달하고자 하면 남도 통달하게 한다'는 긍정적인 형식으로 표현된, 그래서 황금률(Golden Rule)로 불릴 수 있는 인의 실천 방식, '자기가 하고자 하지 않는 일을 남에게 베풀지 말라'는 부정적인 형식으로 표현된, 그래서 종종 은율(Silver Rule)로 불리는 '서', 그리고 '곱자로 재는 방법'인 혈구지도는 모두 지극한 덕으로서의 중용과 밀접하게 연관된다.[10] 다른 사람을 존중하고 배려하는 정신은, 단순한 정감 나누기의 차원을 넘어 같은 마음을 가지는 것이다. '서(恕)'라는 글자가 보여주듯이, 같은 마음[如+心]을 갖는 것이며, 동양에서의 마음(heart-mind)은 정신과 육체로서의 마음이 분리되지 않은 것이다. 그것은 다르게 표현한다면 '입장을 바꾸어 생각하고 느끼기[易地思之]'에 해당할 것이다. 그것은 유가에서 도덕적 판단의 중요한 한 절차와 과정으로 강조하는 저울질하기[權]로 표현될 수도 있다. 곱자로 재거나 저울질하여 종합적으로 상황을 판단하여 타인들을 가장 적절하게[適中] 대하자는 '서'인 것이다.

지덕으로서의 중용이 '서'라면, 아리스토텔레스가 강조하는 실천지의 작용과 같은 것이라고 본다. 그가 덕을 '중용을 선택하는 성품'이라고 규정하는데, 이 경우 선택은 실천지가 숙고한 결과다. 이는 욕구(=정감)적 부분의 탁월성인 도덕과 이성

---

9) 『大學』(『漢文大系 一 : 大學說』(日本 : 富山房, 昭和 59)) 第十章, 所惡於上 毋以使下 所惡於下 毋以事上 所惡於前 毋以先後 所惡於後 毋以從前 所惡於右 毋以交於左 所惡於左 毋以交於右 此之謂絜矩之道也.

10) 이 연관성에 대한 설명은 Kenneth Dorter, "The Concept of the Mean in Confucius and Plato" in *Journal of Chinese Philosophy* vol. 29 No. 3(2002), pp. 322-328을 참고.

적 숙고가 불가분의 연관을 가짐을 말해준다. 숙고는 당연히 개별적인 것, 즉 인간 행위와 관련된 실천적인 것이다. 그것은 지적인 추론의 과정인 동시에 욕구의 전이 과정이다. 숙고는 일종의 감각(=단순한 감정이 아니라 센스)라고 볼 수 있다. "어떻게 누구에게 무슨 까닭으로 얼마 동안 화를 낼 것인가를 결정하기란 쉬운 일이 아니다. 우리는 때로는 화내기를 잘하는 사람을 칭찬하면서 사내답다고 한다. 그러나 잘하는 데에서 조금 엇나가는 사람은 별로 비난을 받지 않는다. 그러나 너무 엇나가는 사람은 비난을 받게 마련이다. … 그러나 어느 점까지 어느 정도까지 엇나가야만 비난을 받을 만한가는 추리에 의해 쉽게 결정되는 것이 아니다. 사실 감성에 의해 지각되는 것들은 어느 것이나 모두 그렇다. 이런 것들은 개별적 사실에 의거하며, 그 판정은 감각에 달려 있다"(NE, 1109b). 지각에 의한 판단은 단순한 물리적 사태의 파악 정도가 아니라 그 사태의 도덕적 성격, 즉 중용의 선택을 포함하는 것이다. 숙고의 결과인 선택 역시 지적 산물인 동시에 욕구가 구체화된 것이다. 선택은 '숙고된 욕구'(NE, 1113a)며, 그것은 '욕구적 이성' 내지 '사유적 욕구'인 것이다(NE, 1139b). '같은 마음가지기'로서의 '서'는 다른 사람들을 존중하고 배려하기 위한 실천지의 작용인 숙고와 선택인 것이다. '자기가 하고자 하지 않는 일을 남에게 베풀지 말라'는 타인 배려의 정신은 단순한 정감적 배려가 아닌 정감적 이성(=감각, sense)을 통한 배려인 것이다.

2. 내적 덕으로서의 중과 외적 덕으로서의 용

덕으로서의 중용은 성품으로서의 내적(內的) 덕인 중과, 성

품의 행위나 정감으로의 표현으로서의 외적(外的) 덕인 용(庸)
과 화(和)의 측면에서 논의될 수 있다. 우선 '중용'이라는 말에
서 중은 내적인 덕, 용은 외적인 덕과 연관 지을 수 있다. 중용
개념은 처음으로 『논어』에서 나타나지만, '중을 숭상하는[尚
中]' 것은 이미 오래 되었다. 갑골문(甲骨文)이나 금문(金文)에
'중(中)'이라는 글자가 보이며, 『서경』, 『시경』, 『역경』 중에 여
러 차례 '중덕(中德)'이 나타나고 있다. 『서경』 등 옛 서적들 중
에는 역시 '용(庸)'이라는 글자도 보이는데, 그 뜻은 작용[用]이
었다. 공자는 은나라와 주나라의 '중 존중[尚中]' 사상을 계승
하여 처음으로 중과 용을 결합시켜 정식으로 '중용' 개념을 제
시했다. 분명히 중용은 중과 용 두 글자로 구성된 하나의 개념
이다.11) '중'은 『설문해자』에 따르면 두 가지 의미를 가진다.12)
하나는 '속[안. 內]'이다. 즉, 인간의 본성과 정감이 마음속에 감
추어져 아직 드러나지 않고 기울지도 않고 치우치지도 않음이
다. 또 하나는 '바름[正]'이다. 즉, 지나침도 미치지 못함도 없다
는 뜻이다. '용'도 두 가지의 의미를 지닌다. 하나는 '작용[用]'
이다.13) 또 하나는 '떳떳함[常]' 내지 '바르고 떳떳함[平常]'이
다.14) 중용의 본뜻은 '용중(用中)'(=중을 씀 내지 중의 작용)이

---

11) 중용에서의 용은 독자적인 의미를 갖는 것이 아니라 핵심인 중을 강조하거
나 내용을 상세하게 설명하는 것이라는 주장들이 있다. 예를 들면, "'중'과 '중
용'은 굳이 구분되어 이해할 필요가 없다. '중용'은 중국의 고대 정신 속에서 중
요한 의미를 지니고 나타나는 '중' 개념의 연장인 것이다"(윤천근, 『原始儒學의
새로운 해석』(온누리, 1987), p. 50), "용은 중을 설명하는 형용사적 술어다"(이
기동 역해, 『大學·中庸 講說』(성균관대 출판부, 1991), p. 103).

12) 張岱年 主編, 『孔子大辭典』(上海辭書出版社, 1993) 思想體系-哲學思想 「中
庸」에서 참고.

13) 許慎 撰 / 段玉裁 註, 『說文解字注』(臺北 : 天工書局, 民國76), 庸 用也, 『莊
子』(『漢文大系 九 : 莊子翼』(日本 : 富山房, 昭和 59)) 「齊物論」, 庸也者 用也, 『禮
記』 「中庸」, (漢)鄭玄 注, 名曰中庸者 以其記中和之爲用也. 庸 用也.

며, 그것은 항상 따라야 하는 '바르고 떳떳한' 도리인 것이다. 아리스토텔레스가 말하는 덕의 특징도 결국은 올바름 내지 정의(justice)다. '올바른' 때, '올바른' 대상에게, '올바른' 사람들에게, '올바른' 동기로, '올바른' 방식으로 정감들을 느낀다는 것이 중용이라면, 그것의 궁극적인 목표는 '올바름'인 것이다. 그리고 "덕은 정감과 행위에서 올바른 상태에 지나치거나 모자라는 악덕들 간의 중용이다"(NE, 1107a)라는 말 역시 중용의 궁극적인 목표는 올바름이라는 것을 잘 알려준다.

중용의 덕은 '중용' 이외에 '중화(中和)'라는 용어로 표현된다. 그러나 중화를 따로 중용이라는 용어로 불렀다는 것이 주자의 설명이다. 중용은 일반적인 용어이고 중화가 오히려 특정적인 용어인 것 같다. 아무튼 그 차이를 주자는 분명하게 제시한다. 즉, "중화를 중용으로 바꾸어 표현한 것은 '성품과 정으로 말하면 중화며, 덕행으로 말하면 중용이라는' 설이 옳다고 말하면서, 중용의 중이 실은 중화를 겸한 것이라고 말한다."15) 그러나 '중용의 중이 중화를 겸한 것'이라는 설명은 그가 '용'을 '평상'으로 해석하면서 '중(=중화) ↔ 용'의 형식으로 중용을 이해하고 있다는 점을 보여준다. 단순히 용을 '작용'이라고 생각하는 본 논문에서는 '중 → 용 내지 중 → 화'의 형식으로 이해하고자 한다. 『중용』에 등장하는 중화 내지 중과 화에 대한 표현들 가운데 그것의 의미를 비교적 명백히 알 수 있게 하는 것은 "기쁨, 노여움, 슬픔, 즐거움이 나타나지 않은 것을 중이라고 하고, 나타나서 모두 절도에 맞는 것을 화라고 한다. 중은

---

14) 『禮記』「中庸」鄭玄 注, 庸 常也. 用中爲常道也, 『論語』「雍也」, 何晏 注, 庸 常也. 中和加常行之德, 『中庸』「中庸章句」朱子 注, 庸 平常也.

15) 『中庸』第二章 朱子註, 變和言庸者 游氏曰 以性情言之 則曰 中和 以德行言之 則曰 中庸 是也. 然中庸之中 實兼中和之義.

세상의 큰 근본이요 화는 세상의 모두에 통하는 도다"(『中庸』第一章, 喜怒哀樂之未發 謂之中 發而皆中節 謂之和 中也者 天下之大本也 和也者 天下之達道也)라는 구절이다. 여기서 말하는 '기쁨·노여움·슬픔·즐거움'은 가장 근본적인 인간의 정감으로서 인간의 모든 정감들을 포괄하여 말하는 것이다. 중은 정감들이 나타나기 이전의 정감의 제어를 말하는 것 같다. '발하지 않는다[未發]'는 말은 미소를 짓거나 소리를 지르거나 관찰이 가능한 외적인 행위로 표출되지 않는다는 의미이지 결코 정감이 전혀 일어나지 않은 무정감은 아니다. '발하지 않은' 정감의 중은 마음속에서 정감이 제어되고 있는 상태다. 그러나 현실적으로 정감을 완전하게 제어한다거나 마음속에서만 정감을 가진다는 것은 매우 어렵고 드문 일이다. 나타난 정감을 상황에 적절하게 제어하는 것, 즉 시중(時中)이 현실적인 것이다. 그것이 바로 화인 것이다. 정념이 나타나서 절도에 맞는 것은 정념의 바름이다. 그것은 어긋남이 없기 때문에 조화라고 부른다. 중은 세상의 큰 근본이지만, 화는 세상에 통하는 도리라는 말은 그것이 정감 작용의 원리라는 것이다.

아리스토텔레스 역시 중용을 '성품(성격의 상태)'으로서의 중용과 '정감과 행위로의 선택'으로서의 중용으로 나눈다. 전자는 내적 덕으로서의 중이며, 후자는 외적 덕으로서의 용 내지 화다. 그는 덕은 인간의 정신 속에서 생기는 정감, 능력, 성품 세 가지 중에서 하나일 것이라고 말한다. 그가 말하는 정념은 일반적으로 쾌락이나 고통을 수반하는 감정들이며, 능력은 여러 가지 감정들을 느낄 수 있게 하는 것이다. 성품은 정념과의 관계에서 잘 처신하거나 잘못 처신하게 하게 하는 것이다. 예를 들어, 너무 격렬하게 분노하거나 너무 약하게 분노하는 것은 잘못 처신하는 것으로서 좋지 못한 성품 때문이다. 온건하게 적절하게 분노한다면 올바른 처신으로서 좋은 성품 때문이다. 이 경우 좋은 성품은 중용의 상태에 있는 성품이며 이것이 바로 내적 덕인 것이다. 그리고 덕은 마음의 능력이 아니라고 말한다. 어떤 정념을 느끼는 능력이 있다고 해서 칭찬을 받거나 비난을 받거나 선하다거나 악하다고 평가를 받는 것은 아니다. 능력은 본성적인 것이지만 덕은 본성적인 것이 아니다. 결국 덕은 성품(=성격의 상태)인 것이다(NE, 1105b-1106a 참고). 그러나 정념과 행동에 관련된 것이 덕이다. 중용의 정감과 행동이 바로 덕인 것이다. 성품으로서의 중이 정감이나 행동으로 나타난 것이 외적 덕으로서의 중용인 것이다. 적절한 때, 적절한 일에 대해서, 적절한 사람들에게, 적절한 동기로 그리고 적절한 태도로 느끼고 행동하는 것이 외적 덕으로서의 중용인 것이다. 결국 중용은 성품에 의한 정감과 행동의 적절한 선택을 말하는 것이다. 아리스토텔레스는 한 사람의 행위가 덕 있는 행위가 되려면 '알면서', '그 행위 자체를 위해서 선택하고' 그리고 '확고하고 변하지 않는 성품으로부터 나온' 행위여야 한다고 결론적으로 정리한다. 덕, 즉 중용은 성품(내적 덕으로서의 중)과 선택(외적 덕으로서의 용)의 결과임을 말하는 것이다.

그러나 중용이 중의 작용을 말한다고 하지만 중요한 것은 그 중의 의미를 아는 일이다. 『중용』에는 '중용'이 직접 언급되는 구절들이 있지만, 중용의 실천이 어려운 일이라는 것을 강조하거나,16) 중용의 실천이 군자의 길임을 강조한다.17) 그것

---

16) 『中庸』第三章, "백성들이 (실천에) 능한 자가 적은 지 오래다"(中庸 其至矣乎 民鮮能 久矣), 第七章, "중용을 택하여 한 달도 지킬 수 없다"(子曰…人皆曰予知 擇乎中庸而不能期月守也), 第九章, "천하와 국가를 고르게 할 수 있고,

의 의미를 분석할 수 있는 구절들 중 하나는 공자가 제자의 인품을 평가하면서 하는 말이다. 즉, "안회의 사람됨은 중용을 택한다. 하나의 선을 얻으면 잃지 않고 받들어서 가슴에 간직한다"(『中庸』第八章, 子曰 回之爲人也 擇乎中庸 得一善則拳拳服膺而弗失之矣). 여기서 중용은 선(善)을 택하여 그것을 항상 지키는 것이다. 중은 지나침도 부족함도 없는 것을 성향으로 가지거나 알고 있는 상태(=성품)이며, 용은 그것을 항상 실천하는 평상(平常)의 자세인 것이다. 그리고 또 하나는 공자가 "군자는 중용에 따르고 소인은 중용에 반한다. 군자의 중용은 군자로서 때에 따라 중하는 것이며, 소인의 중용은 소인으로 꺼리고 삼감이 없는 것이다"(『中庸』第二章, 仲尼曰 君子中庸 小人反中庸 君子之中庸也 君子而時中 小人之中庸也 小人而無忌憚也)라고 말하는 구절이다. 군자(=도덕적인 사람)는 중용의 덕을 지닌 사람이며, 소인(=비도덕적인 사람)은 그것을 지니지 못한 사람이다. 두 구절들에도 중용이 군자와 소인을 구분하는 도덕적 기준이라는 점 외에 그 의미를 알기는 힘들다.

공자가 말하는 중은 궁극적 목표로서의 중과 그 과정으로서의 중이라는 두 가지 의미들을 가진다. 목표로서의 중은 '적절하다[適中]'는 의미에서의 중이며, 과정이나 방법으로서의 중은 '기울지도 않고 치우치지도 않다[不偏不倚]'거나 '지나침도 모자람도 없다[無過不及]'는 의미에서의 중이다. 공자는 목표

벼슬과 봉록을 사양할 수 있고, 흰 칼날도 밟을 수 있으나 중용은 할 수 없을 것이다(子曰 天下國家 可均也 爵祿 可辭也 白刃 可蹈也 中庸 不可能也).

17) 『中庸』第十一章, "군자는 중용에 의지하여 세상에 숨어서 알려지지 않더라도 후회하지 않을 것이니, 오직 성인이라야 그렇게 할 수 있을 것이다"(君子依乎中庸 遯世不見知而不悔 唯聖者 能之), 第二十七章, "군자는…높고 밝은 것을 극진히 하고 중용의 길을 간다"(君子…極高明而道中庸).

로서의 옳음 자체를 강조하기보다는 그것을 달성하는 방법으로서의 중을 더욱 강조한다. 그래서 그는 '지나침도 모자람도 없다'는 의미에서 중을 주로 말하고 있다. 그는 사물을 인식하거나 행동을 할 때 반드시 지나친 두 극단을 피하고 두 극단들을 포용하는 중의 방법을 주장한다. 그는 제자들의 인품을 평가하면서 이 점을 강조한다. 즉, "자공이 '자장과 자하는 누가 더 현명합니까?'라고 묻자, 공자는 '자장은 지나치고 자하는 모자란다'고 답한다. 자공이 다시 '그렇다면 자공이 낫습니까?'라고 묻자, 공자는 '지나침은 모자람과 같은 것이다'라고 답한다"(『論語』「先進」15, 子貢問 師與商也孰賢 子曰 師也過 商也不及 曰 然則師愈與 子曰 過猶不及). 자장은 재주가 높고 뜻이 넓어서 굳이 어려운 일을 하기를 좋아하기 때문에 항상 중을 지나치고, 자하는 돈독하고 믿고 삼가 지켜서 규모가 좁기 때문에 항상 중에 미치지 못한다는 것이다. 결국 지나침도 모자람도 중을 어기는 것에는 다름이 없다는 것이다. 그리고 제자 네 명을 두고 "자고는 어리석고, 증자는 둔하고, 자장은 겉치레만 잘하고, 자로는 거칠고 속되다"(『論語』「先進」17, 柴也 愚 參也 魯 師也 辟 由也 喭)고 평가한다. 주자의 주석을 참고하면, 자고는 남의 그림자를 밟지 않고 봄에 땅 속에서 갓 나온 벌레를 죽이지 않고 … 지름길을 다니지 않고 구멍으로 나가지 않은 사람이고 지나치게 후덕하지만 지혜가 부족하다고 평가하였고, 증자는 학문을 성실하고 돈독하게 하여 공자 자신의 도를 전수한 사람이었지만 재질이 둔하다고 평가하였으며, 자장은 용모에만 신경을 쓰고 성실성이 부족하고, 자로는 지나치게 강직하다고 평가했던 것이다. 제자들의 지나치거나 모자라는 성품을 지적한 것이다. 그리고 '(옳은 것을) 들으면 실행으로 옮겨야 하는가?'라는 두 제자들의 동일한 질문에 정반대의 대답을 한 이유를, "염유는 물러남으로 나아가게 하였고, 자로는 다른 사람보다 나은 사람이라서 물러나게 하였다"고 답한다(『論語』「先進」 21, 子路問 聞斯行諸 子曰 有父兄在 如之何 其聞斯行之 冉有問 聞斯行諸 子曰 聞斯行之 公西華曰 由也問 聞斯行諸 子曰 有父兄在 求也問聞斯行諸 子曰 聞斯行諸 赤也 惑敢問 子曰 求也退 故進之 由也兼人 故退之). 지나치게 신중하거나 지나치게 적극적인 것은 중을 행하는 것이 아님을 강조하고 있는 것이다. 공자의 눈에는, 제자들의 품행이 기우는 바가 있고 혹은 지나치고 혹은 모자라는 바가 있는데, 이는 모두 중의 도리를 벗어난 것이다. 그리고 그는 "중을 행하는 사람과 더불어 할 수 없다면 반드시 경솔한 사람(=狂)이나 (언행이) 주저하는 사람(=狷)과 함께 할 것이다. 뜻이 높은 사람은 진취적이고, 주저하는 사람은 하지 않는 바가 있다"(『論語』「子路」 21, 子曰 不得中行而與之 必也狂狷乎 狂者 進取 狷者 有所 不爲也)고 말한다. 경솔한 사람은 분별이 없고 뜻은 높지만 행동이 따르지 못하고, 주저하는 사람은 (언행이) 소심하고 모든 일에 움츠러들고 용감하게 행동하지 못하는 사람이다.18) 중용의 덕을 가지는 것이 군자의 자리요 성품이다. 그래서 공자는 언행이 극단에 치우쳐서는 안 된다는 점을 강조

---

18) 주자는 광자는 뜻(=목표)이 지극히 높지만 행동을 가리지 않는 사람이고, 견자는 앎이 미치지 못하나 지킴은 남음이 있는(=약속을 잘 지키는) 사람이라고 해석한다. 성인은 본래 중도를 행하는 사람을 만나서 가르치려고 했으나 만날 수 없고, 한갓 신중하고 후덕한 사람을 만나면 스스로 분발하여 행동하지 못할 것이다. 그래서 광자나 견자를 만나서 뜻과 절조를 가진 그들을 격려하고 억제시켜서 도(=중도)에 나아가게 하는 것만 못할 것이다(朱子 注 狂者 志極 高而行不掩 狷者 知未及而守有餘 蓋聖人本欲得中道之人而敎之 然 旣不可得 而徒得謹厚之人 則未必能自振拔而有爲也 故不若得此狂狷之人 猶可因其志節 而激厲裁抑之 以進於道).

하는 것이다. 그래서 "내가 아는 것이 있는가? 아는 것이 없다. 어리석은 사람이 나에게 묻는다면 속이 텅 빈 사람이라도 나는 그 (내용의) 양쪽을 들어서 다 말해줄 것이다"라고 말한다(『論語』「子罕」7, 子曰 吾有知乎哉 無知也 有鄙夫問於我 空空如也 我叩其兩端而竭焉). 양극단의 입장을 고루 고려하여 적절한 앎이 되도록 해야 한다는 점을 강조하고 있다. 성품이나 행동뿐 아니라 지식 측면에서도 중을 지키는 것이 중요함을 말하고 있는 것이다. 군자의 인격의 모범으로서 공자는 중을 실천하는 모습을 보인다. "그는 온화하시면서도 엄숙하시고, 위엄이 있으면서도 사납지 않으시고, 공손하시면서도 편안하셨다"(『論語』「述而」37, 子 溫而厲 威而不猛 恭而安). 그리고 제자인 자하(子夏)는 공자의 그러한 모습을 "(멀리서) 바라보면 엄숙하고, 그 앞에 나아가면 온화하고, 그의 말을 들으면 분명하다"(『論語』「子張」9, 子夏曰 君子有三變 望之儼然 卽之也溫 聽其言也厲)고 표현하기도 한다. 그 상황에 적절하고 정도에 알맞은 군자의 언행과 풍모가 바로 중도가 인격상에 표현된 것이다.

맹자도 '중용의 덕을 가질 것'을 강조한다. 그는 "군자는 활을 당기고 화살을 쏘지 않으나, 튀어나오듯 하여 중도에 서게 하면 능한 사람은 그것을 따른다"고 말한다.[19] 주자의 주석에 따르면, 이 구절은 가르치는 법과 연관된 중용의 덕을 말한다. 군자가 제자를 가르칠 때 배우는 법을 가르치고(=활을 당겨서 화살을 쏘는 방법을 가르치고) 자신이 깨닫고 터득할 것은 가르치지 않으며(=직접 화살을 쏘아서 과녁을 적중시키는 법은

---

19) 『孟子』(『漢文大系 一 : 孟子定本』(日本 : 富山房, 昭和 59))(앞으로는 인용한 내용을 본문 속에 표기함)「盡心 上」41, 君子引而不發 躍如也 中道而立 能者 從之.

가르치지 않고) 그 핵심은 스스로 깨닫고 터득하게 한다는 것이다. 이 경우 그 핵심적인 내용은 직접 가르치지 않아도 이미 튀어나온 듯이 하여 중도에 서게 하면(=안 가르친 것도 아니고 모든 것을 직접 가르친 것도 아니며 중용의 가르침을 행하면) 능력이 있는 사람은 그 중용의 가르침을 따라 가르침을 완전하게 배우고 스스로 깨달을 수 있다는 것이다. 여기서 화살을 쏘지 않음은 지나치지도 않고 모자람도 없는 곳, 즉 중용의 길을 잘 보여주는 은유다. 그가 "중을 행하는 사람이 중을 행하지 못하는 사람을 기르는 것인데 … 만일 중을 행하는 사람이 중을 행하지 못하는 사람을 버린다면 … 그 사이가 한 치도 될 수 없을 것이다"라고 주장하는 까닭도 군자의 가르침이 중용의 길을 벗어나지 않음을 표현하고 있는 것이다. 가르치고 기르는 사람이 배우는 사람이 능력이 부족하여 가르침을 포기한다면 자신도 중용의 길을 벗어난 것이기 때문에 배우는 사람과의 차이가 크지 않다는 것이다. 중에서 지나쳐 가르치는 사람도 중에서 부족하여 배우는 사람도 중에서 벗어났다는 점에서 그 차이는 크지 않다는 것이다.

그런데 중요한 것은 유가에서 말하는 중용이 중간공리 (middle axioms)를 따르자는 것이나 적당하게 절충하자는 것이 아니라는 점이다. '가운데'로 번역되기도 하는 중이 산술적 중간을 의미하는 것이 아니라는 점이다. '중(中)'이라는 글자는 바람에 나부끼는 깃대와 깃발을 상형한다. 깃발은 바람에 나부끼지만 중심인 깃대는 흔들림 없이 제자리를 잡고 있다. 글자 그대로의 의미를 생각한다면 중은 가운데 내지 산술적 중간으로 이해할 수 있을 것이다. '가운데를 잡음[執中]'이라든가 '기울지 않고 치우치지 않음이 중'이라거나 '변하지 않음이 용'이라는 말이나 '양극단을 피하고 가운데를 택함'이라는 말 속에는 산술적 중간의 의미로 해석될 수 있는 소지들이 있다. 아리스토텔레스는 덕을 가진 사람을 설명하면서 용기는 공포와 태연, 절제는 방종과 무감각, 관용은 방탕과 인색의 중간이라고 많은 예들을 든다(NE, 1107b-1108b). 그리고 정의롭지 못한 사람이나 행위는 불공정하거나 불균등한 사람이나 행위라고 단정적으로 말한다. 그리고 두 개의 불균등한 것들 사이에는 하나의 중간이 있음이 분명하며, 그것이 바로 균등이라고 말한다. 사람들 간의 균등의 상태, 중간의 회복이 정의인 것이다. 그래서 그는 다음과 같이 말한다. 즉, "만일 정의롭지 못함이 불균등이라면 정의는 균등이다. 이것은 새삼스럽게 따질 필요가 없이 누구나 인정하는 것이다. 그리고 균등이 중간인 것이기 때문에 정의도 중간적인 것이다"(NE, 1131a). 또한 어떤 사람이 다른 사람에게서 너무 많은 것을 빼앗는다면 그에게 정의롭지 못한 행위를 하는 것이라고 설명한다. 이 경우 재판관은 균등의 상태를 회복시킴으로써 정의를 회복시켜야 하는데, 산술적으로 정확하게 균등을 회복시켜야 한다고 말한다. 그러나 아리스토텔레스 자신이 분명히 밝히듯이, 중간이란 상대적이고 인간적인 것이며 따라서 비례적인 것이다. 글자 그대로 산술적인 중간이 아닌 것이다. "균등은 적어도 두 가지다. 그래서 정의도 중간이요 균등이지만 상대적으로 어떤 사람에 대해서 그런 것일 수밖에 없다. 중간은 어떤 것들(과다와 과소) 사이에 있어야 하고, 균등은 두 가지의 사물들과 관련되고 정의도 어떤 사람들에 대한 그것일 수밖에 없다. 그래서 정의는 적어도 네 가지 항들로 성립한다. 그것은 누구를 위한 정의인데, 적어도 당사자 두 사람이 있어야 하고, 그것이 나타나는 것,

즉 그것이 배분되는 사물이 둘이기 때문이다. 그리고 동일한 균등 상태가 사람들 사이와 사물들 사이에서 존재한다"(NE, 1131a). 그래서 우리와의 관계에서의 중간은 산술적 비례로 결정될 수 없다. "만일 10근의 음식물이 어떤 사람에게는 너무 많고 2근은 너무 적을 경우, 체육 지도자에게 6근의 음식물을 주게 하기만 하면 되는 것이 아니다. 왜냐하면 6근도 어떤 사람에게는 너무 많고, 어떤 사람에게는 너무 적기 때문이다"(NE, 1106b). 유가에서 말하는 덕으로서의 중용이 산술적인 중간을 의미하지 않는다는 것은 더욱 명백하다. 유가에서의 중용이 '때에 알맞음[時中]'으로 표현된다. 중간이 존재하지 않거나 존재하더라도 끊임없이 상황(때와 장소와 사람)에 따라 변하는 것이다. 중용이 상황에 따라서 변한다고 하여 무원칙의 적당주의나 절충주의로 오해해서는 안 된다. 공자는 절충주의를 강하게 비판한다. 그가 인품이 가장 낮은 사람을 향원(鄕原)이라고 하는데, 향원은 어떤 원칙도 없이 적당하게 남의 비위나 맞히며 덕을 도둑질하는 사람이다. 즉, '말이 행동을, 행동이 말을 돌아보지 않으며, 숨어서 다른 사람에게 아첨하는 사람이며'(『孟子』「盡心 下」37, 孔子曰 過我門而不入我室 我不憾焉者 其惟鄕原乎 鄕原德之賊也 曰 何如 斯可謂之鄕原矣 曰 何以是嘐嘐也 言不顧行 行不顧言 則曰 古之人古之人 行何爲踽踽涼涼 生斯世也 爲斯世也 善斯可矣 閹然媚於世也者 是鄕原也), '더러운 세상에 부합하여 성실과 믿음으로 살아가고 청렴결백하게 행동하는 듯하여 무리들이 모두 기뻐하거늘, 스스로 옳다 하나 중의 덕을 실천하지 못하는 사람이다'(『孟子』「盡心 下」37, 孔子以爲德之賊 何哉 曰 非之無擧也 刺之無刺也 同乎流俗 合乎汙世 居之似忠信 行之似廉潔 衆皆悅之 自以爲是而不可與入堯舜之道

故曰 德之賊也).

　산술적 중간을 택하는 것도 아니고 원칙이나 기준이 없는 절충주의도 아니라면, 어떻게 '지나침도 모자람도 없음'의 중용에 도달할 수 있을까? 세 가지의 구체적인 방식들로 나눌 수 있을 것이다.[20] 첫째, 'A와 B'의 형식으로 '모자람'의 상황을 벗어날 수 있다. 유가에서는 어떤 단일한 덕목도 모두 '도(道)'의 한쪽이라고 생각한다. 그래서 한 종류의 덕행을 실천하는 것은 진정으로 중을 실천하는 것이 아니다. 이것이 "만물은 도의 한쪽이며, 하나의 사물은 만물의 한쪽인데, 스스로 도를 안다고 하는 것은 알지 못하는 것이다"는 바로 순자(荀子)의 말이 뜻하는 바다. 유가에서는 하나의 덕목은 모두 모자라는 것이다. 상반되는 덕목으로 보충하고, 상반되는 두 덕목들이 직접 통합되어야 비로소 그 모자람을 벗어날 수 있다. 즉, 양단의 통합이 중용의 덕을 추구하는 방식인 것이다. A는 유가가 말하는 주요 미덕이며, B는 일종의 보조적인 덕목이다. B를 가지고 A를 구하는 것이다. 서로 돕고 서로 이루어주는 것이 중용의 덕을 이루는 방식인 것이다. 『서경』에서 들고 있는 '아홉 가지의 덕목[九德]', 즉 '너그러우면서도 엄격함[寬而栗]', '부드러우면서도 확고함[柔而立]', '삼가면서도 직분을 다함[愿而恭]', '다스리면서도 공경함[亂而敬]', '순하면서도 굳셈[擾而毅]', '곧으면서도 따듯함[直而溫]', '성격은 단순하면서도 시비를 잘 판단함[簡而廉]', '강하면서도 성실함[剛而塞]', '용감하면서도 올바름[强而義]' 등은 중용의 정신을 가장 잘 구현하는 것들이다.[21] 엄격함에서는 너그러운 성품을 잃

20) 馮克誠 蔣衛杰 宋武 主編, 『中華道德五千年③』(中國文史出版社, 1998), pp. 5-8 참고.
21) 『書經』「虞書」, 「皐陶謨」, 皐陶曰 寬而栗 柔而立 愿而恭 亂而敬 擾而毅 直

기 쉽지만 엄격함과 너그러움이 서로를 보완할 수 있을 때 비로소 '너그러우면서도 엄격함'이라는 중용의 덕이 이루어질 수 있는 것이다. 다른 여덟 가지 덕들도 마찬가지일 것이다. 공자 자신도 온화하시면서도 엄숙하시고, 위엄이 있으면서도 사납지 않으시고, 공손하시면서도 편안하셨던 군자의 모범으로서 기울지 않는 중용의 덕을 가졌던 것이다. 그리고 『중용』에는 군자의 가진 중용의 덕으로서 '마음이 담담하고 욕심이 없으면서도 싫증을 내지 않음', '간소하면서도 문체가 남', '따뜻하면서도 조리가 있음'을 말한다(『中庸』第三十三章, 君子之道 淡而不厭 簡而文 溫而理). 『시경』에서 비단옷의 문채가 드러나기를 싫어하는 군자의 마음을 표현한 '비단 옷을 입고 홑옷을 더한다'는 구절을 소개하면서 군자의 중용의 덕을 제시하고 있다. 그리고 『논어』에서 자장(子張)은 "군자는 현명한 사람을 존중하면서도 일반인들을 받아들이고, 잘하는 사람을 훌륭하게 여기면서도 잘하지 못하는 사람을 아낀다"(『論語』「子張」3, 子張曰 … 君子 尊賢而容衆 嘉善而不能)고 말한다. 여기서도 엘리트와 일반인, 유능한 사람과 무능한 사람을 받아들이는 것이 중용을 실천하는 방법을 구성하는 두 요소들이다. 이 두 요소들이 유기적으로 작용하는 것이 중용의 정신을 진정으로 구성하는 것이다.

둘째, 'A와 A'(不(無) A)'의 형식으로 '지나침'의 상황을 벗어나는 것이다. 유가에서 보면, 어떤 덕목도 모두 악행으로 이어질 가능성을 포함하고 있기 때문에 미덕도 악행으로 바뀔 수 있는 것이다. 상반적인 미덕과 악덕이 서로 자리를 바꿀 수 있고, 그 한계를 뛰어넘을 수 없는 것이다. 따라서 반드시 A'

而溫 莭而廉 剛而塞 彊而義.

로써 A의 지나침의 문제를 해소하고 중용의 상태를 유지해야 한다. 『서경』에는 '강하면서도 사납지 않고', '성격이 단순하면서도 오만하지 않음'을 주장한다(『尚書』「虞書」「舜典」, 帝曰 … 剛而無虐 簡而無傲). 『논어』는 공자를 '위엄이 있으면서도 사납지 않으신' 군자의 모습으로 그리고 있다(『論語』「述而」 37, 子 … 威而不猛). 그리고 공자는 군자가 반드시 가져야 할 '다섯 가지 아름다움[五美]'을 지적한다. 즉, "군자는 은혜를 베풀면서도 낭비하지 않으며, 수고롭게 하면서도 원망을 받지 않고, 바라면서도 탐내지 않으며, 태연하면서도 교만하지 않고, 위엄이 있으면서도 사납지 않는다"(『論語』「堯曰」 2, 子曰 君子 惠而不費 勞而不怨 欲而不貪 泰而不驕 威而不猛). 그리고 군자는 "씩씩하면서도 다투지 않으며, 함께 모이면서도 패거리를 이루지는 않으며, 정도를 따르고도 작은 신의에 얽매이지 않고, 두루 사랑하고도 편당을 만들지 않도록"(『論語』「衛靈公」 21, 子曰 君子 矜而不爭 群而不黨, 35, 貞而不諒, 「爲政」 14, 周而不比) 노력할 것을 요구하고, "즐거우면서도 음란하지 않고, 슬퍼하면서도 상처를 받지 않는다"(『論語』「八佾」 20, 子曰 關雎 樂而不淫 哀而不傷) 중용의 정감을 가질 것과, "배우면서 생각하지 않거나 생각하면서 배우지 않는"(『論語』「爲政」 15, 子曰 學而不思則罔 思而不學則殆) 편파적인 학문의 자세를 경계한다. 순자(荀子)도 군자가 가질 중용의 인격을 "너그럽고도 나태하지 않으며, 강직하면서도 모나지 않으며, 변론하면서도 다투지 않으며, 예민하면서도 남의 비위를 맞추지 않고, 꼿꼿하면서도 남을 꺾으려 하지 않고, 굳세면서도 난폭하지 않고, 부드러우면서도 휩쓸리지 않고, 공경하고 근신하면서도 너그럽게 포용하는" 것으로 제시한다.[22] 이것은 서로 반대되지만 서로를 이루어주는 양극단들이 융합하여 군자의 인품을 이룬다는 점을 잘 표현하고 있다.

셋째, '不(無) A 不(無) B'의 형식으로 지나침도 모자람도 없음을 직접 표현한다. 맹자는, 섬길 만한 임금이 아니면 섬기지 않고 벗할 만한 사람이 아니면 벗하지 않았던 백이라는 사람과, 더러운 군주를 섬김을 부끄러워하지 않고 작은 벼슬도 낮게 여기지 않았던 유하혜라는 사람을 평가하면서, "백이는 좁고 유하혜는 불손하니, 좁음과 불손함은 군자가 따르지 않는다"(『孟子』「公孫丑 上」 9, 孟子曰 伯夷隘 柳下惠不恭 隘與不恭 君子不由也)고 말한다. 도량의 좁음과 불손함은 모두 중용의 덕을 어기는 것이며, 군자가 본받을 바가 아닌 것이다. 순자도 중용의 도리를 다음과 같이 주장한다. 즉, "성인은 마음씨의 병통을 알고, (마음이) 가려지고 막히는 데서 오는 재앙을 알기 때문에 바람도 없고 싫어함도 없고, 처음도 없고 마지막도 없고, 가까움도 없고 멈도 없고 넓음도 없고 얕음도 없고, 과거도 없고 현재도 없다. 모든 것을 펼쳐서 저울질하기 때문에 모든 것들이 서로 가려서 질서를 어지럽히는 일이 없다"(『荀子』「解蔽」, 聖人知心術之患 見蔽塞之禍 故 無欲無惡 無始無終 無近無遠 無博無淺 無古無今 兼陳萬物 而中縣衡焉 是故 衆異不得相蔽以亂其倫也). 바람과 싫어함, 처음과 마지막, 가까움과 멈, 넓음과 얕음, 과거와 현재 등의 여러 가지 극단들에서 한쪽으로 기울지 않고 그 중을 얻어야 함을 강조하는 것이다.

---

22) 『荀子』(『漢文大系 十五 : 荀子集解』(日本 : 富山房, 昭和 59)) 「不苟」4, 君子 寬而不偉 廉而不劌 辯而不爭 察而不激 寡立而不勝 堅彊而不暴 柔從而不流 恭敬謹愼而容.

Ⅳ. 중용의 실천으로서의 적중(的中)과 시중(時中)

1. 적중과 활쏘기[命中]

명사로서, 덕으로서의 중은 '지나침이나 모자람이 없는 적절함' 내지 '옳음'이라는 두 가지 의미들로 사용되지만, 동사로서의 '중'은 '명중시키다', '적중시키다', '과녁을 맞히다'의 의미로 쓰인다. 이것은 활쏘기와 관련된다. 중(中)이라는 글자는 원(=과녁)을 관통하는 직선(=화살)을 상형한다. 따라서 중용의 실천을 가장 구체적이고 현실적으로 설명하는 개념이 활쏘기라고 볼 수 있다. 활쏘기를 하기 위한 조준이 중이라면 실제 화살을 당겨서 과녁을 맞히는 것이 용이라고 볼 수 있다. 적중(的中), 즉 활쏘기는 중의 두 가지 의미들 중 '옳음' 내지 '올바름'으로서의 중정(中正)을 얻음을 은유하는 데 초점을 둔다. 공자는 『중용』에서 군자의 인격을 직접 활쏘기로 표현하기도 한다. 즉, "활쏘기가 군자와 같은 점이 있다. 정곡을 맞히지 못하면 돌이켜서 그 까닭을 자신에게서 찾는다"(『中庸』第十四章, 子曰 射有似乎君子 失諸正鵠 反求諸其身). 군자의 덕은 중용의 덕이며, 과녁을 맞히지 못함은 곧 행동에서 중용의 덕을 발휘하지 못하는 것이다. 자신을 검토하고 내적인 중의 덕을 수양하는 것이 군자의 바른 길이라는 것이다. 여기서 내적 덕은 활쏘기의 기술로 은유된다. 덕 있는 사람이 정감과 행동에서 중을 실천하는 것, 즉 과녁을 명중시킬 수 있는 것은 내적 덕, 즉 활쏘기의 기술을 가졌을 때 가능한 것이다. 내적 덕은 그 행위자의 탁월한 성품으로서 활쏘기의 기술로 은유된다. 그 내적 덕으로서의 중의 실천(=용)은 직접 활을 쏘는 것으로 은유된다. 그 기술을 가진 사람이 탁월한 궁수가 되듯이, 내적 덕인 중을 가진 사람이 탁월한(=덕 있는) 사람이 되는 것이다.

아리스토텔레스도 궁수가 과녁을 명중시키려 하듯이 덕(=중용)을 가진 사람이 최고의 선을 추구한다고 말한다. 즉, "만일 우리가 하는 모든 일들의 목적으로서 그것 자체를 바라는 것이 있다면, 따라서 무슨 일을 선택하든 그 이외의 다른 어떤 것 때문에 선택하지 않는다면, 그것은 분명히 선이고 또한 최고선이 아닐 수 없다. 그렇다면 그런 선에 관한 앎은 우리의 삶에 큰 영향을 미치지 않겠는가? 우리는 과녁을 겨누고 있는 궁수처럼 선한 것을 더 잘 명중시키지 않겠는가?"(NE, 1094a) 그에 다르면, 도덕적 덕은 올바르게 느끼고 행동하는 성향을 말한다. 활쏘기 은유에서 그것은 정곡을 조준하고 그것을 명중시키는 것이다. 그가 말하는 덕 자체가 중용이다. 중용의 실천이 과녁을 정확하게 명중시키듯이 올바르게 느끼고 행동하는 것이다. 그는 "중용을 결정하는 기준이 있다. 그리고 이 중용은 올바른 이치를 따른 것이므로 이것을 지나침과 모자람의 중간이라고 한다"(NE, 1138b)고 말한다. 중용의 결정 기준이 '올바른 논거(orthos logos)'라는 말은 중용을 지적 관념으로 생각하게 만든다. 그러나 '올바른 논거'는 칸트식의 '올바른 규칙(right rule)'으로 해석되어서는 안 될 것이다. 그것은 결코 일반적인 규칙들을 기계적으로 적용시키는 것이 아니고, 특정 상황들에서 덕을 실천하려면 무엇이 필요한지를 결정할 수 있음을 의미한다. 이것은 중용을 결정하거나 적용하는 것은 규칙을 따른다는 문제라기보다는 상황에 따라 다를 수 있다는 문제임을 의미하는 것이다. 중용을 옳음과 동일시할 수 있다는 점에서 생각한다면 중용이 상황 특수적인 문제임은 마땅한 것

이다. 아리스토텔레스는 시간, 대상, 사람, 동기, 방식 등 다차
원적인 측면들에서 옳음을 규정한다. 그래서 특정한 상황들에
서 중용이 무엇을 요구하는지를 주목해야 하는 것이다. 그는
덕은 '올바른 논거'를 따르는 것일 뿐 아니라 '올바른 논거'를
머금고 있는 것이다(NE, 1144b). 여기서 '머금는다'는 것은 자
주적으로 그 논거를 따르거나 자신 속에 논거를 가지고 있다
는 의미다. 그는 '올바른 논거'를 지적인 문제로서가 아니라 실
천지를 가진 사람, 실천지와 도덕적 덕 사이의 관계를 설명하
는 용어로서 다루고 있는 것이다. 그는 "중용은 우리와의 관계
에서의 중용이며, 그것은 이성의 원리에 의해서 그리고 실천지
를 가진 사람이 그것을 결정할 때 기준으로 삼을 원리에 의하
여 결정되어야 하는 것이다"(NE, 1106b-1107a)라고 말한다.
그러나 실천지는 지성의 문제나 추론의 능력의 문제가 아니다.
아리스토텔레스에게 실천지를 가진 사람은 선한(good) 사람이
다. 실천지를 가지려면 도덕적 덕을 가져야 한다. 단순한 기술
지(techne)와 실천지를 구분지우는 것은 선한 목적인 것이다.
아리스토텔레스의 완전한 덕 관념은 잘 수양된 성품과 실천지
가 잘 연결된 것이다. 그래서 그는 "우리는 실천지 없이는 완
전하게 선할 수 없고, 성품의 덕 없이는 실천지를 가진 사람일
수 없다"(NE, 1144b)고 말한다. 성품의 덕이 얻어지는 것은 지
적 그리고 도덕적 발달의 과정이기 때문에, 실천지와 성품의
덕은 본질적으로 연관된 것이다. 외적 덕으로서의 용을 결정하
는 것은 발달된 도덕적 덕이다. 행위자로 하여금 올바르게 느
끼고 행동하게 하는 것은 도덕적 덕이며, 활쏘기로 은유되는
내적 덕으로서의 중을 구성하는 것도 도덕적 덕이다.23)

---

23) Jiyuan Yu, "Aristotelian Mean and Confucian Mean", *Journal of Chinese*

공자는 중의 기준과 관련하여 예(禮)를 말한다. 자공이 '중을 무엇으로 행할 수 있는가?'라고 묻자, 공자는 '예다. 예다. 예는 그것을 가지고 중을 만들어 낼 수 있는 것이다'라고 말한다(『禮記』28 「仲尼燕居」, 子貢越席而對曰 敢問將何以爲此中者 也 禮乎禮 夫禮所以制中也). 예는 아리스토텔레스가 말하는 '관습(ethos)'에 상응한다. 공자가 한 이 말은 관습이나 규제를 따름이 중이라는 의미로 오해될 수 있다. 그러나 예는 그런 것이 결코 아니다. 예절에서 예는 예의, 즉 예의 정신을, 절은 그 정신을 구현하는 절차나 형식을 말한다. 유가에서 강조하는 것은 예의이지 범절들이 아니다. 그가 "삼베로 면류관을 만드는 것이 예이지만 요즘은 실로 만들어서 검소하니 나는 (예보다는) 대중을 따르겠다. 당 아래에서 절하는 것이 예인데 지금은 당 위에서 절하니 교만하다. 비록 대중과 다를지라도 나는 당 아래에서 절하는 것을 따르겠다"(『論語』 「子罕」 3, 子曰 麻冕 禮也 今也純 儉 吾從衆 拜下 禮也 今拜乎上 泰也 雖違衆 吾從 下)고 한 말은 예의 정신인 예의가 중요한 것이지 그 형식이나 절차는 중요하지 않음을 잘 보여준다. 아리스토텔레스처럼, 그는 중용이 미리 고정된 것일 수 없으며 특정 상황에서 무엇이 요구되는지를 알 수 있는 능력을 가져야 한다고 생각한다. 이 생각이 바로 시중(時中)이다.

2. 시중과 저울질[權]

공자는 특히 시중(時中)의 관념을 중시한다. 시중, 즉 저울질(權) 내지 변화를 저울질한다[權變]는 것은 중의 두 가지 의

Philosophy 29 : 3 (september 2002), pp. 348-349를 참고.

미들 중 '기울지 않고 치우치지 않음', '지나침과 모자람이 없음'을 은유하는 데 초점을 둔다. 공자는 스스로 백이와 유하혜와 같은 고대의 현인들이 모두 기울어지는 바가 있었다고 주장하고, "나는 이와 달라서 할 수 있는 일도 없고 할 수 없는 일도 없다"(『論語』「微子」 8, 我則異於是 無可無不可)고 말한다. '할 수 있는 일도 없고 할 수 없는 일도 없다'는 말은 불변의 규칙에 얽매이지 않고 따라 변하고 통하여 시세의 변화에 적응한다는 것이다. 이는 곧 임기응변이며 역동적인 중을 얻는 것이다. 공자는 "함께 배울 수는 있어도 함께 도에 이를 수는 없으며, 함께 도에 이를 수는 있어도 함께 (예에) 설 수는 없으며, 함께 설 수는 있어도 함께 저울질할 수는 없다"(『論語』「子罕」 29, 子曰 可與共學 未可與適道 可與適道 未可與立 可與立 未可與權)고 말한다. '변화를 저울질하는 것[權變]'이 '함께 배우고', '도에 이르고', '예에 서는' 것보다는 한 차원 높은 것이며 더욱 심오하고 미묘한 도리라는 것이다. 그리고 중은 반드시 변화를 저울질하여 얻어질 수 있는 것이다. 이 저울질, 즉 권이 바로 '할 수 있음도 없고 할 수 없음도 없다[無可無不可]'는 것이다. 『논어』에는 권의 적용 범위가 매우 넓다. 예를 들어, 공자는 벼슬을 하는 데에 "세상에 도리가 행해지면 벼슬에 나아가고, 도리가 행해지지 않으면 은거한다"(『論語』「泰伯」 13, 子曰 … 天下有道則見 天下無道則隱)고 말한다. 맹자는 "공자께서는 벼슬할 수 있으면 하시고 그만둘 수 있으면 그만두셨고, 오래 머물 수 있으면 오래 머무시고 빨리 떠나실 수 있으시면 빨리 떠나셨다"(『孟子』「公孫丑 上」 2, 可以仕則仕 可以止則止 可以久則久 可以速則速 孔子也)고 말한다. 공자가 벼슬을 하느냐 그만두느냐, 오래 벼슬을 하느냐 짧게 하느냐는 모두 때와 사정에 따라서 정해진다는 것이다. 그리고 "공자께서 제나라를 떠나실 때는 (밥을 지으려고) 인 쌀을 건져서 떠나셨고, 노나라를 떠나실 때는 더디고 더딘 내 걸음이라고 하셨으니, 조국을 떠나는 도리다. 빨리 떠날 만하면 빨리 떠나고 오래 머물 만하면 오래 머물고, 은둔할 만하면 은둔하고 벼슬에 나아갈 만하면 나아간 사람이 공자이시다"(『孟子』「萬章下」1, 孔子之去齊 接淅而行 去魯 曰 遲遲 吾行也 去父母國之道也 可以速而速 可以久而久 可以處而處 可以仕而仕 孔子也)라고 말한다. 떠나거나 떠나지 않거나, 빨리 하거나 더디게 하거나 모두 객관적인 사정에 따라서 바뀌는 것이다. 공자가 삼베로 된 면류관을 쓰는 것이 예이지만 그 예를 따르기보다는 일반인들을 따라 검소한 관을 쓰겠다고 한 것은 옛날부터 지켜오던 예를 지금 바꾸는 것이 이치에 합당한가는 상황을 보고 결정하는 것이라는 의미를 지닌다. 공자가 특히 재능을 살펴서 제자들을 교육한 것[因材施教]은 이런 시중 내지 권(=임기응변)의 정신을 잘 보여준다. 『논어』에는 제자들이 '인', '효', '예', '정치' 등에 관하여 물었을 때 제자들의 재능이나 사정에 따라 각각 다른 대답을 한 사례들이 소개되고 있다.

맹자는 공자가 '성인의 때에 따라 나온[시중] 사람'(『孟子』「萬章 下」1, 孟子曰 … 孔子 聖之時者也)이라고 찬양한다. 맹자는 권과 시중의 구체적인 사례를 다음과 같이 든다. 즉, 『시경』에 '결혼할 때는 반드시 부모에게 알리고 해야 한다'고 했지만, 순임금이 결혼하면서 부모에게 알리지 않았고, 요 임금이 순에게 딸을 시집보내면서 부모에게 알리지 않았던 것이 모두 옳았다고 한다. 그 까닭은 알리면 결혼이 이루어지지 못했을 것이기 때문이다. 그 상황과 도리를 저울질한다면 더 큰 윤리인 결혼을 하는 것이 더 작은 윤리인 부모에게 알려야 한다는 것보다 더 옳다는 것을 밝힐 수 있다는 것이다(『孟子』「萬章 上」2, 萬章問曰 詩云 娶妻如之何 必告父母 信斯言也 宜莫如舜 舜之不告而娶 何也 孟子曰 告則不得娶 男女居室 人之大倫也 如告則廢人之大倫 以懟父母 是以不告也 萬章曰 … 帝之妻舜而不告 何也 曰 帝亦知告焉 則不得妻也). 이것이 때에 따라 중을 얻는 [=시중] 방식인 것이다. 맹자는 생생한 사례를 들면서 권을 설명한다. 즉, "순우곤이 '남녀간에 (손으로) 주고받기를 직접 하지 않는 것이 예입니까?'라고 묻자, 맹자는 '예다'라고 답한다. '여자가 물에 빠지면 손으로 건져주어야 합니까?'라고 묻자, 답하기를 '여자가 물에 빠졌는데도 건져주지 않는다면 이는 승냥이다. 남녀 간에 주고받기를 직접 하지 않는 것은 예이고, 여자가 물에 빠졌는데 손으로 구하는 것은 저울질이다'"(『孟子』「離婁 上」17, 淳于髡曰 男女授受不親 禮與 孟子曰 禮也 曰 嫂溺 則援之以手乎 曰 嫂溺不援 是 豺狼也 男女授受不親 禮也 嫂溺 援之以手者 權也). 예만 지킬 줄 안다면 '중을 잡기만 하고[執中]' 저울질[권]을 모르는 사람이다. 맹자는 중을 지키면서 권을 실행한 임금으로 탕왕을 찬양한다. 즉, "탕왕은 중을 잡으시고 현명한 사람을 세우되 일정한 방향이 없으셨다"(『孟子』「離婁 下」20, 孟子曰 … 湯 執中 立賢無方). 현명한 사람을 자리에 발탁할 때 정해진 법에 구애받지 않고 사람에 따라 다르게 대하는 것이 그를 귀중하게 대하는 것이다. 탕 임금은 그런 시중의 도를 깨달았던 사람이었다.

　『중용』에서의 시중에 관한 중요한 구절은 공자가 "군자의 중용은 군자로서 때에 따라 중을 실천하는 것이며, 소인의 중용은 소인으로서 꺼리고 삼감이 없는 것이다"(『中庸』第二章,

君子之中庸也 君子而時中 小人之中庸也 小人而無忌憚也)라고 한 말이다. 중용의 덕은 군자면서 시중하는 것이다. 아리스토 텔레스가 오로지 선한 사람만이 실천지를 가질 수 있다고 한 말과 같은 취지의 말이다. 결국 두 조건을 만족시키는 것이 중용이라는 것이다. 이는 중용을 실천하는 사람은 군자일 수 있지만 군자가 모두 중용을 지킬 수는 없다는 의미를 내포한다. 여기에 대해서 주자는 다음과 같은 주석을 단다. 즉, "군자가 중용을 할 수 있는 까닭은 군자의 덕을 가지고 있고 또한 때에 따라 중에 처할 수 있기 때문이다. 소인이 중용에 반하는 까닭은 소인의 마음이 있고 또한 꺼리고 삼가는 바가 없기 때문이다. 대개 중은 정해진 실체가 없고 때에 따라서 있는 것인데, 이것이 평상의 이치다. 군자는 그것이 나에게 있다는 것을 알기 때문에 보이지 않는 것을 경계하고 삼가며 들리지 않는 것을 두렵게 여겨 때로 중하지 않음이 없다. 소인은 이것을 가지고 있음을 알지 못하기 때문에 거리낌 없는 욕망을 가지고 행동을 망령되이 하여 꺼리고 삼가는 바가 없다."[24] 여기서 중용은 두 가지로 설명된다. 군자는 내적 덕으로서의 중을 가지고 그것을 때에 따라 저울질하여 실천하는 사람이다. 내적 덕인 중만을 얻는다고 해서 완전한 중용을 도를 실천할 수 있는 것은 아니다. 외적인 덕과 내적인 덕이 중용으로서 유기적 통합을 이루어야 하는데, 그것을 위해서는 때에 따라 변화를 저울질하는 것이 더욱 심오하고 더 한층 높은 수준의 도리다. 소인의 마음은 내적 덕으로서의 중을 얻지도 못했을 뿐 아니라 때

---

24) 『中庸』第二章 朱子註, 君子之所以爲中庸者 以其有君子之德 而又能隨時以 處中也 小人之所以反中庸者 以其有小人之心 而又無所忌憚也 蓋中無定體 隨時 而在 是乃平常之理也 君子知其在我 故能戒謹不睹 恐懼不聞 而無時不中 小人 不知有此 則肆欲妄行 而無所忌憚矣.

를 살피고 변화를 저울질할 줄 모르고 꺼리고 삼가는 바가 없는 사람이다. 군자의 덕과 소인의 마음은 성품으로서의 내적 덕과 관련된 것이며, 때에 따라 중을 얻고 변화를 저울질하는 것과 꺼리고 삼가는 바가 없음은 정감이나 행동으로 나타난 외적 덕과 관련된 것이다. 여기서 군자의 덕은 성품으로서의 중을 말하고 시중은 평상의 이치로서의 용이나 화라고 생각한다. 소인의 마음은 중을 성품으로 가지지 못한 마음이며, 꺼리고 삼감이 없음은 성품으로 얻어지지 않은 중이 정감과 행동에 평소에 드러날 리 없음을 말하는 것이다.

아리스토텔레스의 실천지는 유가의 시중이나 저울질의 관념에 가장 가까운 관념이라고 생각한다. 시중이나 저울질은 '경에 반하여 상황을 고려하지만 결국 경으로 돌아와서 선을 가져온다.' 이 말이 잘 표현하듯이,25) 일반 원칙과 상황과 그 결과를 철저하게 고려하는 것이다. 상황만을 강조하지도 않고, 일반 원칙만을 고집하지도 않으며, 동기와 결과를 함께 고려하여 인간에게 유익한 것, 즉 선을 추구하는 것이 시중과 권이다. 마찬가지로 아리스토텔레스의 실천지 역시 일반 원칙이나 보편적인 것에 관한 인식인 학적 인식(=이론지와 직관지)과도 다르며 기술지와도 다르다. 그것은 '인간적인 것들', '사량(思量)이 가능한 것들'에 관한 것이다. 그것은 곧 행동에 의해서 달성될 수 있는 것들 가운데 인간에게 가장 좋은 것에 생각이 미치는 것이다. 실천지를 가진 사람은 전체적인 측면에서 삶에 좋은(=유익한) 것이 무엇인지를 잘 살피고 생각하는 사람이다. 실천지는 이론적 인식과는 다르게 서로 다른 방식으로 얼마든

---

25) 자세한 내용은 박재주, 「유가 윤리에서의 도덕적 딜레마 해결 방식으로서의 경→권=선」, 『윤리연구』 64호(한국윤리학회, 2007. 3)를 참고할 것.

지 다르게 행해질 수 있는 행동들에 관한 것이다. 그것은 지적 탐구라기보다는 생각하는(=사량하는) 것이다. 그리고 그것의 결과는 진리라기보다는 올바른 의견인 것이다. 사량의 탁월성은 올바름인 것이다. 그래서 그것은 단순한 기지(機智)나 영리함과 동일한 것이 아니다. 유가에서의 시중의 원리나 권도는 바로 이 실천지의 작용을 말하는 것이다.

V. 결론

일반적인 원리의 적용이 거의 불가능한 현대 사회에서 바람직한 윤리는 중용의 윤리여야 할 것이다. 그것이 중간의 입장을 취하여 갈등을 해결하고 절충한다는 의미에서 그런 것은 결코 아니다. 자세한 부분에서는 차이점도 있고 강조점이 다르기도 하지만 전체적인 맥락에서는 동일한 중용 관념을 이루는 아리스토텔레스의 중용 관념이나 유가의 중용 관념이 제시하듯이, 그것은 극단을 피하고 옳음을 추구하는 것이다. 그것은 합리성(rationality)이나 '옳음(rightness)'만을 추구하지 않고, 이른바 '상황 적절성' 내지 '합당성(reasonableness)'을 목표로 삼는 윤리다.

중용의 윤리가 가지는 의미들은 다음 세 가지로 정리될 수 있을 것이다. 첫째, 중용은 인간의 궁극적인 삶의 원리라는 의미를 가진다. 그래서 중용은 지극한 덕이라고 표현하는 것이다. 공자가 몸을 죽이면서도 이루어야 한다[殺身成仁]고 강조하였고, 인(仁)이 사람[人]이라고 정의했을 정도로 유가에서는 인간의 궁극적인 삶의 원리로서 인을 강조한다. 그 인을 구현하는 방법은 한마디로 '자신이 서고자 하면 남도 서게 하고, 자신이 통달하고자 하면 남도 통달하게 한다'는 것이다. 다른 사람들의 인격의 존엄을 인정하고, 다른 사람과 정감을 함께 가지며, 다른 사람들을 평등하게 대하라는 것이다. 이것보다 더 근본적인 윤리가 있을 수 있겠는가. 그런데 이른바 황금률로 불리는 인의 실천 방안은 '동일한 마음(=mind/heart)을 갖는다'는 뜻을 가진 '서(恕)'로 표현된다. 그리고 '평생 실천해야 할 한마디 말이 서일 것이다. 그것은 자기가 원하지 않는 것을 남에게 시키지 않는다'는 말은 인의 방법이 바로 서며, 서가 바로 궁극적인 삶의 원리이고 지덕으로서의 중용이라는 뜻을 드러낸다. 아리스토텔레스 역시 덕은 곧 중용이라고 정의하면서, 중용의 상태에 머무는 사람이 선한 사람이라고 규정한다. 윤리적 삶의 핵심이 바로 중용의 덕을 실천하는 것임을 말하고 있다. 그리고 아리스토텔레스 덕 이론의 핵심은 중용이다.

둘째, 중용은 분명히 중과 용의 두 개념으로 구성된 하나의 개념이다. 그것은 성품(=성격의 상태)으로서의 내적 덕인 중과 정감과 행위로 나타난 외적 덕인 용으로 나누어진다. 중은 '속[안. 內]'과 '바름[正]'이라는 두 가지 의미로 사용된다. 인간의 본성과 정감이 마음속에 감추어져서 아직 드러나지 않고 기울지도 않고 치우치지도 않음이 전자며, 지나침도 미치지 못함도 없다는 것이 후자다. 용도 '작용[用]'과 '떳떳함[常]' 내지 '바르고 떳떳함[平常]'이라는 두 가지 의미로 사용된다. 따라서 중용의 본뜻은 '용중(用中)'이며, 그것은 항상 따라야 하는 '바르고 떳떳한' 도리인 것이다. 아리스토텔레스가 말하는 덕의 특징도 결국은 올바름 내지 정의(justice)다. 중용의 덕은 '중용' 이외에 '중화(中和)'라는 용어로도 표현되는데, 성품과 정으로 말하면 중화며 덕행으로 말하면 중용인 것이다. '기쁨, 노여움, 슬픔, 즐거움이 나타나지 않은 것을 중이라고 하고, 나타나서 모두 절도에 맞는 것을 화라고 한다'는 말에서 알 수 있듯이, 중은 정감들이 나타나기 이전의 정감의 제어를 말하며, 나타난 정감을 상황에 적절하게 제어하는 것이 화인 것이다. 아리스토텔레스 역시 중용을 성품(성격의 상태)으로서의 중(용)과 정감과 행위로의 선택으로서의 (중)용으로 나눈다.

중의 대표적인 의미는 '기울지 않고 치우치지 않으며', '지나침도 모자람도 없다'는 의미다. 사물을 인식하거나 행동할 때 반드시 지나친 두 극단을 피하고 두 극단들을 포용하는 것이 중인 것이다. 그러나 중이 중간공리를 따르자는 것이나 적당하게 절충하자는 것은 결코 아니다. 아리스토텔레스는 덕을 가진 사람을 설명하면서 두 개의 불균등한 것들 사이에는 하나의 중간이 있는데 그것이 바로 균등이라고 말한다. 사람들 간의 균등의 상태, 중간의 회복이 정의인 것이다. 그러나 중간이란 상대적이고 인간적인 것이며 따라서 비례적인 것이다. 글자 그대로 산술적인 중간이 아닌 것이다. 중간이라는 것이 존재하지 않거나 존재하더라도 끊임없이 상황에 따라 변하는 것이다. 중용이 상황에 따라서 변한다고 하여 무원칙의 적당주의로 오해되어서는 안 된다. '지나침도 모자람도 없음'의 중에 도달하는 구체적인 방식들을 세 가지로 나눌 수 있을 것이다. ① 'A와 B'의 형식으로 '모자람'의 상황을 벗어날 수 있다. 어떤 단일한 덕목도 모두 '도(道)'의 한쪽이라고 생각하기 때문에 한 종류의 덕행을 실천하는 것은 진정으로 중을 실천하는 것이 아니다. 하나의 덕목은 모두 모자라는 것이다. 상반되는 덕목으로 보충하고, 상반되는 두 덕목들이 직접 통합되어야 비로소 그 모자람을 벗어날 수 있다. ② 'A와 A'(不(無) A)'의 형식으로 '지나침'의 상황을 벗어나는 것이다. 어떤 덕목도 모두 악행으로 이어질 가능성을 포함하고 있기 때문에 미덕도 악행으로 바뀔수 있는 것이다. 상반적인 미덕과 악덕이 서로 자리를 바꿀 수있고, 그 한계를 뛰어넘을 수 없는 것이다. 따라서 반드시 A'로써 A의 지나침의 문제를 해소하고 중용의 상태를 유지해야한다. ③ '不(無) A 不(無) B'의 형식으로 지나침도 모자람도없음을 직접 표현한다.

셋째, 중을 실천하는[執中] 구체적인 모습은 적중(的中)과시중(時中)이며, 그것은 활쏘기와 저울질로 은유될 수 있다. 중(中)이라는 글자는 원을 관통하는 직선을 상형하기 때문에 중용의 실천을 가장 구체적이고 현실적으로 설명하는 개념이 활쏘기라고 볼 수 있다. 활쏘기를 하기 위한 조준이 중이라면 실제 화살을 당겨서 과녁을 맞히는 것이 용이라고 볼 수 있다. 활쏘기는 올바름이나 옳음을 얻음을 은유한다. 공자는 군자의덕을 활쏘기하고 그 잘못을 자신에게서 찾는 것으로 표현하고, 아리스토텔레스도 궁수가 과녁을 명중시키려 하듯이 덕(=중용)을 가진 사람이 최고의 선을 추구한다고 말한다. 시중은 불변의 규칙에 얽매이지 않고 때에 따라 변하고 통하여 시세의변화에 적응한다는 것이다. 이는 곧 임기응변이며 역동적인 중을 얻는 것이다. 그것을 저울질로 은유한 것이다. 적중과 시중은 아리스토텔레스의 실천지로 설명될 수 있다. 그것들은 상황만을 강조하지도 않고, 일반 원칙만을 고집하지도 않으며, 동기와 결과를 함께 고려하여 인간에게 유익한 것, 즉 선을 추구하는 것이다. 마찬가지로 아리스토텔레스의 실천지 역시 보편적인 것에 관한 인식도 아니고 단순한 기술도 아니다. 그것은

인간적인 것들 내지 사량(思量)이 가능한 것들에 관한 지식이
다. 실천지를 가진 사람은 전체적인 측면에서 삶에 유익한 것
이 무엇인지를 잘 살피고 생각하는 사람이다. 실천지는 이론적
인식과는 다르게 서로 다른 방식으로 얼마든지 다르게 행해질
수 있는 행동들에 관한 것이다. 그것은 지적 탐구라기보다는
사량하는 것이다. 사량의 탁월성은 올바름이다. 그것은 단순한
기지나 영리함과도 다른 것이다. 유가에서의 시중과 권도는 이
실천지의 작용과 같은 것이다.

□ 참고 문헌

『서경』(『漢文大系 十二 : 尙書』(日本 : 富山房, 昭和 59)).
『논어』(『漢文大系 一 : 論語集說』(日本 : 富山房, 昭和 59)).
『맹자』(『漢文大系 一 : 孟子定本』(日本 : 富山房, 昭和 59)).
『순자』(『漢文大系 十五 : 荀子集解』(日本 : 富山房, 昭和 59)).
『장자』(『漢文大系 九 : 莊子翼』(日本 : 富山房, 昭和 59)).
『중용』(『中庸章句』)(『原本備旨 大學 中庸』(金赫濟 校閱, 明文堂, 1993)).
『대학』(『漢文大系 一 : 大學說』(日本 : 富山房, 昭和 59)).
『예기』(『漢文大系 十七 : 禮記鄭注』(日本 : 富山房, 昭和, 59年)).
허신 찬(撰) / 단옥재 주(註), 『설문해자주(說文解字注)』(臺北 : 天工書局, 民
    國76).
장대년 주편, 『공자대사전』(上海辭書出版社, 1993).
풍극성 · 장위걸 · 송무 주편, 『중화도덕오천년(中華道德五千年)③』(中國文
    史出版社, 1998).
박재주, 「유가 윤리에서의 도덕적 딜레마 해결 방식으로서의 경→권=선」, 『윤
    리연구』 64호(한국윤리학회, 2007, 3).
윤천근, 『원시 유학의 새로운 해석』(온누리, 1987).
이기동 역해, 『대학 · 중용강설』(성균관대 출판부, 1991).
Aristotle, *The Nicomachean Ethics* (trans. David Ross)(Oxford : Oxford

University Press, 1980).

Bauman, Zygmunt, *Life in Fragments : Essays in Postmodern Morality* (Cambridge : Blackwell, 1995).

Dorter, Kenneth, "The Concept of the Mean in Confucius and Plato", *Journal of Chinese Philosophy* 29 : 3(september 2002).

Slote, Michael, *From Morality to Virtue* (Oxford : Oxford University Press, 1992).

Wong Wai-Ying, "Confucian Ethics and Virtue Ethics", *Journal of Chinese Philosophy* 28 : 3 (September 2001).

Yu, Jiyuan, "Aristotelian Mean and Confucian Mean", *Journal of Chinese Philosophy* 29 : 3 (september 2002).

제7장
부도덕성에 대한 맹자와 칸트의 논의

I. 서 론

　공맹(孔孟)의 윤리는 방향 윤리(Richtungsethik)[1]의 성격이 강하다. 그들에 의하면, 도덕성의 근원은 이른바 인(仁) 또는 사단(四端)이라는 인간의 선천적인 도덕적 심성이다. 공자에 게 인은 도덕적 덕목의 총칭이자 사사로운 감정의 얽힘이 제 거된 공심(公心)으로서의 도덕적 마음이며, 이 공심으로서의 인은 인간의 마음속에 이미 갖추어진 것을 자각하는 경지로서, 결코 마음 밖에서 구할 수 있는 것도 아니고, 외부의 제약을 받지도 않는다.[2] 맹자의 사단 역시 어떤 목적 의식도 없는 순 수한 '인간의 본래 그러한 마음'으로서 선천적인 도덕적 마음

---

1) 이는 하이데거가 칸트 이전의 서양 윤리를 본질 윤리라고 하면서 사용한, 칸트 윤리의 특성을 지적한 말이다. 전자는 도덕성의 근거를 인간 외부에서 찾 으려 하는 반면, 후자는 그것을 인간 내부에서 찾으면서 도덕의 실천적인 측면 을 강조한다.
2) 勞思光(정인재 역), 『중국철학사(고대편)』(서울 : 탐구당, 1986),p. 73.

인 것이다. 도덕성의 원천이 인간에게 선천적으로 갖추어진 도
덕적 심성이라고 한다면, 그들에게 중요한 문제는 그러한 도덕
적 심성을 어떻게 나타내는가의 문제로 귀착된다. 이 문제에
더 많은 관심을 가졌던 공맹에게 도덕적 지식은 인간의 선성
을 자각하는 것 이상의 의미를 갖지 못한다. 그들에게 중요한
것은 도덕적 지식이 아닌 도덕적 실천이었다. 이러한 실천 중
심의 공맹의 방향 윤리는 신유학(新儒學)에 이르러 도덕적 심
성의 객관적 우주적 근거로서의 이(理)와 결부된 도덕적 지식
중심의 본질 윤리(Wesensethik)로 모습을 바꾸었다.

반면, 서양에서는 처음부터 본질 윤리로 출발했던 것이 칸
트에 이르러 방향 윤리로 선회하게 되었다. 소크라테스는 그
자체로서 선하거나 악한 것은 없으며, 지혜가 선을 가져오고
무지(無知)가 악을 가져온다고 생각했다. 즉, 도덕적 지식이 도
덕적 실천에 우선한다고 생각했던 것이다. 플라톤과 아리스토
텔레스 역시 객관적이고 보편적인 도덕성의 근거로서 이데아
와 우주의 목적을 각각 제시했다. 그들에게 도덕성의 객관적
보편적 근거를 인식하는 일이 그것에 입각해서 행위하는 일보
다 중요했던 것이다. 그것이 바로 도덕적 지식 중심의 주지주
의 도덕관이자 본질 윤리였던 것이다. 이러한 윤리관은 중세의
토미즘에 의해 계승되었고, 마침내 계몽주의 시대인 근대 사회
에 와서 칸트에 의해 코페르니쿠스적 전환을 이루게 된 것이
다. 칸트는 도덕성의 근거로서 인간의 선의지를 주장하면서,
도덕성의 근거가 인간 외부에 존재한다는 관점을 부정하고, 도
덕성은 인간 내면적 심성의 문제라고 했다. 또 그는 도덕성의
근거를 인식하는 일보다는 그 근거를 실천하는 일이 더 중요
하다고 생각하여 실천 이성이 이론 이성보다 우위에 있음을

강조했다.

시간적으로 고대와 근대, 공간적으로 동양과 서양이라는 서로 상이한 입장에 있었던 맹자와 칸트였지만, 그들이 도덕적 실천을 도덕적 지식보다 우위에 두는 방향 윤리를 강조했다는 점에서 접목이 가능하다고 본다. 특히 인간의 본성을 선하다고 규정했든 악하다고 규정했든 인간은 도덕적으로 악한 행위들을 저지르고 있다는 현실을 인정하고, 그런 도덕적 악행은 어떻게 해서 저질러지고 있는가, 그리고 그런 엄연한 현실을 개선하는 방안은 무엇인가에 관해서는 거의 한 목소리를 내고 있다고 생각한다. 인간이 도덕적으로 악행을 저지르는 것은 선행을 하기를 거부하고 악행을 하고자 선택하기 때문이지 도덕적으로 선하게 행위할 수 없기 때문은 아니라고 했던, 맹자와 칸트의 실천 중심의 방향 윤리는 두 가지 측면에서 볼 때 윤리 도덕 교육을 위한 중요한 지침이 될 수 있을 것이다.

하나의 측면은 오늘날 우리 사회의 도덕 상황과 관련된다. 오늘날 우리 사회에서 도덕성과 인간성의 상실이 심각한 수준에 이르고 있다는 점은 누구나 인정하고 있는 형편이다. 아리스토텔레스는 비도덕성의 유형으로 사악함(wickedness)과 나약함(weakness)을 제시한 바 있다. 그에 의하면, 도덕적으로 사악한 사람은 그의 나쁜 도덕 원리를 적용하는 사람이며, 도덕적으로 나약한 사람은 좋은 도덕 원리를 가지고 있지만 그것들을 적용시키지 못하는 사람이다.3) 그렇게 생각한다면, 오늘날 우리들은 거의 대부분 비도덕적인 인간으로 분류될 수 있을 것이다. 우리들은 도덕적으로 사악하다. 왜냐하면 물질만

---

3) 송재범, 「비도덕적 행위의 유형에 관한 연구」, 『국민윤리연구』 제33군(1994), p. 174 참고.

능주의와 쾌락주의가 만연하고 있는 현대 사회, 특히 자본주의 사회를 살아가는 우리들의 전도된 가치관은 잘못된 신념 체계 내지 옳지 못한 도덕 원리의 산물이기 때문이다. 또 우리는 도덕적으로 나약하다. 자유와 경쟁을 핵심적인 작동 원리로 삼고 있는 자본주의 사회에서 우리의 주변 환경은 좋은 도덕 원리를 가지고 있을지라도 그것을 현실적인 삶의 원리로 삼지 못하도록 강제하고 유혹하고 있는 상황에서, 우리의 의지력이 그런 강제와 유혹을 이겨낼 수 있을 만큼 강하지 못하기 때문이다. 그럼에도 불구하고 우리는 늘 인간의 선천적 선성에 지나칠 정도의 강한 믿음을 가지고 있다. 그래서 우리 모두가 도덕적인 인간들이라고 여기면서 비도덕적인 행위를 하는 경우나 그런 사람을 오히려 예외로 간주하는 경향이 있다. 그것이 우리의 강한 소망이자 이상일 수는 있지만 또 그러한 이상이 현실 개선에 많은 도움을 줄 수 있겠지만, 우리가 원하지 않더라도 우리의 대부분이 아리스토텔레스적인 관점에서 본다면 나약하고 사악한 비도덕적인 인간으로 살고 있음이 엄연한 현실인 것이다. 그래도 우리는 계속 인간의 선성에 관한 논의만 하고 있을 것인가? "도덕적 악함의 본성에 대한 것보다 도덕적 선함의 본성에 대한 것이 훨씬 많이 씌어져 온 것은 또한 이상하다"[4]는 말이 더욱 실감나는 사회에 우리는 살고 있다. 이제 인간의 비도덕성에 대한 논의도 더 존중되어야 할 것이다.

또 하나의 측면은, 오늘날 우리의 도덕 교육 현실과 관련된다. 도덕성이란 배려하기(caring), 판단하기(judging), 행위하기(acting)로 구성된다.[5] 배려한다는 것은 인간의 감성과 관련

---

4) Ronald D. Milo, *Immotality* (New York : Princeton Univ. Press, 1984), p. iv, 송재범, 위의 논문, p. 17에서 재인용.

5) Richard H. Hersh, et al., *Models of Moral Education* (New York :

되는 것이며, 판단한다는 것은 이성과 관련된다. 즉, 도덕적 행위는 도덕적 감정과 도덕적 지식의 공동 작용을 필요로 하는 것이다. 그러나 오늘날 우리의 도덕 교육은 지식이 곧 행위로 이어질 수 있다는 신념 때문에 도덕적 지식의 전달에 연연하고 있다고 본다. 예를 들어, 충·효·예의 교육도 '지구는 둥글다'는 식의 사실적 지식으로 가르치고 있는 형편이다.[6] 대부분의 도덕 교육은 알기 교육(teaching of knowing) 혹은 알고 행하기 교육(teaching of knowing-acting)의 유형에 속한다. 알고 느끼고 행하는 교육(teaching of knowing-feeling-acting)은 원칙 수준에서 주장되고 있을 뿐, 느낌의 과정은 형식에 치우치고 있을 뿐이다. 형식에 치우친 느낌의 과정은 실제로는 앎의 과정의 일부에 해당되고 만다. 이제 우리의 도덕 교육에는 느끼고 행하기 교육(teaching of feeling-acting)의 유형을 강조해야 할 시점이라고 생각한다. 도덕 교육의 많은 부분이 함께 울고 웃을 수 있는 시간 또 울고 웃는 훈련의 시간에 할애되어야 할 것이다. 그렇게 행위하는 것이 옳다고 안다고 해서 반드시 그렇게 행위하는 것은 아니다. 그렇게 느끼는 경우에 그렇게 행위하게 되는 경향이 더 강할 것이다. 순수 지식은 인간을 행위하게 하지 못한다. 우리를 행위하게 하는 것은 의지요 강한 느낌의 힘이다. 주지주의 교육은 지식과 행동의 간격을 메우지 못하고 있다. 이제 명제적 지식(knowing-that)을 중심으로 한 지식의 형식들을 가르치면 도덕적 사고와 판단과 행위가 이루어질 것이라는 환상을 버려야 할 것이다.

Longman Inc., 1980), pp. 2-7 참고.
6) 이홍우, 『지식의 구조와 교과』(서울 : 교육과학사, 1978), p. 206.

Ⅱ. 선단과 불선에 대한 맹자의 해명

맹자는 인성은 인간을 짐승과 구별해주는 본질적인 속성이라고 하면서, "인성의 선함은 물이 아래로 흐름과 같은 것이다. 인간은 선하지 않음이 없고 물은 아래로 흐르지 않음이 없다"고 했다.7) 그는 인성의 선함을 이렇게 논증한다. 즉, "지금 어떤 사람이 우물에 빠지려는 어린애를 갑자기 보게 되면, 누구나 놀라고 측은하게 여기는 마음을 가지게 된다. 이는 그 어린애의 부모와 교제하기 위해서도 아니고, 마을의 친구들에게 좋은 소리를 듣기 위해서도 아니며, 나쁜 소문을 듣기 싫어서도 아니다."8) 인간에게는 '다른 사람을 차마 하지 못하는 마음'이 있는데, 그 마음은 어떤 목적 의식도 없는 인간의 순수한 '본래 그러한 마음'이라는 것이다. 그는 또 "측은하게 여기는 마음이 없다면 사람이 아니며, 부끄러워하는 마음이 없다면 사람이 아니며, 양보하는 마음이 없다면 사람이 아니며, 옳고 그름을 판단하는 마음이 없다면 사람이 아니다"라고 단정하면서,9) 사람마다 사지가 있듯이 사단이 있다고 했다. 즉, "측은하게 여기는 마음은 인의 단서요, 부끄러워하는 마음은 의의 단서요, 사양하는 마음은 예의 단서요, 옳고 그름을 판단하는 마음은 지의 단서다"라고 했다.10)

그러나 이 네 가지 마음이 인의예지라는 네 가지 덕의 단서

---

7) 人性之善也 猶水之就下也 人無有不善 水無有不下(『孟子』「告子章句上」).

8) 今人乍見孺子將入於井 皆有怵惕惻隱之心 非所以內交於孺子之父母也 非所以要譽於鄕黨朋友也 非惡其聲而然也(『孟子』「公孫丑章句上」).

9) 無惻隱之心 非人也 無羞惡之心 非人也 無辭讓之心 非人也 無是非之心 非人也(『孟子』「公孫丑章句上」).

10) 惻隱之心 仁之端也 羞惡之心 義之端也 辭讓之心 禮之端也 是非之心 智之端也(『孟子』「公孫丑章句上」).

라는 말의 함의를 생각해보는 것이 중요하다. 주희(朱熹)의 해석에 의하면, 네 가지 마음은 정(情)이며 네 가지 덕은 성(性)이다. 그리고 그 정의 나타남을 통하여 성이 본래 그러함을 볼 수 있다. 즉, 측은하게 여기는 정을 실마리로 하여 인이라는 덕을 마음속에서 찾을 수 있다는 것이다. 네 가지 덕은 인간이 선천적으로 본래 가지고 있는 것이며, 그 내재한 덕이 사단이라는 정이 되어 그 일부가 나타난다는 것이다. 그러나 단을 싹으로 해석하는 이른바 단본설이 주장된다. 성장하여 나무가 될 수 있는 싹으로 비유되는 사단은 완전한 인의예지로 내재하는 것이 아니라 완전한 덕으로 발전될 수 있는 가능성이라는 뜻이다. 인간의 본성이 선하다는 맹자의 단정적인 언명의 함의는 인간이 선을 향한 성향들을 선천적으로 부여받았다는 것이다. 이러한 선천적인 성향들은 성숙한 덕 속에서 꽃피게 될 것이다. 인간은 오직 덕의 싹을 가지고 있을 뿐 덕 자체를 가지고 있음은 아니라는 것이다. 그러한 덕의 싹을 꽃피우게 하는 도덕적 성숙의 과정을 강조하는 것이 맹자 윤리의 핵심인 것이다.

선천적인 선의 성향을 말한 맹자에게는 이미 불선(不善) 혹은 악의 가능성 또한 전제되고 있다고 보아야 한다. 그에게 불선이란 바로 그러한 덕의 싹을 틔우지 못하는 것을 의미하는 것이다. 덕의 싹을 틔우지 못하게 하는 것이 무엇인가? 덕의 싹이 발전되지 못하게 하는 경우들은 많다. 즉, "지금 밀과 보리의 싹을 심고 덮어주었는데, 그 땅이 같고 심은 때가 또한 같으면 부쩍부쩍 자라나서 하지(夏至)에 이르러 모두 익게 된다. 비록 같지 않음이 있으나 그것은 곧 땅이 비옥하거나 척박하고 비와 이슬이 내리는 양과 사람이 가꾸는 일이 같지 않기 때문이다"라고 했다.11) 토양의 비옥도가 다르고, 비와 이슬이 일정하게 내리지 않고 인간의 노력의 양이 달라서 식물의 싹이 똑같이 자라지 못하는 것과 같이, 도덕의 싹도 환경의 힘과 인간 자신의 노력에 의해 다르게 자랄 수 있다는 것이다. 또 "비록 세상에서 쉽게 자라나는 식물이 있으나, 하루 동안 햇볕을 쪼이고 열흘 동안 추우면 자랄 수 있는 식물은 없을 것이다"라고 했다.12) 만약 우리가 처음부터 가진 덕의 싹들을 이용하지 못한다면 나쁘게 될 수도 있다. 맹자는 "사람은 두 배, 다섯 배, 수없이 좋아질 수 있다. 그러나 오직 그 부여받은 재질을 모두 활용하지 못하고 있을 뿐이다"라고 했다.13) 자신의 선천적 재질(덕의 싹, 선의 성향)을 이용한다는 것은 제(齊)나라 선왕(宣王)에게 요구되는 그런 종류의 생각함을 뜻한다. 인간이 도덕의 싹을 동등하게 부여받았다는 점에선 모두 동등한 인간이지만, 모두가 당연히 도덕적 인간인 것은 아니다. 모두가 생각하려고 노력하지는 않는다는 것이다. 선천적인 선의 가능성을 현실화시키기 위해서는 반드시 생각해야 한다. 그래서 "마음의 맡은 일은 생각할 수 있다. 생각하면 얻을 수 있고, 생각하지 않으면 얻지 못한다"고 했다.14)

그렇다고 해서 인간이 본성적으로 악의 씨앗을 가지고 있다는 것은 아니다. 인간은 덕으로 성장할 수 있는 싹을 부여받았을 따름이다. 그 싹은 덕으로 성장하거나 말라죽거나 할 따름이다. 그것이 악덕으로 성장하는 것은 아니다. 인간이 선하지 않게 되는 것은 "그의 재질 [선천적 성향] 의 탓이 아니다."15)

---

11) 今夫麰麥 播種而耰之 其地同 樹之時又同 浡然而生 至於日至之時 皆熟矣 雖有不同 則地有肥磽 雨露之養 人事之不齊也(『孟子』「告子章句上」).

12) 雖有天下易生之物也 一日暴之 十日寒之 未有能生者也(『孟子』「告子章句上」).

13) 或相倍蓰而無算者 不能盡其才者也(『孟子』「告子章句上」).

14) 心之官則思 思則得之 不思則不得也(『孟子』「告子章句上」).

덕의 싹이 덕으로 성장하는가는 그 개인의 노력에 달려 있다. 맹자는 인간이 비도덕적임은 행위할 수 없기 때문이 아니라 행위하기를 거부하기 때문이라고 주장하고 있는 것이다. 다른 모든 사람들처럼 착한 마음의 씨, 즉 끌려가는 소를 보고 불쌍하게 여기는 마음의 씨를 선천적으로 가지고 있는 제나라 선왕이 진정한 왕이 되지 못한 데 대하여, 맹자는 "행위하지 않았을지언정 행위할 수 없었던 것은 아니다"라고 했다.16) 또 "사람이 어찌 이기지 못함[힘이 없음]을 걱정하는가. 자기가 하지 않을 따름인 것을"이라고 했다.17) 할 수 없다는 것과 하지 않으려 한다는 것의 차이에 대해 맹자는 이렇게 설명한다. 즉, "1할의 세제와 관문과 시장의 세금을 금년에는 폐지할 수 없으니, 청하오니 세금을 줄이고 내년을 기다린 뒤에 그만두고자 합니다. 어떻습니까?"라는 대영지의 물음에 맹자는 답한다. 즉, "지금 어떤 사람이 날마다 이웃집의 닭을 훔치는데, 다른 사람이 그것이 군자의 도리가 아니라고 말하자 '그 수를 줄여서 달마다 닭 한 마리를 훔쳐서 먹다가 내년을 기다려 그만두겠다'고 하는 것이다. 만일 옳지 않음을 안다면 빨리 그만두어야지 어찌 내년을 기다릴 것인가?"라고 했다.18)

맹자는 대체(大體)를 따르면 대인(大人)이 되고 소체(小體)를 따르면 소인(小人)이 된다고 하였는데, 그 까닭을 묻자, "귀와 눈이 맡은 것은 생각하지 않아서 사물에 가려진다. 밖의 사

---

15) 若夫爲不善 非才之罪也(『孟子』「告子章句上」).

16) 王之不王 不爲也 非不能也(『孟子』「梁惠王章句上」)

17) 夫人 豈以不勝爲患哉 弗爲耳(『孟子』「告子章句下」).

18) 戴盈之曰 什一 去關市之征 今茲未能 請輕之 以待來年然後已 何如 孟子曰 今有人 日攘其鄰之鷄者 或告之曰 是非君子之道 曰 請損之 月攘一鷄 以待來年然後已 如知其非義 斯速已矣 何待來年(『孟子』「滕文公章句下」).

물이 눈과 귀에 접촉하면 그것을 유혹할 뿐이다. 마음이 맡은 것은 생각이므로 생각하면 사리를 얻게 되고 그렇지 않으면 얻지 못하니, 이것이 하늘이 나에게 준 것이다. 먼저 큰 것에 서면 그 작은 것을 빼앗을 수 없으니 이것이 대인이 되는 것이다"라고 대답했다.[19] 그가 말하는 대인과 소인은 심리적 본성을 파악하여 말한 것이다. 대체는 정신적 사유 기관이므로 도덕적인 것을 본성으로 하는 것이며, 소체는 감각적 감성 기관이므로 비도덕적인 물욕의 영향을 받는 것이다. 맹자는 이 감성 기관을 물욕에 빠져 소인이 되게 하는 악성으로 보고, 이것을 마음으로 다스릴 것을 주장했다.

또 맹자는 불선(不善)의 원인을 환경적 요인에서도 찾고 있다. 그래서 그는 "우산의 나무는 일찍이 아름다웠는데, 큰 나라의 교외에 위치하여 도끼와 자귀로 매일 나무를 베어가니 아름다울 수 있겠는가? 밤낮으로 자라나고 비와 이슬이 적셔주어 싹이 돋아나지만 소와 양을 끌어다 뜯어먹게 하니 저렇게 민둥산이 되고 마는 것이다. 사람들이 민둥산을 보고 일찍이 나무가 없었다고 하니, 이것이 어찌 산의 성품이겠는가? 비록 사람에게서도 어찌 인의의 마음이 없겠느냐마는, 그 양심의 상실이 도끼로 나무를 날마다 베는 것과 같으니 어찌 아름답겠는가? 밤낮에 자라남과 맑고 밝은 기운에 그 좋아하고 미워하는 것이 사람과 그 비슷한 것이 어찌 적기야 하겠는가마는, 그 낮에 하는 것이 뒤섞여 없어지는 것이 있으니 뒤섞여지기를 반복하면 그 청명한 기운이 있지 않게 되고, 청명한 기운이 있지 않게 되면 짐승에 가까워질 것이니, 사람이 그 짐승이 되는

---

19) 耳目之官 不思而蔽於物 物交物 則引之而已矣 心之官則思 思則得之 不思則不得也 此天之所與我者 先立乎其大者 則其小者不能奪也 此爲大人而已矣(『孟子』「告子章句上」).

것을 보고 그 재질이 있지 않다고 하니, 어찌 이것이 사람의 정이겠는가?"라고 했다.[20] 즉, 우산이 도성의 교외에 위치하였고 또 소와 양이 풀을 뜯었다는 환경과 외부의 힘에 의하여 민둥산이 되었듯이, 인간의 선하지 못한 경향은 외적 요인에 기인한다는 것이다.

물욕이나 환경의 힘을 극복하고 선단, 즉 덕의 씨앗을 어떻게 발전시킬 수 있는가? 우리는 우선 직각적 도덕적 반응을 자각해야 한다. 그 다음에는 우리의 새로운 상황에 그러한 반응을 확대시킬 수 있어야 한다. 우리의 마음속에 갖추어진 선의 가능성을 맹자는 제나라 선왕을 예로 들고 있다. 왕은 희생을 위해 끌려가는 소에 대해 자연 발생적인 도덕적 반응을 나타내보인다. 즉, "나는 죄 없이 죽을 곳으로 가고 있는 것처럼 두려워 벌벌 떨고 있는 모습을 차마 볼 수 없다"고 한다.[21] 덕의 싹을 가지고 있음을 자각한 왕에게 맹자는 말한다. "우리 노인을 노인으로 받들어서 다른 사람의 노인에 미치게 하고, 우리 어린이를 어린이로 대하여 다른 사람의 어린이에 미치게 하면, 온 세상을 손바닥에서 움직일 수 있다. … 이 마음을 들어서 저기에 더해야 할 뿐이다."[22] 덕의 싹을 틔우기 위해 반드시 유별난 경험을 해야 하는 것은 아니다. 인간은 공동의 경험을 가지고 있기 때문이다. 예를 들면 "두세 살의 어린이가 그 어버이를 사랑함을 알지 못함이 없으며, 그 형을 공경함을 알지 못함이 없다. 어버이를 친애함이 인이요, 윗사람을 공경함이 의

---

20) 牛山之木 嘗美矣 以其郊於大國也 斧斤 伐之 可以爲美乎 是其日夜之所息 雨露之所潤 非無萌蘖之生焉 牛羊 又從而牧之 是以 若彼濯濯也 人見其濯濯也 以爲未嘗有材焉 此豈山之性也哉(『孟子』「告子章句上」).

21) 吾不忍其觳觫若無罪而就死地(『孟子』「梁惠王章句上」).

22) 老吾老以及人之老 幼吾幼以及人之幼 天下可運於掌 … 言擧斯心 加諸彼而已(『孟子』「梁惠王章句上」).

다."[23] 부모 사랑(親親)과 어른 공경(敬長)은 인간의 공동 경험이라는 것이다. 이 공동 경험을 바탕으로 하여 그것을 다른 상황들에 확대 적용하면 된다는 것이다. 또 "사람이 다른 사람을 해치지 않으려는 마음을 채울 수 있다면 인을 이루다 쓸 수 없을 것이며, 사람이 담을 뚫고 넘지 않으려는 [도둑질하지 않으려는] 마음을 채울 수 있다면 의를 이루다 쓸 수 없을 것이다"라고 했다.[24] 남을 해치지 않으려는 자연적인 우리의 성향을 확충하는 것이 인이며, 남의 것을 훔치지 않으려는 자연적인 우리의 성향을 확충하는 것이 의라는 것이다.

일단 덕의 싹이 틔워지면, 그것이 더욱 잘 자랄 수 있도록 지속적으로 노력해야 한다. 자연적인 도덕적 자아를 발견하는 일뿐 아니라 그 본성을 지켜나가는 일 또한 중요한 것이다. 따라서 도덕 수양의 근본 요구는 '존심(存心)'인 것이다. 이는 선성(善性)이 마음에 뿌리를 두고 있기 때문만이 아니라 선성을 잃을 수도 있기 때문이다. 따라서 존심은 구방심(求放心)을 포함한다. '풀어진 마음을 구하는 것' 또한 도덕 수양의 근본 요구다. 맹자는 분명히 "학문의 길은 다름이 아니다. 풀어진 마음을 구할 따름이다"라고 했다.[25] 그는 사람은 그 마음을 보존하고 그 성을 기를 수 있다고 생각했다. 또 그것이 선천적으로 부여받은 선성에 대한 올바른 태도라고 했다. 오래 살고 요절하고는 명이 정한 바이지 사람이 어쩔 수 없다. 그러나 몸을 닦고 마음을 기르고 하늘의 명을 기다리는 것은 사람이 능히

---

23) 孩提之童 無不知愛其親也 及其長也 無不知敬其兄也 親親 仁也 敬長 義也 (『孟子』「盡心章句上」).

24) 人能充無欲害人之心 而仁 不可勝用也 人能充無穿踰之心 而義 不可勝用也 (『孟子』「盡心章句上」).

25) 學問之道 無他 求其放心而已矣(『孟子』「告子章句上」).

할 수 있는 일이다. 그래서 "도를 다하고 죽는 것은 정명(正命)이다"라고 했다.[26] 이 말은 사람은 마땅히 마음을 보존하고 성을 기르는 도덕 수양을 자기 삶의 준칙으로 삼아야 한다는 것이다. 그러나 도덕 수양은 부단한 노력이 없이는 불가능하기 때문에 "구하면 얻고 버리면 잃는다"고 했다.[27] 그러한 노력을 게을리 하여 본성을 잃은 사람은 인간이기를 포기한 사람, 즉 자포자기(自暴自棄)한 사람이라고 비난했다. 그는 "자기를 해롭게 하는 자는 더불어 말할 수 없을 것이며, 자기를 버리는 자는 더불어 (일을) 할 수 없을 것이니, 말하자면 예의를 비방하는 것을 자기를 버린다고 한다"고 하여,[28] 말로 예의를 비방하는 것을 '자포(自暴)'라 하고 '인에 살고 의에 따르기(居仁由義)'를 마다하는 것을 '자기(自棄)'라 하면서, 사람들은 인이라는 편안한 집에 살지 않고, 의라는 바른 길을 가지 않는다고 안타까워했던 것이다.[29] 또 "사람이 닭과 개를 풀어놓으면 찾을 줄 알면서 풀어진 마음은 찾을 줄 모른다"고 하여,[30] '풀어진 마음'을 되찾지 않으려 한다고 개탄했던 것이다.

덕의 싹은 하루아침에 성장하는 것이 아니다. 맹자는 공자의 '차례차례 사람을 잘 이끈다(循循然善誘人)'는 사상을 이어받아 도덕 수양은 자연 발생적 과정이어야 한다고 했다. 한편으로는 자강불식(自强不息)하고 한편으로는 조급하게 등급을 뛰어넘지 않아야 한다는 것이다. 그래서 맹자는 "그 나아감이

---

26) 盡其道而死者 正命也(『孟子』「盡心章句上」).
27) 求則得之 舍則失之(『孟子』「告子章句上」).
28) 自暴者不可與有言也 自棄者不可與有爲也 言非禮義 謂之自暴也 吾身不能居仁由義 謂之自棄也(『孟子』離婁章句上).
29) 仁人之安宅也 義人之正路也 曠安宅而弗居 舍正路而 不由哀哉(『孟子』「離婁章句上」).
30) 人有鷄犬 放則知求之 有放心而不知求(『孟子』「告子章句上」).

날랜 사람은 그 물러감이 **빠르다**"고 하여,31) **빨리 나아가는 사**람은 마음 씀이 지나쳐 기운이 쇠하기 쉬워 **빨리 물러나게 된**다고 하면서, 수양에 나아감을 물의 흐름에 비유했다. 즉 "흐르는 물이 웅덩이에 차지 못하면 흐르지 못하니, 군자가 도에 뜻이 있어도 문장을 이루지 못하면 통달하지 못한다"고 하여,32) 물이 웅덩이를 채우지 않고는 흘러가지 않듯이 또 문장을 이루지 못하면 통달하지 못하듯이, 배움과 수양은 순서를 밟아 점진적으로 완성해가지 않으면 이상적인 경지에 도달할 수 없다고 했던 것이다. 그래서 "원천의 샘물은 밤낮을 가리지 않고 흘러서 웅덩이를 채운 후에 나아가 마침내 바다에 도달하는 것이다. 근본이 있는 사람은 이와 같다"고 했다.33) 또 그는 "도는 가까운 곳에 있는데 먼 데서 구하며, 일이 쉬운 곳에 있는데 어려운 데서 구하니, 사람마다 그 친한 사람을 친하게 대하며, 그 어른을 어른으로 모시면 천하가 평안해질 것이다"라고 했다.34) 자기에게 가깝고 쉬운 일을 먼저 잘하고 나서 다음 단계로 진전해나가는 것이 천하를 평안하게 하고 더 높고 어려운 단계에 도달할 수 있는 순서요 방법이라는 말이다. 성인의 큰 도를 말하면서 맹자는 "공자가 동산에 올라 노나라를 작게 여기시고, 태산을 올라 천하를 작게 여기시니, 그래서 바다를 본 사람은 물같이 되는 것이 어렵고, 성인의 문하에서 논 사람은 말하기를 어려워한다"고 하여,35) 가깝고 쉬운 일상적인 도리

---

31) 其進銳者 其退速(『孟子』「盡心章句上」).
32) 流水之爲物也 不盈科不行 君子之志於道也 不成章不達(『孟子』「盡心章句上」).
33) 源泉混混 不舍晝夜 盈科而後進 放乎四海 有本者如是(『孟子』「離婁章句下」).
34) 道在爾而求諸遠 事在易而求諸難 人人親其親長其長而天下平(『孟子』「離婁章句上」).
35) 孔子登東山小魯 登泰山而小天下 故觀於海者 難爲水 遊於聖人之門者 難爲言(『孟子』「盡心章句上」).

부터 깨우쳐 나가면 성인의 경지에도 이를 수 있다고 했다. 그래서 송나라 사람의 '알묘조장(揠苗助長)'의 고사를 예로 들면서, 일할 때 '예기하지 말 것(勿正)'과 '항상 잊지 말고 염두에 둘 것(心勿忘)'과 '지나친 조장을 하지 말 것(勿助長)'을 강조했다. 즉 "송나라 사람이 그 묘가 자라지 않는 것을 민망하게 생각하여 뽑아올린 사람이 있었다. 망연히 돌아와서 그 집안사람들에게 일러 말하기를 '오늘은 피곤하구나. 내가 묘가 자라는 것을 도왔노라'고 하거늘, 그 아들이 달려가 보니 묘가 바로 말랐는지라, 천하에 묘가 자라는 것을 돕지 아니 하는 사람이 적으니, 유익하지 않다고 하여 버리는 사람은 묘를 김매지 않는 사람이요, 자라는 것을 돕는 사람은 묘를 뽑는 사람이니, 한갓 무익할 뿐 아니라 해로울 것이다"라고 했던 것이다.36)

III. 선의지와 악에 대한 칸트의 해명

서양 근대 계몽 사상을 대변하는 칸트의 도덕관은 도덕의 원천을 인간의 이상 자체에서 찾는다. 칸트는 인간이 '본성상 악하다'고 보면서도 인간 자신이 동시에 자연적 존재자로서 자신을 넘을 수 있는 예지적 힘, 즉 자유를 가지고 있고, 이 힘으로 인하여 자신이 처해 있는 존재의 세계를 지향하고, 더 선하고 더 올바른 세계, 곧 현존하지는 않지만 마땅히 현존해야만 할 당위의 세계를 이상 혹은 이념으로 그리며, 이로부터 도덕 법칙이 나온다고 주장한다. 인간은 자연 가운데서 태어나서 자

---

36) 宋人 有閔其苗之不長而揠之者 芒芒然歸 謂其人 曰今日 病矣 予助苗長矣 其子 趨而往視之 苗則槁矣 天下之不助苗長者寡矣 以爲無益而舍之者 不耘苗者 也, 助之長者 揠苗者也 非徒無益 而又害之(『孟子』「公孫丑章句上」).

연 속에서 살고 있는 자연물 중의 하나로서 자연 법칙의 지배를 받으면서도, 다른 자연물과는 다른 '인격'으로서의 존엄성을 가져야 한다는 이상을 가진다. 이 이상이 바로 도덕의 근원인 것이다. 인간은 도덕적인 행위를 통해서 인격적일 수 있으며, 인간이 인격적일 때 그는 무엇을 위한 수단이 아니라 그 자체로서 가치를 갖는, 즉 존엄성을 갖는 목적으로 생각될 수 있다. 칸트에 의하면, 인간의 존엄성에 대한 인간 자신의 이념이 도덕의 근원인 것이다.37)

칸트에게 이상적인 도덕적 인간은 도덕 법칙에 대한 순수한 존경심에 따라 행위하는 사람이다. 그런 사람은 선의지에 따라 행위한다. 그에게 의지는 도덕적 상황 속에서 도덕적 차원의 행위를 이끌어내는 도덕적 행위 주체다. 그것은 『도덕형이상학원론』에서는 '실천 이성'으로 규정되었고, 그 이후의 저서에서는 '욕구 능력'으로 표현되어 있다. 칸트에게 도덕적 행위 주체로서의 의지는 이성과 욕구 능력으로 구성된다는 것이다.38) 아리스토텔레스가 이성을 이론 이성과 실천 이성으로 나누었듯이, 칸트 또한 이 견해를 수용하면서, 그 무엇이 존재한다는 점을 인식하기 위해서는 이성을 이론적으로 사용하며, 마땅히 행해야 할 것이 무엇인지를 인식하기 위해서는 이성을 실천적으로 사용한다고 했다.39) 즉, 이론 이성은 사실을 다루면서 보편타당한 진리를 구성하는 능력인 반면, 실천 이성은 욕구 능력에서 비롯되는 다양한 욕구 내용들에게 통일적인 질서를 부

---

37) 백종현, 「도덕의 원천」, 『현대 한국에서의 철학의 제 문제』(서울 : 천지, 1991), pp. 205-206 참고.

38) L. W. Beck, *A Commentary on Kant's Critique of Practical Reason* (Chicago : The Univ. of Chicago Press, 1960), p. 60.

39) I. Kant, *Kritik der reinen Vernunft, Immanuel Kant Werkausgabe* (Baden-Baden : Suhrkamp, 1977), s. 557.

여함으로써, 자아로 하여금 일정한 목적을 달성할 수 있도록 의도적이며 일관적으로 행위하게 하며, 더 나아가 보편타당한 도덕적 행위를 할 수 있게 하는 것이다. 그렇다고 해서 이론 이성과 실천 이성이 따로 있는 것은 아니다. 이성이 사실을 인식함에서는 이론이성이지만 행위의 목적을 설정하고 그 목적을 달성하기 위한 수단을 판단하여 제시함으로써 행위에 영향을 미칠 때는 실천 이성이 되는 것이다. 칸트는 실천 이성을 순수 의지, 자유 의지, 선의지라 불렀다. 욕구 능력이란 의지를 구성하는 감성적 부분이다. 이것은 생명을 가진 존재가 가지고 있는 생명력이자 활동력이다. 이것은 생명체로 하여금 행위할 수 있게 하는 힘이지만 동물적 차원의 것이다. 인간을 인간이게 만드는 것은 사고의 일반적인 능력으로서의 이성인 것이다. 이성을 통해 규제된 욕구 능력이야말로 인간의 의지를 구성하는 요소가 될 수 있다. 즉, 이성은 다양한 욕구 내용들에 통일적인 질서를 부여하여 의지가 추구하는 바를 달성하게 하는 것이다. 반면 이성은 개념적 차원의 것에 머물기 때문에 자신의 판단과 추론을 행위로 실현시키기 위해서는 욕구 능력의 힘을 빌려야 한다. 그래서 이성과 욕구 능력은 상호 대립적이면서도 상호 보완적인 것으로, 욕구 능력이 없는 실천 이성은 공허하고 실천 이성이 없는 욕구 능력은 맹목적인 것이다.

이성과 욕구 능력으로 구성된 의지는 선과 악의 선택적 결단을 내려야 하는 현실적인 도덕 상황에서 선택 의지가 된다. 즉, 도덕적 상황 속에서 선 또는 악의 대상을 구현해내는 능력이 선택 의지인 것이다. 선택 의지는 준칙을 설정한다. 인간의 모든 행동이 다 도덕적 의미를 가지는 행위로 간주될 수는 없다. 단지 자연필연성에 따라 결정된 자연적 행동이라면, 그것은 자연 법칙적인 현상으로서 도덕성과는 아무 상관도 없는 것이다. 인간의 행동을 도덕적으로 상관있는 행위로 만드는 것은, 하나의 행동을 다름 아닌 바로 그러한 행동이 되도록 고려, 선택, 결정하는 의지적 결단의 의식이다. 그런데 그것이 고려이고 선택일 수 있기 위해서는 그 행위 규정이 무작정 생기는 것이 아니라 일정한 규칙에 의한 규정이어야 한다. 이처럼 인간 행위는 그것이 행위이기 위해서 이미 특정한 규칙을 행위 규정의 원칙으로 요구한다. 이와 같이 행위를 규정하는 원칙을 칸트는 '준칙'이라고 부른다. 인간의 행위는 그것이 행위인 한 이미 준칙에 의해 선택되고 원칙에 따라 수행된 것이다. 준칙은 일차적으로 모든 사람이 각자 자기 자신의 행위를 규정하기 위해서 가져야만 하는 단순히 주관적인 행위 규칙일 뿐이다. 즉, 그것은 그것을 선택한 바로 그 사람에게만 규칙으로 작용하는 주관적인 것이며, 사적인 타당성만을 지닐 뿐이다.[40] 선택 의지가 준칙을 설정하는 데에서 가장 중요한 일은 행위 목적을 설정하는 일이다. 칸트에게 의지는 바로 목적을 실현하는 능력이며, 모든 행위는 목적을 가지고 있는 것이다. 행위 목적에는 주관적 목적과 객관적 목적이 있을 수 있다. 즉, 충동에 근거한 주관적 목적과 모든 이성적 존재자에게 타당한 동기에 의존하는 객관적 목적은 서로 구분된다. 실천적 원리로부터 주관적 목적을 배제하면 형식만 남는다. 실천적 원리들은 충동에 근거를 두는 주관적 목적인 한 실질적이다. 이성적 존재자가 행위의 결과로서 임의로 선택한 목적은 모두 상대적일 뿐이다.[41] 객관적 목적은 실질적 내용이 없는 형식만으로 구성된

---

40) 한자경, 『칸트와 초월 철학』(서울 : 서광사, 1992), p. 213.

41) I. Kant, *Grundlegung zur Metaphysik der Sitten, Immanuel Kant Werkausgabe* (Baden-Baden : Suhrkamp, 1977), s. 59.

도덕적 목적이며, 이것은 행위 결과와는 관계없이 그 동기에만 관계되기 때문에 의지 자체에 근거하며 의지 자체를 목적으로 대한다는 의미에서의 목적이다. 이러한 목적을 중심으로 설정되는 준칙이 바로 도덕적 준칙이며, 이 준칙에 입각한 행위가 도덕적 행위다. 주관적 목적은 실질적이고 상대적인 목적이다. 이것은 행위 결과와 관련하여 설정된 것으로 욕구 능력과의 관계 속에서 설정된다. 이 목적을 중심으로 설정된 준칙은 비도덕적 준칙이 되고, 이 준칙에 입각한 행위는 비도덕적 행위가 된다. 선택 의지는 두 가지 목적 중 하나를 선택해야 한다. 이 선택적 결단이 선행과 악행을 낳게 된다. 어느 목적을 선택하는가는 선택 의지의 자율적인 결단에 달려 있다. 이 점에서 선택 의지는 자유 의지다.

선택 의지가 선의 준칙을 설정하는가 혹은 악의 준칙을 설정하는가는 예지계적 근거에 따라 이루어진다. 그 선택의 기준이 최고 준칙이다. 그러나 선택 의지가 선택적 결단을 내릴 때마다 최고 준칙에 근거하는 것은 아니다. 선택 의지의 자유로운 활동을 통해 형성된 내면적 심정(Gesinnung)에 근거하게 된다. 즉, 선택 의지가 선의 준칙을 계속적으로 설정하고 실천할 때 선의 심정은 선택 의지의 선택 활동에 궁극적인 주관적 근거가 되는 것이다.

칸트에 의하면, 선택 의지 활동의 궁극적 근거인 최고 준칙은 선의 준칙의 전형인 도덕 법칙과 악의 준칙의 전형인 자기애(自己愛)의 원리로 나누어진다. 도덕 법칙을 입법하는 것은 선택 의지와는 달리 행위에 관계하지 않고 행위에 대해 선택 의지가 내리는 결정의 배경에 관계되는 입법 의지다. 그것은 결정의 근거를 필요로 하지 않으며 오히려 그것이 선택 의지의 선택을 결정지을 수 있는 한 실천 이성 그 자체다.[42] 입법 의지는 욕구 능력을 배제한 실천 이성만의 의지다. 즉, 입법 의지는 경험적 요소가 배제된 순수 의지며 선의지다. 이런 입법 의지는 내용이 없고 형식만으로 이루어진 도덕 법칙을 입법한다. 도덕 법칙은 단순히 주관적으로만 타당한 준칙이 아니고 객관적으로도 보편타당한 법칙이며 실천적 법칙이다. 그러한 실천적 법칙을 어디에서 얻을 수 있는가? 인간 의지의 내용을 규정의 근거로 삼는 경우 욕구가 대상을 통해 충족되도록 행위하는 것이다. 내용적으로 규정된 규칙은 모두 대상 경험과 관련되고, 그래서 보편타당성을 기대할 수 없는 규칙이다. 대상의 현실에 의한 욕구 충족과 그것을 추구하는 행위 규칙 역시 경험적으로 제약된 것일 수밖에 없고, 그러한 현상적 제약성을 가지는 욕구 내용으로부터 보편타당한 실천적 법칙을 얻어낼 수 없기 때문이다. '현상 세계를 넘어서는 존재'라는 칸트의 인간 본질 규정에 상응하는 도덕 법칙은 경험적 대상으로부터 독립적이어야 한다. 따라서 보편적 원칙은 욕구 내용이 아닌 의지의 형식으로부터만 얻을 수 있다. 행위 준칙을 현상으로서의 경험적 제약성으로부터 벗어나 자유로운 것으로 택하라는 것이다. 즉, 현상으로서의 나에게 타당한 것이 아니라 무제약적인 자유로서의 나, 이성적 존재로서의 나에게 타당한 그런 준칙을 택하라는 것이다.[43] 즉, 형식만으로 이루어진 규칙만이 보편화 가능한 실천 규칙이 될 수 있다는 것이다. 그것은 다음과 같은 표현 양식을 갖는다. 즉, '네 행위의 준칙이 너의 의지를 통해 보편적 자연 법칙이 되는 것처럼 행위하라',

---

42) I. Kant, *Die Metaphysik der Sitten, Immanuel Kant Werkausgabe* (Baden-Baden : Suhrkamp, 1977), s. 317.

43) 한자경, 위의 책, pp. 213-216 참고.

'네 인격과 남의 인격 중 인간성을 수단으로 대하지 말고 동시에 언제나 목적으로 대하라', '언제나 너의 준칙을 통해 네가 보편적인 목적 왕국의 입법자인 것처럼 행위하라' 등이다. 이 도덕 법칙이 최고 준칙으로서 선의 준칙의 전형이며, 준칙을 판단하는 기준이다. 즉, 실천 이성이 설정한 객관적 도덕적 목적을 중심으로 이루어지고, 인간을 존중하는 내용이며, 행위 주체가 자율적으로 설정한 준칙이 선의 준칙이 된다는 것이다. 그러한 실천 규칙으로서의 도덕 법칙은 인간 본질 규정으로부터 성립된 것이며, 인간 의지를 단지 형식적으로만 규정하기 때문에 아무런 제한이나 조건이 없이 모든 이성적 인간에 대해 보편적으로 적용될 수 있는 것이다. 그것이 특정한 '행위 방식'을 요구하는 '명령'이기는 하지만, '행복하려거든 이렇게 행위하라'는 식의 '가언명령'이 아니라 무조건적인 명령인 '정언명령(Kategorischer Imperativ)'인 것이다.

경험적인 것이 배제된, 즉 감성계의 인과율에서 벗어난 입법 의지는 자유 의지다. 도덕 법칙은 절대적으로 자유로운 의지에서 입법된다. 의지는 도덕 법칙을 입법하고 실현함으로써 자신의 자율성을 확인한다. 자유는 도덕 법칙의 존재 근거며, 도덕 법칙은 자유의 인식 근거인 것이다.[44]

정언명령적인 도덕 법칙이 행위에 절대적 구속력을 가질 수 있으려면 자유 의지에 의해 입법된 도덕 법칙이어야 한다. 여기서 도덕적 자율성의 문제가 제기된다. '그 인과성이 자연 법칙에 따라 다른 원인에 의해 규정되지 않는 그런 상태를 스스로 시작하는 능력'인 초월적 자유는 시간제약성과 자연 법칙적

---

44) I. Kant, *Kritik der praktischen Vernunft*, *Immanuel Kant Werkausgabe* (Baden-Baden : Suhrkamp, 1977), p. 108.

인 필연성을 넘어서는 것이다. 이 초월적 자유로 인해 인간은 즉자적인 이성적 존재로서의 본질을 갖게 된다. 즉, 인간은 그것에 의해 외적인 물리적 자연이나 내적인 심리적 자연으로서의 모든 현상의 자연필연성으로부터 자유로운 존재가 되는 것이다. 초월적 자유로서의 인간은 본질적으로 현상의 필연성 너머에 존재하는 것이다. 이러한 초월적 자유가 인간의 실천적 행위와 연관지어질 때, 자연필연성에 대한 부정적 한계지움으로서의 소극적 의미를 넘어 하나의 적극적이며 긍정적 의미를 얻게 된다. 즉, 인간의 실천적 행위에서 자기 자신을 현상의 자연필연성으로부터 자유로운 존재로 파악한다는 것은 곧 행위에서 자기 자신을 스스로 결단할 수 있는 자유로운 존재, 즉 '자율적 존재'로 파악한다는 것을 뜻한다. 이 점에서 존재론적 혹은 초월적 자유는 행위에서의 실천적 자유가 된다. 그렇다면 이 실천적 자유는 인간 행위에서 구체적으로 무엇을 뜻하는가? 자율적 행위란 무엇인가? 자유 의지란 무엇인가? 실천적 자유는 감성과는 독립적으로 의지를 결정하는 자유다. 그렇다고 해서 감성을 말살시켜야 한다거나, 도덕적 인간은 감성적 충동을 뿌리째 뽑아내야 한다는 것은 아니다. 인간의 의지는 계속 감성적인 것으로 남아 있을 수밖에 없다. 인간의 의지는 감성적 의지다. 그러나 이 점이 의지의 자유를 무의미하게 만들지 않는다. 문제는 인간이 감성적 충동에 의해서 강제적으로 행위하는가 아닌가이기 때문이다. 감성적으로 단지 자극되는가 아니면 그 자극에 의해 행위가 필연적으로 규정되는가에 따라 감성적 의지는 자유로운 의지, 즉 인간적 의지와, 충동으로부터 자유롭지 못한 의지, 즉 동물적 의지로 나누어진다. 감성적 충동에 의해 강제되지 않고 스스로 자신을 결정할 수 있

는 능력이 인간 의지의 자율성을 의미하는 실천적 자유인 것이다.45)

그러나 선택 의지가 도덕 법칙을 준칙의 전형으로 받아들이는 동기는 무엇일까? 칸트는 도덕적 차원의 감정에서 그것을 찾는다. 인간은 순수 이성, 즉 자기 의식의 활동성으로서만 존재하지 않는다. 인간의 행위가 비록 이성의 순수한 자발적 활동성에 의해 발단된다 할지라도, 그것의 구체적 전개는 자연필연성이 지배하는 현상 세계 안에서 시간적으로 진행되어야 한다. 다시 말해, 인간은 자발적 능력으로서의 그의 본질적인 근원에 의해 사는 것만이 아니라, 오히려 그의 생의 더 많은 부분은 이미 근원으로부터 멀리 벗어나와 결국 시간 흐름 속에서 대상화되고 과거화된 현상 세계에 의존하고 있다. 순수 자아로서의 자발성과 자율성에서 멀어져 오히려 이미 과거화된 현상 세계의 감성적인 것 안에 자신의 집을 짓고 사는 경험적 자아를 우리는 감성적 자아라고 부를 수 있다. 구체적 인간은 현상으로부터 자유로운 지적 자아, 즉 도덕 법칙의 주체일 뿐 아니라 또한 현상에 속하는 감성적 자아로서 도덕 법칙을 그에게 부여되는 명령으로 받아들이게 된다.46) 즉, 인간은 지적 자아와 감성적 자아의 중간적 존재로서 한편에서는 도덕 법칙을 말하는 명령자며, 다른 한편에서는 도덕 법칙을 듣는 복종자다. 중간적 존재로서의 인간의 선택 의지는 행위에 영향을 미치는 외적 사물에 대해 감정을 느끼는 동시에, 외적 사물의 영향을 받지 않고 입법 의지가 자율적으로 입법한 도덕 법칙의 표상에 대해서도 감정을 느낀다. 선택 의지가 도덕 법칙에 대

---

45) 한자경, 위의 책, pp. 210-212 참고.
46) 한자경, 위의 책, pp. 217-218 참고.

해 느끼는 감정은 존경감이다. 이 존경감은 형식뿐인 도덕 법칙에 대해 선택 의지가 느끼는 감정이기 때문에, 욕구 능력이 아닌 이성을 중심으로 일어나는 감정이며 도덕적 감정인 것이다. 이것은 시공을 초월하여 모든 사람에게서 보편적으로 일어나는 감정이다. 칸트에게 존경감이야말로 도덕적 동기가 되는 것이다. 그래서 그는 "도덕 법칙에 대한 존경이 유일하고도 의심할 수 없는 도덕적 동기며 … 이 존경의 감정은 도덕적 동기에 의하는 이외의 그 어떠한 대상으로 향하여 있지 않은 것이다"라고 말했다.47) 이러한 도덕 법칙에 대한 존경감은 감성적 자기 추구, 즉 자신에 대한 흡족함 혹은 자만으로부터 이성적으로 순화된 겸손의 감정이며, 따라서 이것은 지적 근거에 의해서만 가능한 감정이다.

　칸트에 의하면, 상대적이고 유한한 선택 의지에게 존경심을 일으키게 하는 도덕 법칙은 선택 의지를 압도한다. 즉, 도덕 법칙은 선택 의지의 자기애와 자만을 굴복시키고 감성적 충동보다 순수 실천 이성의 객관적 법칙이 우월하다는 관념이 뚜렷하게 나타나게 한다.48) 그래서 도덕 법칙은 선택 의지가 거부하기 어려운 명령의 형식을 띤다. 그것은 무조건 수행해야 하는 정언명법인 것이다. 이 정언명법을 선택 의지는 의무(duty)49)의 형태로 수용하게 된다. 의무란 도덕 법칙에 대한 존경감에서 나오는 행위의 필연성이며,50) 선택 의지는 도덕 법칙을 준칙의 전형으로서 의무적으로 받아들여야 하는 것으로 여기는 것

---

47) I. Kant, *Kritik der praktischen Vernunft*, s. 199.

48) Ibid., s. 193.

49) 여기서 말하는 의무는 자기 자신의 내적인 의지 규정상의 방식을 의미한다. 결코 외적인 행위 수행에서의 강제를 의미하지 않는다.

50) I. Kant, *Grundlegung zur Metaphysik der Sitten*, s. 26.

이다. 인간은 단지 순수 이성적인 존재일 뿐 아니라 현상에 속하는 감성적 존재이기도 하므로, 그 본성상 경향성과 충동으로 향할 수밖에 없다. 따라서 도덕 법칙이 이성적 존재의 측면에서 보면 분명히 인간 자신의 자발성과 자율성의 표현임에도 불구하고, 다시 구체적인 감성적 인간의 측면에서 보면 하나의 의무로서 주어지는 것이다. 도덕 법칙은 모든 유한한 이성적 존재의 의지에 대해서는 의무의 법칙이며, 오직 법칙의 존중에 의해서만 그 행위를 규정해야 한다는 도덕적 강제의 법칙이다. 결국 칸트에게 도덕적 행위는 의무에서 비롯되는 행위다. 즉, 도덕적 행위는 내적인 '의무로부터의' 행위이지 단순히 외적으로만 '의무에 따르는' 행위가 아니다. 그에게 도덕성의 관건은 어떤 동기에서 행위하는가 혹은 어떤 감정에서 비롯된 행위인가, 궁극적으로는 어떤 상태의 심정에서 비롯된 행위인가에 달려 있다는 것이다. 그에게 도덕성의 문제는 결코 외적 적합성이나 결과의 문제가 아니라 행위를 이루어내는 내면적 심정의 문제인 것이다.

그렇다면 칸트가 말한 인간은 악한 존재라는 말의 의미는 무엇인가? 악의 문제와 관련하여 칸트가 관심을 가진 문제는 인간이 '범한 악'[51]이고 인간이 책임져야 할 악의 문제다. '악은 자유로부터 출현한다'는 명제가 칸트의 악에 대한 가장 분명한 입장이다. 그에 의하면, 인간은 자기 자신의 자유로운 행위를 제외하고는 어떤 무엇을 통해서도 도덕적으로 선하거나 악할 수 없다는 것이다. "우리 자신의 행위인 것 외에는 도덕적으로 악한 것은 아무것도 없다." "우리 속에 있는 악은 우리 자신의 행위다." "도덕적 악은 자유로부터 출현해야 한다"는

---

51) 김형효, 『맹자와 순자의 철학 사상』(서울 : 삼지원, 1990), p. 18 참고.

등 『이성의 한계 내에서의 종교』에서 칸트가 했던 말들은 그가 생각하는 도덕적 악의 성격을 잘 말해준다. 도덕적 악을 자유와 인간 행위를 통해 규정하려는 칸트의 태도는 성선설과 성악설의 논의 자체를 거부한다. 인간이 태어날 때 받은 본성이나 소질은 그 자체로서 악하지도 선하지도 않다. '인간이 선하게 태어났다'는 것은 다만 선을 지향하도록 근원적인 소질이 선하다는 것일 뿐 실제로 도덕적으로 선하다는 뜻이 아니다. 또한 '인간이 본성적으로 악하다'는 말은 인간의 자유로운 행위 때문에 악으로 향한 강한 경향이 있다는 것이지 본성 자체가 악함을 말하는 것이 아니다.[52]

칸트에게는 오직 자유를 통해 인간은 도덕적으로 악하거나 선할 수 있다. 그는 인간성을 타락시키는 악이 인간 속에 도사리고 있다는 사실을 부정하지 않는다. 그는 모든 악의 뿌리가 되는 악인 '근본악'을 '악으로의 경향'이라고 부른다. 악으로의 경향 자체가 도덕적으로 악한 것이 아니다. 그래서 악으로의 경향은 인간의 감성적 본성 때문에 생긴 것이 아니라 인간의 자유로운 행위에 근거하는 것이다. 자유로운 선택 의지에 따른 것이기 때문에 그것에 대한 책임을 물을 수 있다. 그래서 도덕적으로 악한 것이다. 그러나 다른 한편으로 『이성의 한계 내에서의 종교』에서의 칸트는 근본악, 즉 악으로의 경향이 인간의 본성 속에 뿌리 깊이 박혀 있다고 주장한다. 악의 경향은 우리가 본성적으로 가지고 있는 자연적이고 생득적인 경향이요, 인간의 본성과 함께 얻은 것이며, 인간성 속에 뿌리 깊이 박혀 있고 어떤 예외도 없이 모든 사람한테서 한결같이 발견될 수

---

52) 강영안, 「칸트의 '근본악'과 자유」, 『현대 한국에서의 철학의 제 문제』(서울 : 천지, 1990), pp. 211-212 참고.

있는 보편적인 경향이라는 것이다. 물론 칸트는 '자연적', '본성적', '생득적'이라는 말은 악의 경향에 대해 우리가 책임이 없다거나 자유로운 선택 의지와 무관하다는 뜻이 아니라는 것을 여러 차례 강조한다. 악의 경향이 출생과 동시에 인간에게 나타나는 것으로 여겨진다는 것을 의미할 뿐이지 출생이 선악의 원인이 된다는 것을 의미하지는 않는다는 것이다. 거의 본성에 가까울 정도의 악으로의 경향과 자유로운 선택 의지는 어떻게 양립될 수 있는가? 이에 대한 해답은 앞에서 언급했던 선택 의지와 준칙, 특히 행위 동기에 관한 칸트의 설명에서 찾을 수 있다.53)

칸트에 의하면, 선택 의지가 존경심으로 인해 도덕 법칙을 준칙의 전형으로 수용하는 반면, 쾌감으로 인해 자기애의 원리를 준칙의 전형으로 수용한다. 쾌감이 동기가 되어 자기애의 원리를 준칙의 전형으로 받아들인다는 것이다. 외적 사물에 대한 욕구 능력의 내적 반응인 쾌감은 존경감과 대립하면서 자기애의 원리에 따라 준칙을 설정하는 것이다. 칸트는 악으로의 경향이 나타나는 단계를 다음과 같이 설명했다.54)

첫째, 인간 의지의 유약성(Gebrechlichkeit) 단계 : 이 단계는 성서의 사도 바울의 탄식에서 볼 수 있는 것과 같이 선택 의지로 하여금 준칙의 전형으로서 도덕 법칙의 선택을 주저하게 하는 단계다. 그러나 이 단계에는 준칙의 설정에서 악으로의 경향이 미치는 영향력이 명백하게 보이지 않는다. 즉, 아직 이 단계에서는 선한 심정으로부터의 이탈이 악의 준칙의 긍정적인 채택으로까지 나아가지 않는다.

둘째, 인간 의지의 불결성(Unlauterkeit) 단계 : 이 단계는 선

---

53) 위의 논문, Ⅲ. 악에 대한 성향(근본악)과 그 출처 참고.
54) 이정호, 「칸트에 있어서 자율의 문제와 근본악」, 『철학논고』 제9집(서울대 철학과 논문집, 1981), p. 56.

한 심정과 악한 심정이 혼돈되어 설령 악의 심정에서 의지의 작용이 일어났다고 하더라도 선의 심정에서 의지 작용이 일어났다고 보는 자기 기만의 단계다. 즉, 악의 준칙으로의 긍정적인 채택이 은폐되는 것이다.

셋째, 인간 의지의 사악성(Bösartigkeit) 단계 : 이 단계는 가장 높은 악의 단계로서 선택 의지는 근원적으로 부패된 심정, 즉 악의 심정에서 자기애의 원리를 전형으로 삼아 행위 준칙을 세우며, 따라서 도덕 법칙은 고의로 무시된다. 그러므로 이 단계에서 악은 그 성격을 가장 잘 드러내고 있으며, 칸트가 논의하고자 하는 악으로의 경향에서의 악 또한 이 단계의 악이다.

칸트에게 인간의 악행은 악으로의 경향에서 비롯된다. 악으로의 경향은 주어진 것이라기보다는 자유 의지의 선택에 의한 것이다. 그래서 인간은 그것에 대한 책임을 회피할 수 없다. 그러한 악으로의 경향을 극복하는 것이 도덕적 상황에서의 인간의 과제인 것이다. 그것의 극복은 인간이 선으로의 성향 역시 가지고 있다는 확신에서 출발하여, 악으로의 경향을 부단히 물리치려고 노력할 때 가능해진다. 이를 위해 인간은 자각적이고 주체적인 결단을 항상 내려야 한다. 그러한 결단을 돕는 활동이 도덕 교육 활동인 것이다. 칸트는 교육 활동을 자연적 교육과 실천적 교육으로 나누어 설명한다. 전자는 감정 교육과 관련되는 것이며, 어린 자녀들이 해로운 방향으로 자신의 힘을 사용하지 못하도록 부모가 보호하여 주고 세심하게 관심을 기울이는 양육과, 정신적 능력을 단련하는 교수로 이루어진다. 정신 능력의 단련은 감각력, 상상력, 기억력, 주의력, 지능 등의 하위 정신 능력보다는 이해력, 판단력, 이성 등의 고등 정신 능력을 단련시키는 데 중점을 두어야 한다는 것이다. 후자는 예지계와 관련되는 것이며, 자유로운 행위자가 되도록 하는 교육이다. 여기에는 기술 기능 교육, 처세지(處世知) 교육, 도덕 교육 등이 있다. 특히 도덕 교육은 인간의 동물적 본성을 인간성으로 바꾸는 훈육 활동과, 도덕적으로 사고하고 판단하는 방법을 터득하게 하여 설정된 규칙의 내면화가 아닌 도덕에 합치되는 준칙을 설정하게 만드는 도덕적 도야 활동을 통해 이루어진다.

Ⅳ. 두 관점의 비교

1. 선과 악으로의 성향

칸트에 의하면, 인간이 순수하게 이성적이라면 도덕 법칙에 의해 우리의 행위들이 설명될 수 있을 것이며, 인간이 순수하게 자연적이라면(동물처럼) 자연 법칙에 의해 우리의 행위들이 설명될 수 있을 테지만, 인간은 이성적인 동시에 자연적이다. 그래서 도덕 법칙도 자연 법칙도 인간을 완전히 설명하지 못한다. 즉, 인간은 제한적 의미에서 도덕적이지만 분명히 도덕적일 수 있다. 모든 사람들은 도덕성의 정언명법을 충족시킬 수 있다는 것이다. 맹자가 예시했던 송나라 사람의 문제는 칸트에게는 제기될 수 없다. 즉, 도덕성의 문제는 인간 능력을 초월하는 문제일 수 없는 것이다. 그렇다면 '인성이 악하다'고 한 칸트의 말은 이상하지 않은가? 그의 도덕관을 인간 행위에 적용한다면 오로지 두 가지 가능성만 있을 뿐이다. 즉, 도덕 법칙을 따라 도덕적으로 행위하거나 자연 법칙에 따라 비도덕적으

로 혹은 적어도 도덕과 무관하게 행위할 것이다. 그러나 비도
덕적인 행위가 자연 법칙에 의해 일어난다면 '비도덕적'이라
부를 수 없고, 오히려 '도덕과 무관한 것'이라고 불려야 할 것
이며, 그것에 대해 행위자에게 책임을 돌릴 수 없을 것이다. 비
도덕성의 근거도 자유의 영역에 두어야 한다. 그러나 분명히
칸트는 도덕적이지 않은 어떤 자유 행위도 생각하지 않았다.
그가 '본성적으로 선하다'거나 '본성적으로 악하다'고 한 말은
단지 선의 준칙을 채택하거나 그 선택의 궁극적 근거는 그 자
신에게 있다는 의미로 해석된다. 만약 인간이 의지를 가진 이
성적 동물이 아니라면 준칙을 전혀 설정할 수 없을 것이다. 그
들은 오로지 다른 자연적 존재들처럼 자연 법칙을 따르고, 그
래서 그들은 선하지도 악하지도 않을 것이다. 그러나 우리 인
간은 단순한 자연적 존재가 아니다. 즉, 인간은 전적으로 무도
덕적일 수는 없는 것이다. 선하게 된다는 것은 자신의 준칙 설
정의 궁극적 근거가 도덕 법칙이지 다른 동기들이 아니라는
의미다. 인간은 그의 준칙 설정의 궁극적 근거를 바꿀 수 있고,
그래서 한때는 선하고 한때는 악할 수 있으나 동시에 둘 다일
수는 없다는 것이다. 선행과 악행은 행위 준칙의 궁극적 근거
의 문제이기 때문이다. 우리의 선택은 선하거나 악하거나 둘
중의 하나다. 칸트는 인간은 선하려는 성향과 악 하려는 경향
을 지니고 있다고 주장한다. 선의 성향에 대한 칸트의 논의에
서 상당히 맹자적인 사고를 찾아볼 수 있다. 칸트에게서 선의
성향은 도덕 법칙을 '그 자체 의지의 충분한 동기로' 존경할 수
있는 능력이며, 맹자에게 그것은 곧 측은하게 여기고, 부끄럽
게 여기고, 사양하고, 옳고 그름을 판단하는 능력, 곧 네 가지
마음으로 대변된다. 인간은 본성상 도덕적일 수 있는 '가능성'

을 지니고 있으며, 그 가능성이 현실화될 수 있는가는 인간 자신에게 달려 있는 것이다.55)

2. 악의 경향성의 단계

칸트는 또한 인간의 악의 경향성을 세 단계로 설명한다. 그가 생각하는 첫 번째 악의 단계는 인간성의 유약성이다. 선의 준칙을 설정하고 있지만 결단력이 약해서, 그것이 욕구 능력에 의한 악한 준칙과 갈등할 때, 시종일관 선의 준칙을 따르지 못하는 경우다. 준칙의 전형으로 도덕 법칙이 선택되지만, 행위의 순간에는 욕구 능력이 지배하는 것이다. 선의 준칙을 설정하고 있기 때문에 단지 노력만 한다면 충분히 도덕적으로 행위할 수 있는 것이다. 그가 악한 행위를 하는 것은 그의 인간성의 잘못이 아니며, 심지어 그의 특정 준칙 설정의 잘못도 아니며, 그의 마음이 유혹을 당했기 때문이다. 맹자의 경우, 제나라 선왕처럼 도덕성을 위한 최소한의 노력도 하지 않는 사람인 것이다. 칸트가 유약하다고 부른 것은 맹자가 할 수 없음이 아니라 하기를 거부한다고 말한 것과 유사하다. 제나라 선왕은 무지하거나 나약하기 때문에 옳은 일을 하기를 거부했던 것이다. 맹자가 희생으로 끌려가는 암소와 왕의 신하들 사이의 유사성을 지적하기 전에 왕은 자신도 자신의 마음을 이해하지 못함을 고백한다. 더욱이 그는 옳은 일에 대해 생각해보는 경우에도 그 자신의 나약함으로 인해 도덕적으로 행위하기 어렵다고 한다. 대영지의 경우는 무엇이 옳은 일인지를 알지만 옳

---

55) Deborah E. Kerman : "Mencius and Kant on Moral Failure", in Chung-Ying Cheng, ed., *Journal of Chinese Philosophy* vol. 19, no. 3 (1992 september), pp. 315-317 참고.

지 못한 짓을 한다. 그는 칸트의 세 번째 악의 단계와 흡사하다. 칸트가 설명하는 두 번째의 악의 단계는 행위하는 동기가 도덕적이기도 하고 도덕과는 무관하기도 한 준칙을 설정하는 경우다. 칸트는 이를 불결성이라 불렀다. 즉, 의도된 법의 준수라는 측면에서 선하고, 실천을 위해 충분히 강한 면이 있으나, 충분한 동기로서 도덕 법칙을 채택하지 않는 경우다. 이런 사람은 종종 혹은 늘 도덕 법칙의 조문에 충실한 행위를 할 것이다. 일견 그 사람은 도덕적인 사람일 것이다. 그러나 그의 행위들은 의무로서가 아니라 항상 혹은 적어도 부분적으로는 다른 이유 때문에 이루어진다. 그런 행위는 진정으로 도덕적인 행위와는 구분되는 '합법적(legal)' 행위인 것이다. 칸트에게 이런 행위는 '순수하게 의무 자체 때문에 이루어지는 것이 아니기 때문에' 비도덕적인 행위인 것이다. 그것은 오직 합법적 행위일 뿐 진정으로 도덕적인 행위는 아닌 것이다. 즉, 옳게 행했다면 도덕적인 행위일 테지만 옳지 않게 행했기 때문에 비도덕적인 행위인 것이다. 맹자에게 불결성은 악이라고 볼 수 있기보다는 도덕성 발달 단계에서 볼 때 초보 단계에 머문 경우다. 맹자가 예시한 송나라 사람의 '알묘조장'의 경우가 여기에 해당된다. 즉, 그는 충분히 성숙한 도덕성을 갖지 못했으나 그의 수준을 초월하는 덕행을 원한다. 그는 선한 행위를 원하기 때문에 주어진 행위를 수행한다. 그의 동기가 선하게 되려는 것이기 때문에 그의 준칙은 사실상 의도의 측면에서 보면 선한 것이다. 그러나 그의 덕의 싹이 충분히 발달되지 않아서 도덕적이지 않은 상태다. 그는 선행을 할 만한 사람이 하게 될 행위를 했지만 선한 사람으로서 그 일을 행한 것이 아니다. 맹자에게 이상적인 도덕성은 순 임금의 경우처럼 도덕성의 길을 따르는 것일 뿐 단순히 도덕성을 실천하는 것이 아니다. 칸트의 두 번째 악의 단계는 맹자에게 '단순히 도덕성을 실천함'이며, 이는 악으로 보이기보다는 이상적인 도덕성이 아닐 뿐이다. 따라서 송나라 사람은 제나라 선왕의 나약함보다 더 나쁜 것은 아니다. 칸트가 가장 나쁜 악의 단계로 설명한 세 번째의 단계는 사악성이다. 여기서는 설정되는 준칙이 결코 도덕 법칙이 되지 못한다. 의무감은 중요하지 않고 늘 경향이나 욕구 능력에 따른다. 행위자는 자유스럽게 그의 경향에 근거하여 준칙을 설정한다. 그는 의무를 수행하는 데 방해되지 않는 경우에만 욕구를 충족시킬 것이라고 말하지 않고, 그것이 나의 욕망을 충족시키는 데 방해되지 않는다면 도덕성을 고려할 것이라고 말한다. 그는 여전히 도덕 법칙의 존재를 인정하고 도덕성이 요구하는 바를 알고 있으며, 도덕성을 우선시해야 할 충분한 이유를 가지고 있으나 그렇게 하지 않기를 선택한다. 칸트는 이 경우를 '극악무도(diabolical)'라 불렀다. 이것은 대영지의 상황과 일치한다. 그는 무엇이 나쁜 것인지 알고 있으나 그렇게 하는 것이 자기 이익이라고 생각하기 때문에 고집스럽게 나쁜 짓을 하고 있는 것이다. 이런 행위는, 도덕적이고자 노력했지만 실패한 경우나, 제나라 선왕처럼 모르거나 생각하지 못해서 도덕적이지 못한 경우보다, 도덕적으로 더 나쁘다고 생각하는 점에서 칸트와 맹자는 일치할 것이다.[56]

3. 선택과 비도덕적 행위에 대한 책임의 문제

우리는 악의 가능성과 악행을 행한 경우를 구분할 수 있다.

---

56) Ibid., pp. 317-320 참고.

인간은 본성적으로 악의 가능성을 지니고 있으나 각 경우의 악행들은 인간 자신에 의해 자유롭게 선택된 것이며, 그래서 그 악행에 대한 책임을 져야 한다. 악행이 인간에게 보편적인 현상으로 나타나기 때문에, 그것이 자연적인 경향인 것처럼 보이게 된다. 그러나 '자연적 경향'이란 말 속에서 자유 선택이라는 의미가 배제될 수 있다고 해서, 자연적 경향처럼 일어나는 악행이 인간 자신의 잘못이 아니라고 해서는 안 된다. 앞에서 살펴보았듯이, 맹자가 말하는 '선'은 인간이 진정으로 선한 사람이 될 수 있음을 뜻한다. 그렇다고 해서 덕의 싹으로서의 선의 가능성을 가진다는 것이 선으로의 매우 강한 경향을 가진다는 의미는 결코 아니다. 인간은 도덕성을 향한 자연적 성향을 가지고 있지만, 그러한 성향을 발전시켜서 완전히 성숙한 도덕성을 갖추느냐의 문제는 개인의 결정에 달려 있는 문제다. 예를 들면, 제나라 선왕은 맹자의 충고에도 불구하고 계속 희생소에 대한 그의 선천적 반응을 다른 상황에 유추하여 적용시키지 못한다. 그의 도덕성의 발달을 시작하고 지속시키는 일은 전적으로 그의 손에 달려 있는 것이다. 진정으로 도덕적인 사람이 되는 것은 인간 자신의 노력의 산물인 것이다. 그래서 우리는 노력하지 않아서 나쁜 사람이 되었다고 비난할 수 있고, 노력을 해서 착한 사람이 되었다고 칭찬하는 것이다. 그러나 사람들 간의 도덕성의 차이가 물욕, 즉 마음을 유혹 당했기 때문이라면 그 결과를 비난할 수 있을까? 물이 없고 척박한 토양이나 추운 곳에 심어진 식물이 잘 자라지 못하거나 말라죽는 경우, 그 책임은 전적으로 그 식물 자체에 있는 것일까? 사람들 역시 마음의 유혹에 대해 비난받아야 하는 것인가? 덕의 싹을 발전시키는 데 장애가 되는 환경에 놓이게 된 우연성을 어떻게 설명할 수 있을까? 맹자의 견해의 두 부분들은 여기서 상충한다. 한편에서는 사람들이 노력한다면 덕의 싹은 자랄 것이고, 그래서 도덕적인 사람이 될 수 있을 것이다. 즉, 한 개인의 도덕성은 전적으로 개인 자신의 문제다. 그러나 다른 한편, 사람들은 마음의 유혹 때문에 덕의 싹을 자라게 하지 못하며, 그래서 그의 도덕성은 자신의 손을 벗어난 문제가 되고 만다. 특히 좋지 못한 환경은 좋지 못한 결과를 낳기 쉬울 것이다. 이 문제의 해결을 위해서는 덕의 자연성에 대한 맹자의 견해를 더 조심스럽게 살펴볼 필요가 있다. 덕이 자연적이라는 주장은 도덕적인 사람이 되기 위해 선택할 필요가 없다는 의미로 해석되어서는 안 된다. 맹자가 주장하는 덕의 '선천적 성향'은 이야기의 전부가 아니다. 즉, 자기 수양(self-cultivation)이 자기의 개인적 도덕성에 본질적으로 기여한다. 맹자는 이 점을 더 많이 더 힘주어 말한다. '구하라 그러면 찾을 것이요. 버려두라 그러면 잃을 것이다', '생각하면 찾고, 생각하지 못하면 찾지 못할 것이다', '사람이 다른 사람보다 두 배, 다섯 배, 수없이 좋아질 수 있지만, 그것은 단지 그들의 선천적 품성을 잘 이용하지 못한 사람들이 있기 때문이다' 등의 말들은 자기 수양의 중요성을 역설한 내용들이다. 맹자에게 인간은 선천적으로 오직 선의 성향만을 가질 뿐 악의 경향을 갖지 않는다. 그러나 선의 성향은 조용히 앉아서 아무 일도 하지 않고 그저 기다리기만 해도 선으로 현실화될 만큼 충분히 강한 성향이 아니다. 여기서 우리는 맹자와 칸트의 견해 간의 미묘한 차이를 지적할 수 있다. 칸트에게 행위자는 도덕성이냐 비도덕성이냐를 선택해야 한다. 인간은 자유로운 행위자인 한 선택할 수 있다. 자유롭게 행위한다는 것은 법칙에 따라 행위하는 것이다.

즉, 행위의 준칙이 될 법칙을 모르거나 타락한 법칙에 따르는 것이 바로 비도덕적으로 행위하는 것이다. 그래서 칸트에게 비도덕성은 결핍된 양식의 자유를 표현한 것이다. 그러나 그것 역시 행위자의 독립된 선택이고 자유의 한 표현이다. 맹자에게서도 행위자는 여전히 도덕성과 비도덕성을 선택해야 한다. 그에게서의 선택은 선천적 성향을 개발시키느냐 혹은 방해하느냐의 선택이다. 그것도 하나의 선택임에 틀림없다. 그래서 우리는 그 선택의 결과에 대해 책임을 져야 한다. 이 점에서 맹자의 견해와 칸트의 견해는 유사하다. 그들 간의 차이는 선택의 내용에 있지, 선택한다는 사실 자체에 있지 않다. 맹자는 A or not-A의 선택을 말한다. 즉, 선택이 이루어지기 전에 인간 본성에 존재하는 선의 성향을 받아들이느냐 혹은 거부하느냐를 요구한다. 칸트는 A or B 간의 선택을 말하고 있다. 즉, A는 어느 의미에서 더 인간적이다. 그러나 그 행위자의 본성 속에 처음부터 주어진 것은 아니다. 칸트와 맹자는 둘 다 인간은 '본성적으로' 어떻다고 주장했다. 그 주장은 인간의 원초적인 도덕성에 관한 것이다. 그들이 '본성적으로' 어떨지라도, 모든 인간은 도덕적인 사람이 될 수 있는 가능성을 지닌 존재다. 본성에 관한 그들의 이야기는 도덕적 결정론(moral determinism)에 대한 신념의 문제가 아니다. 각 개인들이 결국 어떤 인간이 되느냐 하는 것은 부분적으로는 모든 인간들이 공유한 선천성에 달려 있기도 하지만, 자신의 선택과 행위가 각 개인의 도덕성에 훨씬 더 많은 영향을 미친다. 도덕적인 인간이 될 가능성이 있음에도 불구하고 악행은 인간에게 보편적인 현상으로 나타난다. 그러나 악의 보편성은 맹자에게도 칸트에게도 필연적으로 주어진 인간의 본성은 아닌 것이다.[57]

V. 결 론

장황한 이야기를 요약해보자. 맹자는 인간의 본성이 선한 것이라고 단정적으로 말했지만, 그 말의 의미는 인간이 선천적으로 선의 성향을 가지고 있을 따름이라는 것이다. 그러한 선의 성향을 발전시키는 데 실패할 경우 그 사람은 불선의 상태에 머물게 된다는 것이다. 즉, 도덕의 싹을 동등하게 부여받았다는 점에선 모두 동등한 인간이지만 모두가 당연히 도덕적 인간이 되는 것은 아니다. 착한 마음의 씨를 틔우고 자라게 하는 노력에 따라 선과 불선이 결정된다는 것이다. 그런 노력의 과정은 우선 마음속에 이미 갖추어져 있는 선의 가능성을 직각적으로 자각하고, 그것을 새로운 상황에 적용시키는 과정으로 시작되어야 하며, 또 그러한 도덕적 자아의 발견뿐 아니라 선천적인 선의 성향을 지켜나가는 노력도 병행되어야 한다는 것이다. 또 그러한 도덕적 수양의 과정은 자연 발생적이고 단계적이어야 한다고 했다. 칸트 역시 인간의 본성을 악한 것으로 규정하기도 했지만, 그 말의 구체적인 의미는 맹자의 경우와 다르지 않다. 악은 자유로부터 출현한다는 칸트의 입장에서 분명히 드러나 있지만 인간이 본성적으로 악하다는 말은 인간의 자유로운 행위 때문에 악으로의 경향이 있을 뿐이라는 의미지 본성 자체가 악하다는 의미는 결코 아닌 것이다. 칸트에 의하면, 자유로운 선택 의지가 존경심으로 인해 도덕 법칙을 수용하는 경우 선한 사람이 되는 것이며, 쾌감으로 인해 자기애의 원리를 수용하는 경우 그 사람은 악한 사람이 되는 것이다. 그러한 악으로의 경향을 극복하기 위해서는 인간은 선으로

---

57) Ibid., pp. 321-327 참고.

의 성향 역시 가지고 있다는 확신에서 출발하여 악의 경향을 물리치려는 노력을 끊임없이 해야 하며, 그것을 위해 항상 자각적이고 주체적인 결단을 내려야 한다고 했다.

맹자는 선의 성향을 말하고, 칸트는 선의 성향과 악의 경향을 모두 말했으나, 맹자에게 선의 성향이란 측은하게 여기고, 부끄럽게 여기고, 사양하고, 옳고 그름을 판단하는 네 가지 능력으로 요약되는 것인 반면, 칸트에게 그것은 도덕 법칙을 그 자체 의지의 충분한 동기로 존경할 수 있는 능력이다. 전자는 예시의 방법을, 후자는 개념화의 방법을 동원하여 선의 성향을 설명하고 있으나, 그들이 하고자 하는 말의 의미는 서로 통한다. 즉, 인간은 본질적으로 도덕적일 수 있는 '가능성'을 지닌 존재지만 그 가능성을 현실화시키느냐의 문제는 전적으로 인간 자신에게 달려 있기 때문에, 비도덕적인 행위에 대해서는 인간 자신이 책임져야 한다는 입장에서는 모두 같은 목소리를 내고 있는 것이다. 또한 그들은 예시와 개념화의 방법으로 비도덕적 인간의 단계를 제시한다. 선의 준칙을 설정하고 있지만 결단력이 약해서 시종일관 그것을 따르지 못하고 욕구 능력에 따라 행위하는 사람, 즉 유약성의 단계는, 맹자의 경우 도덕성을 위해 최소한의 노력도 하지 않는 사람, 즉 할 수 없기 때문이 아니라 하기를 거부하는 선왕과 같은 사람의 단계와 비교된다. 또 도덕 규칙에 충실히 따르는 행위를 하지만 순수하게 의무 자체 때문에 행위하는 것이 아니라 다른 이유나 동기 때문에 행위하는 사람, 즉 칸트의 불결성의 단계는, 맹자에게서 선하게 되려는 동기에서 행위하지만 충분한 도덕성 발달을 이루지 못해서 도덕적이지 못한 경우, 즉 송나라 사람의 단계와 비교된다. 늘 경향이나 욕구 능력에 따르고 도덕 법칙에 대한 존경감이나 의무감이 없기 때문에 알고는 있으나 자기 이익이 된다고 생각하기 때문에 고집스럽게 나쁜 짓을 하는 사람, 즉 칸트의 사악성의 단계는, 맹자의 경우 옳지 않다는 것을 알고 있으면서 계속 그렇게 행위하는 대영지의 단계와 비교된다. 또 선택과 도덕적 책임의 문제에 대해서도 둘의 견해는 거의 일치한다. 즉, 그들에게 행위자는 도덕성과 비도덕성을 항상 선택해야 하며 또한 선택할 수 있는 능력도 가지고 있기 때문에 개인의 도덕성은 그 선택에 의해 크게 영향을 받는다. 도덕적인 인간이 될 수 있는 가능성이 있음에도 불구하고 선행보다는 악행이 인간 사회의 보편적 현상으로 나타나고 있다. 그러나 그러한 악행이 인간의 본성 때문은 아니며, 인간 자신의 자유로운 결단과 선택의 결과인 것이다. 따라서 비도덕성에 대한 책임은 인간 자신에게 주어지는 것이다.

가치 다원화 사회에서는 도덕적 훈련이나 덕목의 제시보다는 도덕적 사고력과 판단력을 길러주는 도덕 교육이어야 한다고 주장하는 신주지주의적인 도덕 교육 상황에서는 사고와 행위 간의 간격을 메울 수 있는 방도를 찾기 어려울 것이다. 맹자와 칸트에게 도덕적 차원의 행위는 네 가지 마음과 욕심, 존경감과 쾌감 등 감정이 그 기본 동기가 되어 일어난다. 도덕적 사고와 행위 간의 간격을 메울 수 있는 길은 맹자와 칸트가 강조하는 도덕적 심정과 의지력의 강화를 통하는 길일 것이다. 감성 교육을 통한 도덕 교육의 중요성을 인식하지 못하고 지적 능력의 함양에만 관심을 가졌던 우리의 도덕 교육은 감성의 도야와 지적 능력의 함양을 조화시키는 도덕 교육으로 전환되어야 할 것이다. 이제 도덕 교육은 느낌의 과정이 중시되는 방향의 도덕 교육 내지 성품이나 덕의 함양으로서의 도덕

교육 내지 의지력과 도덕적 심정을 강화시키는 도덕 교육이
되어야 할 것이다.

□ 참고 문헌

『맹자』.
강영안, 「칸트의 '근본악'과 자유」, 『현대 한국 사회에서의 철학의 제 문제』
    (서울 : 천지, 1990).
김형효, 『맹자와 순자의 철학 사상』(서울 : 삼지원, 1990).
노사광 저 · 정인재 역, 『중국철학사』(고대편)(서울 : 탐구당, 1986).
백종현, 「도덕의 원천」, 『현대 한국에서의 철학의 제 문제』(서울 : 천지, 1991).
송재범, 「비도덕적 행위의 유형에 관한 연구」, 『국민윤리연구』 제33권(1994).
이정호, 「칸트에 있어서 자율의 문제와 근본악」, 『철학논고』(서울대 철학과
    논문집) 제9집.
이홍우, 『지식의 구조와 교과』(서울 : 교육과학사, 1978).
한자경, 『칸트의 초월 철학』(서울 : 서광사, 1992).
Kant, I., *Kritik der reinen Vernunft, Immanuel Kant Werkausgabe*
    (Baden-Baden : Suhrkamp, 1977).
Kant, I., *Grundlegung zur Metaphysik der Sitten, Immanuel Kant
    Werkausgabe.*
Kant, I., *Die Metaphysik der Sitten, Immanuel Kant Werkausgabe.*
Kant, I., *Kritik der praktischen Vernunft, Immanuel Kant Werkausgabe.*
Beck, L. W., *A Commentary on Kants' Critique of Practical Reason*
    (Chicago : The University of Chicago Press, 1960).
Hersh, Richard H., et al., *Models of Moral Education* (New York : Longman
    Inc., 1980).
Kerman, Deborah E., "Mencius and Kant on Moral Failure", in Chung-Ying
    Cheng, ed., *Journal of Chinese Philosophy* vol. 19, no. 3 september
    1992.
Milo, Ronald D., *Immorality* (New York : Princeton University Press, 1984).

제8장
유가 윤리에서의 도덕적 딜레마
해결 방식으로서의 경(經) → 권(權)=선(善)

Ⅰ. 서 론

도덕적 성찰은 도덕적 실제(moral practice)를 철학적으로 이해하고 때때로 그 실제를 수정하는 것을 목표로 이루어진다. 그러나 이 공동 목표에 접근하는 방식들은 매우 다양하다. 그 다양한 접근 방식들의 측면에서 나눈다면 도덕적 성찰은 크게 두가지, 즉 합리주의(rationalism)와 경험주의(experientialism)[1]의 양식으로 이루어진다.

합리주의 양식의 도덕적 성찰은 도덕적 실제를 주로 인간합리성의 한 형태로 간주한다. 합리성은 질서와 일반성과 추상성을 추구하며 명백한 공식화를 요구한다. 현실적인 도덕적 실제가 그 합리성의 기준을 만족시키지 못한다면 반드시 수정되

---

[1] 여기서 말하는 경험주의는 실재론(realism)이라는 존재론과의 관련 속에서 인식의 근거로 경험을 이야기하는 경험론(empiricism)과는 다르다. 그것은 인간의 경험을 중요한 인식의 대상으로 삼는다는 뜻을 가진다.

어야 하는 것으로 여겨진다. 합리주의는 하나의 보편적이고 추상적 원리에 바탕을 두고 모든 도덕적 성찰들이 이루어져야 한다고 생각하는 것이다. 그리고 특정한 상황에서 특정한 행동을 이끄는 구체적인 도덕 판단은 반드시 이 원리에서 연역되어야 한다고 주장한다. 여기에서는 구체적인 도덕적 경험들이 가질 수 있는 철학적 가치는 거의 무시되며, 특정한 도덕적 상황들을 만난다는 것의 의미는 거의 부정되고 마는 것이다. 특정한 상황은 기껏해야 예를 제시하는 것일 뿐 오히려 도덕적 판단과 이해를 방해하는 것으로 간주된다.

그러나 경험주의 양식의 도덕적 성찰은 아주 대조적이다. 그것은 인간의 도덕적 경험의 관점에서 도덕적 실제를 이해하고자 한다. 그것은 관찰과 성찰에 우선성을 둔다. 그것은 사회적 맥락에 연루된 한 개인이 어떤 가치와 태도를 가지고 그의 삶을 살고 있으며, 어떤 선택의 상황들을 만나면 그 대응 방식을 심사숙고하여 결정하고 그리고 그 결정을 행동으로 나타내며 그리고 그 행동이 그의 삶에 어떤 결과를 가져오는지를 관찰하고 성찰하는 것이다. 경험주의 양식의 도덕적 성찰에서 도덕적 실제를 이해하는 중요한 원천은 자기 자신의 성찰과 판단을 가지고 도덕적 행위자로서의 삶을 살고 싶다는 그 사람의 삶 자체다. 그러한 삶의 특수성들에 대한 지각이 도덕적 실제를 이해하는 데 본질적인 것이라고 믿는 것이다. 그리고 그것은 특정한 사람들에 대한 우리의 정서적 대응들도 도덕적 지식에 중요하고 필수적인 것으로 간주한다. 따라서 그것은 역사나 문학이 철학적 분석을 통해 이미 세워진 관점들을 뒷받침해주는 유용한 예시들의 저장고로서가 아니라 우리 자신의 개인적 경험의 지평들을 확장시키고 따라서 철학적 분석에 중요한 역할을 수행하는 중요한 자원들로 간주한다. 경험주의는 도덕적 경험들에 권위를 부여하는 것으로 시작한다. 그리고 그 것은 도덕적 성찰이 다양하고 비교적 구체적인 도덕적 고려들에 대한 성찰이어야 한다고 주장한다. 그것은 한 상황의 특수성들을 그것의 일반성만큼 중요한 것으로 간주한다. 경험주의는 그 특수성들이 정확하고 완전하게 표출되지 못하며 그래서 우리가 파악하기 힘들다고 해서 자명한 것으로 언명되는 추상적인 보편적 원리로부터 모든 것을 연역해야 한다고 결코 믿지 않는다. 그렇다고 해서 경험주의는 도덕적 경험들에 대한 성찰을 반대하고 그것들을 무비판적으로 수용하자고 주장하는 것은 결코 아니다. 그것은 합리주의적 성찰과 비판의 방식을 거부하는 것이다. 도덕적 실제를 이해하고 판단하고 수정해 나가는 과정은 밖에서 주어지는 어떤 기준에 따라서 이루어지는 것이 아니라 도덕적 경험들 속에 나타나는 여러 가지 난점들에 대한 성찰에 따라 이루어져야 한다는 것이다.

　도덕적 경험들 속에서 만나는 난점들은 도덕적 갈등이나 충돌 내지 도덕적 딜레마(moral dilemma)로[2] 표현된다. 오늘

---

2) 물론 진정한 도덕적 딜레마가 있을 수 있는가에 대한 논의도 활발하다. 도덕적 실재론(moral realism)은 사실 명제의 진리 여부가 결정되는 방식들과 비슷하게 도덕 명제의 진리 여부가 결정된다고 생각한다. 그것은 사실 명제의 옳고 그름을 결정하는 사실이 실제로 존재하듯이, 도덕 판단의 옳고 그름을 결정하는 도덕적 사실이 존재한다고 생각하는 것이다. 따라서 도덕적 실재론은 도덕적 명제들의 충돌은 사실에 의해 곧 해결될 수 있기 때문에 도덕적 딜레마는 성립할 수 없다고 주장한다. 그러나 도덕적 반실재론은 도덕은 신념을 표현하는 지식과는 별개의 것이라고 주장하면서 일상적으로 사람들은 도덕적 딜레마를 경험하고 있음을 강조한다. 그리고 도덕적 실재론은 도덕 판단에 관한 이론적 수준, 즉 도덕 인식 긍정론일 뿐 앎과 행동을 일치하는 것으로 보는 것은 아니기 때문에 도덕 실재론이 도덕적 딜레마 부정으로 바로 이어지는 것은 아니라고 하는 주장도 제기된다. 이 문제에 관한 자세한 논의들은 H. E. Mason, ed., *Moral Dilemmas and Moral Theory* (New York : Oxford University

날 다원주의 사회에서 합리주의적 도덕적 성찰인 원리 윤리 (ethics of principles)의 실패[3]에 따른 윤리의 개념적 위기에 직면한 상황에서 경험주의적 도덕적 성찰의 정당성과 필요성 이 증대하고 있다. 그리고 실제로 도덕적 딜레마에 관한 철학적 논쟁들이 두드러지게 증가한 것이 사실이다.[4] 그런데 도덕적 갈등이 도덕적 삶의 근본적 사실로서 오랫동안 인정되어 왔으나 도덕적 딜레마에 등장하는 한 양심적인 개인의 도덕의식 속에서 그 갈등이 가질 수 있는 함의들은 최근에서야 도덕 철학자들의 관심의 대상이 되었다. 도덕적 딜레마에 대한 명쾌한 설명은 철학적 논쟁의 문제이지만, 그것에 직면한 한 개인에게 그것은 도덕적 고려를 통해 자신에게 열린 행동 방

Press, 1996)를 참고하라. 아무튼 도덕적 경험들을 강조하는 경험주의적 도덕적 성찰에서는 도덕적 딜레마를 경험하는 현실을 긍정할 것이다. 본 논문 역시 경험주의의 입장에서 도덕적 딜레마가 현실적으로 경험되고 있음을 인정한다. 그런데 본 논문의 주된 내용인 유가 윤리에서의 도덕적 딜레마 해결 방안은 자 칫 진정한 도덕적 딜레마의 가능성을 인정하는 입장과 상충되는 것으로 보일 수 있다. 그러나 본 논문에서 말하는 해결 방안이란 도덕적 딜레마 상황에서 사람들이 실제로 어떤 방식으로 그 사태를 극복했는가라는 도덕적 경험들에 대한 성찰의 문제이지, 결코 이론적(합리주의적)인 수준에서 도덕적 딜레마를 완전히 해소시켰다는 문제가 아니다.

3) 이 점에 관한 자세한 논의는 John Kekes, *The Morality of Pluralism* (Princeton, New Jersey : Princeton University Press, 1993)과 박재주, 「도덕적 상상을 기르는 도덕 교육」, 『초등도덕과교육』 제11집(초등도덕과교육학회, 2006)을 참고하라.

4) 맥킨타이어는, 레몬(E. J. Lemmon)이 1962년 *The Philosophical Review*에 "Moral Dilemmas"라는 논문을 발표한 후 1990년까지 이 주제와 관련하여 100 편 이상의 논문이나 책의 장이나 책으로 출판되었다고 하면서, 지금까지의 이 주제에 관한 논의들을 두 권의 책으로 낸다면 한 권은 플라톤 이후 아퀴나스, 칸트, 헤겔 등을 거쳐 로스(W. D. Ross)에 이르는 기간의 논의들을 묶은 책일 것이고, 훨씬 더 방대한 두 번째 책은 지난 30년간(1962-1990년)의 논의들을 묶은 책이 될 것이라면서, 도덕적 딜레마에 관한 최근 철학적 관심과 논의가 증대하고 있음을 입증하고 있다. Alasdair MacIntyre, *Ethics and Politics, Selected Essays*, Volume 2 (New York : Cambridge University Press, 2006), p. 85.

식들 가운데 하나를 선택하는 상황인 것이다. 그것은 한 행위자가 한 가지 일을 할 수 있고 또 해야만 하고 그리고 다른 일도 할 수 있고 또 해야만 하지만 두 가지 일들을 동시에 할 수는 없는 상황으로 정의될 수 있다. '도덕적 의무들(oughts)'[5] 사이에서의 진정한 갈등은 구체적인 도덕적 경험에 관심을 두는 경험주의적 도덕적 성찰에서 가능할 것이다. 경험주의의 수준에서는 도덕적 딜레마들은 해결을 요구한다. 그러나 쉽게 해결이 가능한 경우에 그것은 진정한 도덕적 딜레마가 될 수 없다. 상황이 더욱 복잡하거나 극단적인 것이어서 진퇴양난의 형세를 이루어야 진정한 도덕적 딜레마가 될 수 있는 것이다. 문제는 어떤 선택이 옳은 선택인가가 아니다. 옳은 선택이 있을 수 있고 그래서 문제가 해결된다면 진정한 도덕적 딜레마는 합리주의의 주장처럼 가능하지 않을 것이다. 문제는 그 어려운 상황에서 합당한(=그 상황에 가장 알맞은)(reasonable) 선택(그것이 반드시 합리적인(rational) 선택일 필요는 없다)을 내리고 문제를 해결하는 과정이다. 그 과정에서의 도덕적 고려들이 도덕적 성찰의 지평을 넓히고 도덕적 문제를 이해하고 해결하는 데 큰 도움을 줄 수 있다는 것이다. 객관적이고 옳은 해결책이 중요한 것이 아니라 해결하는 과정 속에서 어떤 도덕적 고려들이 이루어졌는가가 중요하다는 것이다.

그런데 유가 윤리의 본래적 모습(=선진 유가 윤리의 전통)은 철저한 경험주의적 도덕적 성찰이다. 그것은 일상적인 삶의 세계를 성찰의 대상으로 삼았던 것이다. 그래서 공자는 추상적이고 합리적인 성(性)과 천도(天道)에 관해서 이야기하지 않았

---

5) 도덕적 딜레마는 책무(obligation)나 의무(duty)의 갈등을 의미하지만, 여기서는 책무와 의무를 특별하게 구분하지 않고 도덕적 의무(moral ought)로 규정할 것이다.

던 것이다.6) 그는 사람을 생활 세계와 분리시키려는 지나치게 추상적이고 합리적인 사변을 경계하였던 것이다. 그리고『대학(大學)』에서 마음의 수양[修心]보다는 몸의 수양[修身]을 말하고 있는 것도 현실적 삶과 도덕적 경험을 중시하는 경험주의의 입장을 나타내는 것이다. 서양의 합리주의적 도덕 철학이 사람들이 현실적으로 경험하는 도덕적 딜레마의 존재 가능성을 구태여 긍정하지 않으면서 도덕과 삶을 분리시켰던 반면, 유가 윤리는 처음부터 현실적인 도덕적 딜레마의 존재 가능성을 인정하면서 그것을 해결(도덕적 갈등 사태를 극복하는 실천적 문제 해결)하는 방식을 적극적으로 모색한 것은 경험주의적 유가 윤리의 당연한 모습인 것이다. 그 해결 방식이 바로 경(經) → 권(權) = 선(善)이다. 이 공식에서 '→'라는 기호는 원칙을 현실 상황에 '적용'한다는 의미다. 윤리 이론의 측면에서 말한다면 동기론 내지 법칙(의무)론을 상징한다. 그리고 '='라는 기호는 '결과를 검토한다'는 의미다. 그것은 결과론의 상징이다. 경은 원칙으로서 시비를 판단하는 것이며, 권은 '저울'이나 '저울질 한다'는 본뜻이 잘 나타내듯이 경에 기초하여 여러 측면에서 선택을 위한 도덕적 고려들을 하는 것이다. 그리고 선은 개인적 사회적 이익과 행복을 추구한다는 것이다. 이 방식은 현실적인 상황을 모든 측면들에서 철저하게 고려하라는 것에 다름 아니다. 도덕적 딜레마 해결 방안으로서의 경 → 권 = 선에 대한 분석은 유가 윤리의 진정한 모습은 무엇인가를 이해하는 데 도움을 줄 수 있을 뿐 아니라 유가 윤리가 오늘날 다원주의 사회에서 우리의 도덕적 성찰에 줄 수 있는 의미들

---

6) "자공이 말한다. '선생님의 문장은 들을 수 있었으나 성과 천도에 관한 선생님의 말씀은 들을 수 없었다"(『論語』(『漢文大系 一 : 論語集說』(日本 : 富山房, 昭和, 59) 「公冶長」13, 子貢曰 夫子之文章 可得而聞也, 夫子之言性與天道 不可得而聞也)).

을 파악하는 데 큰 도움이 될 것이다.

Ⅱ. 유가 윤리에서의 도덕적 딜레마의 형태

1. 단순한 일상적 갈등

　해결하기 어려운 갈등이지만, 그것이 진정한 도덕적 딜레마와는 구분되는 상황이 있을 수 있다. 진정한 도덕적 딜레마가 성립할 가능 조건을 알아보기 전에 도덕적 갈등 상황이지만 진정한 도덕적 딜레마를 구성하지 않는 조건들을 우선 검토할 필요가 있다. 맥킨타이어는 갈등하는 선택들을 포함하지만 진정한 도덕적 딜레마는 아닌 두 가지 종류의 상황들을 구분한다. 첫째, 의무들 사이의 일상적인 갈등의 상황이다. 나의 친구의 음악회에 참석하기로 한 약속과 학생의 과제물을 충분히 검토하고 수정한 후 정한 날짜에 되돌려주어야 할 의무 사이의 갈등을 예로 든다. 이런 갈등들은 빈발하는 것이지만 그것들을 관리하고 해결하기 위해 적용할 수 있는 전략들이 항상 있다. 예를 들어, 학생에게 하루 더 기다려달라고 부탁할 수 있고, 음악회에 못간 것을 보상하기 위해 다른 방식으로 친구를 도울 수 있으며, 적절하게 사과할 수도 있다. 도덕적으로 중요한 것은 그 갈등들을 관리하고 해결하는 데 오랜 경험과 고도의 숙련을 체득해야 한다는 점이다. 그러나 도덕적 딜레마를 관리하는 데에는 오랜 경험과 숙련과 같은 것이 있을 수 없다. 둘째, 갈등이지만 결코 도덕적 갈등이 아닌 상황이다. 예를 들어, 익사 직전의 두 사람들 중 한 사람만을 구할 수 있을 때 누구를 구해야 하는가의 경우다. 그들 중 하나가 특별한 관계를 가진 사람이 아니라면 둘 중 누구를 구하여야 하는 것은 전혀 문제가 되지 않는다. 도덕적으로 문제가 되는 것은 하나라도 구하는 일이다. 이 경우 옳은 행동 방식은 명백하다. 새로 태어난 어린이를 돌볼 것인가 아니면 죽어가는 사람을 간호할 것인가를 선택해야 하는 자선가의 경우도 비슷하다. 이 경우들은 결코 도덕적 딜레마일 수 없다.7)

도덕적 딜레마라고 볼 수 없는 일상적 도덕적 갈등이라는 첫 번째 경우와 유사한 유가에서의 사례는, 맹자가 그의 제자 공도자(公都子)에게 일상적 갈등의 문제를 쉽게 해결할 수 있는 방법을 가르치는 장면이다.8) 이 장면에서의 토론의 주제는 옳음[義]은 외재적(=객관적)인 것인가? 내재적(=주관적)

---

7) A. MacIntyre, op. cit., p. 87.

8) "맹계자가 공도자에게 묻기를, '어찌 의를 안이라고 말하는가?' 답하기를, '내가 공경을 행하기 때문에 안이라고 말하는 것이다.' '동네 사람 가운데 큰형보다 나이가 한 살 더 많은 사람이 있다면 누구를 공경할 것인가?' 공도자가 답하기를, '형을 공경할 것이다.' '함께 술을 마신다면 누구에게 먼저 술잔을 드릴 것인가?' 답하기를, '동네 사람에게 먼저 드릴 것이다.' '공경하는 분은 여기에 있고 어른으로 모시는 분은 저기에 있으니 과연 밖에 있는 것이지 안에 말미암지 않는다.' 공도자가 답하지 못하고 맹자에게 말하니, 맹자가 말한다. '숙부를 공경할 것인가 아우를 공경할 것인가?' 하면, 그는 반드시 답하기를 '숙부를 공경한다'고 할 것이다. 그러면 자네가 또 묻기를 '아우가 시동이 되면 누구를 공경할 것인가?' 하면 그는 반드시 답하기를 '아우를 공경한다'고 할 것이니, 그러면 자네가 묻기를 '어찌하여 그 숙부를 공경하느냐?' 하면 그는 대답하기를 '지위에 있는 까닭이다'라고 할 것이니, 자네 또한 말하기를 '지위에 있는 까닭이다'라고 말하라. 항상 공경하는 것은 형에게 있고 잠시 동안 공경하는 것은 향인에게 있는 것이다"(『孟子』(『漢文大系 一 : 孟子定本』(日本 : 富山房, 昭和, 59)「告子 上」5, 孟季子問公都子曰 何以謂義內也 曰 行吾敬故謂之內也 鄕人長 於伯兄一歲 則誰敬 曰 敬兄 酌則誰先 曰 先酌鄕人 所敬在此 所長在彼 果在外非由內也 公都子不能答 以告孟子 孟子曰 敬叔父乎 敬弟乎 彼將曰 敬叔父 曰弟爲尸則誰敬 彼將曰 敬弟 子曰 惡在其敬叔父也 彼將曰 在位故也 子亦曰 在位故也, 庸敬 在兄 斯須之敬 在鄕人)).

인 것인가의 문제다. 이 문제에 대한 명확한 입장을 정리하지 못하고 누구를 공경할까를 선택하지 못하는 제자에게 이러한 일상적인 갈등의 문제는 '지위에 따라서' 해결하면 된다는 점을 가르친다. 아우도 시동의 지위에 있으면 공경하고 숙부도 그 지위에 있기 때문에 공경한다는 것이다. 공경할 지위를 가진 사람인지를 알면 쉽게 갈등이 해결된다는 것이다. 물론 이 해결 방법이 유효한 것인지가 문제가 될 수 있겠지만, 아무튼 맹자에게 이런 갈등 상황은 결코 도덕적 딜레마가 아닌 것이다.

그리고 갈등이지만 진정한 도덕적 갈등이 아닌 두 번째 경우와 유사한 사례들은 유가 윤리에서 상당히 많이 제기된다. 그런데 유가 윤리에서의 그 사례들은 맥킨타이어가 두 번째로 제시한 사례들과는 성격이 좀 다르다. 어느 것을 선택하더라도 도덕적 선택이라서 도덕적 딜레마가 아니라는 맥킨타이어의 사례와는 다르게 유가 윤리의 사례들은 도덕적 가치와 비도덕적 가치의 갈등이다. 이 경우 유가 윤리에서는 당연히 도덕적 가치들이 우선하기 때문에 어떤 경우에도 도덕적 딜레마를 구성하지 않는다. 이는 결국 도덕적 '갈등'이라고 부르기 힘들다는 점에서 맥킨타이어의 사례와 성격을 함께 한다. 유가 윤리에서 도덕적 가치와 상충하는 가치로 자주 등장하는 것들은 부귀(富貴)와 명예[成名] 등이다.[9] 이것들은 모두 사람들이 바

---

9) "공자가 말한다. '부유함과 높은 지위는 누구나 원하는 것이지만 정당한 방법으로 얻은 것이 아니면 거기에 머물러 있지 않는다. 가난함과 비천함은 누구나 싫어하는 것이지만 정당한 방법으로 얻은 것이 아니면(=이 문맥에서는 '벗어나지 못하면'으로 해석해야 한다) 그것을 떠나지 않는다. 군자가 인을 버리면 어디에서 명예를 이루겠는가? 군자는 밥 먹는 사이에도 인을 떠나지 않으며, 아무리 황급한 때라도 여기에 있으며, 아무리 어려운 상황에도 반드시 여기에 있다'"(『論語』「里仁」5, 子曰 富與貴 是人之所欲也 不以其道得之 不處也 貧與

라는 것이지만 유가 윤리에서는 도덕이 그것들을 모두 반드시 능가한다. 그리고 사람은 누구나 감각적 욕망의 충족을 바라지만 유가 윤리에서의 도덕적인 인간은 그것을 절제한다. 따라서 도덕은 항상 자연적인 감각적 욕망을 능가하는 것이다.10) 그것이 곧 인간과 짐승을 구별하는 것이며, 인간을 만물의 영장이 되게 한다는 것이다.11) 대체인 마음은 도덕심을 말하며 그것의 기능인 사고는 도덕적 사고를 말하는 것이다. 그런데 사람이 가진 자연적인 욕망들 가운데 살고자 하는 욕망이 항상 가장 기본적이고 중요한 욕망이다. 그러나 유가 윤리에서는 목숨과 도덕이 충돌하더라도 도덕이 생명을 능가할 수 있다고 주장한다.12) 따라서 유가 윤리에서는 도덕적 가치와 비도덕적

賤 是人之所惡也 不以其道得之 不去也 君子去仁 惡乎成名 君子無終食之間違仁 造次必於是 顚沛必於是).

10) "맹자는 말한다. '입이 맛을, 눈이 색을, 귀가 듣는 것을, 코가 냄새를, 사지가 안일한 것을 성품으로 하나 천명이 있으므로 군자가 성품이라고 이르지 않는다'"(『孟子』「盡心 下」24, 孟子曰 口之於味也 目之於色也 耳之於聲也 鼻之於臭也 四肢之於安佚也 性也 有命焉 君子 不謂性也).

11) "공도자가 묻기를, '다 같은 사람이면서 누구는 대인이 되고 누구는 소인이 되는 것은 무슨 까닭입니까?' 맹자가 답하기를, '마음을 따르는 것은 대인이 되고 귀와 눈의 욕망을 따르는 것은 소인이 된다.' 묻기를, '다 같은 사람인데, 누구는 그 마음을 따르고 누구는 귀와 눈을 따르는 것은 무슨 까닭입니까?' 답하기를, '귀와 눈이 맡은 것은 생각하지 못하여 물에 가리게 되어 외물이 눈과 귀에 접촉하면 이것을 유혹할 뿐이다. 마음이 맡은 것은 생각이므로 생각하면 얻고 생각하지 않으면 얻지 못하게 되니, 이것이 하늘이 나에게 준 것이다'"(『孟子』「告子 上」15, 公都子問曰 鈞是人也 或爲大人 或爲小人 何也 孟子曰 從其大體 爲大人 從其小體 爲小人 曰 鈞是人也 或從其大體 或從其小體 何也 曰 耳目之官 不思而蔽於物 物交物則引之而已矣 心之官則思 思則得之 不思則不得也 此天之所與我者).

12) "맹자가 말한다. '사는 것도 내가 바라는 것이며 의도 내가 바라는 것이지만, 두 가지를 겸하지 못한다면 삶을 버리고 의를 취할 것이다. … 그러므로 하고자 하는 것이 사는 것보다 심한 것이 있으며 싫어하는 것이 죽음보다 심한 것이 있으니 홀로 어진 자만이 이 마음을 가진 것이 아니라, 사람이 다 가졌건

가치의 충돌은 진정한 갈등으로 보기 힘들다. 그것은 결코 도덕적 딜레마가 될 수 없는 것이다. 마찬가지로 유가 윤리에서는 도덕적 덕과 비도덕적 덕의 갈등도 근본적으로 있을 수가 없다.[13] 예를 들어, 모욕을 당하지 않거나[不侮] 인심을 많이 얻거나[得衆] 경영 능력을 인정받거나[人任] 공을 세우거나[有功] 지도자가 될 수 있는 것[使人] 등은 도덕적 덕은 아니지만, 공손하고 관대하며 신의가 있고 민첩하게 일을 처리할 수 있고 은혜를 베푼다면, 즉 도덕적 덕들을 가진다면 곧 얻어질 수 있는 덕들이다.

2. 해결이 가능한 진정한 도덕적 갈등

진정한 도덕적 갈등들이라고 해서 모두 도덕적 딜레마가 되는 것도 결코 아니다. 그 갈등들을 구성하는 덕들이나 가치들을 압도하는 제3의 덕이나 삶의 원리가 있다면 결국 그 갈등이 진정한 도덕적 딜레마로 이어지지 않을 것이다. 서양에는 사랑의 원리로 모든 문제를 해결하고자 하는 기독교적 상황 윤리(situation ethics)를 제외하고, 갈등을 해결할 압도적인 원리들을 제시하는 윤리를 발견하기 힘들다. 칸트가 말하는 정언명법

만 어진 자는 그 마음을 잃지 아니 했을 뿐이다'"(『孟子』「告子 上」10, 孟子曰 … 生亦我所欲也 義亦我所欲也 二者 不可得兼 舍生而取義者也 … 是故 所欲有 甚於生者 所惡有甚於死者 非獨賢者 有是心也 人皆有之 賢者能勿喪耳).

13) "자장이 공자에게 인을 묻자 공자가 말한다. '다섯 가지를 세상에 실행할 수 있다면 인한 사람이다.' '삼가 그것을 묻겠습니다'라고 하자 답한다. '공손, 관대, 신의, 민첩, 은혜다. 공손하면 모욕을 당하지 않고, 관대하면 많은 사람들이 따르고, 신의가 있으면 사람들이 일을 맡기고, 민첩하면 공을 세울 수 있고, 은혜로우면 충분히 남을 부릴 수 있을 것이다'"(『論語』「陽貨」6, 子張問仁於孔子 孔子曰 能行五者於天下 爲仁矣 請問之 曰 恭寬信敏惠 恭則不侮 寬則得衆 信則人任焉 敏則有功 惠則足以使人).

은 압도적인 원리이기는 하지만 그것이 도덕적 갈등을 해결하는 구체적인 내용을 갖지 못한다고 생각한다. 서양에서는 도덕적 갈등 해결 방안으로 서열법과 제한법을 제시한다. 서열법이란 글자 그대로 갈등하는 원칙들 간에 우선권을 부여하는 방법이며, 제한법은 갈등하는 상황에 적용되는 두 원칙들 중 하나의 원칙에 제한을 두거나 수정하는 것을 말한다.14) 그러나 어떤 기준으로 우선권을 정하고 원칙을 제한하고 수정할 것인지가 도덕적 갈등을 해결하는 것만큼 어려운 문제이기 때문에 도덕적 갈등의 해결에 적절한 방법이라고 생각되지 않는다. 그러나 유가 윤리는 기독교적 상황 윤리처럼 압도적인 삶의 원리나 규범을 제시한다. 그리고 그 압도적인 원리나 규범을 통해 일상에서 만나는 대부분의 도덕적 갈등들이 비교적 쉽게 해결되었다고 생각한다.

유가 윤리에는 덕들 사이에 명백한 등급이 구분되지 않는다. 따라서 덕들 사이에나 덕과 예절 사이에 갈등이 발생할 경우 서열의 높고 낮음에 근거하여 지켜야 할 덕을 선택할 방법이 없다. 그러나 그 갈등을 해결하는 제3의 방법인 압도적인 삶의 원리를 가지고 그 갈등을 해결한다. 즉, 인(仁)이라는 압도적인 삶의 원리가 그 갈등을 도덕적 딜레마로 이어지는 것을 막아주는 것이다. 인은 개별적인 덕이라기보다는 모든 덕들을 완성시키거나 덕들 사이의 충돌을 해결하는 압도적인 삶의 원리로 간주된다. 그것은 공자 사상에 하나로 통하는[一以貫之] 삶의 원리다.15) 물론 인은 지인용(智仁勇)에서 병칭하여

---

14) R. M. Hare, Moral Thinking : *Its Levels, Method, and Point* (New York : Clarendon Press, 1981)의 제2장 Moral Conflict를 참고하라.

15) 그래서 '인은 곧 사람'이며(『中庸』(『漢文大系 一 : 中庸說』(日本 : 富山房, 昭和, 59)), 제20장, 子曰 仁者 人也,『孟子』「盡心 下」, 仁也者 人也), "인은 사

불리듯 좁은 의미로는 자애(慈愛)를 뜻하는 하나의 덕일 수도 있으나16) 넓은 의미로는 자애, 중후(重厚), 충서(忠恕), 이택(利澤), 극기(克己) 등을 포괄하는 도덕적 인격의 이상이며 모든 덕들을 통일하는 원리다. "인한 사람은 반드시 용기가 있지만 용기가 있는 사람이라고 해서 반드시 인한 것은 아니다"라는 공자의 말이나,17) 제자의 인에 대한 물음에 "공손하고 관대하고 신의가 있고 민첩하고 은혜를 베푸는 것"이라는 공자의 대답에서18) 알 수 있듯이, 인은 도덕적인 완성의 상태를 의미한다. 그것은 단순히 덕의 한 종류라기보다는 모든 것이 하나로 통합된(all-in-one) 덕이다. 따라서 덕이나 덕들에서 생기는 문제들이나 덕들 사이의 갈등은 이 완전한 덕[全德]인 인을 통하여 그 문제나 갈등을 해결할 수 있다는 것이다. 물론 공자 자신도 인자(仁者)임을 감당하기 어렵다고 말했을19) 정도로

람의 마음'(『孟子』「告子 上」, 仁 人心也)이며, '인은 사람의 편안한 집'(『맹자』「離婁 上」10, 仁 人之安宅也)이다. 정자(程子)도 인을 '도를 생겨나게 하는 것'[生道]이라 하였고, 주자(朱子)도 마음[心]을 인이라고 하면서 '하늘에는 만물을 생성시키는 힘이 있고, 사람에게는 모든 윤리를 실행하는 힘이 있다'고 말하였다(박재주 외 역, 『중국윤리사상사』(서울 : 원미사, 1996), p. 82.

16) 인을 중요한 하나의 덕으로 간주하는 주장들의 예는 다음과 같다. 즉, "인을 좋아하되 배우기를 좋아하지 않으면 그 폐단은 어리석음이다"(『論語』「陽貨」8, 好仁不好學 其蔽也愚), "지식이 관직을 수행할 만하여도 인으로 그것을 지키지 못한다면 관직을 얻었다 하더라도 반드시 잃게 된다. 지식으로 관직을 얻고서 인으로 그것을 지킬 수 있다 하더라도, 엄숙하지 못한 자세로 임하면 백성들이 공경하지 않는다. 지식으로 관직을 얻고서 인으로 그것을 지킬 수 있고 엄숙한 자세로 백성에게 임한다 하더라도, 행동을 예에 맞게 하지 않으면 아직 선하다고 할 수 없다"(『論語』「衛靈公」33, 子曰 知及之 仁不能守之 雖得之 必失之 知及之 仁能守之 不莊以涖之 則民不敬 知及之 仁能守之 莊以涖之 動之不以禮 未善也).

17) 『論語』「憲問」5, 子曰 仁者必有勇 勇者不必有仁.

18) 『論語』「陽貨」6, 子張問仁於孔子 孔子曰 恭寬信敏惠.

19) "만약 성인과 인자라고 하면 내가 어찌 감당하겠는가?"(『論語』「述而」33,

인한 사람이 되기는 어려운 일이지만, 현실적인 도덕적 갈등 상황에서 도덕을 포괄하는 원리로서 인을 적용하기는 그토록 어렵지는 않을 것이다. 인은 우리로부터 멀리 떨어져 있고 알기도 실천하기도 매우 어려운 것은 아니고 우리가 일상생활 속에서 원하기만 한다면 쉽게 이해하고 실천할 수 있는 것이다.[20] 예를 들어, 남녀 사이에는 일정한 거리를 두어야 한다는 예절(=도덕적 의무)이 있지만 형수가 물에 빠졌을 때는 손을 내밀어 그 목숨을 구하는 것이 인을 실천하는 길이다.[21] 목숨을 버리면서도 옳음을 추구하는 것[捨生取義]이 인간의 도리임을 강조하는 유가 윤리에서, 단지 형수의 목숨이 중요하기 때문에 예절을 반드시 쉽게 버려야 한다는 의미라기보다는, 오히려 예절보다는 인이 앞선다는 것을 보여주는 경우라고 본다. 또한 순 임금이 그의 아버지에게 알리지 않고 결혼한 것은 중요한 예절을 어긴 일이지만 결혼을 하고 자식을 두는 일은 인간의 큰 윤리[大倫]다.[22] 결혼과 자식을 두는 일 자체의 중요

若聖與仁 則吾豈敢).

20) "인은 멀리 있는가! 내가 인을 하고자 하면 곧 인이 이를 것이다"(『論語』 「述而」29, 仁遠乎哉 我欲仁 斯仁至矣).

21) "순우곤이 묻기를, '남녀가 (물건을) 주고받기를 직접 하지 않는 것이 예입니까?' 맹자가 답하기를, '예다.' 또 묻기를, '형수가 물에 빠지면 손으로 구해야 합니까?' 답하기를, '형수가 물에 빠졌는데 구하지 않는 것은 승냥이와 이리다. '남녀가 주고받기를 직접 하지 않는 것은 예며, 물에 빠진 형수를 손으로 구하는 것은 권이다'"(『孟子』 「離婁 上」17, 淳于髡曰 男女授受不親 禮與 孟子曰 禮也, 曰 嫂溺則授之以手乎 曰 嫂溺不援 是豺狼也 男女授受不親 禮也 嫂溺 援之以手者 權也).

22) "맹자가 말하기를, '불효가 세 가지가 있는데, 후손이 없는 것이 가장 큰 것이다. 순임금이 고하지 아니 하고 장가를 든 것은 후손이 없을까 해서이니 군자는 고한 것과 같다고 했다'"(『孟子』 「離婁 上」, 26, 孟子曰 不孝有三 無後爲大 舜不告而娶 爲無後也, 君子以爲猶告也), "만장이 묻기를, '『시경』에 이르기를, 아내를 얻는 데는 어찌할 것인가? 반드시 부모에게 고해야 한다고 하니, 진

성을 강조하기보다는 여기서도 단순한 도덕적 규범보다는 사람의 길[人道]이자 사람으로서 마땅히 따라야하는 삶의 원리인 인을 강조한 것이라고 본다.

3. 진정한 도덕적 딜레마

진정한 도덕적 딜레마는 두 가지 일들 각각이 행해져야 하지만 모두 한꺼번에 행해질 수 없는 상황이다. 하나의 도덕적 갈등이 진정한 도덕적 딜레마로 간주되려면 갈등하는 의무들이나 도덕적 요구들이 적어도 어느 것도 다른 것을 압도하지 않은 그런 것이어야 한다. 하나의 도덕적 요구가 다른 것을 압도한다면 우리는 해결이 가능한 도덕적 갈등을 갖지만 도덕적 딜레마는 갖지 않는다. 진정한 도덕적 딜레마에서는 갈등하는 요구들이 모두 압도적인 것이 아닐 뿐 아니라 모든 것들이 고려된 도덕적 판단의 결과로서 생긴 요구들이어야 한다. 또한 진정한 도덕적 딜레마들은 인식론적일 뿐 아니라 존재론적이다. 갈등하는 도덕적 의무들은 행위자의 신념들과는 서로 무관해야 한다는 것이다.23)

우리는 단순한 일상적인 갈등이거나 도덕과 비도덕의 갈등

실로 이 말대로 한다면 순임금과 같이 해서는 안 될 것인데, 순임금이 고하지 아니 하고 아내를 얻은 것은 무슨 까닭입니까?' 맹자가 답하기를, '고하면 아내를 얻을 수 없었기 때문이다. 남녀가 한 집에 사는 것은 인간의 큰 윤리이니, 만일 고하여 인간의 큰 윤리를 폐한다면 부모를 원망하게 될 것이다. 그렇기 때문에 고하지 않으신 것이다'"(『孟子』「萬章 上」2, 萬章問曰 詩云 娶妻如之何 必告父母 信斯言也 宜莫如舜 舜之不告而娶 何也 孟子曰 告則不得娶 男女居室 人之大倫也 如告則廢人之大倫 以懟父母 是以不告也).

23) Terrance C. McConnell, "Moral Residue and Dilemmas", H. E. Mason, ed., op. cit., p. 36.

이거나 서열법이나 제한법을 통해서나 압도적인 삶의 원리를 통해서 쉽게 해결할 수 있는 도덕적 상황들만을 만나는 것이 아니다. 경우에 따라서는 너무 복잡하고 극단적인 갈등이라서 해결이 거의 불가능한 글자그대로 진퇴양난의 상황, 즉 도덕적 딜레마 상황이 있을 수 있다. 모든 것을 고려한 후에도 상충하는 대안들 가운데 하나를 선택해야 할 결정적인 근거나 단서를 찾지 못하는 경우가 있을 수 있기 때문이다. 도덕적 의무들 사이에 우선 순위를 결정할 수도 없고, 그렇다고 압도적인 제3의 기준이 발견되지 않을 수도 있다. '사르트르의 제자(Sartre's Student)'가 서양에서의 대표적인 도덕적 딜레마 상황으로 소개된다.24) 제2차 세계대전 중에 어느 프랑스 청년은 의지할 곳 없는 나이 많은 홀어머니를 모시는 일과, 자유 프랑스군에 가담해서 조국을 위해 싸워야 한다는 의무감에 시달린다. 효도의 의무와 충성의 의무가 서로 충돌하게 된 것이다. 그는 자신의 선택이 가져올 미래의 결과에 대해서 정확하게 예견할 수 없기 때문에 어느 의무를 선택해야 하는지를 결정하지 못하고 고민하고 있다. 서양의 도덕 철학자들은 도덕적 딜레마의 존재 가능성을 부정해왔으나, 문학 전통에는 강한 도덕적인 요구들 사이에서 해결이 불가능한 갈등인 도덕적 딜레마들로 가득 차 있다고 본다. 그리스의 비극인 「아가멤논」,25) 셰

---

24) 자세한 내용은, Peter Railton, "The Diversity of Moral Dilemma", H. E. Mason, ed., op. cit., pp. 149-150을 참고하라.

25) 그리스 비극에서 아가멤논은 트로이 공격에 나선 그리스군의 대장이다. 공격을 위한 출전 중 폭풍우를 만나 배가 파산 지경에 이르렀다. 신탁은 바다를 잠재우기 위해 아가멤논의 딸 이피게니아를 희생할 것을 명했고 모든 그리스인들은 그것이 옳다는 것을 믿고 있다. 아가멤논에게는 그리스군을 트로이까지 이끌어갈 의무가 지워져 있었으며 이는 그의 딸을 죽여야 할 의무와 충돌한다. 딸을 죽이지 않을 경우에는 패전이 필연적인 것이다.

익스피어의 비극들, 그리고 아우슈비츠를 무대로 한 소설, 『소피의 선택(Sophie's Choice)』은[26] 도덕적 딜레마를 가장 극적으로 보여주고 있다. 문학 속에서 뿐 아니라 일상적인 삶들 속에서 많은 도덕적 딜레마들을 경험하였을 것이다.

도덕적 딜레마들의 실재성을 옹호하는 아마 가장 공동적인 논증은 그러한 상황에서 행동할 때 행위자들이 경험한 도덕 정서들에 호소한다. 도덕적 갈등들의 많은 경우들은 중요한 측면에서 '사르트르의 제자'의 경우와 비슷할 것이다. 도덕적 딜레마의 존재 가능성을 주장하는 사람들은 이 경우들에서 도덕적 잔여(moral residue)로서 다음과 같은 사실을 도출한다. 즉, 행위자가 어떤 선택을 내리더라도 도덕적(양심적) 가책과 죄책감을 경험할 것이며, 그런 정서들을 경험하는 것은 적절하다는 것이다. 따라서 그런 상황들은 진정으로 도덕적 딜레마의 상황들이라는 것이다.

그런데 도덕적 딜레마의 구조적 특성 중 하나는 두 가지 선택 중 어느 것도 당사자가 달갑게 받아들이지 않는다는 점과 어느 요구가 더 강한 요구인지도 당사자가 평가하기 어렵다는 점에서 서로 대칭적인 구조를 가진다는 것이다. 또한 어느 한 가지 선택이 다른 쪽의 비중을 약화시키거나 해소하지 못하는 까닭에 어느 것을 선택하든 이는 결국 회한과 후회를 동반하게 되는 것이다. 따라서 어떤 선택이든 도덕적인 감정의 잉여

---

26) 이 소설에서 '소피'라는 여인은 두 어린이를 데리고 나치의 강제수용소에 당도한다. 나치 병사는 그녀에게 한 아이를 선택할 것을 요구하고 그녀가 선택한 어린이를 죽일 것이라고 말한다. 나머지 한 아이는 어린이 막사에서 살게 될 것이라고 말한다. 소피는 도무지 선택하고 싶지 않았으나 병사는 선택하지 않을 경우 두 아이를 모두 죽이겠다고 협박한다. 그녀는 어느 쪽도 선택하고 싶지 않았으나 그 대가는 더욱 비참한 것이었기에 도덕적으로 선택 행위가 불가피했던 것이다.

나 잔재를 남긴다. 즉, 어느 선택도 도덕적인 가책과 죄책감을 수반한다는 것이다. 이 경우 단순한 보상이나 변명과 사과를 요구하는 경우는 진정한 도덕적 딜레마가 아니라 일상적 도덕적 갈등에 해당할 것이다.

맥킨타이어는 딜레마가 될 수 있는 도덕적 갈등 상황을 세 가지로 제시한다.[27] 첫째, 사회적 책임들 사이의 갈등이다. 대부분의 사람들이 그러하겠지만 하나 이상의 사회적 역할을 수행할 책임들을 지고 있는데, 그 중 한 가지 책임을 수행하는 것이 다른 책임의 수행을 방해하는 경우다. 이것은 사회적 신분상에서 오는 도덕적 갈등의 경우다. 군 장교로서 생명이 위험한 작전에 지도자로서 행동할 책임을 가진 사람이, 심각한 장애를 가진 자녀를 둔 아버지로서 오랜 기간 자녀로부터 떨어져 있어 위험에 노출되지 않게 할 책임을 가진다면, 어느 책임을 선택하더라도 잘못되지 않은 선택일 수 없을 것이다. 둘째, 역할 책임이 요구하는 행동과 일반적 규범이 요구하는 행동 사이의 갈등이다. 즉, 규범들 사이의 갈등이다. 자신의 약속에 의한 기밀 유지와 다른 사람의 신뢰에 의한 기밀 유지 사이에서 갈등하는 경우다. 예를 들어, 어떤 사람이 부주의해서 주식 시장의 기밀 정보를 누출시켰고, 정보가 더 이상 새나가지 않도록 요구하여 약속을 받아냈다고 하자. 그런데 이 정보가 심각한 질병을 앓고 있는 어린이들을 치료하는 자선 단체의 담당자에게 알려져 자선기금의 파탄을 막을 수 있다고 하자. 이 경우 기밀 유지와 신뢰성을 유지시키는 행동들은 죄 없는 사람들이 피할 수 있는 해를 당하지 않게 해야 한다는 규범을 어길 것이며, 그런 해를 피하려는 행동들은 신뢰를 명하는 규

---

27) Alasdair MacIntyre, op. cit., p. 86.

범을 어길 것이다. 어떤 선택도 전적으로 옳은 선택일 수 없을 것이다. 셋째, 이상적인 성격들 사이의 갈등이다. 예를 들어, 테니스 선수나 화가로서 테니스를 하거나 그림을 그리는 데에는 반드시 무정하게 몰두하거나 정신을 집중하는 것이 요구되지만, 좋은 친구를 사귀거나 동료를 배려하는 데 필요한 성품에는 방해가 될 것이다. 어느 한 가지 성격은 희생되어야 할 것이다. 전적으로 옳은 선택은 불가능할 것이다.

맥킨타이어가 제시하는 도덕적 딜레마의 사례는 유가 윤리에서도 발견된다. 먼저 이른바 '부자상은(父子相隱)의 딜레마'다. 이는 『논어』에 나오는 일화로서,[28] 아버지가 남의 양을 훔치자 아들이 고발하였는데, 공자는 오히려 아버지를 위하여 아들이 그 사실을 숨기는 것이 정직이라고 판단한다는 내용이다. 훔치지 않음도 또 훔친 사실을 알리는 것도 모두 도덕적 의무임에는 분명하다. 그런데도 공자는 그 사실을 숨겨야 한다고 말한 것이다. 아버지의 잘못을 본 아들이 그것을 알려야 하느냐 숨겨야 하느냐는 일종의 도덕적 딜레마를 이루는 상황이다. 이 경우 유가 윤리에서는 경 → 권 = 선의 방식을 통해 문제를 해결한다. 먼저 '양을 훔쳤다'는 사실을 확인하고 그것에 대한 시비 판단을 내려야 한다. 그리고 그 아들이 사실을 알리거나 숨기는 것에 대해서도 명확한 시비 판단이 있어야 한다. 이 명확한 시비 판단이 없는 상태에서의 권의 사용은 결코 허용되지 않는다. 그 판단이 내려진 후에

---

28) "섭공이 공자에게 말한다. '우리 고장에 정직한 사람이 있습니다. 그의 아버지가 양을 훔치자 그 자식이 그 사실을 알려주었습니다.' 공자가 말한다. '우리 고장의 정직한 사람은 그와 다르다. 아버지는 아들을 위해 숨기며 아들은 아버지를 위해 숨기니, 정직은 그 속에 있다'"(『論語』「子路」18, 葉公語孔子曰 吾黨有直躬者 其父攘羊 而子證之 孔子曰 吾黨之直躬者異於是 父爲子隱 子爲父隱 直在其中矣).

아버지와 아들 사이의 사랑하는 마음[親情]과 아버지와 아들의 행위의 잘못을 서로 저울질한다. 그리고 그 잘못의 인륜과 사회에 대한 침해의 정도와 자신의 선택의 그것을 저울질한다. 그리고는 알릴 것인가 숨길 것인가를 결정한다. 공자는 물론 이 과정을 거쳐 숨겨야 한다고 판단한 것이다. 이 판단을 두고 친친(親親)을 최상의 가치로 주장하였다고 할 수 있지만 실은 그런 것이 아니다. 공자는 오히려 큰 옳음을 위해서는 사사로운 정을 버릴 것[大義滅親]을 매우 강조한 것이다. 압도적인 삶의 원리로 친친을 가정하고 이 딜레마를 해결한 것이 아니라 경 → 권 = 선의 방식을 통해 해결한 결과가 친친이었던 것으로 보아야 한다. 『회남자』에도 아버지의 잘못을 고발한 것을 정직이 지나쳐서 칭찬할 수 없는 것으로 판단한다.29) 결국 이 도덕적 딜레마는 완전하게 해소된 것은 아니지만 그 상황에서는 최선의 선택을 내리고[善] 그래서 딜레마를 해결한 것으로 판단된다.

다음에는 이른바 '도응의 딜레마'다. 도응(桃應)이라는 제자가 딜레마 상황을 만들어 질문하자 맹자가 그 해결책을 제시하는 내용이다.30) 여기서 순 임금은 천자로서 법에 따라 살인

---

29) "상언(上言)은 아래에서 쓰고 하언(下言)은 위에서 쓴다. 상언은 원칙[常]이며 하언은 임기응변[權]이다. 이것이 바로 존망의 기로가 되는 술인데 성인만이 이 권을 안다. 하는 말은 틀림없이 성실하고 약속한 일은 반드시 지킨다. 이는 세상에서 아주 훌륭한 일이다. 몸이 곧은 사람[直躬]은 그 아버지가 양을 훔쳤는데 증언하였고, 미생(尾生)은 부인과 약속을 지키다가 죽었다. 정직이 지나쳐서 아버지의 도둑질을 증언하고, 성실이 지나쳐서 물에 빠져 죽는다면, 아무리 정직하고 성실해도 도대체 누가 존경하겠는가?"(『淮南子』(『漢文大系 二十 淮南子』(日本 : 富山房, 昭和, 59)) 「氾論訓」, 上言者下用也 下言者上用也 上言者常也 下言者權也 此存亡之術也 唯聖人爲能知權 言而必信 期而必當 天下之高行也 直躬 其父攘羊 而子證之 尾生與婦人期而死之 直而證父 信而溺死 雖有直信 孰能貴之).

자를 징벌하여 죽일 책임을 진다. 반면 아들의 신분으로서 그는 아버지를 살리고 봉양해야 할 책임을 진다. 도응이 가설한 이 예에서 순 임금은 두 가지 책임들을 동시에 수행할 수 없다. 이런 책임 갈등은 융통성으로 대충 해결할 방도는 없다. 맥킨타이어의 말대로 어떤 선택도 작지 않은 잘못을 범할 수 있는 것이다. 이 경우에 전적으로 옳고 타당한 행동 방식은 가능하지 않다. 이것은 피할 수 없는 도덕적 딜레마의 전형적인 경우다. 이 경우 그것을 이론적으로 해결하는 정답을 찾을 수는 없을 것이다. 그러나 유가 윤리에서는 이 사례가 도덕적 딜레마로서 완전한 해결이 불가능함을 인정하면서도 현실적인 해결 방안을 모색한다. 우리의 도덕적 성찰에 주는 중요한 시사점은 어떤 정답이냐가 아니라 정답을 찾는 방법이나 과정이다. 여기서도 경 → 권 = 선의 방식을 통해 딜레마를 극복한다. 아들인 순 임금이 일종의 자기유배(自己流配=도망)를 통해 문제를 극복한 것이다. 그것은 우연적이거나 기회주의적인 선택이 아니며, 더욱이 친친(=효, 부모 봉양)을 절대적이고 압도적인 삶의 원리로 생각하여 그렇게 판단한 것은 아니다. 아버지의 잘못(=살인)이 가져올 사회적 영향력을 고려하였을 것이다. 만약 그 정도가 약했다면 다른 선택을 했을 것이다. 아버지의 죄가 도저히 용서할 수 없는 것이고 사회적 영향이 대단히 크다면 죽

---

30) "도응이 묻기를 '순은 천자이고 고요는 사(=법을 집행하는 관리)인데, 고수(=순의 아버지)가 살인을 한다면 어떻게 할 것인가?' 맹자가 답한다. '법을 잡을 따름이다.' '그렇다면 순이 하지 못하게 하지 않겠습니까?' '순이 어찌 그것을 하지 못하게 하겠는가? 받은 바가 있을 것이다.' '그렇다면 순은 어떻게 하겠는가?' '순은 천하를 버리기를 해진 신을 버리는 것과 같이 보고 몰래 업고 도망하여 바닷가에 가서 살면서 평생 기쁘고 즐겁게 천하를 잊을 것이다'"(『孟子』「盡心 上」35, 桃應問曰 舜爲天子 皐陶爲士 瞽瞍殺人 則如之何 孟子曰 執之而已矣 然則舜不禁與 曰 夫舜惡得而禁之 夫有所受之也 然則舜如之何 曰 舜視棄天下猶棄敝蹝也 竊負而逃 遵海濱而處 終身訢然樂而忘天下).

음으로써 대의멸친하였을 것이다. 그러나 삶을 바탕으로 주어진 도덕인 친친을 버리지 못하고, 인륜의 선과 사회적 정의를 모두 실현하는 방향으로 결정을 내린 것이다. 결국 맹자의 해결책은 순 임금이 그 갈등하는 책임들 가운데 하나, 즉 살인범을 체포하는 책임을 버린다는 것이다. 이 책임은 임금으로서의 그의 신분상의 역할에서 주어진 책임이다. 그리고 다른 책임은 아들이라는 신분상의 역할이 부여하는 책임이다. 그리고 순은 그 책임을 수행한다. 당시 법이 통하지 않는 해변으로 아버지를 업고 도망감으로써 법을 지켜야 하는 책임을 면한 것이다. 따라서 이 도덕적 딜레마는 해결된 것이다. 그런데 이 해결 방법은 사람이 맡은 바의 역할을 버리는 데 초점이 두어진다. 만약 일종의 신분상의 역할을 버릴 수 없다면 갈등을 해결할 수 없을 것이다. 버릴 수 없는 역할이 있다. 대표적으로 부모의 역할과 자식의 역할은 사람으로서 버릴 수 없는 것이다. 이 버릴 수 없는 역할과 다른 역할들이 갈등하는 경우에 당연히 버릴 수 있는 역할을 버린다. 순 임금은 버릴 수 있는 임금의 역할을 버린 것이다. 자식으로서의 역할은 버릴 수가 없는 것이다. 그것은 태어남과 동시에 가진 역할이며 살아 있는 한 가져야 하는 역할이기 때문이다. 임금으로서의 역할은 인위적으로 주어진, 그래서 버릴 수 있는 역할이다. 삶과 함께 가지는 역할이 부모를 모시는 역할이다. 그래서 삶은 부모를 모시는 것이 도덕이 될 필요조건인 것이다. 따라서 사람으로 사는 것이 가장 기본이다.[31] 그리고 부모를 모시는 도덕을 지키는 것이 가

---

31) "맹자가 말한다. '누구를 섬기는 것이 큰가? 어버이를 섬김이 큰 것이다. 누구를 지키는 것이 큰가? 자신을 지키는 것이 큰 것이다. 자기 자신을 잃지 아니 하고 능히 그 어버이를 섬기는 자를 내가 들었고, 자기 자신을 잃고서 능히 그 어버이를 섬기는 자를 내가 듣지 못하였노라"(『孟子』「離婁 上」19, 孟子

장 중요한 책임이 되는 것이며, 다른 어떤 책임들을 능가하는 것이다. 그러나 그 책임을 직감적인 초보적(prima facie) 책임으로 받아들이고, 그것을 압도적인 삶의 원리로 받아들인 것은 결코 아니다. 그것은 그 상황에서의 최선의 선택일 뿐이며, 그러한 선택을 내린 순 임금도 평생을 즐겁게 산다는 것[善]이다. 맹자가 순 임금의 판단을 모범적인 도덕적 행위의 사례로 제시한 것은 도덕이라는 '하늘의 벼슬[天爵]'을 '사람의 벼슬[人爵]'과는 비교할 수 없이 중요한 것임을 강조하기 위한 것이다.

공자와 맹자의 도덕적 딜레마 해결 방안이 가진 의미를 밝히기 위해서는 유가에서 말하는 도덕의 성격과 기능을 검토해야 한다. 유가 윤리에서는 도덕적 책임은 그의 신분상의 역할에 의해 주어지는 것이다. 부모의 잘못을 숨기거나 부모를 봉양할 책임은 아들이라는 그의 신분에서 기원한다. 앞에서 논의한 동생을 공경할[敬弟]할 책임도 그 동생이 시동[尸童]이라는 신분이기 때문에 주어진 것이다. 그런데 신분상의 역할에서 나오는 책임은 초보적인 책임일 뿐이다. 초보적인 책임은 사람이 일상적인 상황에서 직감적으로 판단하고 수행해나가는 책임이다. 그러나 이 책임은 자명한 책임이 아니다. 그것은 신분상의 역할이 부여한 당연한 책임이 아니라는 것이다. 그것은 사람의 도덕성이 결정한 책임이다. 이것이 유가 윤리의 자율성이 의미하는 바다. 그리고 그것은 맹자가 말하는 인과 의는 내재적인 것이라는 주장이[32] 가지는 의미인 것이다. 인과 의로 대

曰 事孰爲大 事親爲大 守孰爲大 守身爲大 不失其身而能事其親者 吾聞之矣 失其身而能事其親者 吾未之聞也).

32) "맹자가 말한다. '어찌 인은 안이고 의는 밖이라고 하는가?', 고자가 답하기를, '저 사람이 어른이기에 내가 어른이라고 하는 것이지, 내가 어른으로 대하

변되는 도덕성 내지 도덕적인 마음이 초보적 책임을 정하고 신분상의 역할이 당연히 가져야 할 도덕을 만드는 것이다. 도덕적 책임들이 갈등하는 상황에서는 도덕적 마음이 작용하여 어떤 역할을 버릴 것인지 따라서 어떤 초보적 책임을 버릴 것인지를 결정하게 된다는 것이다. 일상적 도덕 준칙을 정하는 것도 특정한 상황에서 판단을 내리는 것도 그것의 주체는 항상 도덕적 마음이라는 것이다. 유가 윤리가 관심을 가지는 것은 어떤 행위가 어떤 덕의 요구에 부합하는 것인가가 아니고 그 행위가 도덕적인 마음에 따라서 이루어지는가다. 맹자가 '인과 의를 행하는 것이 아니고 인과 의에 따라서 행한다'는 말은[33] 이 점을 잘 표현하는 것이다. 결국 인의가 밖에서 주어지는 것이 아니라 자신의 인과 의로 대변되는 도덕적 마음에 따라서 행동해야 한다는 의미인 것이다. 도덕적 딜레마를 해결하는 과정과 방법은 먼저 상황과 관련하여 행위자들의 시비에 대한 명백한 판단을 내리고[經] 다음에는 그 상황을 여러 측면들에서 고려하여[權] 결국은 그 상황에서의 최선의 선택을 내리는[善] 것이다. 이는 곧 경→권=선으로 요약하여 나타낼 수

려는 마음이 있는 것은 아니다. 그것은 저것이 희기 때문에 내가 희다고 생각하는 것은 밖에서 저것이 희다는 것에 따르는 것과 같다. 그러므로 밖이라고 한 것이다.' 말하기를, '흰 말이 희다는 것과는 다르고 흰 사람이 희다는 것과는 다름이 없다. 그러나 모르겠구나! 어른 말을 어른이라고 하는 것과 사람이 어른인 것을 어른이라고 하는 것과 다름이 없는가? 또 어른이라고 부르는 것이 의인가? 어른으로 대하는 것이 의인가?'"(『孟子』「告子 上」4, 孟子曰 何以謂仁內義外也 曰 彼長而我長之 非有長於我也 猶彼白而我白之 從其白於外也 故謂之外也 曰 異於白馬之白也 無以異於白人之白也 不識 長馬之長也 無以異於長人之長與 且謂長者義乎 長之者義乎).

33) "맹자가 말한다. '순 임금은 모든 사물의 도를 밝히시며 인륜을 살피었으니, 인과 의에 따라서 행하신 것이지 인과 의를 행하신 것이 아니다'"(『孟子』「離婁下」19, 孟子曰 … 舜明於庶物 察於人倫 由仁義行 非行仁義也).

있을 것이다.

III. 유가 윤리에서의 경 →권=선의 도덕적 딜레마 해결 방식

1. 경과 권의 의미와 그 관계

이론의 차원이 아니고 실제 역사상에서 도덕적 딜레마들이 어떤 과정과 방식으로 해결되었는가? 그리고 그것이 오늘날 우리의 도덕적 성찰에 줄 수 있는 함의들은 무엇인가? 공자의 '쓸 것은 쓰고 지울 것을 지운다[筆則筆 削則削]'는 춘추필법을 보여주는 『춘추(春秋)』는 은미한 말들 속에 큰 뜻을 전한다. 더욱이 이 책에 대한 해설서 중의 하나인 『춘추공양전(春秋公羊傳)』은 단순한 역사 해설서가 아니라 도덕적 딜레마 사례들의 모음집이라고 해도 과언이 아닐 것이다. 여기서는 도덕 원리를 분명하게 밝히는 것은 물론 딜레마 상황들 속에 숨겨진 미묘한 선과 악의 문제를 드러내고 있다.

『춘추』속에 기록된 역사적인 사건들에서의 도덕적인 딜레마들은 거의 대부분 신분상의 역할로 인한 책임 내지 책무들(obligations)의 갈등들이다. 그리고 그 책무들은 초보적 책무이기보다는 모든 것이 고려된(all-things-considered) 책무다.34) 도덕적 성찰에 큰 함의를 지닌 도덕적 딜레마를 구성하는 갈등은 단순한 초보적인 것이 아닌 모든 것이 고려된 책무들의 갈등이다. X를 해야 할 초보적 책무는 X를 해야 할 도덕적 이

---

34) 자세한 설명은, David O. Brink, "Moral Conflict and Its Structure", H. E. Mason, ed., op. cit., p. 103을 참고하라.

유가 있거나 X가 정당한 요구를 한다는 특징을 갖는다는 의미다. 그러나 초보적 책무들은 다른 더 무거운 책무들에 의해 패배될 수 있고 종종 패배되기도 한다. X를 행해야 할 초보적 책무들 가운데 모든 다른 것들에 우선하는 책무들이 X를 행해야 할 모든 것을 고려된 책무들이다. X를 행해야 할 모든 것이 고려된 책무들은 도덕적으로 관계있는 모든 요소들이 균형을 이룬 상태에서 그리고 그 요소들을 고려하면서 X는 누구나 행해야 할 것이거나 더 강한 도덕적 이유들에 의해 지지된다는 것을 의미한다.

유가 윤리가 역사적 사건들에서 나타난 도덕적 딜레마들을 구체적으로 해결하는 것은 경 → 권＝선의 과정과 방식을 통해서다. 이는 도덕적 원리나 규범[=rightness)을 구체적인 상황들[situations]을 심각하게 고려하면서 적용하여 선(=goodness)을 가져온다는 것이다. 이것은 정의(justice) → 사람(human)＝선(goodness)이라는 공식으로 표현할 수 있다.35) 이것은 원리나 규범을 절대적인 것으로 적용하는, 윤리가 사람을 능가하는 도덕적 절대주의(moral absolutism)도 아니고, 그렇다고 사람이나 상황만을 고려하고 원리나 규범을 도외시하는 도덕적 상대주의(moral relativism)도 아니다. 결국 이것은 옳음과 좋음을 동시에 추구하고 윤리도 사람도 동시에 중시하는 윤리이자 의무 윤리(deontological ethics)와 목적 윤리(teleological ethics)를 통합하는 바람직한 도덕적 상찰의 모습을 우리에게 보여준다.

---

35) 경→권＝선의 공식을 정의→사람＝선으로 동일시하는 것에 대한 논의를 요구하는 심사위원의 지적이 있었다. 유가 윤리는 정의보다도 인을 중심으로 하는 윤리라는 지적과 함께 정당하고 유익한 지적이라고 생각한다. 다만 여기에서는 유가 윤리 전반에 대해서라기보다는 유가 윤리의 원칙이나 원리 측면에 한정하여 경으로 표현하였음을 알린다.

인간 삶의 현실을 도덕적 성찰의 대상으로 삼는 유가 윤리
에서는 경과 권은 항상 통합적으로 기능한다. 보편적이고 추상
적인 원리나 규범은 특수하고 구체적인 상황들을 떠나서 존재
의 의미를 가질 수 없으며, 보편적인 윤리를 상실한 인간 삶의
현실도 바람직한 것은 아니라는 것이다. 특정한 도덕적 딜레마
의 상황에서 권(=융통성)을 사용한다는 것은 단순히 자기의
뜻대로 문제를 해결하자는 것이 결코 아니다. 거기에는 세 가
지 전제들이 있다. 즉, ① 논리상 먼저 경이 있고 난 후에 권이
있을 수 있다. ② 경은 부족하고 결점이 있어 구체적인 상황에
서 선악을 판단하고 행동의 지침을 제시할 수 없다. ③ 상황 변
화를 저울질하는 방식(=권)을 통해 판단을 내려야 한다. 따라
서 경과 권은 다른 것이면서도 결코 다른 것으로 기능하지 않
는다. 경은 고정된 권이며 권은 변하는 경이다.36) 결국 경권은
원칙과 융통, 불변과 변화, 옳음과 좋음, 이상과 현실, 보편과
특수 등의 통합을 말하는 것이다. 둘의 관계를 가장 잘 표현한
것은 『춘추공양전』「환공 11년」에서다.37) 여기서 말하는 '권은

---

36) "무릇 경은 고정의 권이며, 권은 고정되지 않은 경이다. 고정되지 않음으로
써 고정됨을 찾는다. 이 고정됨이란 곧 바름이 되는 것이다. 왜 그런가? 권이
비록 경과는 다르지만 마땅히 그래야 하는 것이기에 역시 경일 따름이다"(高
拱, 『問辨錄』, 盖經乃有定之權 權乃無定之經 無定也而以求其定 其定乃爲正也,
權雖異於經 而以其當然 則亦只是經, 徐嘉, 「論儒家'經權相濟'的 道德模式」, 郭
齊勇 主編, 『儒家倫理爭鳴集-以「親親互隱」爲中心』(武漢 : 湖北敎育出版社, 2004),
p. 591에서 재인용).

37) "권이란 것은 무엇인가? 권이란 것은 경으로 돌아온 후에 선이 있는 것이
다. 권이 베풀어지는 것은 죽은 상태에서는 베풀어질 수 없다. 권을 행하는 데
에도 일정한 길이 있는데, 자신을 낮추고 손해를 받아들이면서 권을 행하고 남
을 해치지 않으면서 권을 행한다. 남은 죽이면서 자기는 살고 남은 망하게 하면
서 자신은 살아남는 일을 군자는 하지 않는다"(『春秋公羊傳』(公羊壽 傳 / 何休
解詁/徐彦 疏, 『春秋公羊傳注疏』(北京大學出版社, 2000))「桓公十一年」, 權者何
權者反於經 然後有善者也 權之所設 舍死亡無所設 行權有道 自貶損以行權 不

경으로 돌아온 후 선이 있는 것[權者反於經然後有善者也]'이라
는 표현은 유가 윤리의 도덕적 딜레마 해결의 과정과 방식, 나
아가 유가 윤리의 도덕적 성찰의 양식을 간명하게 잘 표현한
다. 권을 통한 선택이 경에는 부합되지 않지만 그것을 어기는
과정이나 방법을 거쳐서 다시 경으로 돌아와 바람직한 결과로
돌아온다는 것이다. 그리고 경을 떠난 권이지만 권을 행할 때
는 다른 사람을 해치지 않는다는 일정한 도리를 가져야 한다
는 것이다. 그 도리에 합하는 권의 사용은 결국 경으로 돌아와
선을 낳게 된다는 것이다. 주자(朱子)도 경은 불변의 도리며
권은 변화 속의 도리라고 말한다.38) 그런데 중요한 점은 유가
윤리가 경을 매우 강조하기는 하지만 그것이 구체적인 상황에
적용될 때 부족하고 결점을 가지며 따라서 권으로 보완되어야
함을 선뜻 인정한다는 점이다. 정이(程頤)는 이 점을 분명히
밝힌다.39) 유가 윤리의 중심은 항상 경에 있지만 그 경을 실천
하거나 현실에 적용시킬 때는 수단과 방법과 절차가 반드시
요구되는데, 그것이 권이라는 것이다. 권의 실마리는 항상 경
이다. 따라서 동중서(董仲舒)는 권의 사용은 용인할 수 있는

害人以行權 殺人以自生 亡人以自存 君子不爲也.).
38) "경은 아주 오랫동안 변함없이 행해지는 도리며, 권은 마지못해서 사용하
는 것이다. 경이란 것은 도리의 불변함이며 권은 도리의 변함이다"(『朱子語類』
(北京 : 中華書局, 1994) 卷 三七, 經是萬世常行之道 權是不得已而用之 經者道
之常 權者道之變).
39) "권은 경이 미치지 못하는 곳이다. 경은 다만 큰 강령과 큰 법으로 있을
수 있는 정당한 도리일 따름이다. 세부적이고 미묘한 구구절절한 사연들은 실
로 도리가 다할 수 있는 것이 아니다. 이른바 권이라는 것은 세부적이고 미묘한
구구절절한 사연들에 대해서 그 마땅함을 다함으로써 경이 미치지 못하는 곳
을 돕는 일일 따름이다"(高拱, 『問辨錄』卷 六, 權者經之所不及也 經者只是存得
個大綱大法 正當的道理而已 其精微曲折處 固非理之所能盡也 所謂權者 于精微
曲折處 曲盡其宜 以濟經之所不及爾, 郭齊勇 主編, 『儒家倫理爭鳴集-以「親親互
隱」爲中心』(武漢 : 湖北敎育出版社, 2004), p. 592에서 재인용).

범위 안에서 이루어져야 한다고 주장한다.[40] 『중용』에서도 이 점은 강조된다.[41][42] 그 범위는 경에 의해 정해진다. 그 범위를 넘어서면 경에 반하는 것이고 용인할 수 없는 것이다.

그런데 '권은 경으로 돌아와 선이 있는 것'이라는 말에서 '선'은 무엇을 말하는가?[43] 유가 윤리가 경과 동기론을 강조하는 입장임도 분명하지만 그러나 결과론도 중시하고 있음을 보여주는 것이 선의 관념이다. 결과가 좋은 것을 선이라고 판단하는 것이다. 예를 들어, 『춘추공양전』 「환공 2년」 경(經)에 '송나라 독(督)이 임금 여이(與夷)와 그 대부(大夫) 공보(孔父)를 시해했다'고 적고 있지만,[44] 「은공 3년」 전(傳)에는 '장공풍(莊公馮)이 여이를 시해했다'고 적는다.[45] 『춘추』의 경문과

---

40) "권이 비록 경에 반하기는 하지만 역시 반드시 그렇게 할 수 있는 한계(=용인할 수 있는 범위) 안에 있어야 한다. 그렇게 할 수 있는 한계 안에 있지 않다면 그것으로 인해 비록 죽더라도 끝내 해서는 안 될 것이다"(董仲舒 撰 / 凌曙 注, 『春秋繁露』(中華書局, 1991) 「玉英」, 夫權雖反經 亦必在可以然之域 不在可以然之域 故雖死之 終弗爲也).

41) "공자가 말한다. '군자는 중용을 행하고 소인은 중용에 반한다. 군자의 중용은 군자면서 때에 알맞게 행동하는 것이며, 소인의 반중용은 소인이면서 꺼리고 삼가는 바가 없는 것이다'"(『中庸』第二章, 仲尼曰 君子中庸 小人反中庸 君子之中庸也 君子而時中 小人之反中庸 小人而無忌憚也.).

42) 유가의 권도에 관하여 상세하고 전반적인 설명을 제시하는 대단히 유익한 논문인 류칠노, 「유가의 권도에 관한 연구」, 한국동서철학회, 『동서철학연구』(8권 1991)를 소개하신 심사위원께 감사드린다. 참고하고 인용할 부분이 매우 많지만, 이 논문의 지면 관계상 인용을 하지 못한다. 다만 경과 권의 해석에 관한 역사상의 정리는 이 논문에서 자세하게 잘 정리되어 있음을 밝힌다.

43) 유가적 입장에서의 선에 관한 설명을 요구하신 심사위원의 지적은 매우 유익하고 정당한 지적이라고 생각한다. 지적해주신 심사위원께 감사드린다. 다만 지면 관계상 여기서는 더 이상 보충하지 못하고 새로운 하나의 논문으로 다시 발표할 것을 약속한다.

44) 신미(辛未) 봄 왕력으로 정월 무신(戊申)일에 송(宋)나라 독(督)이 그 군주 여이(與夷)와 그 대부 공보(孔父)를 시해했다(『春秋公羊傳』 「桓公 二年」, 春 王正月 戊申 宋督 弑其君與夷 及其大夫孔父).

『춘추공양전』의 전문 내용이 다른 것이 문제의 초점이다. 선공이 동생 목공에게 임금 자리를 물려주고 그의 아들에게 물려주지 않았다. 그것은 당시의 예법에 어긋나는 것이었다. 그런데 목공도 임금 자리를 선공의 아들 여이에게 물려주고자 자기의 두 아들을 축출한다. 마침내 송나라에서 역대 임금 자리들을 **빼**앗는 살육을 불러온다. 그래서 '송나라의 재앙은 선공이 만든 것이다'라고 말한다. 선공과 목공이 임금 자리를 물려줄 상황에서 두 원칙들이 갈등한다. 하나는 아버지가 아들에게 자리를 물려주는 주(周)나라의 예법을 지켜야 한다. 또 하나는 어진 사람이 자리에 있어야 한다는 정치 이념을 실현해야 한

---

45)『春秋公羊傳』「隱公 三年」, 莊公馮 弑與夷, 자세한 내용을 번역하면 다음과 같다. 즉, 계미 일에 송나라 목공을 장사지냈다. 장례는 무엇 때문에 혹은 날짜를 기록하기도 하고 혹은 날짜를 기록하지 않기도 하는가? 장례 치를 시기가 되지 않았는데 장례 날짜를 기록한 것은 갈장(장례를 목마르게 기다리는 것)이다. 장례 치를 시기가 되지 않았고 날짜도 쓰지 않은 것은 만장이다. 장례를 치를 시기가 지났는데 날짜를 기록한 것은 애통하게 여긴 것이다. 장례 시기가 지났는데 날짜를 쓰지 않은 것은 장례를 치르지 못했음을 이르는 것이다. 적당한 때 장례를 치르면 날짜를 기록하지 않는 것이 예에 합당한 것이다. 장례 때가 되었는데 날짜를 기록한 것은 위험하여 장례를 치르지 못한 것을 뜻하는 것이다. 이 당시에는 장례의 시기가 적당한데 무엇이 위험하다는 것인가? 송나라 선공이 목공에게 일러 말했다. '내가 여이를 사랑하는 것은 곧 너를 사랑하는 것만 못하다. 사직과 종묘의 주인이 되는 데도 여이가 너만 못하다. 어찌하여 끝내 임금이 되지 않으려 하느냐?' 선공이 죽자 목공이 즉위했다. 목공이 두 아들인 장공풍(莊公馮)과 좌사발(左師勃)을 추방하면서 말했다. '나는 내 자식들을 위하는 것이니, 살아서는 서로 보지 말고 죽어서는 서로 곡하지 말라.' 여이가 아뢰어 말했다. 선군께서는 신에게 나라를 주지 않으시고 나라를 임금님에게 드렸습니다. 임금님은 가히 사직과 종묘의 주인이십니다. 지금 임금님께서 두 아들을 축출하시면 장차 국가를 여이에게 바치는 것으로 이것은 선군의 뜻이 아닐 것입니다. 또 자식들로 하여금 축출되게 하면 선군께서 신하를 축출한 것이 됩니다. 목공이 말했다. '선군께서 너를 축출하지 않은 것은 가히 알고 있다. 내가 이에 즉위한 것은 섭정일 뿐이다. 마지막에 이르러서는 국가를 여이에게 바칠 것이다. 장공풍이 여이를 시해했다. 그러므로 군자는 크게 바른 것에 살아야 하는 것으로 송나라의 재앙은 선공이 만든 것이다.

다. 공양가(公羊家)는 선공과 목공의 처지를 진술하는 것만이 아니라 그들이 갈등의 상황에서 내린 판단에 대해서 칭찬과 비방을 보낸다.46) 이 칭찬과 비방 속에서 도덕적 딜레마를 읽을 수 있다. 공양가가 보고 있는 갈등은 '임금 자리를 어진 사람에게 물려주는 높은 도덕성'과 '정통의 자리 물림의 방식을 지키는 것' 사이의 가치 갈등인 것이다. 그들은 선행을 했지만 전통이나 예법을 어겼다. 이 경우 [교훈으로] 가질 수도 없고 [무가치한 것으로] 버릴 수도 없다. 즉, 버린다면 선량한 의지를 내버리는 셈이고 내세운다면 왕법을 손상시킨다. 따라서 아예 버리지도 않고 완전히 싣지도 않고 (절충하여) 문의로 의미가 드러나면 충분하다고 판단한다.

그런데 사실은 송나라 재상 화독(華督)이 그 임금 여이(宋殤公)를 죽인 것이었다. 장공(莊公)이 돌아와 임금이 된 후 상공을 시해한 자가 송나라의 독이었다는 사실을 분명히 알았으나 독에게 죄를 주지 않았다. 그리고 경에는 장공풍이 여이를 죽였다고 적지 않았다. 표면상으로는 장공의 이름이지만 실은 선공과 목공의 이름이었다. 선공은 동생 목공에게 임금 자리를

---

46) 원문을 번역하면 다음과 같다. 언문을 장공풍이 상공을 살해했다고 적지 않은 것은 [선공과 목공의 양위처럼] 칭찬할만한 일을 보호하기 위해서다. 양보나 겸양[讓]은 춘추의 세계가 권장하는 덕목이자 가치다. 송나라 선공은 아들에게 제위를 물려주지 않고 동생, 즉 목공에게 물려주었다. 그 동생 목공도 자신의 아들에게 물려주지 않고 형의 아들에게 제위를 돌려주었다. 비록 이러한 계위가 법도에 맞지 않을지라도 고귀한 양보의 미덕이 있으므로 가볍게 처리할 수 없었다. 따라서 군자는 송나라의 선공과 목공을 위해서 정상적이지 않는 계위를 숨기고 또 이 계위로 인해 일어난 이후의 혼란을 덮어 가리기 위해서 그 원인(=주모자)을 화독에게 전가시켜서 [선공과 목공의] 선량한 의지를 보존시켰다. 이것은 춘추의 작가가 선행을 좋게 평가하며 어떤 일도 내버리지 않는 경우다. 만약 직접적으로 송나라의 장공의 찬탈만을 길고하면 선공과 목공의 미덕이 자취를 잃게 되고 나아가 [만연하는 악에 대해] 선이 드러날 계제가 없어진다(『春秋繁露』「玉英」).

물려주었고 목공도 다시 형의 아들에게 임금 자리를 물려주었다.『춘추』의 정신은 그들이 임금의 자리를 아들이 아닌 현명한 사람에게 물려준 것을 높이 평가한다. 따라서 송나라 독이 여이를 죽이고 자리를 빼앗은 것을 숨기고 기록하지 않았던 것이다. 그래서 임금 자리를 빼앗는 악이 임금 자리를 현명한 사람에게 물려주는 선의를 가리는 것을 피하고자 했던 것이다. 이것을 가리켜 '현명한 사람을 위하여 그의 이름을 적지 않는다[爲賢者諱]'고 하는 것이다. 경에 특별히 송독을 장공풍으로 말한 것은 경을 밝히고 그 임금 자리를 어진 사람에게 물려준 것을 선하게 여겨서 그의 이름을 적지 않은 것이다. 그것은 장공을 위하여 그런 것은 아니고 선공과 목공을 위해서 그런 것이다. 그것은 그들의 높은 도덕성을 기리기 위한 것이다. 그런데 현명한 사람을 위해서 이름을 적지 않는다고 하면서도 전에 그 사실을 말한다. 그것은 선공과 목공을 위해 말하지 않기만 한다면 그들의 선택이 경을 어기는 일이었기 때문이다. 그 뜻(=동기)은 비록 선하지만 일의 결과는 선한 것이 아니었다. 숨기고 말하지 않으면서도 단지 장공을 말한 것은 경의 뜻을 은미하게 드러내기 위해서다. 이 과정에서 결국 선은 동기뿐 아니라 결과도 깊이 관련됨을 말해주는 것이다.

　『춘추공양전』「장공 19년」에는 공자 결(結)이 제나라 임금인 후작과 송나라 임금인 공작과 동맹을 맺었다. 대부가 오로지 하는[專斷] 것은 용납되지 않는 일임에도 불구하고 공양가는 결의 동맹을 비방하지 않았다. 그것은 역시 그의 방식이 사직을 편안하게 하고 나라에 이익이 되는 일이었기 때문이다. 이런 사례들에서 보면, 공양가는 단지 선의(동기)를 가지고 선을 판단하지 않고 결과로서 판단한 것이다.

그러나 공양가가 동기로서 선을 판단한 사례들도 많이 등장한다. '그 뜻과 같이 한다[如其意]'거나 '그 뜻을 이룬다[成其意]'거나 '그 뜻에 도달한다[致其意]'는 설법들은 대표적으로 행동의 동기를 강조하는 것이다. 예를 들어, 『춘추공양전』「환공 원년」에 환공이 임금 자리에 즉위했다고 기록했다. 임금을 죽이고 계승한 것은 '즉위'라고 말하지 않는데, 여기에 '즉위'라고 한 것은 그 뜻하는 것이 환공이 의도한 것과 같기 때문이었다. 여기서는 그 악한 의도를 드러내보여서 경계로 삼고자 하여 즉위라는 표현을 쓰게 된 것이다. 많은 비슷한 사례들이 보여주듯이, 공양가는 동기를 선악 판단의 기준으로 주장하면서, 더욱이 그 악한 동기가 사실에 의해 가려지는 것을 특히 염려하여 특수한 서법으로 그 의도를 드러냈던 것이다.

2. 경 → 권=선의 도덕적 딜레마 해결 과정

세 가지 사례들을 통해 경 → 권=선의 과정과 방식을 검토하자. 먼저 『춘추공양전』「환공 11년」에서의 '송나라 사람이 정나라의 제중을 잡은[宋人執鄭祭仲]' 사례를 들자.[47] 이것은

---

47) 그 내용의 번역만 소개하면 다음과 같다. 송나라 사람이 정나라의 제중을 잡았다. 제중은 누구인가? 정나라 재상이다. 왜 이름을 기록하지 않았는가? 현명한 사람이었기 때문이다. 왜 제중이 현명하다고 했는가? 권을 알았기 때문이다. 그가 권을 알았다는 것은 무슨 뜻인가? … 제중이 장차 유 땅을 살피러가는 길에 송나라 사람이 나타나 제중을 사로잡았다. 송나라 사람이 제중에게 이르기를, '우리를 위하여 태자 홀(太子 忽)을 축출하고 공자 돌(公子 突)을 세워달라'고 했다. 제중이 그들의 말을 따르지 않으면 임금이 반드시 죽게 되고 나라도 반드시 망하게 된다. 그들의 말을 따르면 임금도 살고 나라도 보존시켜서 망하는 것과 바꿀 수 있다. 잠깐만 멀리하여 늦춘다고 생각하면 된다. 우선 공자 돌을 세웠다가 고의로 축출시키고 태자 홀을 다시 돌아오게 한다면 그들의 요구를 들어주면서도 곤란을 겪지 않는 것이며 그런 후라면 정나라도 보존되

'제중의 딜레마'로 부를 수 있을 것이다. 제중(祭仲)은 송(宋)나라 사람의 협박을 받는다. 적자인 태자 홀을 폐하고 서자인 공자 돌을 세우라는 요구에 굴복한 것이다. 여기서 경은 시비를 판단하는 것이다. 특별한 일이 없이 세워진 태자를 폐하는 것도 옳지 않는 일이며, 더욱이 대부가 독단으로 임금을 폐하고 세우는 것은 임금과 신하 사이의 의를 어기는 일이다. 그러나 임금의 생명과 나라의 보존(=경의 결함 내지 부족)을 위해서 그 옳지 않은 일을 받아들인다. 이것이 바로 이 도덕적 딜레마 상황에서의 권의 사용인 것이다. 그래서 결국 자신의 생명도 구하고 임금도 나라도 모두 구하는 결과를 가져온 것이다. 이것은 다시 경으로 돌아와 선을 이룬 것이다. 더욱이 제중이 권을 알았다는 것은 '스스로를 낮추고 손해를 감수한다[自貶損]'는 권의 도리를 유지하면서 권을 실천했다는 점 때문이다. 비록 자신의 생명을 지키기는 했으나 세상 사람들의 비난을 받게 되는 결과를 받아들였다는 것이다. 송나라 사람들이 요구하는 행동 방식을 따라서 홀을 축출하는 것이 그를 살리는 길이기 때문에, 그것은 '남을 죽이고 자신을 살리고 남을 망하게 하고 자신은 존재하는 일을 하지 않는다'는 권을 사용하는 도리를 따르는 것이었다.

유사하지만 결과는 전혀 다른 예를 들자. 「성공 2년」의 '제나라 군사가 크게 패한[齊師敗績]' 사례인데,[48] 이것은 '봉추보

는 것이다(『春秋公羊傳』「桓公 十一年」).

48) 자세한 내용의 원문을 번역하면 다음과 같다. (전쟁에서 크게 패한) 제나라의 임금인 후작이 국좌(國佐)에게 군진으로 가게 했다. 기유 일에 국좌가 이르러 원루에서 동맹을 맺었다. 임금이 맹세에 참가할 때는 대부를 사신으로 보내지 않는데, 여기서 대부를 사신으로 보낸 것은 무슨 일인가? 제나라 경공(頃公)이 포로에서 달아났기 때문이었다. 제나라 경공이 포로 신세에서 달아났다고 하는 것은 무슨 뜻인가? 제나라 임금인 후작 경공을 군사로 포위하고 진(晉)나

의 딜레마'로 부를 수 있을 것이다. 제나라 임금 경공(頃公)은 봉추보(逢丑父)와 얼굴이 비슷한 점을 이용하여 자신이 봉추보인 것으로 속이고 도망갈 수 있었다. 봉추보는 대신 포로가 되고 삼군을 속인 죄로 참수되었다. 아마 이 상황에서 그는 두 가지 책무들의 갈등을 경험하였을 것이다. 하나는 임금을 살리는 일이고, 다른 하나는 자신을 살리는 일이었을 것이다. 그 갈등을 해결하면서 그는 자신이 권을 사용하여 문제를 해결한 것으로 생각한다. 개인의 생명을 희생하고 적절한 속임수를 이용하여 임금의 생명을 지켰다고 여기는 것이다. 자신은 중요한 일을 위하여 목숨을 희생하기로 결정했는데, 그것은 권을 사용할 수 있는, '용인할 수 있는 범위'에 속한다고 생각한 것이다. 그가 선택한 행동 방식은 결국 '자기의 손해를 감수하고 남을 해치지 않는다'는 권의 도리를 지킨 것이다. 그러나 공양가는 한마디의 찬사도 던지지 않는다. 그리고 권을 사용한 것으로 인정조차 하지 않는다. 그것은 그가 결코 경, 즉 시비 판단을 정확하게 내리지 못했기 때문이다. 경이 없는 권은 있을 수 없기 때문에 이 경우 권을 인정조차 할 수 없는 것이다. 그는 자신의 임금을 아주 천하게 만들어 도망가게 함으로써, 임금도 제나라 종묘도 수치를 당하게 하였다. 그것은 결코 옳은 선택일 수 없는 것이다. 동중서(董仲舒)는 매우 유사한 두 사례들

라 극극(郤克)이 마차에서 내려 창을 내던지고 뒤로 주춤주춤 물러나 경공의 말 앞에서 재배를 하고 머리를 조아렸다. 봉추보(逢丑父)는 제나라 경공의 거우(車右)였다. 얼굴과 눈이 경공과 서로 같고 의복도 서로 같아 경공을 대신하여 왼쪽에 앉아 있었다. 제나라 경공으로 하여금 마실 물을 가져오게 하여 물을 가지고 이르자, 봉추보는 '다시 가서 맑은 물을 가져오라'고 말하였다. 경공은 이를 이용하여 달아나 돌아오지 않았다. 봉추보가 말하기를, '우리는 사직 신령의 힘을 얻어 우리 임금이 이미 이곳을 벗어났다'고 했다. 진나라 극극이 말하기를, '삼군을 속이는 자는 그의 법이 어떤 것인가?'라고 했다. 봉추보는 '법으로 처단하라'고 말했다. 이에 극극이 봉추보를 베었다(『春秋公羊傳』「成公 二年」).

에서의 제중과 봉추보의 선택들을 아주 다르게 평가한다.49)
동중서의 관점에 따르면, 봉추보는 권을 알지 못하였고, 제중
은 권을 알았고 현명한 사람이었다. 봉추보가 권을 알지 못했
던 까닭은 그가 경을 판단하지 않고 따라서 용인될 수 있는 범
위를 넘어서서 권을 사용하였기 때문이다. 그래서 결국 경으로
돌아올 수도, 선을 달성하지도 못했던 것이다.

또 하나의 사례는 「선공 11년」의 '진나라의 하징서를 살해
한' 사례다.50) 이것은 '하징서의 딜레마' 내지 '실제로는 칭찬하

---

49) 자세한 내용의 원문을 요약하여 번역하면 다음과 같다. 봉추보가 자신을
희생시켜 임금의 목숨을 구하고자 했는데도 왜 권을 알았다고 말할 수 없는가?
봉추보는 진나라의 군대를 속이고 제중은 송나라를 속였다. 두 사람은 모두 올
바른 길을 어겼지만 자기 임금의 목숨을 지켰다. 둘을 비교하면 봉추보의 일이
제중의 일보다 훨씬 더 위험하고 어려웠다. 그런데도 제중은 현명하다는 평가
를 받았고 봉추보는 오히려 비방의 대상이 되었다. 무엇 때문인가? 동중서는
여기에 답한다. 시비를 가리기 힘든 경우가 이 경우다. 두 경우는 서로 비슷하
여 같은 것으로 오해받지만 실제로는 일어난 이치가 다르기 때문에 자세히 살
펴보아야 한다. (태자 홀처럼) 제후의 자리를 형제에게 양보하는 것은 고상한
일이다. 그러나 (제 경공처럼) 살아서 포로가 되거나 살려고 도망가는 일은 군
자가 너무나 경멸하는 일이다. 제중은 자신의 임금으로 하여금 사람들이 매우
고상하게 여기는 경지에 놓이도록 하면서 임금을 지켰다. 그래서 그는 권을 잘
사용했으므로 현명한 사람이라고 평가를 받았다. 그러나 봉추보는 자신의 임금
으로 하여금 사람이 아주 경멸하는 자리에 놓이게 하면서 그를 보호했다. 그래서
그는 권을 잘 사용하지 못했다고 평가받았다. … 지존의 임금이 더할 나위 없는
치욕과 경멸을 당하게 할 수 없다. 임금이 사로잡힌다는 것은 있을 수 없는 일이
다. 잠시 역할을 바꾸어 자리를 떠났더라도 다시 임금으로 대접받을 수 없는 것
이다. … 만약 봉추보가 떳떳한 도리(=경)를 알았다면 도망을 권장하기보다는 임
금이 자신과 함께 죽어서 나라에 부끄러움을 주지 말자고 충고했어야 한다. 그는
결국 권을 잘 사용하지 못했는데, 이는 그가 임금에게는 충성을 다했지만 옳음이
라는 떳떳한 도리(=경)에는 부합되지 못한 것이다(『春秋繁露』 「竹林」).
50) 자세한 내용의 원문을 번역하면 다음과 같다. 초나라 사람이 진나라의 하
징서를 살해했다. 이는 초나라 군주인 자작이다. 그를 인(人)이라고 일컬은 것
은 무슨 뜻인가? 폄하한 것이다. 왜 이를 폄하한 것인가? 제후가 외국의 죄 있
는 것을 토벌한 일을 찬성하지 않은 것이다. 비록 국내에서 대부를 토벌하는
것이라도 찬성하지 않을 것이다. 왜 찬성하지 않았는가? 실제적으로는 찬성하

고 글에서는 칭찬하지 않음[實與文不與]의 딜레마'로 부를 수 있을 것이다. 『춘추공양전』에는 이 사례에서처럼 '실제로는 칭찬하고 글에서는 칭찬하지 않는' 방식으로 역사적 사건들을 평가하는 사례들이 대략 여섯 차례 등장한다. 「희공 원년」, 「희공 14년」, 「선공 11년」, 「문공 14년」, 「정공 원년」 등이다. 여기서 '실제로는 칭찬한다[實與]'는 것은 당시의 실제 상황을 만나서는 어쩔 수 없이 받아들여야 했다는 것이다. '글로서는 칭찬하지 않는다[文不與]'는 것은 그 당시의 선택이 옳음이나 도덕성에 어긋났던 것이기 때문에 칭찬할 수 없다는 것이다. 이 사례들에서의 갈등은 주로 제후나 대부의 신분에 넘치는 행위들과 연관된다. 예를 들어, 독단적으로 토지를 주어 제후로 삼는 일[專封], 독단적으로 전쟁을 일으키고 다른 나라를 정벌하는 일[專討], 독단적으로 임금을 폐하거나 세우는 일[專廢置君], 독단적으로 실권을 잡는 일[專執] 등이다. 예로 든 사례에서, 제후가 대부를 독단적으로 죽일 권리가 없는데도 불구하고 초나라 장왕(莊王)이 진나라 대부 하징서(夏徵舒)를 살해했다. 따라서 공양가는 초나라 장왕의 행위를 비방한다. 그런데 무엇 때문에 또 실제로는 칭찬하였는가? 당시에는 위로는 천자가 없고 아래로는 방백이 없는 비상한 시대였음을 알 수 있고, 임금과 아버지를 죽이는 난적을 제후들은 토벌할 수 있는 힘을 가졌기 때문에 토벌을 용납할 수밖에 없었다. 그렇다면 글로서

고[實與] 문사에는 찬성하지 않은 것이다[文不與]. 문사는 왜 찬성하지 않았는가? 제후의 의(義)는 독단적으로 토벌할 수가 없기 때문이다. 제후의 의에는 마음대로 토벌할 수가 없다고 하였는데 그 실제로는 찬성해주었다는 것은 무슨 뜻인가? 위로는 천자가 없고 아래로는 방백이 없어 천하의 제후가 무도를 행하는 자가 있어서 신하가 군주를 시해하고 아들이 아버지를 시해했다면, 이는 힘으로 능히 토벌하는 것이니 이의 토벌을 옳게 여긴 것일 뿐이다(『春秋公羊傳』「宣公 十一年」).

는 칭찬하지 않은 것은 무슨 까닭인가? 경에서 허용하지 않는 일이기 때문이다. 독단적인 토벌은 당시의 어쩔 수 없이 받아들여야 하는 악이었다. 그러나 그것으로써 원리나 규범(=경과 법)을 고칠 수는 없는 것이며, 보편화시켜서 원리나 규범으로 만들 수도 없는 것이다. 경은 특정한 상황에서 부족과 결함을 지닌다. 그런 상황에서 독단적인 토벌은 권의 사용일 수 있는 것이다. 그것이 바로 실제로는 칭찬하는 것에 해당한다. 그러나 권은 항상 경의 보완일 뿐 그 자체가 경일 수는 없다. 경으로 반드시 돌아와야 하는 것이다. 이는 서양에서 사용한 제한법과는 다른 것이다. 그것은 어떤 부족하고 결함이 있는 원칙에 제한을 가하여 그것을 보편적으로 적용시키려는 것이 제한법인 반면, 유가 윤리에서 말하는 경권은 경의 부족과 결함을 권으로 보완시킨 후 결국 경으로 돌아오는 것이지 권 자체를 일반화시키지 않는 것이다.

이 사례에서 『춘추』는 독단적 토벌을 비방하고 장왕을 '초나라 사람'이라고 폄하했다. 그런데 「소공 4년」의 사례에서는 초(楚)나라 영왕(靈王)이 여러 제후들과 연합하여 독단적으로 토벌을 하였으나 영왕을 '초나라 자작[楚子]'이라고 부르고 '초나라 사람[楚人]'으로 폄하하지 않았다.51) 동중서는 이를 해석한다.52) 즉, 하징서의 죄는 무겁기 때문에 보통 사람들도 거의

---

51) 초나라 임금인 자작과 채나라 임금인 후작과 진나라 임금인 후작 ⋯등이 오나라를 정벌했다(『春秋公羊傳』「昭公 四年」).

52) 원문을 번역하면 다음과 같다. 초나라 장왕이 진나라 하징서를 살해했는데도 춘추에서는 호칭을 낮추었다. 왜냐하면 독자적으로 토벌하는 것을 긍정하지 않기 때문이다. 초나라 영왕이 제나라의 경봉을 살해하자 이전과 달리 '초자', 즉 '초나라 자작'으로 일컬었다. 무슨 까닭인가? [동중서가] 답한다. 장왕이 한 일은 훌륭한 반면 하징서의 죄상은 무겁다. 훌륭한 군주가 중대한 죄인을 처벌했기 때문에 일반 사람들도 거의 대부분 마음속으로 옳다고 생각할 것이다. 만약 호칭 용어의 위격을 낮추지 않으면 그 누가 징벌의 권한 행사가 정해진 원

대부분 그를 죽인 것이 옳다고 생각할 것이다. 만약 그를 죽인 초나라 장왕을 부르는 용어를 폄하하는 용어로 쓰지 않는다면 누가 독단적으로 토벌한 그 일이 옳지 않은 일임을 깨달을 수 있겠는가? 그래서 오히려 그를 폄하하여 그 일의 옳지 않음을 드러내고자 한 것이다. 그리고 초나라 영왕이 제나라 경봉(慶封)을 독단적으로 살해했는데도 그를 '초나라 사람'이 아닌 '초나라 자작'이라고 부름으로써 폄하하는 호칭을 사용하지 않았다. 그것은 '이미 시비가 밝혀진 사례는 되풀이해서 다루지 않지만 아직 확실하지 않은 사례는 명쾌하게 정리한다'는 필법에 의한 것이다. 예를 들어, 제후가 독단적으로 토벌하지 못하는 것은 이미 환히 밝혀져 있다. 그러나 제나라 경봉의 경우 그의 죄상이 아직 알려지지 않고 있었다. 이 때문에 그를 죽인 영왕을 비방하지 않고 패자의 자격으로 토벌의 권리를 행사하도록 용인했던 것이다. 이러한 평가는 경봉이 한 짓이 죽어야 마땅하다는 사실을 드러내주는 것이다. 이는 유가 윤리의 경 → 권 = 선의 도덕적 딜레마 해결 방식이 일률적이지 않음을 보여주기도 하고, 시비 판단인 경이 압도적인 원리나 규범이 아님과 권의 용인 범위가 다양함 그리고 선으로 돌아온다는 것이 당사자들에게의 선일뿐 아니라 일반 사람들이나 역사에도 선이어야 한다는 점 등을 잘 보여준다.

　마지막으로, 「선공 15년」의 '송나라 사람이 초나라 사람과 화평을 이룬[宋人及楚人平]' 사례를[53] 살펴보자. 여기에 나타

칙과 부합되지 않는다는 것을 알아차리겠는가? 『춘추』는 일반적인 여론의 동정에도 불구하고 사태의 진상과 행위자의 의도에 대해 혐의를 두고 늘 숨겨진 부당성을 들추어낸다(『春秋繁露』 「楚莊王」).
53) 원문을 요약하여 번역하면 다음과 같다. 송나라 사람이 초나라 사람과 화평을 이루었다. 외국의 화평은 기록하지 않는 것인데 이곳에는 왜 기록했는가? 그 자신들이 화평을 이룬 것을 대단하게 여긴 것이다. 왜 그 자신들의 화평을

나는 도덕적 딜레마는 '사마자반의 딜레마'로 부를 수 있을 것이다. 초나라 장왕이 송나라를 포위하고 있는 상황에서, 초나라의 사마자반(司馬子反)과 송나라의 화원(華元)이라는 사람이 서로의 군정을 탐방하려고 토산 위에서 마주한다. 사마자반이 송나라의 사정을 묻자, 화원은 솔직하게 자식을 바꾸어 먹을 정도로 사정이 어렵다고 말한다. 이 말을 듣고 사마자반도 초나라도 7일치의 식량밖에 남지 않았다는 것을 알려준다. 서로의 어려운 사정을 알고 강화하기로 약속한다. 사마자반은 돌아와서 장왕께 모든 것을 말하고 강화할 것을 고집한다. 여기서 사마자반은 서로 싸우고 있는 나라들 사이에 군사적 정보를 알려서는 안 되며 대부의 입장에서 독단적으로 강화를 결정하고 약속할 수 없다는 원칙과 어려운 사람을 도와야 한다는 원칙 사이에 갈등을 경험했을 것이다. 공양가는 도리어 사마자반의 결정을 선한 것으로 평가한다. 그의 권의 사용은 사람의 본성인 측은지심에 토대를 두고 이루어진다. 이것은 '자신의 손실을 감수하고 남을 해치지 않는다'는 권의 도리에 부합하는 것이다. 그러나 공양가는 비록 자반의 인심을 칭찬하지만 이 행동 방식이 경(=常法)이 될 수는 없다고 판단한다. 따라서 사마자반과 화원을 '사람[人]'으로 낮추어 부른다. 여기서

이룬 것을 대단하게 여겼는가? 초나라의 장왕이 송나라를 포위하여 오래되었는데도 함락되지 않고 군대는 7일치의 식량만 남아 있었다. 이를 다 소모하고 승리하지 못하면 장차 철수하여 돌아가려고 했다. 이에 사마자반(司馬子反)을 시켜 토산에 올라가 송나라 성 안을 엿보게 하였다. 송나라의 화원(華元)도 흙으로 메운 토산에서 보고 있었다. 사마자반이 상황이 어떤지를 묻자 화원은 '자식을 서로 바꾸어 잡아먹고 사람의 뼈를 쪼개서 밥을 짓는다'고 대답한다. 이어서 '남의 재앙을 보면 불쌍하게 여기는 것이 군자라는' 화원의 말을 듣고 사마자반은 장왕에게 돌아가 송나라 사람들이 매우 고달프다고 말하고 군대 식량이 7일치밖에 남지 않았음을 알려주었다고 장왕에게 아뢴다. 그리고 화평할 것을 강요한다(『春秋公羊傳』「宣公 十五年」).

중요한 것은 특수한 행동 방식이 보편화될 수 있는가가 아니고 구체적인 상황에서 먹게 되는 사람의 마음 자체를 굳게 믿고 구체적인 행동 방식을 결정하는 일이다. 사랑하는 마음[仁心]의 보편성을 보편적으로 응용할 수 있는가가 중요한 것이 아니고 그 행동 방식이 사람의 마음속에 보편적인 것이 될 수 있는가가 중요한 것이다. 따라서 사랑하는 마음은 경과 권의 공통적인 바탕을 이루는 것이다. 그 바탕 위에 경은 일상적이고 보편적인 상황에 대응하는 도덕 원리며, 권은 특수한 구체적인 상황에 대응하는 도덕 원리다. 그런데 원래 떳떳함[常]과 변함[變]은 서로 다른 것이 아니다. 떳떳함과 변함은 근본적으로 다른 어떤 것이 아니라 상황의 다름일 뿐이다. 경과 권도 같은 도덕 원리의 서로 다른 적용일 뿐이다. 결국 유가 윤리에서의 도덕적 딜레마 해결 과정과 방식인 경 → 권 = 선은 동일한 도덕 원리를 서로 다르게 적용시키면서 인간을 위한 선을 추구하는 방식에 다름 아닐 것이다. 이는 도덕 원리를 일관적이고 보편적으로 적용하기만을 고집하는 원리 윤리나 의무 윤리의 틀을 벗어나는 것이며, 그렇다고 해서 도덕 원리 자체를 무시하고 삶의 현실만 강조하는 목적 윤리나 상대주의도 아니다. 이것은 유가 윤리가 상황 윤리 내지 실용주의 윤리의 일종임을 말해주는 것이다.

IV. 결 론

오늘날 다원주의 사회에서는 원리들과 규범들로 사람들의 삶을 마름질하는 것은 더 이상 용인될 수 없다. 원리 윤리나 의무 윤리는 더 이상 현대 사회에 합당한 윤리라고 생각할 수 없을 것이다. 그렇다고 해서 모든 것을 개인의 판단이나 기호에 맡길 수도 없을 것이다. 윤리적 상대주의도 사람의 삶을 풍요롭게 만드는 합당한 윤리일 수 없음은 당연하다. 문제는 두 윤리들을 통합하는 새로운 윤리가 등장해야 한다. 그것은 한마디로 다원주의 윤리(pluralistic ethics)가 될 것이다. 이 새로운 대안적 윤리의 대표적인 경우가 기독교적 상황 윤리와 실용주의 윤리일 것이다. 그리고 무엇보다도 유가 윤리는 현대적 삶에 합당한 윤리로서 간주될 수 있다. 그것은 경험주의적 도덕적 성찰을 대변하는 것이다. 그래서 현실적인 인간 삶 속에서 빈번하게 경험되는 도덕적 딜레마들을 적극적으로 인정하면서 그것을 해결하는 방안들에 관심을 두어왔다.

그런데 그 해결 방안은 한마디로 경 → 권 = 선의 공식으로 표현할 수 있는 것이다.54) 그것은 특수한 구체적인 도덕적 책무나 의무의 갈등 상황에서 경(원리나 규범)에 따라서 시비 판단을 내리고 권을 사용하여 그 시비 판단을 구체적인 상황의 다양한 측면들에 철저하게 적용시킴으로써 개인이나 사회에 이익이 되는 선을 추구한다는 것이다. 경과 권은 항상 통합적으로 기능하고 있는 것이다. 보편적이고 추상적인 원리나 규범은 특수하고 구체적인 상황들을 떠나서 존재의 의미를 가질

---

54) 심사위원 중에서 이 공식으로 딜레마를 해결할 수 있는지의 여부를 결론적으로 밝히라는 지적이 있었으나, 딜레마 개념에 대해서나 본 논문의 방향이나 내용을 오해하는 데서 오는 지적이라고 생각한다. 딜레마는 결코 객관적인 방식으로 완전하게 해결될 수는 없는 것이다. 그러나 현실적으로 인간들은 딜레마를 나름대로의 방식으로 해결하면서 살아간다. 그 현실적인 해결 방안이 절대적으로 옳은 방안일 수 없다. 딜레마는 절대적인 해결 방안이 있다면 딜레마일 수 없다. 중요한 것은 현실적으로 이 문제를 어떤 방식으로 해결하려는지의 문제다. 본 논문 역시 유가 윤리의 실제적인 딜레마 해결 방안을 분석하고 그것을 통해 유가 윤리의 특성을 파악하는 데 있음을 다시 한 번 강조한다.

수 없으며, 보편적인 윤리를 상실한 인간 삶의 현실도 바람직한 것은 아니라는 것이다. 특정한 도덕적 딜레마의 상황에서 권(=융통성)을 사용한다는 것은 단순히 자기의 뜻대로 문제를 해결하자는 것이 결코 아니다. 먼저 경이 있고 난 후에 권이 있을 수 있으며, 경은 부족하고 결점이 있어 구체적인 상황에서 선악을 판단하고 행동의 지침을 제시할 수 없고, 상황 변화를 저울질하는 방식(=권)을 통해 판단을 내려야 한다. 따라서 경과 권은 다른 것이면서도 결코 다른 것으로 기능하지 않는다. 경은 고정된 권이며 권은 변하는 경이다.

유가 윤리의 도덕적 딜레마의 해결 방안에서 경이란 의무 윤리(deontological ethics)와 옳음(rightness or justice)을 의미하는 것이며, 선은 목적 윤리(teleological ethics)와 좋음 (goodness)을 의미한다. 그리고 권은 그 둘을 구체적인 특정 상황 속에서 통합하는 방식을 말한다. 따라서 이러한 방식으로 도덕적 딜레마를 해결하는 유가 윤리는 통합 윤리로서 의무 윤리와 목적 윤리, 원리 윤리(ethics of principle) 내지 윤리적 절대주의와 윤리적 상대주의를 통합하는 윤리며, 다원주의 사회에 합당한 윤리로서 주목을 받고 있는 기독교적 상황 윤리나 실용주의 윤리와 그 맥을 함께 하는 윤리임을 알 수 있을 것이다. 이는 오늘날 우리가 어떤 방식, 어떤 도덕적 성찰을 하고 살아야 하는지를 분명하게 가르쳐주고 있으며, '공자가 죽어야 나라가 산다'는 식의 사고 방식이 유가 윤리에 대한 얼마나 큰 오해인지를 깨닫게 해줄 것이다.

□ 참고 문헌

『논어』(『漢文大系 一 : 論語集說』(日本 : 富山房, 昭和, 59)).

『맹자』(『漢文大系 一 : 孟子定本』(日本 : 富山房, 昭和, 59)).

『중용』(『漢文大系 一 : 中庸說』(日本 : 富山房, 昭和, 59)).

『회남자』(『漢文大系 二十 : 淮南子 』(日本 : 富山房, 昭和, 59年)).

『춘추공양전』(公羊壽 傳 / 何休 解詁 / 徐彦 疏, 『春秋公羊傳注疏』(北京大學
　　出版社, 2000)).

『춘추번로』(董仲舒 撰 / 凌曙 注)(中華書局, 1991).

『주자어류』(北京 : 中華書局, 1994).

곽제용 주편, 『유가 윤리쟁명집 ― 이「친친호은」위중심(儒家倫理爭鳴集-以
　　「親親互隱」爲中心)』(武漢 : 湖北敎育出版社, 2004).

서가, 「논유가'경권상제'적 도덕모식(論儒家'經權相濟'的 道德模式)」, 곽제용
　　주편, 『유가윤리쟁명집 ― 이「친친호은」위중심(儒家倫理爭鳴集 ― 以
　　「親親互隱」爲中心)(武漢 : 湖北敎育出版社, 2004).

류칠노, 「유가의 권도에 관한 연구」, 한국동서철학회, 『동서철학연구』 8권
　　(1991).

박재주 외 역, 『중국윤리사상사』(서울 : 원미사, 1996).

박재주, 「도덕적 상상을 기르는 도덕 교육」, 『초등도덕과교육』 제11집(초등도
　　덕과교육학회, 2006).

Hare, R. M., *Moral Thinking : Its Levels, Method, and Point* (New
　　York : Clarendon Press, 1981).

Kekes, John, *The Morality of Pluralism* (Princeton, New Jersey, Princeton
　　University Press, 1993).

MacIntyre, Alasdair, *Ethics and Politics, Selected Essays*, Volume 2 (New
　　York : Cambridge University Press, 2006).

Mason, H. E., ed., *Moral Dilemmas and Moral Theory* (New York : Oxford
　　University Press, 1996).

제 9 장
공자와 아리스토텔레스의 효 관념

I. 서 론

'예절'은 '예의범절'의 줄인 말이다. 예의는 예의 근본적인 의미나 마음가짐을 말하는 것이며, 범절은 그 의미나 마음가짐을 실천하는 다양한 행동 방식들을 말한다. 『예기』 첫머리에 '공경하지 않음이 없어야 한다(毋不敬)'고 말한 것은 모든 자세한 범절(=曲禮)들은 '공경하는 마음'에 그 바탕을 두어야 한다는 의미다. 효도에도 효심과 효행이 있다. 모든 효행들은 효심을 근본 바탕으로 하여 행해져야 한다. 효행은 시대에 따라 다를 수 있지만, 효심은 시대나 환경의 변화에도 변하지 않는다. 지난날의 효행의 규범들을 일방적으로 요구하는 것은 시대나 상황에 어울리지 않는 일종의 구속일 수 있다. 그것이 바로 '번문욕례(繁文縟禮=지나치게 형식적이어서 번거롭고 까다로운 규칙과 예절)'이다. 예절의 근본은 예의이듯이, 효도의 근본은 효심이지 단순한 효행이 아니다. 무엇보다 중요한 것은 효의 진정한 의미를 바르게 이해하는 것이다.

　그런데 오늘날 산업 발달과 물질 만능의 우리 사회가 앓고
있는 가장 심각한 질병은 효심의 상실, 효의 진정한 의미를 깨
닫지 못함인 것 같다. 진정으로 고마운 마음을 가지지 않은 채
그저 고맙다고 인사하는 것이나, 자식으로서 부모를 단순히 물
질적으로만 부양하면 된다는 식의 효행을 효도의 전부인양 생
각하는 것이 우리의 현실인 것 같다. 더욱더 심각한 문제는, 근
본인 효심을 바탕으로 이루어지지 않는 효행들이 지속적으로
이루어질 리는 없다는 것이다. 그래서 부모님께 고맙다고 인사
하거나 물질적으로 부양하기는커녕 부모를 속이거나 구타하
거나 심지어 죽이는 사례들이 빈번하게 일어나고 있다. 효도의
상실은 하나의 덕을 상실한 수준이 아니다. 그것은 바로 인간
됨의 도리를 상실한 것을 의미한다. 유가에서 인간의 다섯 가
지 기본적인 실천 덕목들(=五倫) 가운데 첫 번째 부모와 자식
사이의 친애(=父子有親)를 '하늘의 인연으로 정해진, 마땅히
지켜야 할 도리(=天倫)'라고 하면서, 나머지 네 가지 인간의 도
리들(=人倫)(君臣有義, 夫婦有別, 長幼有序, 朋友有信)의 근본
이라고 하였던 까닭은 바로 여기에 있다. 부모가 자식을 사랑
하지 않으면서 누구를 사랑할 수 있을 것이며, 부모를 사랑하
지 않는 자식이 누구를 사랑할 수 있을까? 오늘날 우리가 상식
적으로 생각하더라도 효도의 중요성은 짐작할 수 있을 것이다.
가정이 부모의 자식 사랑과 자식의 부모 공경으로 가득하다면
화목하고 질서 있는 가정이 될 것이며, 가정의 연합으로 이루
어진 사회도 질서와 안정과 평화와 번영을 누리게 될 것이다.
따라서 우리 사회의 가장 시급하고 중요한 일은 효심, 즉 효의
진정한 의미를 회복하는 일이며, 그 의미를 실천하는 현대적

방법들, 즉 효행의 규범을 다시 확립하는 일이다.

　본 논문에서는 효의 진정한 의미를 공자의 효 관념들 속에서 찾아보고자 한다. 그런데 세계화를 적극적으로 추진했던 오늘날 우리 사회는 이미 서양 사회와 이웃처럼 가깝게 지내고 있기 때문에, 이미 동서양의 구별 자체가 무의미하게 된 상태라고 생각한다. 그리고 고대나 현대의 서양인들도 인간인 이상 효심과 효행이 없었던 것은 아니었다. 다만 동서양인들은 효의 진정한 의미를 조금 다르게 이해하고 있었으며, 그 의미를 시대와 상황에 따라 다른 방식으로 실천했을 따름이었다. 그래서 본 연구는 효의 진정한 의미를, 아리스토텔레스의 효 관념과 공자의 효 관념을 다음의 네 가지 측면들에서 비교 분석하면서 다시 한 번 음미하고자 한다. 첫째, 효가 이루어지는 가족 내지 가정의 의미에 관하여, 둘째, 효의 근거에 관하여, 셋째, 효는 도덕적 책임인가 의무인가에 관하여, 넷째, 효의 본질적인 내용(=효심)인 공경심에 관하여 비교 분석할 것이다.

II. 가정은 하나의 공동체인가 모든 공동체의 근원인가

　그리스어의 '가정(oikos)'은 영어 '경제(economy)'의 어원으로서 재산과 주거를 의미하며, '가정(family)'이라는 영어의 어원은 라틴어 'familia'인데, 노예와 재산의 의미를 가진다. 따라서 서양의 가정 내지 가족 개념은 경제 체제의 의미를 가졌다. 고대 그리스에서는 가정을 하나의 경제공동체로 간주하면서, 전체적인 정치공동체인 도시국가(polis)의 한 부분으로 여겼다. 아리스토텔레스에 의하면, 도시국가는 독립적인 가정들로 구성된 하나의 공동체다. 가정이 도시국가의 근원인 것이다. 그러나 가정은 도시국가에서 그것의 목적을 갖는다. 가정이 그 자체의 특정적인 목적을 갖기도 하지만, 그것을 넘어서는 목적을 갖는다. 그 목적이 바로 시민들이다. 독립적인 가정의 구성원들인 가족들은 하나의 도시국가의 시민들이어야 한다는 것이다. 결국, 가정은 도시국가의 기원이기는 하지만, 일단 도시국가가 성립한 다음에는 그것의 한 부분에 지나지 않는다. 그리고 경제공동체로서 가정에서의 입장보다 더 중요한 것은 정치공동체로서 도시국가의 구성원인 시민의 입장이다. 이런 점들은 아리스토텔레스의 다음과 같은 주장을 통해 분명히 드러난다. 즉, "(도시)국가는 본래 가정에 그리고 개인들에 명백히 앞선다. 왜냐하면 전체적인 것이 반드시 부분적인 것보다 앞서기 때문이다. 예를 들면, 전체 몸이 부서지면 손이나 발도 있을 수 없을 것이다."[1] 도시국가는 완전하고 자족적인 전체다. 도시국가의 시각에서 본다면, 한 가족은 일상적인 욕구들의 충족을 위하여 모인, 이른바 "찬장의 동료들(companions of the cupboard)", "여물통의 동료들(companions of the manger)"이다.[2] 그러나 도시국가는 그냥 사는 것이 아니라 '잘살기'를 지향한다. 가정이 도시국가에 선행한다는 것은 단지 시간적으로 앞선다는 의미일 따름이다.

고대 중국에서는 가정은 일종의 정치 체제로서의 의미를 지녔다. 따라서 가(家)는 한 집안과, 그것이 확대된 것으로서의 정치 체제를 의미하였고, 그것은 곧 '나라[國]'와도 규모만 달

---

1) Aristotle, *Politics* I : 2, 1253a19-21, Robert Maynard Hutchins, ed., *GREAT BOOKS OF THE WESTERN WORLD 9.* Aristotle : II (The University of Chicago, 1952).

2) Aristotle, *Politics* I : 2, 1252b13-14.

리했지 본질상의 차이는 없었다. 『논어』와 『맹자』에서는 이 점을 분명히 말하고 있다. 즉, "국(國)을 가진 사람과 가(家)를 가진 사람은 적게 가짐을 근심하지 말고 고르게 갖지 못함을 근심하라."3) "염유는 천호(千戶)의 읍(邑)과 백승(百乘)의 가(家)에 재(宰. 邑長이나 家臣)가 되게 할 수 있다."4) "만승(萬乘)의 국(國)에서 그 임금을 시해하는 사람은 반드시 천승(千乘)의 가(家)다."5) 여기서 국(國)과 함께 사용되는 가(家)는 개별 가정을 의미하지는 않았지만, 분명히 개별 가정의 성립이 정치 체제로서의 가(家)나 국(國)의 성립에 선행할 수밖에 없었을 것이라는 역사적 사실을 감안한다면, 개별 가정으로서의 가(家)가 모든 정치 체제들의 근본 토대였으며, 모든 정치공동체들은 가정들로 이루어진 공동체들이었음을 알 수 있을 것이다. 고대 중국의 유교 사회에서는 국가나 천하, 심지어 만물까지도 하나의 가족이거나 가정의 연장으로 간주되었다. 즉, "유가에 의하면, 국가는 가족이 확대되었다는 뜻을 지닌다. '국(國)'과 '가(家)' 두 자는 언제나 함께 '국가(國歌)'라 일컬어지며 나누어지지 않는다. '가정을 가지런하게 했으면[齊家]' 이제 한 걸음 나아가 '나라를 다스림[治國]'을 말할 수 있다. 대개 제가는 만물을 완성시키는 시작이요, 대중을 다스리는 발단이 되는 것이다. 그러므로 치국(治國)-평천하(平天下)라는 것은 모두 다 제가를 확대한 것이다."6) "유교 정치 철학 전통은 가족 규범에

---

3) 『論語』(『漢文大系 一 : 論語集說』(日本 : 富山房, 昭和 59))「季氏」1, 有國有家者 不患寡而患不均.

4) 『論語』「公冶長」7, 求也 千室之邑 百乘之家 可使爲之宰也.

5) 『孟子』(漢文大系 一 : 孟子定本』(日本 : 富山房, 昭和 59)) 「梁惠王 上」1, 萬乘之國 弑其君者 必千乘之家.

6) 陳立夫(정인재 역), 『중국 철학의 인간학적 이해』(민지사, 1986), pp. 310-301.

온 기대를 다 걸고 있다."7) "사실, 유교는 가족과 국가의 영역을 명확히 구분하지 않는다. '국가'라는 말에서도 볼 수 있듯이, 국가란 분명히 '가(家)'를 포함하는 것이며, 가족의 성격을 많이 띠고 있다. 정치와 가족의 영역은 같은 원리에 의해서 다스려진다."8) "(유교의) 민본 사상은 근본적으로 가족주의적인 정치 사상이다. 민본 사상은 국가 사회를 개별 가족들의 연쇄로 환원하고 정치적 질서를 효제의 윤리로 환원함으로써 국가 사회와 개별 가족, 정치적 질서와 윤리적 질서 사이의 단절을 없애려 한다."9) 그리고 "민본 사상은 가족의 사적 영역과 정치의 공적 영역 사이의 현실적 불연속성을 극복하고 양자를 연속적인 것으로 만들려 한다."10) 결국 가정은 혈연에 기초한 사적 영역이며, 국가(정치)는 공적 영역이지만 유교는 양자를 엄격히 구별하지 않고 모두 효도의 원리로 설명하려고 한다.

그런데 아리스토텔레스는 가족들, 즉 주인과 노예, 남편과 아내, 부모와 자식 등의 관계들을 설명하면서, 중요한 것은 남편과 아내 사이의 관계이지, 부모와 자식 사이의 관계가 아님을 강조한다. 우선 노예에 대한 주인의 관계는 전제적(despotic)이다. 노예는 주인의 소유물에 불과하기 때문이다. 자식에 대한 부모의 관계는 군주적(monarchic)이다. 모두 자유인들이지만, 부모가 자식에게 자연적인 애정을 베푼다는 이유로 자식은 부모에게 복종해야 하기 때문이다. 그러나 남편은 항상 일을 해야 하고

---

7) 김주성, 「저스티스(justice)와 의(義)」, 『계간사상』 1998년 봄호(사회과학원, 1998), p. 182.

8) 함재봉, 『유교 자본주의 민주주의』(전통과 현대, 2000), p. 64.

9) 최진덕, 「유학의 민본 사상, 그 이상과 현실」, 김형효 외, 『민본주의를 넘어서』(청계, 2000), pp. 126-127.

10) 위의 책, p. 128.

아내는 일을 하지 않는 것이 오히려 자연스럽다는 점을 제외한다면, 아내에 대한 남편의 관계는 본질적으로 정치적이다. 남편과 아내는 자식들처럼 자유로울 뿐 아니라 자식들과 달리 평등하다. 여자는 자신의 자연적 열등 때문에 남자에게 복종할 수 있지만, 남편과 아내로서 그들은 평등하다. 정치공동체의 한 부분으로서 가정을 구성하는 것은 남편과 아내의 자유로운 그리고 평등한 관계다. 도시국가가 혈연과는 무관하게 가정들의 공동체로 등장한 것은, 부자간의 관계를 반영하는 가부장적인 정치 질서인 군주제(내지 참주제)가 무너지고 새로운 토대의 정치 질서가 수립되었기 때문이다. 그것이 바로 가정의 토대를 구성하는 자유로운 남성과 여성의 공동체인 것이다. 도시국가 내지 정치 사회의 기원이자 토대는 가정에서의 남편과 아내 사이의 자유로운 그리고 비교적 평등한 관계다. 가정이 도시국가의 기원이기는 하지만, 부모와 자식 사이의 관계가 아니라 남편과 아내 사이의 관계가 정치 질서의 기원이라는 것이다. 가정에서나 도시국가에서나 인간 관계의 근본은 자유와 평등이라는 것이다. 아리스토텔레스에게 가정의 완전한 관계는 부모와 자녀의 관계가 아니다. 가정에는 본질적이지만, 부모 자식 간의 관계는 여전히 최고의 것은 아니다. 가정에 대한 아리스토텔레스의 관점에서 최고인 것은 부모 자식 간의 엄격하게 '왕족의' 위계적 관계는 아니고 남편과 아내 간의 더욱 평등하고 '구성적인' 우정이다. 부부간의 사랑 내지 우정은 능동적인 남성적 덕과 열등한 수동적 여성적 덕의 위계적 불평등을 평등화시킨다. 각각은 자체를 완성하기 위해 타자를 필요로 한다. 그것들의 우정은 그것들의 차이로부터 생기며, 남성과 여성이 그 가정에서 수행할 수 있는 서로 다른 역할들에서 그것을 보존한다. 동시에 그들의 우정은 그들의 차이를 초월하고 차이들 자체들에 선행하는 하나의 통합체인 가정의 토대를 이룬다. 남성적 그리고 여성적 덕은 하나의 유일한 전체의 상보적 부분들이며, 그것은 그들의 차이를 평등화시키고 그것들을 함께 묶는 우정일 따름이다. 남편과 아내의 사랑과 우정은 선(goodness) 우정의 한 형태다. 그것은 다른 사람의 선을 바라는 실제 상태다. 이런 우정에서 실천하고자 하는 선은 우정 자체의 선이다. 그것은 선의 상호성, 자신의 자아에서 그리고 타자에서, 그것의 소유와 그것에 대한 인정이다. 개인의 선이 가장 완전하게 실현되는 선의(eunoia)의 우정은 가정과 국가 둘 다를 존재하게 하는 것이다. 그리고 부부간의 우정은, 타자에 대한 사랑으로 드러나는 자기-사랑의 나타남이며, 그것이 가정의 본질이다.

그래서 아리스토텔레스는 모든 바람직한 인간 관계를 "사랑 내지 우정(Φιλία(philia))"이라고 부르며, 부모와 자식 간의 사이도 우정의 일종으로 표현한다. 그리고 아리스토텔레스는 윤리적 혹은 정신적 제도로서의 가정을 논의한다. 경제공동체로서의 가정은 소유물의 획득보다는 인간들의 덕의 획득에 더 많은 관심을 가진다고 주장하는 것이다. 가정이 일상적 삶을 위해 성립된 공동체임은 분명하지만, 그것이 지향하는 경제적 삶의 진정한 목적은 물질의 획득이 아니고 덕의 획득이다. 윤리적 제도로서의 가정에서 가장 중요한 덕은 남편과 아내 사이의 사랑 내지 우정이다. 그러나 아리스토텔레스에게 가정의 덕, 남편과 아내 사이의 사랑은 그것이 시민의 덕의 원천인 한에서만 관심의 대상이 된다. 개인들이 덕을 획득하는 곳인 경우에만 가정과 도시국가는 서로 연관될 수 있다. 모든 도시국가들이 가정으로 구성되어야 하고, 모든 가정들이 한 도시국가의 부분들이어야 하는 까닭은 가정의 덕인 부부간의 사랑에서 찾을 수 있다. 남편과 아내의 덕들은 상보적이다. 즉, 남편의 능동적인 덕의 시행은 아내가 그녀의 수동적인 덕을 시행할 것을 필요로 한다. 그리고 그 반대일 수도 있다. 부부 관계는 여전히 불평등하지만 부모와 자식, 주인과 노예의 관계들보다 더 큰 정도의 상호성을 가진다. 왜냐하면 그 관계는 남편과의 사랑이나 우정을 가질 수 있는 아내의 능력을 가정하기 때문이다. 남편과 아내 사이의 덕스러운 우정의 가능성이 없이는, 가정의 삶이 도시국가의 삶을 만들지 못할 것이다. 아내의 사랑이나 우정이 없다면, 가장으로서의 남편은 가정의 우두머리로서 자기-관리를 위한 자신의 덕을 행사할 수 없을 것이기 때문이다. 그것은 도시국가의 능동적인 시민에게서 나타날 수 있는 것이다.

그러나 고대 중국의 유교 사회에서는 인간 관계들의 근본은 부모와 자식의 관계임을 강조하면서, 부자 사이의 도리를 '하늘의 도리[天倫]'로 다른 네 가지 도리들을 '인간의 도리[人倫]'로 분류한다. 하늘의 도리는 자연 발생적이라는 의미뿐 아니라 인간으로서 반드시 지켜야 할 근본 도리라는 의미를 가지고 있을 것이다. 공자는 이 점을 다음과 같이 규정한다. 즉, "효는 하늘의 법도며 땅의 의리며 백성이 갈 길이다."11) 결국 자연의 원리를 본받은 것이 효이기 때문에 "부모와 자식 사이의 길은 천성이다."12) 그래서 "사람의 마음인 인(仁=사랑)"13)의 근본은 부모와 형제에 대한 사랑이라고 한다. 즉, "군자는 근본에 힘쓰니 근본이 서면 도가 생긴다. 효도와 형제애가 인을 행하

---

11) 『孝經』「三才章」, 子曰 夫孝 天之經也 地之誼也 民之行也.
12) 『孝經』「父母生續章」, 子曰 父子之道 天性也.
13) 『孟子』「告子 上」 11, 仁 人心也.

는 근본이다."14) 고대 중국 사회에서 정치 지도자는 백성을 길러주고 가르치는 부모의 역할을 하는 사람으로 규정되며, '백성의 부모'로 불릴 정도다. 가정에서도 남편과 아내 사이의 관계보다는 부모와 자식의 관계가 중심을 이루며, 나아가 그것이 모든 사회 관계들의 바탕을 이루었다. 예를 들어, 정치적인 덕목이었던 충과 효는 그 본질이 같은 것으로 간주되었다. 이 점과 관련된 다음과 같은 표현들이 『효경(孝經)』에 등장한다. 즉, "효는, 부모 섬김으로 시작하여, 임금 섬김을 지나, 자신의 몸 세우는 것으로 마무리한다."15) "군자는 부모 섬김에 효를 하기 때문에 임금에게 옮겨서 충성할 수 있다."16) "효로 임금을 섬기는 것이 충성이다."17) 공자는 효의 실천을 정치와 다름없는 것으로 간주한다. 즉, "누군가가 공자에게 '선생께서는 어찌하여 정치를 하지 않으십니까?'라고 묻자. 공자는 『서경(書經)』에 효를 말하면서, 오직 (부모에) 효도하고 형제에게 사랑하여 정치에 베푼다고 하였으니, 이것 또한 정치를 하는 것인데 어찌 정치를 하는 것(=벼슬을 하는 것)만이 정치를 하는 것이겠는가?"18) 부모에게 효도하고 형제에게 우애를 베푼다면 집안이 화목할 것이며, 그것이 확대되어 사회를 평화롭고 안정되게 만들어준다는 것이며, 그것이 바로 정치이지 벼슬을 하는 것이 바로 정치를 하는 것은 아니라는 의미다.

---

14) 『論語』「學而」2, 君子 務本 本立而道生 孝弟也者 其爲仁之本與.

15) 『孝經』「開宗明誼章」, 子曰 … 夫孝 始於事親 中於事君 終於立身.

16) 『孝經』「廣揚名章」, 子曰 君子之事親孝 故忠可移於君.

17) 『孝經』「士章」, 子曰 … 以孝事君則忠.

18) 『論語』「爲政」21, 或謂孔子曰 子 奚不爲政 子曰 書云孝乎 惟孝 友于兄弟 施於有政 是亦爲政 奚其爲爲政.

III. 효의 근거는 공익성인가 자연성인가

아리스토텔레스는 모든 가족 관계들을 '사랑'이나 '우정'의 관점에서 바라본다. 부자 관계나 부부 관계를 모두 우정의 관계로 파악한다. 그리고 두 가지 측면들에서 그 우정의 근거를 설명한다. 그 하나의 측면은 우정의 자연성이다. 즉, "부모는 자식에 대하여 그리고 자식은 부모에 대하여 본성적으로 우정의 감정을 느끼는 것 같다. 그런데 그것은 인간에게서만 아니라 새들이나 그 밖의 대부분의 동물에게서도 볼 수 있는 현상이다. 그것은 같은 종족 구성원 상호간에 느끼는 것인데, 특히 인간에게는 두드러지게 나타난다."19) 그러나 아리스토텔레스는 자식의 부모에 대한 사랑 내지 우정 자체를 강조하기보다는 부모의 사랑과 우월성을 적극적으로 강조하여 그것을 유도한다. 부모는 자식 존재의 근원이며, 양육과 교육의 혜택을 베푼다는 것이다. "아버지는 그의 자식들의 실존을 책임졌는데 이것이 최대의 선으로 생각된다. 그리고 그는 자식들을 기르고 가르쳤다. 이런 일들은 조상의 덕으로 돌릴 수 있다. 더욱이 본성적으로 아버지는 그의 아들들을 지배하고, 조상들은 자손들을, 군주는 그의 백성들을 지배한다. 이런 우정들은 한편의 다른 편에 대한 우월성을 함의한다. 이것이 조상들이 숭배를 받는 이유다. 그러므로 관계되는 사람들 사이에 존재하는 정의도 양쪽에서 동일한 것이 아니고 모든 경우에 그 공적에 비례된다. 이 점은 우정에서도 마찬가지다."20) 여기서 중요한 점은,

---

19) Aristotle, *Nicomachean Ethics* (Robert Maynard Hutchins, ed., *GREAT BOOKS OF THE WESTERN WORLD 9*. Aristotle : II (The University of Chicago, 1952)) VIII : 11, 1155a16-23.

20) Aristotle, *Nicomachean Ethics* VIII : 11, 1161a16-23.

자연성 자체보다는 자연적 우월성과 공과를 강조한다는 것이다. 부모가 자식을 탄생시키고 양육하고 교육했다는 사실 자체보다는 그것으로 인해 부모는 자식들보다 우월하고 또 공과를 부여했기 때문에 사랑과 공경을 받아야 한다는 것이다. 더욱이 자연적인 현상이지만, 부모의 자식에 대한 우정이 자식의 부모에 대한 그것보다 더 지극하기 때문에 부모는 자식에 의해 공경되어야 한다고 주장한다. "부모는 그들의 자식들을 자신의 일부로서 사랑하고, 자식들은 부모를 자신이 생기게 만든 사람으로 사랑한다. 그런데 ① 부모는 자식들이 그들의 자식임을 아는 것보다 자식들이 그들의 소생이었음을 더 잘 안다. ② 소생이 자신을 낳은 사람에 대해서 느끼는 것보다 자식을 낳은 사람이 그의 소생을 자신의 것이라고 더 많이 느낀다. 생산물은 생산자에게 소속되지만(치아나 모발이나 다른 어떤 것도 소유하는 사람의 소속이다), 생산자는 생산물에 소속되지 않거나 소속된다고 해도 그 정도는 아주 적기 때문이다. ③ 시간의 길이도 동일한 결과를 가져온다. 부모는 자식들이 태어나자마자 사랑하지만, 자식들은 시간이 경과하여 이해와 감각적 분별력을 얻고 난 후에야 부모를 사랑한다."21) "재물이나 덕과 관련하여 혜택을 받은 사람은 반드시 되돌려 존경해야 하며, 자기가 할 수 있는 것으로 보상해야 한다. 우정은 할 수 있는 것을 하기를 요구하지, 공과에 비례하는 것을 요구하지 않는다. 신들이나 부모들을 공경하는 경우에서처럼 그런 일은 항상 행해질 수 없기 때문이다. 누구나 자신이 얻은 것과 동등한 것을 돌려드릴 수는 없지만, 자신의 힘껏 섬긴다면 선한 사람으로 생각될 것이다. 이것이 (아버지가 아들과 절연하지만) 사람

---

21) Aristotle, *Nicomachean Ethics* Ⅷ : 12, 1161b17-27.

으로서 자식이 아버지와 절연하는 것은 용납할 수 없는 이유다. 빚을 진 사람은 그것을 갚아야 하지만, 아들이 부모로부터 받았고 그래서 늘 빚진 상태에 있으면서, 그 빚을 갚는 것과 동등한 일을 한다는 것은 있을 수 없다."22) 여기서 아리스토텔레스는 부모의 자식에 대한 사랑이 즐거운 것, 유용한 것, 선한 것에 대한 사랑보다 훨씬 더 깊은 사랑이며, 그것은 '자신의 것에 대한 사랑' 내지 '자신에 대한 사랑'이며, 그것은 자연적이고 인간 본성에 의한 것임을 강조하고 있다. 부모의 자식에 대한 본능적이고 자발적인 우정은 자기-실현을 향한 인간 정신의 자연적인 출발이며, 궁극적으로 선의 우정인 것이다. 자기-사랑이 모든 다른 형태의 사랑의 토대다. 자기-사랑의 가장 형식적인 표현이 박애며, 가장 직접적인 표현이 자식에 대한 부모의 사랑이다. 자기-사랑은 '나 속의 너' 그리고 '너 속의 나'의 즉각적인 자연적인 상호간의 인정에서 나타나고, 그것은 자발적으로 부모와 자식 사이에 발생한다. 그런데 부모는 일종의 '다른 자아들'로서의 자식들을 사랑하고, 자식들은 자신들이 그들로부터 탄생하게 된 그런 사람들로 사랑한다. 자기-사랑의 한 표현으로서, 부모 자식 사이의 사랑 내지 우정은 본능적이기도 하고 정신적이기도 하다. 그것은 곧 합리적인 자기-의식적 삶의 본능적 표현인 것이다. 자기에 대한 사랑은 타자에 대한 사랑으로서 실현된다. 우리의 정신적 발달 과정의 처음부터 끝까지, 자기에 대한 사랑과 타자에 대한 사랑은 분리될 수 없는 것이다. 누구도 단순히 자기만을 사랑할 수 없다. 자기에 대한 사랑은 타자로서의 자기에 대한 사랑인 것이다. 그러나 부모의 자식에 대한 사랑의 자연성과 그것이 자기-사랑의 한

---

22) Aristotle, *Nicomachean Ethics* Ⅷ : 14, 1163b13-27.

표현이라는 아리스토텔레스의 주장은, 자식으로서의 부모에 대한 우정의 근거로 제시하는 것은 아니라고 본다. 가정이 도시국가에 선행한다는 것은 단순한 시간적 선행만을 의미하듯이, 부모 사랑의 자연성은 자식의 부모 사랑의 근거로 설명되고 있는 것은 아니라고 볼 수 있다.

아리스토텔레스가 제시하는 또 다른 하나의, 그리고 더 중요한 우정의 근거는 그것의 공익성이다. 우정은 도시국가의 유지를 위하여 기능하는 여러 가지 제도들이 가져야 할 공익성이라는 것이다. 도시국가는 단순한 사회가 아니고, 공동의 공간을 가지고, 상호간의 범죄를 예방하고, 주고받기를 위해 수립된 것이다. 그리고 그것은 완벽하고 자족적인 삶을 살기 위해 구성된 복지 가정들의 공동체다. 그런 공동체는 동일한 공간 속에서 살면서 혼인하는 사람들 사이에서 수립될 수 있을 뿐이다. 도시에서 생기는 모든 관계들은 우정에 의해서 이루어진다는 것이다. "혈연 관계, 종교 집단, 사람들을 불러 모으는 오락 등은 모두 우정에 의해 만들어지는 것이다. 함께 살려고 하는 의지가 우정이기 때문이다."23) 도시국가의 목적은 행복한 삶이며, 거기서 생기는 모든 관계들과 활동들은 그런 목적을 위한 수단들이며, 그 수단들은 우정을 통해 생성된다는 것이다. 아리스토텔레스는 우정의 의미를 생물적, 본성적인 것에서부터 사회적, 선택적인 의미로 확장하여 규정한다. "우정이 없다면 다른 모든 좋은 것들을 가지고 있더라도 누구도 삶을 택하지 않을 것이다. 부유한 사람들이나 높은 지위에 있는 사람들이나 나라를 다스리는 권세를 가진 사람들에게도 대부분 우정이 필요할 것이라고 생각된다. 그런 재물이나 지위도 자선

---

23) Aristotle, *Politics* Ⅲ : 9, 1280b36-37.

의 기회가 없다면 무슨 소용이 있겠는가? 자선은 주로 친구들에게 행사되고, 또한 그것이 가장 찬양할 만한 것이다. 또 우정이 없다면 재물과 지위가 어떻게 보호되고 유지될 것인가? 재물과 지위는 더 클수록 위험에 더 많이 노출된다. 가난하고 그리고 다른 불운들에 처한 사람들은 우정을 유일한 피난처로 생각한다. 또 우정은 젊은이들이 실수를 하지 않도록 도와주며, 나이 많은 사람들에게는 필요한 것을 보살펴주고 힘이 약해서 할 수 없는 일을 대신해줌으로써 도움을 준다. 장년기의 사람들에게는 고상한 일을 하도록 격려한다. '둘이서 함께 가기'라고 한 것처럼, 우정을 가진다면 사람들은 더 잘 생각하고 더 잘 행동할 수 있다."[24] 그래서 "우정은 도시국가들을 단결시키는 것 같고, 입법자들은 정의보다는 우정에 더 관심을 갖는다. 그 까닭은 이의가 없음은 우정과 같은 어떤 것이고, 입법자들은 대부분 이것을 목표로 삼고 파벌을 가장 나쁜 적으로 몰아내기 때문이다. 그리고 우정은 정의를 가질 필요가 없지만, 정의는 우정을 필요로 한다. 그리고 가장 진정한 모습의 정의는 우정을 함께 하는 정의라고 생각된다. 그러나 우정은 그저 필수적인 것일 뿐 아니라 고상한 것이다. 그러므로 우리는 친구를 사랑하는 사람들을 찬양하고, 많은 친구들을 갖는 일을 훌륭한 일로 생각한다. 그리고 좋은 사람들은 곧 친구들이라고 생각한다."[25] 그러나 중요한 점은 아리스토텔레스는 부모와 자식 사이의 우정을 특별히 부각시키지 않는다는 점이다. 더욱이 자식으로서 부모를 사랑하고 공경해야 한다는 효를 특별하게 지적하지도 않는다. 일반적인 인간 관계로서의 우정의 근거

---

24) Aristotle, *Nicomachean Ethics* Ⅷ : 1, 1155a5-16.
25) Aristotle, *Nicomachean Ethics* Ⅷ : 1, 1155a23-32.

는 효의 근거라고 보기 힘들 정도지만, 아리스토텔레스가 제시하는 효의 근거는 주로 그것의 공익성이다.

그런데 공자에게서도 '왜 부모에게 효를 행해야 하는가?'에 대한 명백한 설명은 제시되지 않는다. 그는 효의 실천을 너무나 당연한 것으로 생각하였기 때문에, 효의 근거를 명백히 밝힐 필요가 없었을 것이다. 그 또한 효의 공익성을 부인하지는 않았지만 자연성을 근거로 제시한다. 인간은 인간이라면 반드시 부모에게 효도를 실천해야 하는데, 그 이유는 '부모는 자식에게 생명을 주었고, 양육하고, 교육하였다'는 사실이다. 효는 인간의 생명으로부터 우러나는 도리다. 인간은 누구나 생명에 대한 애착과 경외감을 가지고 있다. 부모에게서 생명을 부여받았다는 것은 육신뿐 아니라 생명의 기운과 인간 본성 자체를 부여받았다는 의미다. 부모가 자식을 사랑하고, 자식이 부모를 사랑하고 따르는 것은 어떤 이득을 챙기기 위해서나 억지로 만들어서 이루어지는 것이 결코 아니며, 인간의 본성에서 우러나오는 자연스러운 발생이다. 자식으로서의 부모에 대한 사랑과 공경은 아무런 조건 없이 자연스럽게 이루어져야 한다. 그것이 다른 이득의 조건이 될 수 있기 때문에 효를 실천하는 것은 진정한 효일 수 없는 것이다. 따라서 진정한 효의 실천은 특정한 사람만이 행할 수 있는 것이 아니라 모든 사람의 모든 행위들의 근본으로서 누구나 행할 수밖에 없는 것이다. 그것은 인간의 본성에서 나오는 것이다. 사람이 사람답게 사는 길이 바로 효도인 것이다. 효는 자식을 낳고 잘 길러주신 부모의 은공에 보답하는 자식의 도리다. "부모의 유체"로서[26] 자식이 가

---

26) 『禮記』(『漢文大系 十七 : 禮記鄭注』(日本 : 富山房, 昭和, 59年)) 「祭義」, 身也者 父母之遺體.

지는 인간 본질적인 도리다. 모든 생물들이 그러하듯이, 인간도 종족 보존의 본능을 가진다. 그러나 그것은 단순한 생물적 본능인 신체의 보존만을 의미하지 않는다. 인간의 본질에는 생리 활동과 정신 활동이 함께 포함된다. 인간은 혈육의 보전과 함께 조상 공덕을 계승하고 발전시킬 도리를 지닌다. 그래서 유교의 효에는 두 가지 측면들이 강조된다. 그 하나는 조상들로부터 대대로 물려받은 자신의 신체를 조금도 손상시키지 않아야 한다는 점이며, 다른 하나는 부모와 가문의 명예를 후세에 널리 드러나게 한다는 점이다. 맹무백이라는 제자가 효를 묻자, 공자는 "부모는 오직 자식의 병을 근심하신다"[27]고 답한다. 부모가 자식을 사랑하는 마음은 이르지 않음이 없으니 오직 질병이 있을까 두려워하여 항상 근심하기 때문에 자식은 부모의 마음으로 자신의 마음으로 삼으면서 몸을 잘 지켜야 한다는 것이다. 효도는 혈통의 영속화와 가문의 문화 전통 유지를 포함한다는 것이다. "몸 전체(몸과 머리털과 피부)는 부모로부터 받은 것이니 감히 손상시키지 않는 것이 효도의 시작이며, 몸을 바로 세우고 도리를 행하며 후세에 이름을 날리고 그래서 부모를 드러내는 것이 효도의 마지막이다."[28] 그래서 혈통의 단절이 가장 큰 불효인 것이다. "불효가 세 가지 있는데, 그 가운데 후손을 낳지 못하는 것이 큰 불효다."[29] 그런데 부모의 자식 사랑도 자연적이지만, 자식의 부모 공경인 효 또한 선천적인 것임이 강조된다. 공자는 일상적인 정감이 효의 근거라고 생각한다. 그래서 부모의 3년상을 정당화시키면서,

---

27) 『論語』「爲政」 6, 父母 唯其疾之憂.

28) 『孝經』「開宗明義章」, 子曰 身體髮膚 受之父母 不敢毁傷 孝之始也 立身行道 揚名於後世 以顯父母 孝之終也.

29) 『孟子』「離婁 上」26, 不孝有三 無後爲大.

자식은 적어도 3년 동안 부모의 품속에서 보호를 받았기 때문이라고 말한다. 즉, "재야가 밖으로 나가자, 공자는 '재야는 인(仁)하지 못하구나. 자식은 태어난 지 3년이 되어서야 비로소 부모의 품에서 벗어날 수 있다. 그러므로 3년상은 온 천하가 공통적으로 지켜야 할 상례다. 재야도 자기 부모로부터 3년 동안 사랑을 받았을 것인데!'라고 말했다."30) 맹자는 배우지 않아도 할 수 있는 자연적이고 선천적인 자식의 부모 사랑을 효의 근거로 생각한다. 즉, "사람이 배우지 않고도 행할 수 있는 것은 양능(良能)이다. 또한 알려고 하지 않아도 알 수 있는 것은 양지(良知)다. 이로 인해 어린이도 부모를 사랑할 줄 모르는 사람이 없으며, 자라서는 그 형을 공경할 줄 모르는 사람은 없다."31) 여기서 말하고 있는 효의 근거는 자연적인 부모의 사랑에 대한 자식의 자연적인 보응이다. 그 자연적인 보응은 일상적인 정감이며 그것은 순수한 마음이다. 그것이 바로 효심이다. 그래서 '부모와 자식의 도리(=효)는 하늘이 부여한 본성'이라고 하였고, "이와 같이 효를 행하는 자식의 뜻은 사람 정감의 본질이며 예의의 근본이다. 이것은 하늘을 따라 내려온 것도 아니고 땅을 따라 나온 것도 아니다. 다만 사람의 정감일 따름이다"32)라고 했다.

---

30) 『論語』「陽貨」21, 宰我出 子曰 予之不仁也 子生三年然後 免於父母之懷 夫三年之喪 天下之通喪也 予也有三年之愛於其父母乎.

31) 『孟子』「盡心 上」15, 人之所不學而能者 其良能也 所不慮而知者 其良知也 孩提之童 無不知愛其親者 及其長也 無不知敬其兄也.

32) 『禮記』「問喪」, 此孝子之志也 人情之實也 禮義之經也 非從天降也 非從地出也 人情而已矣.

Ⅳ. 효행은 도덕적 책임인가 도덕적 의무인가

여기서 말하는 도덕적 책임(moral responsibility)과 도덕적 의무(moral duty)의 개념은 비교적 단순한 의미다. 건강한 한 청년이 우물을 지나고 있는데, 마침 그 우물에 한 어린이가 빠져서 죽어가고 있다고 하자. '청년은 어린이를 구해야 하는가?' 어린이를 구해야 할 책무(obligation)가 주어진다면, 그 책무의 도덕적 근거는 책임일 수도 있고 의무일 수도 있을 것이다. 도덕적 책임이란 그 행위와 연관된 행위자의 의도적 동의에 의해서 생기는 책무다. 도덕적 행위자는 그가 동의한 행위에 의해서 생긴 결과들에 도덕적으로 책임을 져야 한다는 것이다. 반면, 도덕적 의무는 행위자의 의도적 동의에 의존하지 않는다. 그것은 자의적인 동의와 무관하게 거의 일방적으로 부여되는 책무다. 사전에 동의를 하지 않았다고 해서 어린이를 구할 책무에서 벗어날 수 없는 것이다. 이런 관점은, 우물에 빠지려는 어린이를 구하는 문제를 통하여 인간의 도덕심을 설명하는 맹자의 관점과 같다. 그는 사람이면 누구나 그런 책무를 느껴야 하며, 또한 당연히 느낄 수 있다는 것이다. 즉, "사람들은 모두 다른 사람을 차마 하지 못하는 마음을 가진다. … 사람들이 모두 그러한 마음을 가진다고 말하는 까닭은, 지금 어린이가 우물에 빠지려고 하자, (그것을 본 사람들은 누구나) 깜짝 놀라면서 측은하게 여기는 마음을 가질 것이기 때문이다. 이 점에서 본다면, 측은하게 여기는 마음이 없다면 사람이 아니다."[33] 그 마음이 바로 사랑의 본질이라는 것이다. 그가 단호하게 주장하

---

33) 『孟子』「公孫丑 上」6, 孟子曰 人皆有不忍人之心…所以謂人皆有不忍人之心者 今人乍見 孺子將入於井 皆有怵惕惻隱之心…由是觀之 無惻隱之心 非人也.

고 있듯이, 도덕적 행위의 동기는 도덕적인 마음, 즉 도덕심이다. 그리고 그 도덕심은 어떤 상황에 대한 자연적 감정적 반응의 능력인 것이다. 그런데 우리는 많은 경우에 어떤 일을 하기로 동의를 한다. 그러나 그 이유는 동의했기 때문에 해야 하기 때문이 아니라 당연히 해야 하기 때문에 동의하는 것이다.

물론 책임과 의무는 완전히 무관한 것은 아니다. 도덕적 책임은 특정 유형의 도덕적 의무다. 도덕적 책임은 도덕적 행위자가 자율적인 존재로 행동할 때, 혹은 그가 자신이 동의한 행위들에서 자신의 자율성을 실천할 때, 그의 특별한 도덕적 의무다. 그러나 도덕적 행위자로서 인간 존재는 개인적이고 자율적인 존재인 것만은 아니다. 개인은 또한 사회적 그리고 공동의 존재다. 그런데 공동의 존재로서의 개인은 주변 상황에 대해서도 타자들에 대해서도 배려의 도덕적 의무를 가진다. 그리고 인간은 합리적 존재다. 이성적 존재로서의 개인은 동의하기 전에 그가 동의한 행위에 수반하는 결과들을 계산할 책무를 부여받는다. 더욱이 그는 또한 역사적 그리고 문화적 존재며, 구체적 그리고 상황적 존재다. 인간 존재의 이런 본질적인 모든 특징들은 도덕적 행위자들로서 인간 존재들이 갖는, 서로 다른 유형의 도덕적 책무들을 부가하였다. 그러므로 한 개인의 행위에 대한 적절한 도덕적 평가나 도덕적 판단은 그의 실존적 상황에서 그 개인의 이런 도덕적 책무들을 서로 저울질하면서 결정되어야 한다. 두 종류의 도덕적 책무들, 즉 도덕적 책임과 도덕적 의무 사이의 구분에 비추어본다면, 자식들의 부모에 대한 책무인 효는 본질상 도덕적 의무의 범주에 속할 것이다. 그것은 부모들에 대한 자식들의 자식으로서의 책무를 규정하는 가정은 기본적으로 사회계약적 공동체라기보다는 자연적 공동체이기 때문이다. 자연적 가정이 여전히 우리의 사회적 그리고 공동의 삶의 기본적인 형태들 중의 하나인 한, 부모와 지식들 사이의 부모로서의 그리고 자식으로서의 책무들은 실존할 것이다. 그러므로 자신의 부모의 한 아들이나 딸이 된 사람은 자신의 부모들의 아들과 딸 되기를 선택하였거나 아니거나, 부모들로서 그들을 존경하고 그리고 그들이 필요하면 그들을 보살펴야 할 책무를 가지거나 의무를 갖는다. 그러나 그 효를 실천하는 다양한 상황들이나 행위 방식들의 측면에서 부여되는 책무는 도덕적 책임의 범주에 속할 수 있을 것이다. 효심은 도덕적 의무로, 효행은 도덕적 책임으로 볼 수 있다.

모든 인간 관계들이 가지는 우정의 일종으로 효를 설명했던 아리스토텔레스는 구체적인 효행의 책무를 도덕적 책임으로 받아들였다고 추론할 수 있다. 물론 그것에 관한 그의 직접적인 언급은 발견할 수 없다. 그러나 그는 옳음과 옳은 행위, 부정과 부정한 행위를 구분한다. 옳음이나 부정은 본질상 그럴 수 있지만, 바로 그 행위가 이루어진 후에야 옳은 행위나 부정한 행위가 된다. 사람이 자의적으로 동의하고 선택하여 행한 경우에 그 행위가 옳거나 옳지 않을 수 있다. 무의적으로 행해진 행위는 결과적으로 옳거나 옳지 않을 수 있을 따름이지, 그 행위 자체가 옳을 수도 옳지 않을 수도 없다.34) 이런 관점에서 본다면 구체적인 효행들은 반드시 자의성, 합리성, 공리성 등과 관련하여 판단되는 도덕적 책임의 범주에 속할 것이다. 그가 효의 근거로 공익성을 제시하였다는 점과 연관시켜 추론한다면 이 점을 밝힐 수 있을 것이다.

아리스토텔레스는 직접 효에 관한 설명을 하지 않았지만,

---

34) Aristotle, *Nicomachean Ethics* Ⅴ : 7-8 참고.

정의와 관련하여 서로 상반되는 두 가지의 부모 자식의 모습들을 제시한다. 하나는 부모의 '또 다른 자아(another self)'로서의 자식의 모습이다. 자식은 너무 완벽하게 부모의 자신이며, 너무 자연스럽게 그리고 너무 깊게 사랑받았기 때문에 그들 사이에는 정의의 문제가 생길 수 없다.35) "자기 자신의 것들에는 무조건적 의미에서의 불의는 있을 수 없지만, 자신의 노예나 일정한 나이가 되어 독립할 때까지의 자기 자식은 자기 자신의 일부분과 같으며, 누구도 자신을 해치기를 바라지 않을 것이다(그 이유로 스스로에 대한 불의는 있을 수 없다)."36) 여기서 아리스토텔레스가 말하고자 하는 바는 부모와 자식 사이의 관계는 자기와 자기 자신의 관계와 같은 것이기 때문에, 옳고 그름의 대상일 수 없다는 것이다. 이것이 전통적으로 자식들이 부모들에 대하여 소송을 제기할 수 없게 했던 이유들이었다. 부모의 권위는 너무 인자한 것이며, 따라서 손상되지 않아야 한다는 것이다. 이것은 사랑 내지 우정의 일종인 부모 자식 사이의 사랑을 도덕적 의무로 간주한다는 의미와 같다.

또 다른 하나의 모습은 자식에 대한 부모의 우월한 모습이다. 여기서는 부모, 특히 아버지가 은혜를 과도하게 베푸는 것을 근거로 복종과 공경을 요구한다. 즉, "왕과 백성들 사이의 우정은 베풀어지는 은혜의 과도함에 달려 있다. 선한 왕으로서 그가 마치 양치기가 양들을 돌보듯이, 백성들의 복지를 생각하면서 그들을 돌본다면 그는 그들에게 은혜를 베풀고 있다. 아버지의 우정도 이와 같지만, 이것은 베푸는 은혜가 다른 것보다는 더 크다. 아버지는 그의 자식들의 실존을 책임졌는데 이

---

35) Lorraine Smith Pangle, *Aristotle and the Philosophy of Friendship* (Cambridge : Cambridge University Press, 2003), p. 88.
36) Aristotle, *Nicomachean Ethics* V : 6, 1134b8-12.

것이 최대의 선으로 생각된다. 그리고 그는 자식들을 기르고 가르쳤다. 이런 일들은 조상의 덕으로 돌릴 수 있다. 더욱이 본성적으로 아버지는 그의 아들들을 지배하고, 조상들은 자손들을, 군주는 그의 백성들을 지배한다. 이런 우정들은 한편의 다른 편에 대한 우월성을 함의한다. 이것이 조상들이 숭배를 받는 이유다. 그러므로 관계되는 사람들 사이에 존재하는 정의도 양쪽에서 동일한 것이 아니고 모든 경우에 그 공적에 비례된다. 이 점은 우정에서도 마찬가지다."37) 부모와 자식 사이의 우정과 관련된 정의도 공과에 따라서 논의되어야 한다는 것이다. 자식들이 어릴 때 부모들이 그들을 지배하는 것은 우월한 공과에 근거하기 때문에 당연하다. 그러나 부모의 자식에 대한 지배가 당연한 것은 자식에 비한 우월성 때문만은 아니고 부모가 자식에게 주는 사랑과 헌신은 확실한 것이기 때문이다. 부모 자신을 위한 자식들의 지배는 참주정과 같다. 정당한 부모가 자식에게 복종과 공경을 요구하는 것은 우월성 자체가 아니라 은혜를 베푸는 사람으로서의 우월성에 따라서 당연하다. 아리스토텔레스는 그 요구를 당연한 것으로 받아들이면서, 부모가 최대의 은혜를 베푸는 사람이라고 여러 차례 언급하였지만, 그는 또한 과거를 현재보다 단순히 우월하고, 조상들이 단순히 후손들보다 더 현명하다고 생각하지 않는다. 그는 타자들의 선을 배려하는 삶이 만족스럽기도 하지만 큰 보상을 요구할 수 있다고 생각한다. 부모가 자식들에게 부여하는 세 가지 은혜들 — 생명, 양육, 교육 — 중에서 부모만이 줄 수 있는 것, 즉 생명 자체는 아버지에게는 어떤 대가를 요구하지 않지만 생활 필수품들은 비용도 많이 들고 필수적인 것이고, 사실

---

37) Aristotle, *Nicomachean Ethics* Ⅷ:11, 1161a11-23.

상 부모들에 의해서만 공급될 수 있다. 부모가 자식에게 보상과 공경을 요구하는 가장 강한 근거는 바로 이 점이다. 자식에 대한 도덕적 지적 교육은 타자들도 함께 참여한다.[38] 여기서 우리가 추론할 수 있는 점은, 자식들에게 부모가 베푸는 공과의 우월성은 자연적이고 절대적인 것이 아니기 때문에, 그것에 대한 보상도 보편적으로 부여되는 도덕적 의무의 수준이 아니라는 점이다.

공자와 유가들은 부모를 존경하면서 보살펴야 하는 자식들의 도리를 도덕적 의무로서 철저하게 강조한다. 부모는 자식의 육신을 태어나게 했을 뿐 아니라 자애(慈愛)를 가지고 길러주었기 때문에 그 은혜에 보답할 도덕적 의무를 가지는 것이 당연하다는 것이다. 어미가 새끼를 사랑하는 것은 자연적이고 본능적인 사랑이지만, 부모가 자식을 사랑하는 것은 항구적이고 도덕적이며 교육적인 의미를 가진 사랑이다. 따라서 그런 부모 사랑에 대한 자식의 보답은 일시적이거나 충동적이고 감상적인 것이어서는 안 된다. 진정한 효도는 이기적이고 관능적인 욕구들을 극복하면서 자기 희생을 바탕으로 부모의 뜻을 따르고 부모를 공경하는 것이다. 그것은 단순한 도덕적 책임이 아니라 무조건적인 도덕적 의무인 것이다. 따라서 부모에 대한 자식의 무조건적 순종이 효행의 기본인 것이다. 부모의 뜻을 무조건 따르고 부모의 심신을 무조건 안락하게 해드리는 것이 효행의 기본들이다. 맹의자라는 제자가 효가 무엇인가를 묻자, 공자는 "어김이 없어야 한다"[39]고 단정한 후, 그것은 효도를 도덕적 의무로 받아들여서 부모를 모시는 예를 결코 어겨서는

---

38) Lorraine Smith Pangle, op. cit., p. 97 참고.
39) 『論語』「爲政」 5, 無違.

안 된다는 의미였음을 다음과 같이 말한다. 즉, "수레를 몰고 있는 번지에게 공자는 '맹의자가 나에게 효를 묻기에 나는 어기지 말라고 답했다'고 말한다. 그 말씀이 무슨 의미인가를 묻는 번지에게, 공자는 '살아계시면 예를 가지고 섬기고, 돌아가시면 예를 가지고 장사를 지내고, 예를 가지고 제사를 지내는 것이다'라고 답한다."[40] 그리고 자하라는 제자가 효를 묻자, 공자는 단순히 부모를 부양하는 것보다 부모의 뜻을 어기지 않음이 진정한 효임을 다음과 같이 말한다. 즉, "얼굴빛을 온화하게 하는 것이 어렵다. 일이 있다면 자식이 그 수고를 대신하고, 술과 밥이 있다면 먼저 드시게 하는 것을 일찍이 효라고 하였겠는가?"[41] 효자로서 반드시 삼가고 어기지 않는 용모를 유지해야 함을 강조하는 것이다. 부모를 섬길 때는 부모의 뜻을 어김이 없어야 하고 그것을 온화한 얼굴빛으로 나타내야 한다. 단순히 일을 대신하고 음식을 드리는 것만이 효를 다하는 것이 결코 아니라는 것이다.

심지어 부모가 잘못을 한 경우에도 부모의 뜻을 거역해서는 안 된다는 것이 공자나 유가들의 입장이다. 부모를 공경하는 것은 바로 부모를 따르는 것이 그 기본이다. 그래서 설령 부모가 잘못된 일을 하였더라도 그 잘못을 고치려고 노력하되 원망해서는 결코 안 된다. "부모를 섬기되 (잘못한 경우) 기미를 보면서 간해야 하며 부모의 뜻이 그 간을 따르지 않음을 보더라도 더욱 공경하고 (부모의 뜻을) 어기지 않으며 수고스럽더라도 원망해서는 안 된다."[42] 부모가 잘못을 행했다 하더라도

---

40) 『論語』「爲政」5, 樊遲御 子告之曰 孟孫 問孝於我 我對曰 無違 樊遲曰 何謂也 子曰 生事之以禮 死葬之以禮 祭之以禮.

41) 『論語』「爲政」8, 色難 有事 弟子 服其勞 有酒食 先生饌 曾是以謂孝乎.

42) 『論語』「里仁」18, 事父母 幾諫 見志不從 又敬不違 勞而不怨.

자식은 부모의 마음이 상하지 않도록 더욱 겸손한 태도를 취해야 한다. 또한 부모가 자식의 말을 따르지 않으셔도 부모를 대하여 화를 내거나 불손한 태도를 취해서는 안 되며, 그럴수록 자식은 더욱 간절하게 부모에게 말씀을 드려야 한다. 자식은 부모에게 큰 소리를 내서는 안 된다. 꾸짖거나 큰소리로 나무라는 것은 부모가 자식에게 할 수 있는 것이지, 자식이 부모에게 할 수 있는 것이 아니다. 설령 부모가 절도죄나 심지어 살인죄를 범한다 하더라도 자식은 결코 고발해서는 안 된다. "섭공이 공자에게 말한다. '우리 고장에 정직한 사람이 있습니다. 그의 아버지가 양을 훔치자 그 자식이 그 사실을 알려주었습니다.' 공자가 말한다. '우리 고장의 정직한 사람은 그와 다르다. 아버지는 아들을 위해 숨기며 아들은 아버지를 위해 숨기니, 정직은 그 속에 있다.'"[43] "도응이 묻기를 '순은 천자이고 고요는 사(=법을 집행하는 관리)인데, 고수(=순의 아버지)가 살인을 한다면 어떻게 할 것인가?' 맹자가 답한다. '법을 집행할 따름이다.' '그렇다면 순이 하지 못하게 하지 않겠습니까?' '순이 어찌 그것을 하지 못하게 하겠는가? 받은 바가 있을 것이다.' '그렇다면 순은 어떻게 하겠는가?' '순은 천하를 버리기를 해진 신을 버리는 것과 같이 보고 몰래 업고 도망하여 바닷가에 가서 살면서 평생 기쁘고 즐겁게 천하를 잊을 것이다.'"[44] 죄를 지은 부모를 당국에 고발하거나 처벌하지 않고 감추어주는 것은 자연적인 인간의 정감이다. 그것은 도덕적 책임이 아

---

43) 『論語』「子路」18, 葉公語孔子曰 吾黨有直躬者 其父攘羊 而子證之 孔子曰 吾黨之直躬者異於是 父爲子隱 子爲父隱 直在其中矣.

44) 『孟子』「盡心 上」35, 桃應問曰 舜爲天子 皐陶爲士 瞽瞍殺人 則如之何 孟子曰 執之而已矣 然則舜不禁與 曰 夫舜惡得而禁之 夫有所受之也 然則舜如之何 曰 舜視棄天下猶棄敝蹝也 竊負而逃 遵海濱而處 終身訢然樂而忘天下.

니라 도덕적 의무인 것이다.

효행을 도덕적 책임으로 받아들이는 것으로 추론되는 아리스토텔레스는, 부모를 존경하고 순종해야 하지만 무조건의 복종보다는 합당한 복종을 해야 한다고 주장한다. 즉, "모든 일에서 아버지에게 우선권을 부여하고 순종할 것인가? 누군가가 병이 들 때 의사를 신뢰해야 하는가? … 친구에게 도움을 줄 것인가 착한 사람에게 도움을 줄 것인가? … 이런 질문들은 어려워서 정확하게 결정내릴 수 없다. 왜냐하면, 도움의 크기나 그 고귀성과 필요성에서 다양성을 인정해야 하기 때문이다. 모든 일들에서 동일한 사람에게 우선권을 부여해서는 안 된다는 점은 분명하다."[45] 일상생활 속에서 자식이 부모의 의견을 존중해야 할 상황도 있지만 그의 의견을 따르지 않아야 할 상황도 분명히 있을 수 있기 때문에, 자식의 부모에 대한 무조건적 복종은 안 된다는 것이다. 이는 부모에 대한 자식의 태도가 오로지 선택적인 것임을 강조하기보다는, 부모가 모든 면에서 능통하며 우월할 수 없음을 지적함으로써 부모는 오직 부모로서의 역할만을 수행하면 된다는 점을 말하고 있다. 그는 부모의 은혜를 갚는 것이 우선적인 일이기는 하지만, 그것이 무조건적으로 이루어져서는 안 된다고 주장한다. 즉, "우리는 부양의 문제에서 누구보다도 부모를 도와야 한다고 생각된다. 왜냐하면, 우리 자신이 부모에게 부양을 받았고, 우리 자신보다 먼저 우리를 존재하게 해주신 분들을 돕는 것이 더 귀한 일이기 때문이다. 또한 신들에게 존경을 드리는 것처럼 부모에게도 존경을 드려야 한다. 그러나 모조리 모든 존경을 드려야 하는 것은 아니다."[46]

---

45) Aristotle, *Nicomachean Ethics* IX : 2, 1164b23-32.

V. 효심은 경(敬)이다

아리스토텔레스는 효에 대한 특별한 논의를 하지 않지만, 그가 말하는 효도의 근본은 효심에 있다는 것을 위에서 인용된 구절을 통해 알 수 있을 것이다. 즉, "신들에게 존경을 드리는 것처럼 부모에게도 존경을 드려야 한다. 그러나 모조리 모든 존경을 드려야 하는 것은 아니다." 신을 존경하는 것처럼 부모를 존경하는 마음을 가져야 한다는 것은 효심을 말하는 것이다. 그러나 '모조리 모든 존경을 드리는 것은 아니다'라는 말은 존경하는 마음을 구체적으로 실천하는 데에는 한계가 있다는 말이다. 즉, "제우스에게 무엇이든지 모두 희생물로 바치지 않은 것처럼, 모든 사람에게 동일한 보답을 해서는 안 되며, 모든 일에서 아버지에게 우선권을 드려도 안 된다."47) 그리고 "자신의 아버지와 어머니에게도 동등한 존경을 드려서는 안 된다. 철학자나 장군에 드려야 할 존경을 아버지 어머니에게 드려도 안 되며, 아버지에게 합당한 존경을 드리고, 어머니에게 합당한 존경을 드려야 한다."48) 여기서 우리가 읽을 수 있는 것은 자식으로서 부모를 존경하는 마음을 갖는 것, 즉 효심은 신을 섬기듯이 누구나 절대적으로 가져야 한다는 것이다. 그러나 그것을 표현하는 것, 즉 효행은 상황에 따라서 사람에 따라서 달라질 수 있다는 것이다. 그래서 중요한 것은 효심을 갖는 것이다. 그래서 그는 '자기의 힘껏 부모를 섬기는 사람은 선한 사람으로 생각된다'고 말한 것이다.

---

46) Aristotle, *Nicomachean Ethics* IX : 2, 1165a22-24.
47) Aristotle, *Nicomachean Ethics* IX : 2, 1165a14-16.
48) Aristotle, *Nicomachean Ethics* IX : 2, 1165a25-28.

공자나 유가는 효심과 효행이 모든 인간 도리의 근본이라고 강조하면서, 효도를 실천하는 다양한 방식들, 즉 효행들에 관해서 수많은 주장을 하고 있다. 그러나 그 많은 효행들의 근본은 효심이어야 함을 특별히 강조한다. 모든 효행들은 '부모를 존경하는 마음'에서 우러나오는 것이어야 한다는 것이다. 그것이 바로 효심인 경(敬)인 것이다. 따라서 효도는 부모에 대한 공경(심)이라고 부를 수 있다. 주자는 공경을 다음과 같이 설명한다. 즉, "공은 (존경하는 마음이) 밖으로 표현된 것이며, 경은 (그 마음이) 속을 주로 하는 것이다."49) 부모를 존경하는 마음을 다지는 것이 효심인 경이며, 그것을 밖으로 드러내어 실천하는 것이 효행인 공인 것이다. 공자는 효행들의 근본이 부모를 존경하는 마음임을 다음과 말한다. 즉, "지금의 효라고 하는 것은 (물질적으로) 잘 봉양하는 것을 이른다. 그러나 개와 말도 모두 길러줌이 있으니, 존경하지 않으면 무엇으로 구별하겠는가?"50) 수고를 대신하고 물질적으로 봉양하는 것만으로는 효라고 할 수 없다는 것이다. 그래서 "(부모에게) 일이 있으면 (동생과) 아들이 그 수고로움을 대신하고, 술과 밥이 있으면 부모(와 형)가 먼저 들게 하는 것을 일찍이 효라고 할 수 있었겠는가?"51) 효는 부모 공양에 있다기보다는 '존경하는 마음가짐'에 있음을 보여주는 말들이다. 『효경』에 등장하는 경에 대한 공자의 말씀은 다음과 같다. 즉, "만물 중에서 사람이 가장 귀하고, 사람의 행실에서는 효보다 큰 것이 없고, 효에서는 아버지를 존경하는 것보다 큰 것이 없으며, 아버지를 존경하는 데에서는 하늘과 짝짓게 하는 것보다 더 큰 것은 없다."52) '신

---

49) 『朱子語類』卷6, 146, 恭形於外 敬主於內.

50) 『論語』「爲政」7, 今之孝者 是謂能養 至於犬馬 皆能有養 不敬 何以別乎.

51) 『論語』「爲政」7, 有事 弟子服其勞 有酒食 先生饌 曾是以爲孝乎.

을 존경하듯이 부모를 존경하라'는 아리스토텔레스의 말과 부모를 하늘처럼 존경하는 마음이 효심이라는 것이다. "군자가 효를 가지고 가르친다는 것은 집집마다 찾아가서 매일 사람들을 만나는 것이 아니다. 효를 가지고 가르친다는 것은 온 세상의 아버지인 사람들을 존경하게 하는 것이며, 우애를 가지고 가르친다는 것은 온 세상의 형인 사람들을 존경하게 하는 것이며, 신하 노릇을 가지고 가르친다는 것은 온 세상의 임금인 사람들을 존경하도록 하는 것이다."[53] 그리고 자식의 부모에 대한 예뿐 아니라 모든 예들의 근본이 '존경'이라는 점이 강조된다. 즉, "예는 존경일 따름이다. 따라서 그 아버지를 존경하면 아들이 기뻐하고, 그 형을 존경하면 아우가 기뻐하며, 그 임금을 존경하면 신하가 기뻐한다. 한 사람을 존경해서 많은 사람들이 기뻐하게 된다. 존경을 받는 사람은 적은데, 기뻐하는 사람들은 많으니. 이것을 중요한 도라고 말한다."[54] 효가 모든 행위들의 근본(=百行之本)이라고 할 때 그 효의 핵심인 효심은 '공경하는 마음'인 것이다.

부모를 '존경하는 마음'이란 어떤 마음인가? 아리스토텔레스는 이것을 사랑 내지 우정으로 표현했듯이, 공경한다는 것은 사랑을 포함한다. 공자에게서도 공경한다는 것에는 사랑한다는 의미가 포함된다. 어머니에 대해서는 공경하지만 사랑을 주로 하며, 임금을 섬기는 데에는 아버지에 대한 사랑을 임금에

---

52) 『孝經』「聖治章」, 子曰 天地之性 人爲貴 人之行莫大於孝 孝莫大於嚴父 嚴父莫大於配天.

53) 『孝經』「廣至德章」, 子曰 君子之敎以孝也 非家至而日見之也 敎以孝 所以敬天下之爲人父者也 敎以弟 所以敬天下之爲人兄者也 敎以臣 所以敬天下之爲人君者也.

54) 『孝經』「廣要道章」, 子曰 … 禮者敬而已矣 故 敬其父則子說 敬其兄則弟說 敬其君則臣說 敬一人而千萬人說 所敬者寡而說者衆 此之謂要道也.

게로 확대하는 것이다. 아버지나 임금에 대한 존경은 같은 마음이지만, 임금에게는 존경이 주가 된다. 어머니를 섬기는 사랑과 임금에 대한 존경을 합하여 경중이 없이 같은 양으로 섬기는 상대는 아버지다. 효심의 근본인 '경'은 '사랑[愛]+존경[敬]'이라고 본다. 그래서 『효경』에서는 다음과 같이 표현한다. 즉, "아버지 섬김을 바탕으로 어머니를 섬겨야 하는데, 그 사랑하는 마음이 같아야 한다. 그리고 아버지 섬김을 바탕으로 임금을 섬겨야 하는데, 그 존경하는 마음이 같아야 한다. 그러므로 어머니는 사랑하는 마음을 고르고, 임금은 존경하는 마음을 고른다. 그 둘을 겸한 것이 아버지다."55) 그래서 사랑하면서 존경함[愛敬]과 엄격한 거리를 두면서 존경함[畏敬]이 합한 것이 효심인 경이다.56) 사랑[愛]은 합일의 정감이다. 그것은 나와 너 사이의 관계를 좁히게 한다. 그러나 엄격한 거리를 두거나[嚴] 두려워함[畏]은 나와 너의 사이를 분리시키는 정감이다. 공경한다는 것은 애경과 외경이라는 상반되는 두 정감들의 복합체인 것이다. 그래서 효도 교육의 과정과 목표를 그림으로 표시하면 다음과 같다. 가정에서의 효도 교육은 '엄한 아버지와 자애로운 어머니[嚴父慈母]'의 원리를 바탕으로 이루어져야 한다. 학교에서의 효도 교육 내용도 역시 사랑과 정의가 통합된 것이어야 할 것이다. 효도 교육의 과정은 애경과 외경의 통합의 과정이며, 그것들의 진정한 통합인 경을 확대시키는 과정이며, 효도 교육의 목표는 부모 공경의 마음씨를 함양하는 것이다.

---

55) 『孝經』「士章」, 子曰 資於事父以事母 其愛同 資於事父以事君 其敬同 故母取其愛而君取其敬 兼之者父也.

56) 이계학, 「한국의 전통 가정 교육과 종교」, 『종교교육학연구』 제10권, pp. 23-24 참고.

VI. 결 론

어느 시대 어느 사회보다 효도의 전통만은 굳건히 지켜왔던 것으로 자부할 수 있는 우리 사회에서, 최근 효도의 위기를 경험하고 있다고 생각한다. 진정한 위기는 불효의 사건들이 많이 일어난다는 데 있다기보다는, 효의 진정한 의미 내지 효심을 상실한 상태라고 생각한다. 비도덕적인 사건들이 많이 발생하는 것보다는 무엇이 도덕인지 그 개념이 위기에 처할 때 진정한 도덕의 위기라고 말하는 것과 같다. 따라서 효도의 진정한 의미를 밝히는 것이 효의 위기를 극복하는 길이다.

현대 사회에 적절한 효의 진정한 의미는 동양의 전통 속에서만 찾아서는 안 된다고 생각한다. 동양과 서양의 전통을 함께 고려해야 할 것이다. 그리고 아무리 뛰어난 효도의 전통을 가졌던 우리 사회일지라도 사회의 성격이 완연히 달라진 현대 사회에서 그 전통만을 고집할 수는 없을 것이다. 그런 의미에서 본 연구는 서양의 한 전통인 아리스토텔레스의 효 관념들과 동양 그리고 우리의 전통일 수 있는 공자의 효 관념들을 비교 분석하였다. 그리고 결론적으로 효의 진정한 의미는 결국 그 두 가지 관념들을 통합하는 수준에서 재정립되어야 한다고 생각한다.

첫째, 우리 사회에서는 이미 효도가 이루어져야 할 가정의 의미를 새롭게 정립된 상태다. 동양이나 서양이나 현대 사회는 공동사회(Gemeinschaft)와 이익사회(Gesellschaft)로 구성되어 있음은 명백하다. 그 두 종류의 사회들은 구성이나 작동의 원리들이 본질적으로 다르다. 그리고 이익사회의 삶이 현대인의 삶의 중심인 것 같다. 언제나 공동사회이자 혈연 사회인 가정의 의미가 강조되어야 하겠지만, 유교 사회에서처럼 모든 사회를 가정의 확대로 간주하는 것은 불가능하기도 하고 또 그래서는 안 될 것이다. 효가 이루어지는 가정에 대한 전통적인 의미는 사라진 상태에서 전통적인 의미의 효만을 강요할 수 없을 것이다. 공자나 유가들이 강조했던 부모와 자식 사이의 관계나 가정이 가지는 특수성과 중요성은 항상 강조되어야 할 것이지만, 가정을 일종의 공동체로 간주하는 아리스토텔레스의 관점이 현대 사회에 적합하다고 생각한다.

둘째, 효의 근거도 공익성과 자연성 두 가지 측면들이 통합되어야 한다. 아리스토텔레스는 부모의 자식 사랑의 근거로 자연성을 제시하였고, 자식의 부모 사랑에 대한 보답은 공익성을 근거로 제시하였다. 공자는 부모의 자식 사랑의 근거는 자연성 그리고 자식의 부모 공경 또한 자연성을 근거로 제시하였다. 이 문제 역시 두 가지 근거를 모두 수용해야 된다고 생각한다. 그러나 아리스토텔레스와 공자의 관점과는 약간 다르게, 효도의 출발점이자 근본인 효심의 근거는 자연성으로, 효도의 실천인 효행의 근거는 공익성으로 간주하는 것이 적절하다고 생각한다.

셋째, 효심은 시대와 상황에 따라 변하지 않는 원리이자 일반적으로 지켜져야 할 도덕적 의무며, 효행은 시대와 상황에 따라 얼마든지 변화될 수 있는 것으로 도덕적 책임이라고 생각한다. 공자와 유가의 관점처럼, 효심과 효행을 모두 무조건 지켜야 하는 도덕적 의무로 강요한다면 효심과 효행의 구분은 희미하게 사라질 것이며, 효행의 일방적 강요는 결국 효심과 효행 자체의 파멸로 이어질 것이다. 오늘날 우리 사회의 현실이 그런 수준인 것 같다. 그래서 효심은 도덕적 의무로 철저하게 강조되어야 하는 반면, 그것의 실천 방안들인 효행은 도덕적 책임으로서 행위자들의 선택과 상황에 기반을 둔 책무여야 할 것이다.

넷째, 효도의 근본인 효심은 부모를 공경하는 마음이다. 부모를 공경하는 마음을 가지는 것이 효심이며, 그 마음을 밖으로 드러내어 실행하는 방식이 효행이다. 효행을 통해 효심을 기르고, 기른 효심을 더욱 다져서 효행으로 나타나게 하는, 수신(修身) 교육으로서의 효도 교육이 필요하다. 동양에서 말하는 몸(身)이란 단순한 신체가 아니라 인격 자체를 포함하는 통합적 개념이다. 수신 교육은 당연히 통합적 인격 교육이지 행동 연습의 교육이 아니다. 마음(heart & mind)과 몸(body)을 모두 통합적으로 교육하는 것이 수신 교육인 것이다. 효도 교육은 효심과 효행을 결코 분리시켜서는 안 된다. 효행들을 통한 효심 함양의 교육이어야 한다. 그리고 효행을 일방적으로 무조건적으로 받아들이게 하는 교육이어서는 안 된다. 전통적인 효행들에 대한 철저한 재검토가 선행되어야 한다. 그런 행동이 어떤 측면에서 얼마나 충분하게 존경의 마음을 표현하는 것인지, 오늘날 바뀐 환경들 속에서는 공경의 마음을 더 잘 표현할 수 있는 행동 방식들은 어떤 것인지 등을 검토하게 하고, 그 가운데 새로운 효행의 방식들을 개발하게 한다. 그런 효행에 대한 철저한 재검토의 과정에서 공경의 마음을 더욱더 철저하게 함양하게 하여야 한다. 물론 효도 교육만이 아니라 예절 교육 전반도 단순한 범절들을 일방적으로 수용하고 실천하는 수준을 넘어서, 전통 범절들에 대한 철저하고 자발적인 재검토 과정을 통해 예의의 정신을 함양하게 하는 교육이어야 할 것이다.

□ 참고 문헌

『논어』(『漢文大系 一：論語集說』(日本：富山房, 昭和 59)).
『맹자』(『漢文大系 一：孟子定本』(日本：富山房, 昭和 59)).
『예기』(『漢文大系 十七：禮記鄭注』(日本：富山房, 昭和, 59年)).
『효경』.
『주자어류』.
김주성, 「저스티스(justice)와 의(義)」, 『계간사상』 1998년 봄호(사회과학원, 1998).
이계학, 「한국의 전통 가정 교육과 종교」, 『종교교육학연구』 제10권.
진립부 저·정인재 역, 『중국 철학의 인간학적 이해』(민지사, 1986).
최진덕, 「유학의 민본 사상, 그 이상과 현실」, 김형효 외, 『민본주의를 넘어서』 (청계, 2000).
함재봉, 『유교 자본주의 민주주의』(전통과 현대, 2000).
Aristotle, *Nicomachean Ethics*, Robert Maynard Hutchins, ed., GREAT BOOKS OF THE WESTERN WORLD 9. Aristotle：II(The University of Chicago, 1952).
Aristotle, *Politics*, Robert Maynard Hutchins, ed., GREAT BOOKS OF THE WESTERN WORLD 9. Aristotle：II(The University of Chicago, 1952).
Lorraine Smith Pangle, *Aristotle and the Philosophy of Friendship* (Cambridge：Cambridge University Press, 2003).

제 10 장
공자와 아리스토텔레스의 우정 관념

I. 서론

우정은 가장 일반적인 인간 관계다. 가진 것이 많든 적든, 배운 것이 많든 적든, 누구나 가질 수 있는 인간 관계가 우정인 것이다. 그러나 오늘날 우리 사회에서는 진정한 우정을 머리에 떠올리기 매우 힘든 실정이다. 자주 만나고 마음속으로 공감을 느끼더라도 더 고차원적인 만남의 장소를 찾을 수 없는 것이 오늘날의 사회다. 모두가 직무에 몰두하고 있을 따름이다. 개인주의와 이기주의가 만연하고 있는 오늘날의 우리 사회에서 진정한 우정이 사라지는 것이 오히려 당연한 일일 수도 있다. 사람들이 보통 우정이라고 부르는 것은 실제로는 습관이나 동료에 지나지 않는다. 우리는 지금 친구와 동료를 혼동하기까지 한다. 둘은 근본적으로 다른 것이다. 동료는 다만 순간적으로 서로를 위로하기 위해서 만날 따름이며, 서로 가까이 사귀는 것을 기대할 수 없다. 그들 사이의 대화는 평범한 것에 제한되어 있고, 여행지에서 우연히 만나서 동료가 된 것과 마찬가지다. 직장 동료인 경우도 큰 차이는 없다. 오늘날 동일한 직장에서 함께 일을 하는 것이 인간 관계의 기본이다. 그러나 같은 직장을 가진 사람들이 서로 알고 지낸다고 해서 친구 사이라고 할 수는 없다. 그들은 단순한 직장 동료일 따름이다. 일반적으로 직장 동료들은 직업상의 영역을 넘어서기 힘든 것이다. 그들은 서로간의 열외자일 뿐이며 서로간의 경쟁자로서 그에 적합한 행동만 할 뿐이다. 설사 동일한 과제를 함께 풀어가는 그들 사이에 진정한 연대 의식이 있다고 하더라도 동지라고 부를 수 있을 뿐 친구라고 부르지는 않는다. 동지들 사이에 특별한 친분이 생길 수 있고, 그 동지를 친구로 부르는 것이 그릇된 것은 아니다. 그러나 이 동지로서의 친구는 함께 풀어가는 과제가 있을 때만 가능한 것이다. 이 관계가 우정보다 더 우월한 관계라는 의견도 있을 수 있지만 그것이 우정일 수는 없다.

인간 삶에서 가장 중요한 일은 재산이나 권력을 획득하는 일이 아니고 진정한 친구들을 만나는 일이다. 인간의 완전한 자기 발전은 관용과 겸손을 통해 가능한 것이다. 우정이라는 것은 항상 상대방의 관용에 접근할 수 있고, 자신의 관용을 상대방에게 베풀 수 있는 인간 관계다. 친구들을 통해 우리는 관용과 겸손을 배울 수 있는 것이다. 그리고 우리는 우정을 통하여 대수롭지 않은 일이나 부족한 것을 의식할 수 있다. 또한 우리는 우정에 의해 삶의 새로운 차원을 발견하기도 하고, 자신의 인생만이 아니라 세상을 다른 눈으로 볼 수 있게 된다. 그리고 우리는 친구의 눈과 귀를 통하여 보고 듣는다. 그래서 우정은 개인의 능력을 증가시킨다. 즉, 우리는 자신의 고유한 눈과 귀의 인식 능력을 가지고 있는 정도에 머물지 않고 상대방의 모든 능력을 포용할 수 있는 사랑도 가질 수 있게 된다. 그래서 우정은 인생의 의미를 풍부하게 하고 올바른 삶의 태도를 갖도록 한다.

현대 사회에서 진정한 우정은 세속적이고 실제적인 가치들에 의해 밀려나고 있으며, 즐거움이나 유용성을 얻기 위해 동료나 동지로 지내는 경우는 있겠지만, 진정한 의미에서의 우정, 즉 선의 우정을 지닌 사람들은 발견하기 어려운 현실이다. 이런 어려운 상황에서 진정한 우정 관계를 확대시키기 위한 거의 유일한 길은 제대로 된 우정 교육을 철저하게 시행하는 것이라고 생각한다. 그런 교육의 출발은 진정한 우정의 의미를 다시 검토해보는 일일 것이다. 그 검토의 한 방법으로 우정에 관한 동서양의 고전적 관념들, 특히 아리스토텔레스와 공자의 우정 관념들을 비교, 검토하고자 한다. 특히 아리스토텔레스의 우정 관념들에 비추어서 공자의 그것들을 살펴보고자 한다. 현대 사회에 적합한 진정한 우정 관념을 성립하기 위해 고전적인 우정 관념들을 검토하는 주된 이유는 동서양을 막론하고 고대 사회에서는 우정이 가장 행복하고 가장 인간적인 사랑이었기 때문이다.

II. 유용성과 즐거움의 우정

아리스토텔레스가 사용한 '사랑과 우정(=친애. philia)'이라는 말은1) 친구들 사이의 우정만을 가리키는 것이 아니었다.

---

1) 그가 사용한 그리스어 Φιλία(philia)는 사랑(love)과 우정(friendship)으로 번역된다. '필리아'와 같은 어원을 갖는 말에는 '사랑하다', '좋아하다'를 의미하는 동사 '필리엔(philein)', '사랑할만한(것)'을 의미하는 형용사 '필레톤(philēton)' 그리고 '필리아적이거나 필리아를 표현하는(태도나 감정)'을 의미하는 '필리카(philika)' 등이 있다. 일반적으로 '친구'로 번역되는 '필로스(philos)'나 '애호' 혹은 '애호의 감정'으로 번역되는 '필레시스(philesis)'도 같은 어원에서 나온 말이

그 말은 부모와 자식, 부부, 노인과 젊은이들, 지배자와 피지배자 등 모든 인간 관계들에서 나타나는 사랑과 우정을 가리킨다. 그는 그런 의미의 우정이 가지는 중요성에 관하여 다음과 같이 말한다, 즉, "우정은 하나의 덕이거나 덕을 내포하며, 삶을 살아가는 데 가장 필수적인 것이다. 친구들이 없다면 누구도 다른 모든 좋은 것들을 가지고 있을지라도 살고 싶지 않을 것이다. 심지어 부유한 사람들이나 공직을 맡고 있고 지배력을 가진 사람들일지라도 무엇보다도 친구들을 필요로 할 것이라고 생각된다. 그런 부유한 처지도 남에게 은혜를 베풀 기회가 없다면 무슨 소용이 있겠는가? 은혜를 베푼다는 것은 친구들에게 주로 그리고 가장 칭찬할 만한 모습으로 이루어질 수 있다. 또는 친구들이 없다면 부유함이 어떻게 보호되고 유지될 것인가? … 가난할 때 불운을 당할 때 친구들이 유일하게 의지가 되는 사람들이라고 생각된다. 그것은 또한 젊은이들에게 과실을 범하지 않도록 도와주며, 나이가 많은 사람들에게는 필요한 것을 보살펴주며, 약해서 할 수 없는 일들을 도와주고, 장년기에 있는 사람들에게는 고상한 일들을 할 수 있도록 격려한다. '둘이서 함께 가기(two going together)'라고 하듯이, 친구들과 함께 하면 사람들은 생각하고 행동하기를 더 잘할 수 있다."[2] 우리는 여기서 아리스토텔레스가 생각하는 좁은 의미에서의 우정, 즉 친구들 사이의 우정의 중요성에 대하여 충분히 짐작할 수 있을 것이다.

다. '필리아'는 '친구'와 '사랑'이라는 의미를 동시에 가진 말이기 때문에 '친애'라고 번역하는 것이 가장 합당할 것 같다. 그러나 이 논문에서는 우리말과 같은 의미의 '우정'으로 번역하기로 한다.

2) Aristotle, *Nicomachean Ethics* (Robert Maynard Hutchins, ed., *GREAT BOOKS OF THE WESTERN WORLD 9*. Aristotle : Ⅱ(The University of Chicago, 1952)) Ⅷ : 1, 1155a3-16.

그런데 아리스토텔레스 자신은 모든 인간 관계들을 '우정'이라고 부르고 있지만, 좁은 의미에서 글자 그대로 친구들 사이의 사랑을 의미하는 우정의 진정한 의미는 무엇일까를 논의하기 위해 세 가지 종류의 우정들을 논의한다. 그가 우정의 종류를 나누는 것은 '사랑할 만한 것'이 무엇인가에 따른다. 그가 말하는 세 가지 사랑할 만한 것들은 유용한 것, 즐거운 것, 선한 것 등이다.

사람들은 유용성 때문에 우정을 나눈다. 이 경우 기대하는 것은 물질적인 이득이나 편의 등 다양한 것들일 수 있다. 유용성의 우정은 서로를 위해서가 아니라 서로에게서 얻을 수 있는 좋은 것을 위해서 이루어진다. 그러나 '서로를 위하여' 성립되지 않는 유용성의 우정은 진정한 우정이라고 할 수 없다. 불행하게도 오늘날의 사회에는 이런 종류의 우정들이 만연하고 있다. 유용성의 우정을 지닌 친구들은 서로를 우정의 대상이 아니라 자신의 편리한 삶을 위한 수단으로 여긴다. 그리고 유용성이 결여될 때는 언제나 그런 우정은 곧 사라진다. 유용성의 우정은 진정한 우정이 아니지만 우리의 현실은 그런 우정이 대부분이다. 즐거움의 우정도 거의 마찬가지다. 이 또한 '서로를 위해서'가 아니라 서로에게서 얻을 수 있는 즐거움을 위하여 성립된다. 이 우정 역시 지속적이기 힘들다. 즐거움은 정서의 일종이며 유동적인 성향을 지닌 것이기 때문이다. 그래서 이 우정 역시 진정한 우정일 수 없다. 그러나 현대 사회에서 이루어지고 있는 대부분의 우정은 즐거움의 우정일 것이다. 아리스토텔레스는 이런 점들을 비교적 자세하게 설명한다. 즉, "서로를 유용성 때문에 사랑하는 사람들은 서로를 사랑하는 것이 아니라 그들이 서로에게서 얻게 될 어떤 좋은(good) 것을 사랑한다. 즐거움을 위하여 사랑하는 사람들의 경우도 마찬가지다. 사람들이 기지 있는 사람들을 사랑하는 것은 그들의 성품을 사랑하는 것이 아니라, 그들이 그들에게서 즐거움을 발견할 수 있기 때문이다. 그러므로 유용성을 위해 사랑하는 사람들은 '그들 스스로'에게 선한 것을 위하여 사랑하며, 즐거움을 위하여 사랑하는 사람들도 '그들 스스로'에게 즐거운 것을 위하여 사랑하며, 그들은 다른 사람이 사랑할 만한 인격이기 때문이 아니라 그가 유용함과 즐거움을 주는 사람인 한에서 그를 사랑한다."[3] "따라서 이런 우정은 우연적인 것일 따름이다. 사랑받는 인격이 사랑을 받는 것은 있는 그대로의 그 사람인 점이 아니라 어떤 좋은 것이나 즐거운 것을 제공한다는 점 때문이다. 그런데 이런 우정들은 만약 서로가 그 전과 달라진다면 쉽게 부서진다. 만약 한쪽이 더 이상 즐겁지 않거나 유용하지 않다면, 다른 쪽은 그를 사랑하기를 멈출 것이기 때문이다. 유용한 것은 영속적이지 않고 늘 변화한다. 따라서 우정의 동기가 사라지면 그 우정은 관련되는 목적들을 위해서만 존재했던 것인 한 그것은 부서진다."[4] 그런데 유용성의 우정은 노인들에게서, 즐거움의 우정은 젊은이들에게서 쉽게 발견된다는 것이 아리스토텔레스의 견해다. "(유용성의 우정은) 주로 노인들 사이에서 존재하는 것 같고(그 나이의 사람들은 즐거움이 아니라 유용함을 추구하기 때문이다), 젊은이들 중에서도 유용성을 추구하는 사람들 사이에서 존재하는 것 같다. 이런 사람들은 서로 함께 어울려 살지 않는다. 가끔 그들은 서로에게서 즐거움을 발견조차 하지 않기 때문이다. 그러므로 그들이 서로에게 유용하지 않으면 그들은 그런 교제를 필요로 하

---

3) Aristotle, *Nicomachean Ethics* Ⅷ : 3, 1156a10-16.
4) Aristotle, *Nicomachean Ethics* Ⅷ : 3, 1156a16-24.

지 않는다. 그들이 서로에게 희망을 불러일으키는 경우에만 그들은 서로에게 즐거운 존재가 된다."[5] 그리고 젊은이들은 즐거움을 추구하는 경향이 크고, 특히 남녀 사이에는 성적인 것을 포함하여 매력적인 사람과의 관계를 지속하고자 한다. "젊은이들의 우정은 즐거움을 목표로 삼는 것 같다. 그들은 정서의 유도에 따라 살며, 무엇보다도 스스로에게 즐거움을 주는 것과 바로 눈앞에 있는 것을 추구하기 때문이다. 그러나 나이가 많아지며 따라 즐거움들도 달라진다. 이 점이 그들이 친구가 되는 것도 재빠르고 헤어지는 것도 재빠른 이유다. 그들의 우정은 즐거움을 주는 대상에 따라 함께 변화하며, 그런 즐거움도 빨리 변한다. 젊은이들은 또한 연애하기를 좋아한다. 연애 우정의 대부분은 정서에 의존하고 즐거움을 목표로 삼는다. 이 점이 그들이 사랑에 빠졌다가 쉽사리 사랑하지 않게 되며, 하루에도 종종 변화하는 이유다."[6]

공자나 유가들의 경우에는 진정한 우정의 의미를 강조하면서, 우정의 종류들을 특별히 구분하여 설명하지 않는다. 그러나 공자가 붕우(朋友)라는 말을 통해 붕(朋)과 우(友)를 함께 사용하기도 하지만, 그것들은 서로 내용이 다른 종류의 우정들이다. 그러나 아리스토텔레스처럼 내용을 엄격하게 구분하는 것은 아니다. 사전적 의미로 붕은 동문에서 수학하는 사람들, 떼나 무리의 뜻을 지닌다.[7] 붕으로서의 친구는 동지에 가까운 의미를 지니는 것이다. 공자가 "동문[朋]들이 먼 지방으로부터 찾아온다면 즐겁지 않겠는가"[8]라고 말할 때 붕은 동일한 선생

---

5) Aristotle, *Nicomachean Ethics* Ⅷ : 3, 1156a24-30.

6) Aristotle, *Nicomachean Ethics* Ⅷ : 3, 1156a32-b4.

7) 民衆書林 編輯局 編『漢韓大字典』(全面改訂 增補版) (民衆書林, 1997), p. 966 참고.

8) 『論語』(『漢文大系 一 : 論語集說』(日本 : 富山房, 昭和 59))「學而」1, 有朋自遠

님 아래에서 공부하는 학생들을 의미한다. 우는 진정한 의미에서의 친구(=벗)를 말하며 스승과의 관계를 말한다. 공자의 제자들은 그의 붕이지만 그의 우일 수는 없다. 그의 지위나 그의 능력을 초월하는 사람들만이 '우'라고 불릴 수 있다. 그리고 공자도 유용성이나 즐거움을 목적으로 삼는 우정은 붕이든 우든 진정한 우정일 수 없음을 상세하게 설명하지는 않지만 아리스토텔레스 못지않게 강하게 주장한다. 공자는 친구들과의 관계 속에서는 물론 인간 삶 자체가 유용성과 즐거움만을 추구하는 것이어서는 안 된다고 주장한다. 즉, "군자는 마땅한 것[義]에 깨닫고 소인은 이익[利]에 깨닫는다."9) 마땅한 것은 이치에 합당하다는 의미며, 여기서 말하는 이익은 인정이 바라는 것, 즉 유용함과 즐거움을 모두 포함한다. "군자는 덕을 생각하고 소인은 땅을 생각한다."10) 덕을 생각한다는 것은 고유한 선을 보존함을 말하고, 땅을 생각한다는 것은 편안하게 살 것에 몰두한다는 말이다. "이익을 보면 (항상) 마땅함을 생각한다."11) "이득을 보면 (항상) 마땅함을 생각한다."12) 이 말들도 인간 삶의 기준이 마땅함이지 이득이나 즐거움일 수 없음을 잘 드러내준다. 진정한 우정의 핵심은 이익과 즐거움이 결코 아니라는, 다음과 같은 주장들도 있다. 즉, "군자는 글(=학문)로써 벗을 모은다. 그리고 친구들로써 (자신의) 인덕을 보탠다."13) 진정한 우정의 길은 서로 간에 학문이나 덕행 등을 배우고 닦음으로써 인격과 덕을 함

方來 不亦樂乎.

9) 『論語』 「里仁」16, 子曰 君子 喩於義 小人 喩於利.

10) 『論語』 「里仁」11, 子曰 君子 懷德 小人 懷土.

11) 『論語』 「憲問」13, 見利思義.

12) 『論語』 「季氏」10, 見得思義.

13) 『論語』 「顏淵」24, 君子 以文會友 以友輔仁.

양하는 것이라는 말이다. 우정은 이득과 즐거움 자체를 목적으로 삼지 않음을 강하게 표현한다. 이런 점들은 진정한 우정의 의미를 다루는 다음 장에서 자세히 다룰 것이다.

Ⅲ. 진정한 우정의 본질과 동기 : 선과 덕 그리고 평등성

1. 선과 덕

진정한 우정은 공리를 초월한다. 친구는 항상 서로를 도우려고 한다는 점을 부정하고자 하는 말은 아니다. 우정의 맺음이 단지 서로에게 도움이 된다는 것 때문만은 아니라는 것이다. "우연한 기회에 가까워진 동료는 습관이라는 느슨한 사슬로 맺어져 있고, 동맹을 맺은 자들은 이해라는 가는 줄로 맺어져 있다. 오직 진정한 우정만이 필연적인 동시에 언제나 자유롭다. 이런 우정으로 가까워진 사람들 사이에는 계약도 없고 약속도 없다. 그러므로 그들은 언제까지나 함께 있도록 운명지어져 있지 않는 한 언제든지 헤어질 수 있다. 그들의 우정은 서로 베풀 수 있던 모든 정성에 의존해 있는 것이 절대로 아니다. 그들의 우정은 다만 그들이 서로 만나게 되었다는 사실에서 생겼을 뿐이며, 그 밖의 것은 모두 우연에 불과하다."14) 그러나 대부분의 사람들은 진정한 우정을 가지지 못한다. "그들은 상대방의 성격을 식별하거나 파악하는 것이 아니라 그 지위에 주목한다. 그들은 조상(彫像)을 보는 것이 아니라 대좌(臺座)를 본다. 그러므로 아무리 시원찮은 인간이라도 훌륭한

---

14) A. 보나르 지음 / 이정림 옮김, 『우정론』(서울 : 범우사, 1986), pp. 19-20.

지위에 앉아 있으면 그럴 듯한 인물로 보이게 마련이다. 그토록 사람들이 자주 입에 올리는 영혼의 고독도 결코 그들을 괴롭히지 못한다. 사막에라도 가지 않는 한 그들은 자신이 고독하다고 느끼지 않을 것이다. 친구들을 원하기에는 동료들이 너무나 많은 것이다."15)

아리스토텔레스가 말하는 완전한 우정은 선의 우정이다. 선은 우리의 이해 관계와는 관계없이 그 자체로 '사랑할 만한 것'이다. 선의 우정을 가진 친구들은 서로를 위하여 서로를 사랑하고, 그들이 서로에게 줄 수 있는 우연한 이득이나 즐거움을 위해서가 아니라 서로의 성품 때문에 서로를 소중히 여긴다. 선을 추구하는 우정은 선하고 그리고 동등한 사람들 사이에서만 존재할 수 있다. "완전한 우정은 선하고, 덕에서 서로 닮은 사람들의 우정이다. 그들은 서로가 선한 사람인 경우에 서로가 행복하기를 서로가 바라며, 그들 자신들이 선하기 때문이다. 그 친구들을 위하여 그들이 행복하기를 바라는 사람들은 가장 진정한 의미에서의 친구들이다."16) 선의 우정은 도구적이지 않기 때문에 우연적인 것이 아니다. 그것은 사람의 본성에 따라서 이루어지는 것이다. 본성을 따르는 한 그런 우정은 지속되는 것이다. 아리스토텔레스는 이 점을 다음과 같이 강조한다. 즉, "(진정한 의미에서의) 친구들은 그들의 본성 때문에 서로의 행복을 바라는 것이지 부수적인 것이 아니다. 그러므로 그들의 우정은 그들이 선한 한 지속한다. 그리고 선은 지속하는 것이다. 그리고 그들 각각은 아무 조건 없이 선하며, 그의 친구에게 선하다."17) 그러나 여기서 말하는 선은 개인적 선이

---

15) 위의 책, p. 20.

16) Aristotle, *Nicomachean Ethics* Ⅷ:3, 1156b6-9.

17) Aristotle, *Nicomachean Ethics* Ⅷ:3, 1156b9-14.

아니다. 그것이라면 유용성과 큰 차이가 있을 수 없다. 그것은 상대방을 위한 선이며 공동선을 말한다. 그것은 공동체 구성원 모두의 이익을 의미한다. 따라서 선의 우정은 정의(justice)와 진리(truth) 같은 일반적인 가치들을 중요시한다.

공자가 강조하는 우정 또한 도덕적 덕으로서의 우정이다. 이 또한 선의 우정과 유사하다. 그가 주장하는 진정한 우정은 자신의 이득이나 즐거움을 위해서가 아니라 상대방의 덕 내지 인격 때문에 존중하는 마음을 가져야 하고, 그런 마음가짐으로 인해 자신의 덕 내지 인격 함양에 도움이 될 것이라는 믿음에 의해 성립한다. 그래서 앞의 인용처럼, "군자는 글(=학문)로써 벗을 모은다. 그리고 친구들로써 (자신의) 인덕을 보탠다"고 말한 것이다. 그리고 자공이라는 제자가 우정에 관해 질문을 하자, 공자는 "충심으로 말해주고 선을 가지고 길을 인도하는 것이다"[18]라고 말한다. 우정은 인(仁)을 돕는 것이기 때문에 마음을 다하여 말해주고, 선을 가지고 그를 인도해야 한다는 것이다. 곧 우정은 덕과 인격 함양을 목적으로 삼는다는 것이다. 맹자도 이 점을 강조한다. 즉, "선의 규명[責善]이 우정의 도리다."[19] 결국 공자와 유가들이 말하는 진정한 의미의 우정은 덕의 우정이다.

진정한 우정은 무엇보다 믿음[信]의 덕을 강조한다. 진정한 우정은 서로에 대한 신뢰에 바탕을 두는 것이다. 우정이란 어떤 상대의 성격을 분명히 파악하고, 선택하기로 한 상대에 대해 절대적인 신뢰를 가지는 것이다. 공자나 유가들은 이득과 즐거움보다 더 강조하는 것이 바로 신뢰[信]다. 믿음이란 '자신

---

18) 『論語』 「顔淵」23, 子曰 忠告而善道之.

19) 『孟子』(漢文大系 一: 孟子定本』(日本: 富山房, 昭和 59))「離婁章句下」30, 責善 朋友之道也.

의 말에 따라 사는 것'이다. 그것은 곧 성실성을 말하는 것이다. 믿음을 갖지 못한 사람은 있을 수 없다. "사람으로서 믿음이 없다면 그럴 수 있는지 모르겠다"[20]는 말의 의미가 그런 것이다. 공자나 유가들에게는 믿음이 우정의 필요조건인 것이다. 즉, "나는 매일 세 가지를 반성하는데, (그 중 하나가) 친구와 더불어 사귀면서 믿음을 주지 못하는가다."[21] "친구와 더불어 사귀되 말을 하고 믿음이 있다면 비록 배우지 않았다고 말하더라도 나는 반드시 그를 배웠다고 할 것이다."[22] "자로가 '선생님의 뜻을 듣고자 합니다'라고 하자, 공자는 말하기를, … 친구에게는 믿음을 주고자 한다."[23] 적어도 자신의 말이나 그 속에 담긴 의도를 의심할 필요가 없을 정도로 믿음을 주는 사람만이 친구가 될 수 있을 것이다.

2. 평등성

그런데 아리스토텔레스는 동등하고 유사한 사람들 사이에서 선의 우정이 가능하다고 하지만 공자에게서는 상대방의 덕과 인격을 존중하고 그것을 닮으려고 한다면 자신보다 뛰어난 인격을 가져야 할 것이다. 그래서 공자는 "자기만 못한 자를 친구로 삼지 말라"는 점을 강조한다.[24] 자기보다 못한 사람은 인덕을 보태는 데 도움이 결코 될 수 없기 때문이다. 누구나 자신보다 착하지 않은 사람을 벗으로 삼지 않아야 할 뿐 아니

---

20) 『論語』「爲政」22, 子曰 人而無信 不知其可也.
21) 『論語』「學而」4, 曾子曰 吾日三省吾身 … 與朋友交而不信乎.
22) 『論語』「學而」7, 子夏曰 … 與朋友交 言而有信 雖曰未學 吾必謂之學矣.
23) 『論語』「公冶長」25, 子路曰 願聞子之志 子曰 … 朋友信之.
24) 『論語』「學而」8, 無友不如己者.

라 도덕적 선을 얻음에 자신보다 더 나은 벗을 찾으려고 노력해야 한다는 것이다. 자기-개발에 도움이 되는 사람만이 친구가 될 수 있다는 것이다. 그래서 공자는 다음과 같이 말한다. 즉, "유익한 것은 세 가지 벗이요, 손실이 되는 것이 세 가지 벗이다. 벗이 정직하고 성실하며 듣고 본 것이 많으면 유익하고, 벗이 한쪽(=외모)만 잘하고 유순하고 아첨만 하면 손실이 된다."[25] 벗이 정직하면 항상 자신의 잘못이나 허물을 들을 수 있고, 벗이 성실하면 자신도 성실할 수 있으며, 벗이 문견이 많으면 자신도 지식을 넓힐 수 있게 된다는 것이다. 여기서는 우정의 관계를 평등보다는 우열의 관계로 생각하는 것 같다. 그런데 여기에는 한 가지 중요한 문제가 있다. 친구가 친구의 자기-개발의 도구로 제시된다는 점이다. 공자는 자기-이해 관계를 계산하는 경향을 지닌 소인을 항상 비판하는 사람이다. 그에 의하면, 친구로부터 무엇을 얻을 수 있는가를 생각하는 친구는 소인일 것이다. 그리고 많은 노력을 통해 도덕적 선을 필적하였다면 그 우정을 버려야 하는가? 아리스토텔레스의 경우에는 그럴 수 없다. 즉, "그런데 한쪽은 전과 다름이 없는데, 다른 한쪽이 전보다 더 선하게 되고 덕의 면에서도 훨씬 우월하게 되는 경우, 후자는 그래도 여전히 전자를 친구로 대해야 하는가? 확실히 그렇게 할 수는 없다."[26] 누구나 이득에 초점을 두지 말고 벗은 벗으로 대해야 한다. 즉, 누구든지 그것이 이득이든 즐거움이든 덕이든 인격이든 우정을 통해 얻을 것 때문에 친구로 삼기보다는 그 사람 자체 내지 그의 인격 때문에 친구로 삼아야 한다. 맹자는 우정의 유일한 기준이 인격임을 다

---

25)『論語』「季氏」4, 孔子曰 益者三友 損者三友 友直 友諒 友多聞 益矣 友便辟 友善柔 友便佞 損矣.

26) Aristotle, *Nicomachean Ethics* IX : 3, 1165b23-24.

음과 같이 소개한다. 즉, "윤공 타는 올바른 사람이다. 벗을 취함에 반드시 올바를 것이다."[27] 그는 우정은 빈부와 귀천과는 무관하게 이루어짐을 강조한다. 제자가 우정이 무엇인지를 묻자 그는 다음과 같이 답한다. 즉, "나이가 많음을 믿지 않고, 귀함을 믿지 않고, 형제를 믿지 않고 벗하는 것이니, 벗함은 그 덕을 벗하는 것이니 다른 것의 개입이 있어서는 안 된다. 맹헌자는 백승의 집안이었다. 벗 다섯 명이 있었는데 악정구와 목중이요, 그 세 사람은 내가 그 이름을 잊었노라. 헌자가 이 다섯 사람과 벗할 적에 이 다섯 사람들은 의중에 헌자의 집안을 의식함이 없었던 자들이니, 이 다섯 사람들이 의중에 헌자의 집안을 의식하고 있었다면 헌자는 이들과 더불어 벗하지 않았을 것이다. 비단 백승의 집안만이 그런 것이 아니라 비록 소국의 군주라도 또한 그런 경우가 있었으니, 비혜공이 말하기를, '내가 자사에서는 스승으로 섬기고, 안반에서는 벗으로 대하며, 왕순과 장식은 나를 섬기는 자다'고 하였다. 비단 소국의 군주만이 그런 것이 아니라 비록 대국의 군주라도 그런 경우가 있었으니, 진평공은 현당에 대하여, 들어오라고 하면 들어가며, 앉으라고 하면 앉으며, 먹으라고 하면 먹어서, 비록 거친 밥과 나물국이라도 일찍이 배불리 먹지 않은 적이 없었으니, 이는 감히 배불리 먹지 않을 수가 없었던 것이다. 그러나 이에 끝날 뿐이었고, 그와 더불어 천위를 함께 하지 않았으며, 더불어 천직을 다스리지 않았으며, 더불어 천록을 먹지 않았으니, 이는 선비가 현자를 높이는 것이요, 왕공이 현자를 높이는 것은 아니었다. 아랫사람으로서 윗사람을 공경함을 귀귀(貴貴)라 이르고, 윗사람으로서 아랫사람을 공경함을 존현(尊賢)이

---

27) 『孟子』「離婁章句下」24, 夫尹公之他 端人也 其取友必端矣.

라 이르니, 귀귀와 존현은 그 뜻이 같다."28) 그래서 그보다 우
월한 인격의 소유자들이 없었던 시절에 공자에게도 친구가 있
을 수 있었을까 하는 물음에, "『논어』에서 묘사되는 공자에게
는 동료가 없고(peerless), 따라서 친구가 없다(friendless). 공
자가 친구를 가졌다고 주장하는 것은 그의 명성을 떨어뜨린
다"29)고 주장했던 홀과 에임스(Hall and Ames)는, "한 고을의
선한 선비여야 한 고을의 선비와 벗할 수 있고, 한 나라의 선한
선비여야 한 나라의 선한 선비와 벗할 수 있으며, 온 세상의
선한 선비여야 온 세상의 선한 선비와 벗할 수 있다. 온 세상
의 선한 선비와 벗하는 것에 만족하지 못하여 또다시 위로 올
라가 옛 사람들을 논하니 그 시를 외우고 그 글을 읽으면서도
그 사람을 알지 못하면 될 것인가? 이 때문에 그 당시의 세상
을 논의하는 것이니, 이는 위로 올라가서 벗하는[尙友] 것이
다"30)라는 맹자의 말을 인용하면서, "공자는 덕 있는 삶을 살
았던 고인들(주공, 관중, 문왕, 무왕, 고인이 된 그의 제자 안회
등)과 친구가 될 수 있었음을 지적한다.31) 이런 점들을 생각한

---

28)『孟子』「萬章章句下」3, 孟子曰 不挾長 不挾貴 不挾兄弟而友 友也者 友其德
也 不可以有挾也. 孟獻子 百乘之家也 有友五人焉 樂正裘 牧仲 其三人 則予忘之
矣 獻子之與此五人者 友也 無獻子之家者也 此五人者亦有獻子之家 則不與之友
矣 非惟百乘之家爲然也 雖小國之君 亦有之 費惠公曰 吾於子思 則師之矣 吾於顔
般 則友之矣 王順長息 則事我者也 非惟小國之君爲然也 雖大國之君 亦有之 晉平
公之於亥唐也 入云則入 坐云則坐 食云則食 雖疏食菜羹 未嘗不飽 蓋不敢不飽也
然 終於此而已矣 弗與共天位也 弗與治天職也 弗與食天祿也 士之尊賢者也 非王
公之尊賢也 用下敬上 謂之貴貴 用上敬下 謂之尊賢 貴貴 尊賢 其義一也.
29) David L. Hall and Roger T. Ames, *Thinking from the Han : Self, Truth
and Transcendence in Chinese and Western Culture* (Albany : State
University of New York Press, 1998), p. 266.
30)『孟子』「萬章章句下」8, 孟子謂萬章曰 一鄕之善士 斯友一鄕之善士 一國之
善士 斯友一國之善士 天下之善士 斯友天下之善士 以友天下之善士 爲未足 又
尙論古之人 頌其詩 讀其書 不知其人 可乎 是以 論其世也 是尙友也.

다면, 자기보다 못한 사람을 친구로 삼지 말라는 말은 얼핏 생각하면 문제가 있는 것 같다. 자신보다 인품이 높은 사람과 친구로서 사귄다면 그 사람 자체는 본인을 어떤 사람으로 대할 것인가? 친구로 대한다면 자신보다 못한 사람을 사귀는 사람이 되고, 친구로 대하지 않는다면 어불성설이다. 우정은 쌍방에 이루어지는 것이지 일방적인 우정은 불가능하기 때문이다. 따라서 "'자기보다 못함'이라는 말이 가리키는 것은 평등이며, 누구는 높고 누구는 낮다는 것이 아니다. 서로 성품이 동등한 사람을 말한다."32) 자기와 같지 않은 사람을 사귀지 말라는 것은 적어도 자기와 같은 사람을 사귀라는 말과 별 차이는 없는 것이다. 공자의 말은 친구를 통한 자기-개발에 강조는 두기 위한 말이었을 것이다. 그래서 "공자가 말하기를, '같은 소리는 서로 응하며, 같은 기운끼리는 서로 구한다.'"33) 진정한 우정은 유사한 사람들 사이에서 가능한 것임을 간접적으로 말해주는 것이다. "친구는 완전한 평등 속에 존재한다. 이 평등은 우선 서로 만났을 때 모든 사회적인 상위(相違)를 서로 잊는 데서 생겨난다. 그래도 역시 정신과 재능의 차이는 남지만, 그로 인해 우정이 저해 받는 일은 없을 것이다. 왜냐하면 그들은 자신들이 어떤 사람이냐 하는 점에서가 아니라 무엇을 사랑하고 있느냐 하는 점에서 평등하다고 생각하고 있기 때문이다."34)

공자는 친구란 '같은 길에 뜻을 둔[有志同道]' 사람이라고 생각한다. 우리는 그의 말을 인용하여 우정을 '금란지교'로 표현

---

31) David L. Hall and Roger T. Ames, op. cit., p. 266.
32) 薛涌, 『『論語』硏究之一 : 學而時習之』(北京 : 新星出版社, 2007), p. 189.
33) 『易』「乾・文言」, 子曰 同聲相應 同氣相求(大山 金碩鎭, 『周易傳義大全譯解』(大有學堂, 1996), p. 199).
34) A. 보나르, 앞의 책, p. 55.

한다. "공자가 말하기를, '군자의 도가 혹 나아가고 혹 머물고 혹 침묵하고 혹 말하지만, 두 사람이 마음을 같이하니 그 예리함이 쇠를 끊는구나. 마음을 같이해서 하는 말은 향기가 난초와 같도다.'"35) 군자의 도는 처음에는 같지 않은 것 같지만 뒤에는 실제로 차이가 없음을 말한 것이다. 우정은 쇠를 끊을 수 있듯이 서로 가깝고 난초의 향기처럼 향기롭다는 것이다. 그것은 같은 길을 가는 사람이라야 가능한 것이다. 공자는 우정의 모습을 다음과 같이 표현하기도 한다. 즉, "선비는 뜻을 같이하여 같은 방향으로 나아가고 길을 닦는 데 같은 기술을 사용하며, 나란히 서게 되면 서로가 즐겁고, 서로가 아래에 있게 되더라도 싫어하지 않는다. 오랜 시간 만나지 못해도 떠도는 말을 듣고 믿지 않으며, 그 행실은 방정함을 근본으로 하고 의리가 같으면 나아가고 같지 않으면 물러난다. 친구를 사귄다는 것도 이와 같은 것이다."36) 같은 뜻과 재능을 가지고, 같은 지위를 가지면 서로 즐거움을 나누고, 서로 지위가 다르더라도 서로 싫어하지 않으며, 서로. 만나지 못하더라도 서로의 말을 믿지 떠도는 말을 믿고 그것에 영향을 받지 않는다. 행동은 방정하고 이득을 보면 늘 의리를 생각한다. 이것이 진정한 친구의 모습이다. 그런데 의리가 같으면 함께 나아가고 다르면 물러난다. 이것은 같음을 추구하지만 친구 사이에 다른 점도 있어야 한다는 것이다. 이것이 바로 공자가 강조하는 '화이부동(和而不同)'의 의미다. 그는 "군자는 화하지만 동하지 않는다.

---

35)『易』「繫辭上傳」(8장), 子曰 君子之道 或出或處或默或語 二人同心 其利斷金 同心之言 其臭如蘭(大山 金碩鎭,『周易傳義大全譯解』(大有學堂, 1996), p. 1382).
36)『禮記』(『漢文大系 十七 : 禮記鄭注』(日本 : 富山房, 昭和, 59年))「儒行」, 儒 有合志同方 營道同術 竝立則樂 相下不厭 久不相見 聞流言不信 其行本方立義 同而進 不同而退 其交友有如此者.

소인은 동하지만 화하지는 않는다"[37]고 말한다. 화는 이견들을 적절하게 조화시키는 것이며, 동은 맹목적으로 남의 의견에 부화뇌동하는 것이다.

Ⅳ. 진정한 우정의 결과와 가치 : 이득과 즐거움

그런데 선한 것은 무조건 선하기도 하고 서로에게 유용한 것이다. 그 유용성이 선의 우정의 본질은 아니지만, 선의 우정의 한 부분은 분명 유용한 것이다. 즐거움도 마찬가지다. 유용성과 즐거움을 위한 우정은 진정한 우정일 수 없지만 진정한 우정은 결과적으로 유용하고 즐거운 것이다. 그 유용하고 즐거운 결과들 때문에 우정이 존재할 수도 있을 것이다. 선의 우정의 지속을 위한 필요조건이 그것들일 수 있다. 아리스토텔레스는 선의 우정이 유용하다고는 말하지만 그 구체적인 이득들에 관해서는 말하지 않는다. 여기에 관해서 베이컨(Francis Bacon)은 우정의 세 가지 큰 이득들을 제시한다. 첫째, 친구들은 영혼의 건강에 필수적이다. 친구에게 자신의 마음을 열면 슬픔의 경감과 기쁨의 극대화를 만난다. 둘째, 친구들은 서로가 현명하게 판단하고 행위하도록 돕는다. 친구와의 대화 속에서 혼자 있을 때보다 더 잘 자신의 생각들을 정리할 수 있으며, 제3자의 시각을 친구의 선의와 기지와 경합하는 다른 사람의 좋은 상담을 받을 수 있다. 셋째, 친구들을 혼자서는 행위할 수 없는 방식으로 서로를 위하여 행위할 수 있으며, 서로에게 명예를 가져다주고, 서로를 변론하고, 기획들과 목적들을 완성시킨다.[38]

---

37) 『論語』「子路」23, 子曰 君子 和而不同 小人 同而不和.

아리스토텔레스는 선의 우정에 즐거움이 중심적임을 보여준다. 유용성과 즐거움의 우정을 우정의 한 종류로 계속 논의하는 그의 의도를 짐작하게 하는 것이 바로 이 점이다. 그는 즐거움의 중요성을 강조하고 그것을 우리의 본성의 근본적인 것과 연결시킨다. 즉, "누구도 그와 사귀는 일이 고통스럽거나 즐겁지 않은 사람과 소일할 수 없다. 왜냐하면 우리의 본성이 무엇보다도 고통을 피하고 즐거움을 추구하는 것인 것 같기 때문이다. 그러나 서로를 용납하기는 하지만 함께 살지 않는 사람은 실질적인 친구들이라기보다는 호의적인 사람들인 것 같다. 함께 사는 것이 친구들의 가장 큰 특징이기 때문이다. (이득을 받고자 소망하는 사람은 부족한 사람들이지만, 심지어 가장 행복한 사람들도 함께 살기를 소망하기 때문이다. 홀로 사는 것이 그런 사람들에게 가장 어울리지 않는다.) 그러나 사람들은 유쾌하지도 않고 동일한 것들을 즐기지도 않는다면 함께 살 수가 없다. 같은 것을 즐기는 동료가 친구인 것이다."³⁹⁾ 그가 다시 우정과 즐거움의 문제를 직접 다루면서 더욱 강하게 즐거움의 중요성을 지적한다. 즉, "유용성에 바탕을 두는 우정은 장사꾼의 마음을 가진다. 가장 행복한 사람들 또한 유용한 친구를 필요로 하지 않지만 유쾌한 친구를 필요로 한다. 그들은 누군가와 함께 살기를 원한다. 그리고 비록 그들이 잠깐 동안은 고통을 견딜 수 있더라도 누구도 그것을 지속적으로 견딜 수는 없으며, 만일 선 자체도 그에게 고통이라면 견딜 수 없다. 이것이 그들이 유쾌한 친구를 찾는 이유다. 아마 그들은

---

38) Francis Bacon, "of Friendship", in *Works* 12, 165-174, Lorraine Smith Pangle, *Aristotle and the Philosophy of Friendship* (Cambridge : Cambridge University Press, 2003), p. 51.

39) Aristotle, *Nicomachean Ethics* Ⅷ : 5, 1157b16-24.

유쾌하면서 선하고 그들에게 선한 친구들을 찾아야만 할 것이다. 그럴 때 그들은 친구들이 가져야 할 모든 특징들을 가지게 될 것이기 때문이다."40) 그리고 그는 선과 즐거움 사이의 문제를 다음과 같이 해결한다. 즉, "지금까지 자주 언급되었듯이, 가장 진정한 우정은 선의 우정이다. 무조건적으로 선하거나 즐거운 것은 사랑할 만하고 바람직한 것 같다. 각 개인에게도 그에게 선하거나 즐거운 것이 사랑할 만하고 바람직한 것인 것 같다. 그리고 선한 사람은 선한 사람에게 이 두 가지 이유들 때문에 사랑할 만하고 바람직하다. … 친구를 사랑하면서 사람들은 스스로에게 선한 것을 사랑한다. 선한 사람이 친구가 되어주면서 그의 친구에게 하나의 선이 되기 때문이다. 어느 쪽이나 자기 스스로에게 선한 것을 사랑하고, 선의에서도 즐거움에서도 균등한 보답을 한다. 그래서 우정은 '평등'이라고 말해지는데, 이것 두 가지들이 선의 우정에서 가장 잘 발견된다."41) 결과적으로 우리는 가장 최선이며 가장 순수한 우정마저도 단지 부분적으로 선에 의존하고, 또한 아마 균등하게 혹은 아마 더 많이 즐거움에 의존하고 선과는 느슨하게 연결되는 자발적인 애정이라는 정념(pathos)에 의존함을 알게 된다.42) 이 점은 아리스토텔레스가 우정을 덕이 아니라고 한 점을 이해하게 한다. "우정은 분명히 일시적인 욕망이나 즐김 이상이다. 그것은 선택과 다른 사람에게 선을 베푸는 일정한 성향을 포함하며, 능동적인 교제와 선행에서 충분히 발휘된다. 즉, "덕들에 관련하여 일부 사람들은 성품의 상태에 비추어 선한 사람으로 불리

---

40) Aristotle, *Nicomachean Ethics* VIII : 5, 1158a21-27.

41) Aristotle, *Nicomachean Ethics* VIII : 5, 1157b25-37.

42) Lorraine Smith Pangle, *Aristotle and the Philosophy of Friendship* (Cambridge : Cambridge University Press, 2003), p. 54.

고, 다른 사람들은 활동에 비추어 선한 사람으로 불린다. 우정의 경우도 마찬가지다. 함께 사는 사람들이 서로에게서 기쁨을 느끼고 서로에게 이득을 주지만, 졸거나 서로 떨어져 있는 사람들은 그러지 못하지만 우정의 활동을 할 마음을 준비가 된 사람들도 있기 때문이다."[43] 우정은 덕이 아니라 하나의 덕을 닮은 것이다. 마음속의 우정도 있을 수 있고 활동 속의 우정이 있을 수 있다는 점은 덕이 이성과 정서의 두 측면들을 포함하고 있음과 유사하다는 것이다. 덕들 역시 즐거움과 정서들을 포함하는 통합적 개념이다. 유덕한 사람은 옳은 일들에서 그리고 옳은 방법으로 즐거움을 느끼는 사람이다. 우리는 고상한 것이기에 덕의 행위들을 선택하고 그것을 행했을 때 즐거움을 느낀다. 그러나 우정이 덕일 수 없는 것은 우정에서의 즐거움의 위치가 아주 다르기 때문이다. 우정에서는 즐거움이 더 중심적이다. 우정은 다음의 만남을 기대하면서 즐거움을 느끼고, 그것이 고상하든 아니든 만남을 소중히 여긴다.

진정한 우정은 자기-개발과 관련된다. 그것을 가진 사람들은 자기의 삶을 넘어서서 자신의 삶을 내려다볼 수 있다. 친구들이 이야기를 나누면서 싫증을 느끼지 않는 이유가 바로 여기에 있다. 진정한 우정은 우리에게 반드시 이득과 즐거움을 가져다준다. 그래서 그것은 우정의 중요한 부분을 차지한다. 우정의 이득과 즐거움에 대해서는 공자나 유가들 역시 매우 긍정적이다. 『주역』에는 친구를 걸린 못[麗澤]에 비유한다. 즉, "걸린 못이 태[기쁨]이니, 군자가 본받아서 벗들과 강습한다."[44] 걸린 못은 두 못들이 서로 붙어 있기 때문에 서로 번갈아 침윤해서

---

43) Aristotle, *Nicomachean Ethics* Ⅷ: 5, 1157b5-7.
44) 『易』「兌」, 象曰 麗澤 兌 君子 以 朋友講習(大山 金碩鎭, 周易傳義大全譯解(大有學堂, 1996), p. 1241).

서로 불어나고 유익해진다. 친구는 이 모습을 본받아야 한다는 것이다. 공자는 우정의 도리를 숭상하면서 역시 친구 사귐의 즐거움도 주장한다. 『논어』 첫머리에는 배움과 우정의 즐거움을 다음과 같이 표현한다. 즉, "배우고 때때로 익히면 기쁘지 않겠는가? … 동문이 먼 지방에서 찾아오면 즐겁지 않겠는가?"[45] 여기서 말하는 붕은 동일한 스승을 둔 학생들을 의미하며, 공자의 제자들을 가리킨다. 그러나 공자는 그 제자들을 동문으로 받아들이면서, 함께 배우고 사귐에 즐거움을 느낀다. 그는 즐거움뿐 아니라 우정의 득실도 명백히 구분한다. 그러나 공자는 물질적 이득보다는 자신의 도덕 수양에의 이득을 강조한다. 위에서 인용했듯이, "유익한 것은 세 가지 벗이요, 손실이 되는 것이 세 가지 벗이다. 벗이 정직하고 성실하며 듣고 본 것이 많으면 유익하고, 벗이 한쪽(=외모)만 잘하고 유순하고 아첨만 하면 손실이 된다"고 말한다. 정직한 친구와의 우정을 통해서는 자신의 진정한 모습을 알 수 있게 되고, 성실한 친구와의 우정을 통해서는 자신도 성실해질 수 있으며, 문견이 많은 친구와의 우정을 통해서는 자신도 지식을 넓힐 수 있는 이득들을 얻는다는 것이다. 그리고 외모에만 익숙하고 곧지 못한 사람과의 만남은 자신의 잘못을 알고 깨닫는 데 전혀 도움이 되지 않고 오히려 손실을 가져오며, 부드럽게 자신을 기쁘게 하는 데에만 신경을 쓰는 사람과의 만남도, 아첨하는 말만 잘하는 사람과의 만남도 성실하고 지혜를 넓히는 데 도움이 되지 않거나 오히려 손실을 가져온다는 것이다. 공자가 '도덕의 도둑'으로 가장 싫어한 사람은 '향원'이다. 그는 말하기를, "내 문 앞을 지나면서 내 집에 들어오지 않더라도 내 유감으로 여기지 않을 자

---

45) 『論語』「學而」1, 子曰 學而時習 不亦說乎 有朋自遠方來 不亦樂乎.

는 그 오직 향원일 것이다. 향원은 덕의 도둑이다."46) 덕 같으면
서 덕이 아니기 때문에 덕의 도둑이라고 한 것이다. 친구로서
사귀지 않음을 다행으로 여길 정도로 우정에 가장 어울리지
않는 사람이다. 믿음과 성실을 상실한 대표적인 사람이 향원인
것이다. 그리고 "자하의 문인이 자장에게 벗 사귀는 것을 묻자,
자장이 '자하가 무어라고 하던가?'라고 되물으니, 대답하기를,
'자하께서 가능한 자를 사귀고 불가능한 자를 사귀지 말라'고
하셨다고 한다. 자장이 말한다. '내가 듣던 것과는 다르다. 군
자는 어진 이를 존경하고 대중을 포용하며, 잘하는 이를 아름
답게 여기고 능치 못한 이를 불쌍히 여긴다. 내가 크게 어질다
면 남에게 대해서 누구인들 용납하지 못할 것이며, 내가 어질
지 못하다면 남들이 장차 나를 거절할 것이니, 어떻게 남을 거
절할 수 있겠는가?"47) 자하의 말은 너무 박절하니 자장의 비
판이 옳지만, 자장의 말 또한 지나치게 높다. 크게 어진 사람은
포용하지 않음이 없겠지만, 큰 잘못은 마땅히 절교해야 한다.
그리고 어질지 못한 사람이 사람을 거부할 수 없지만 손해되
는 벗은 또한 마땅히 멀리해야 한다. 공자나 유가가 말하는 우
정은 서로 포용하고 서로 배척하는 것을 통합하는 것이다. 이
는 덕을 바탕으로 이루어지는 것이 우정이지만 유용성과 즐거
움이 우정의 필요조건임을 말하는 것이다. 이는 이득을 생각하
여 친구를 사귀라는 유용성의 우정을 말하는 것은 아니지만,
우정의 이득과 손실을 아주 강조하는 말이다. 공자는 그 이득

---

46) 『孟子』「盡心章句下」37, 孔子曰 過我門而不入我室 我不憾焉者 其惟鄕原乎
鄕原 德之賊也.
47) 『論語』「子張」3, 子夏之門人 問交於子張 子張曰 子夏云何 對曰 子夏曰 可
者 與之 其不可者 拒之 子張曰 異乎吾所聞 君子 尊賢而容衆 嘉善而矜不能 我
之大賢與 於人 何所不容 我之不賢與 人將拒我 如之何其拒人也.

과 즐거움을 지속적으로 얻을 수 있는, 그래서 우정을 지속할 수 있는 바람직한 자세를 강조한다. 예를 들면, "친구들 사이에는 간절하고 자상히 권면한다."[48] 항상 부드럽고 거스르지 않는 자세를 지닌 우정이 가지게 될 손실을 경계하는 말이다. 또한 벗에 대한 제자의 물음에, "충심으로 말을 하고 선으로 인도한다. 불가능하며 그만두어서 스스로 욕되지 말게 해야 한다."[49] 우정은 인을 돕는 것(以友輔仁)이기 때문에 그 마음을 다하여 말을 하면서 선으로 인도해야 하지만, 그것이 불가능하면 그만두어야 한다. 자주 말하다가 소원해진다면 스스로 욕되는 일이기 때문이다. "친구들 사이에 자주 충고하면 소원해진다."[50] 친구를 인도함에 착한 말이 받아들여지지 않으면 마땅히 중지해야 한다. 답답하고 더러워질 정도에 이르면 말한 자가 가벼워지고 듣는 자가 싫어한다. 친해지려고 하다가 오히려 소원해지는 것이다.

V. 결 론

지금까지 논의된 내용들을, 유용성과 즐거움의 우정, 진정한 우정의 의미, 진정한 우정의 가치 등 네 가지 측면에서 정리하면 다음과 같다. 첫째, 진정한 우정보다는 유용성과 즐거움의 우정이 우정을 대변하고 있는 것이 우리의 현실이다. 사람들은 이득과 즐거움을 얻기 위하여 친구를 사귀는 경우가 대부분이

---

48) 『論語』「子路」28, 朋友 切切偲偲.
49) 『論語』「顔淵」23, 子貢問友 子曰 忠告而善道之 不可則止 無自辱焉.
50) 『論語』「里仁」26, 朋友數 斯疏矣.

다. 그러나 '서로를 위하여'가 아니라 '서로에게 이득과 즐거움을 얻기 위하여' 생겨나는 우정은 진정한 우정이 결코 아니다. 이득과 즐거움은 우연적인 것이기 때문에 그것을 추구하는 우정은 결코 지속적일 수가 없다. 그러나 아리스토텔레스는 그런 우정을 한 종류의 우정들로 간주하면서, 진정한 우정일 수 없음도 비교적 상세하게 논의한다. 서로를 유용성을 위하여 사랑하는 사람이나 즐거움을 위하여 사랑하는 사람은 서로를 사랑하는 것이 아니라 서로에게서 얻게 될 이득과 즐거움을 사랑한다는 것이 그의 주장의 요점이다. 그리고 그런 사랑은 우연적인 것이며 지속될 수 없다는 것이다. 공자나 유가들은 친구 관계들은 물론 모든 삶에서 인(仁)과 의(義)를 추구해야 하며, 결코 이득이나 즐거움을 추구해서는 안 된다는 점을 특별히 강조한다. 그래서 진정한 우정은 서로 학문과 덕행을 닦음으로써 서로 덕과 인격을 함양하는 인간 관계임을 강조하는 것이다.

둘째, 진정한 우정의 본질은 선과 덕이며, 따라서 그것을 동기로 이루어져야 한다. 진정한 우정의 본질에 관하여, 아리스토텔레스는 선을 주장하고 공자는 덕 내지 인격을 주장한다. 아리스토텔레스는 서로를 위하여 서로 사랑하고 서로의 성품 때문에 서로를 소중히 여기며, 서로에게 좋은(good) 것을 바라는 우정이 진정한 우정이라고 말한다. 이것이 바로 그 자체로 사랑할 만한 것인 선이라는 것이다. 그런데 공자는 자신의 덕과 인격의 함양을 위해 친구를 사귀라고 주장한다. 공자 또한 서로의 덕 내지 인격을 존중하는 마음을 가지는 것이 우정의 본질이라고 주장하지만 그 동기는 자신의 덕 내지 인격 함양을 위해서 친구를 사귀어야 한다고 주장한다. 우정을 통해 자신의 인덕을 보탠다(以友輔仁)는 것이 그의 주장의 핵심이다. 그래서 친구들 사이의 평등성이 문제가 된다. 아리스토텔레스의 경우에는 서로를 위한 우정이기 때문에 동등하고 유사한 사람들 사이에 이루어지는 것이 마땅하다. 그러나 공자의 경우에는 사정이 다를 수 있다. '자신보다 못한 사람을 사귀지 말라'는 그의 말처럼, 상대방의 덕과 인격을 존중하고 그것을 닮으려고 한다면 자신보다 뛰어난 인격을 가져야 한다. 우정은 우열의 관계 속에서 이루어진다는 점을 암시한다. 친구를 자신의 자기-개발을 위한 도구로 이용하려는 사람은 공자가 싫어하는 소인(小人)일 것이다. 공자나 유가들의 다른 주장들을 면밀히 검토하면, 공자 역시 우정의 평등성을 강조했음을 알 수 있다. 사회적 위계 질서에서의 차이는 전혀 고려되지 않고 덕과 인격의 면에서 평등한 사람이면 진정한 우정의 대상이 될 수 있다는 것이다.

셋째, 아리스토텔레스가 유용성의 우정과 즐거움의 우정을 우정의 한 종류로 분류한 이유는 진정한 우정의 결과 반드시 유용하고 즐겁다고 생각하기 때문이다. 그래서 그는 이득과 즐거움을 우정의 필수요건이라고 생각하기도 한다. 공자나 유가들 역시 그것들을 강조한다. 그래서 우정을 '걸린 못'에 비유하고, 공자는 직접 '동문이 멀리서 찾아오면 즐겁다'고 직접 표현한다. 그래서 친구 사이에는 항상 소원해지지 않도록 노력해야 함도 강조한다.

그런데 무엇보다 중요한 것은 진정한 우정의 의미를 깨닫고 실천할 수 있게 하는 교육이다. 우정 교육은 도덕 교육의 한 목표가 되어야 한다. 도덕 교육의 내용들 가운데 학생들의 삶에 가장 근접한 것이 바로 우정이다. 덕 내지 인격 함양 교육은 실천을 통해 이루어져야 하는데, 그 실천의 가능성이 가장 높은 덕이 바로 우정인 것이다. 우정은 학생들의 삶 속에서 실천이 항상 가능하기도 하고, 학생들이 가장 공감할 수 있는 덕이다. 우리는 도덕 교육을 통해 진정한 우정의 의미를 깨닫게 하고, 그런 우정이 실천될 수 있는 조건을 만들어주어야 한다. 학생들 스스로 진정한 친구가 될 수 있는 기회를 제공해야 하는 것이다. 그리고 친구들과 다양한 경험들을 공유할 수 있는 기회들을 제공해주어야 한다. 그리고 친구들 사이에 약속이 지켜질 수 있도록 '약속 지키기' 교육도 함께 이루어져야 한다. 무엇보다 우정 교육에서 중요한 것은 교사들과 부모들 스스로 학생들의 진정한 친구가 되어야 할 것이다.

□ 참고 문헌

『논어』(『漢文大系 一: 論語集說』(日本: 富山房, 昭和 59)).
『맹자』(漢文大系 一: 孟子定本』(日本: 富山房, 昭和 59)).
『예기』(『漢文大系 十七: 禮記鄭注』(日本: 富山房, 昭和, 59年)).
대산 김석진, 『주역전의대전역해(周易傳義大全譯解)』(大有學堂, 1996).
민중서림 편집국 편, 『한한대자전(漢韓大字典)』(全面改訂 增補版)(民衆書林, 1997).
A. 보나르 지음 / 이정림 옮김, 『우정론』(서울: 범우사, 1986).
설용, 『『논어』연구지일: 학이시습지(『論語』研究之一: 學而時習之)』(北京: 新星出版社, 2007).
Aristotle, *Nicomachean Ethics* (Robert Maynard Hutchins, ed., *GREAT BOOKS OF THE WESTERN WORLD 9*. Aristotle: II(The University of Chicago, 1952)).
Hall, David L. and Ames, Roger T., *Thinking from the Han: Self, Truth and Transcendence in Chinese and Western Culture* (Albany: State University of New York Press, 1998).
Pangle, Lorraine Smith, *Aristotle and the Philosophy of Friendship* (Cambridge: Cambridge University Press, 2003).

□ 지은이 / 박재주

서울대 사범대에서 문학사, 교육학 석사, 교육학(윤리교육) 박사 학위를 받은 뒤, 한국학중앙연구원에서 철학(동양 철학) 박사 학위를 받았다. 1986년부터 지금까지 청주교육대 윤리교육과 교수로 있으면서 한국초등도덕 교육학회 회장과 동양윤리교육학회 회장, 한국윤리학회 부회장, 한국윤리교육학회 부회장 등을 지냈다. 주요 저서로는『남북 분단과 사상적 갈등』(공저, 1991),『사회주의 체제의 변화와 적응』(공저, 1993),『주역』의 생성 논리와 과정철학』(1999),『동양의 도덕 교육 사상』(2000),『서양의 도덕 교육 사상』(2003),『문학 속의 도덕철학』(2010) 등이 있고, 역서로는『현대 마르크스주의에 대한 이해』(공역, 1987),『공산주의 정치 체계』(공역, 1988)『강한 민주주의』(1991),『중국윤리사상사』(공역, 1997),『주역』과 전쟁 윤리』(공역, 2004),『윤리탐구공동체 도덕 교육론』(2007),『해의 양심과 달의 양심』(2008) 등이 있으며, 주요 논문으로는「유가 윤리에서의 공감의 원리」(2007),「덕의 통합성과 통합적 접근의 도덕 교육」(2008),「철학적 탐구 공동체를 통한 함께 생각하기의 도덕과 교육」(2009) 등 60여 편이 있다.

동서양 세계관과 윤리관의 만남
초판 1쇄 인쇄 / 2011년 3월 20일
초판 1쇄 발행 / 2011년 3월 25일
■
지은이 / 박재주
펴낸이 / 전춘호
펴낸곳 / 철학과현실사
서울특별시 종로구 동숭동 1 - 45
전화 02 - 579 - 5908~9
■
등록일자 / 1987년 12월 15일(등록번호 제1 - 583호)
■
ISBN 978-89-7775-740-0 93190
*잘못된 책은 바꾸어 드립니다.
값 20,000원